Wolfram Wette

Militarismus und Pazifismus

Schriftenreihe Geschichte und Frieden — Band 3
Hrsg. von Dieter Riesenberger und Wolfram Wette

In der Schriftenreihe *Geschichte & Frieden* erscheinen Darstellungen, Biographien, Dokumentationen, Streitschriften und Abhandlungen, die mit dem Problemfeld Krieg und Frieden zusammenhängen. Gegenstand der Veröffentlichungen sind bedeutende Pazifisten/innen, Friedensgruppen und -organisationen sowie übernationale Institutionen, deren Ziel es war, Krieg zu verhindern und Frieden zu fördern. Das Interesse gilt zugleich Kriegsursachen, Erscheinungsformen der Gewalt und des Militarismus, der Rolle des Militärs, den Problemen von Rüstung und Abrüstung in der Geschichte und innergesellschaftlichen Konflikten. *Geschichte & Frieden* möchte einen Beitrag zur historisch-politischen Aufklärungs- und Bildungsarbeit leisten und Autoren und Lesern ein Forum bieten, die eine wichtige Aufgabe darin sehen, die Probleme des Friedens in ihrer historischen Dimension begreifen zu lernen.

Wolfram Wette

Militarismus und Pazifismus

Auseinandersetzung mit den deutschen Kriegen

Mit einem Vorwort von Fritz Fischer

Donat Verlag · Bremen

CIP-Titelaufnahme der Deutschen Bibliothek

Wette, Wolfram:
Militarismus und Pazifismus : Auseinandersetzung mit den deutschen Kriegen / Wolfram Wette. Mit einem Vorw. von Fritz Fischer. - Bremen : Donat, 1991
(Schriftenreihe Geschichte und Frieden ; Bd. 3)
ISBN 3-924444-50-1
NE: GT

Veröffentlicht mit Unterstützung des Militärgeschichtlichen Forschungsamtes, Freiburg i. Br.

Lektorat: Helmut Donat
Umschlaggestaltung: Roland Bühs, Bremen
Satz: Maria-Elisabeth Marschalt, Militärgeschichtliches Forschungsamt, Freiburg i. Br.
Druck: Geffken Druck GmbH, Bremen

Inhalt

Anhang

Vorwort

Es ist sehr zu begrüßen, daß in der Schriftenreihe »Geschichte und Frieden« eine repräsentative Auswahl der Schriften von Wolfram Wette, Historiker am Militärgeschichtlichen Forschungsamt in Freiburg i. Br., veröffentlicht wird. Wette hat sich ein internationales Ansehen erworben durch seine spezifische Fragestellung nach den inneren Voraussetzungen von Kriegspolitik und Kriegen, speziell der beiden deutschen Kriege im 20. Jahrhundert. Er fragt nach den religiösen und geistigen Traditionen in einer Nation und nach den Mentalitäten gesellschaftlicher Gruppen. Dabei wendet er sich nicht nur den in Deutschland vorherrschenden machtstaatlich-imperialistischen, aggressiv-expansiven Parteien und Interessen zu (wofür er etwa in den Kapiteln 7 und 9 erregende, quellengesättigte Beiträge liefert), sondern gerade auch den alternativen Möglichkeiten, etwa in der deutschen Sozialdemokratie und den Linksliberalen, dem sozialistischen wie bürgerlichen Pazifismus (vgl. die Kapitel 1, 2, 5, 6), als einer lange und noch bis zur Gegenwart in der Historiographie vernachlässigten und aus dem historischen Bewußtsein weithin verdrängten Bewegung. Wette geht den Ursachen ihres Mißlingens nach, würdigt aber auch ihre für unser gegenwärtiges Verständnis von Krieg und Frieden wichtige Vorarbeit.
Doch Wette gräbt tiefer in seiner historischen Analyse: hinter den Mentalitäten, geformt durch Schule und Kirche, als allgemeinster Voraussetzung für das Ja von Bevölkerungen zu Kriegen erkennt und enthüllt er (vgl. Kapitel 6, 8, 12) die raffinierte psychologische Kriegführung der auf Krieg zielenden Regierungen, die Bearbeitung der Massen und der Öffentlichkeit durch »Feindbilder«, durch Wecken von Haß und Ängsten, durch »Verteidigungslügen« (vgl. Kap. 10), durch die Behauptung, angegriffen oder bedroht zu sein (eventuell auch erst in der Zukunft), um damit auch jene Bevölkerungsteile, die prinzipiell nur einen Verteidigungskrieg bejahen, in die Kriegsbereitschaft zu ziehen, so wie es der deutschen Regierung 1914 gelang, die Sozialdemokratie für den Krieg zu gewinnen durch die Behauptung, das zaristische autokratische Rußland bedrohe Deutschland. Eine solche psychologische Bearbeitung der Bevölkerung findet auch statt im Krieg durch die Verschleierung von Realitäten, durch immer neue »Durchhalteparolen«.

Wolfram Wette hat noch auf einer dritten Ebene Bahnbrechendes geleistet: Er weist nach, wie die nationalstaatliche Denktradition, die nationale Apologie noch nach verlorenen Kriegen die geschichtliche Wirklichkeit fälscht — gezeigt am Polen-»Feldzug« 1939 und am Überfall- und Vernichtungskrieg gegen Sowjetrußland 1941 —, wie Verbrechen geleugnet werden, völkerrechtswidrige Befehle und Verhaltensweisen vergessen gemacht oder aus »Sachzwängen« abgeleitet und verharmlost werden. Damit wird, das zeigt Wette, jede »Katharsis«, jede innere Verarbeitung historischer Geschehnisse für die Gegenwart unmöglich gemacht. Zu dem in den letzten Jahren vielbesprochenen sogenannten »Historikerstreit« nimmt Wette mit offenem Visier Stellung, indem er es nicht erlaubt, andere für Entscheidungen und Handlungen verantwortlich zu machen, die von den Machthabern der eigenen Nation, von ihren »Führern«, und den von ihnen durch Befehl und Indoktrination Beherrschten, den »Geführten«, zu verantworten sind. Wette zeigt auch, daß die bald nach 1945 einsetzende Situation des »Kalten Krieges« Kontinuitäten erlaubt hat (vgl. Kapitel 12), vor allem durch die Übernahme vieler Akteure als ›Sachverständiger‹ für einen eventuellen neuen Krieg durch die Amerikaner; Vorgänge, die die notwendige Aufarbeitung der deutschen Politik und Denkweisen im Zeitalter der Weltkriege erschwert haben.
Diese Untersuchungen, durchgeführt in kritischer historischer Forschung und immer gleicher Sachlichkeit, bündelt Wolfram Wette im Schlußteil (Kapitel 14) zu einer Betrachtung über die Aufgaben historischer Friedensforschung. Während er einerseits zu hohe Erwartungen (wie in den späten sechziger und siebziger Jahren) von der Möglichkeit direkter Anwendung historischer Erfahrung auf gegenwärtige Entscheidungen abwehrt, hält er doch andererseits neben philosophischen und politologischen Theorien zur Frage der Friedenserhaltung (als einer Notwendigkeit gerade auch im atomaren Zeitalter) die Kenntnis der geschichtlichen Wirklichkeit (die viele Jahrhunderte voller Kriege zeigt) als unabdingbar, weil sonst der »Begriff« ohne »Anschauung« leer wäre, und weil Gewissen, Phantasie und Willen der Menschen nur durch die Anschauung des gelebten Lebens geweckt werden können.

Hamburg, im August 1990 — Fritz Fischer

Einleitung

Seit etwa zwei Jahrzehnten gibt es in der Geschichtswissenschaft der Bundesrepublik Deutschland ein verstärktes Bemühen, sich dem Problem des Friedens in der Geschichte zuzuwenden und damit zugleich Brücken zur modernen Friedens- und Konfliktforschung zu schlagen. Diese Bestrebungen fanden ihren Niederschlag in dem Versuch, mit der nunmehr so genannten »historischen Friedensforschung« eine neue Teildisziplin der Geschichtswissenschaft zu etablieren. Sie erfreut sich zwischenzeitlich nicht nur eines gestiegenen Interesses, sondern sie kann auch bereits eine durchaus beachtliche wissenschaftliche Produktion vorweisen.

Die Zusammenarbeit von Geschichtswissenschaft und Friedensforschung lag und liegt im beidseitigen Interesse. Auf der einen Seite konnten sich die Friedenshistoriker die Fragestellungen und Analyseinstrumente zunutze machen, die in der Friedens- und Konfliktforschung entwickelt worden waren. Sie ermöglichten es, bestimmte friedensrelevante geschichtliche Vorgänge besser zu verstehen. Auf der anderen Seite boten die Forschungen der Historiker den Vertretern der — vordringlich an der Analyse des aktuellen Geschehens interessierten und politikwissenschaftlich dominierten — Friedensforschung die Möglichkeit zu einer stärkeren historischen Fundierung ihrer Thesen.

Für die Geschichtswissenschaft selbst mag das, was die historische Friedensforschung erstrebt, insoweit eine Herausforderung darstellen, als sie den Ansatz verfolgt, geschichtliche Vorgänge unter dem Gesichtspunkt der »Friedensverträglichkeit« zu analysieren. Für den vorliegenden Band stellt ein durch Kriege und Kriegsvorbereitungen geprägter Abschnitt der jüngeren deutschen Geschichte, nämlich im wesentlichen die knapp 75jährige Geschichte des deutschen Nationalstaats, den Gegenstand der Untersuchung dar.

Die zeitgeschichtliche Forschung hat sich in den zurückliegenden Jahrzehnten vordringlich mit der Frage beschäftigt, warum es die Demokratie in Deutschland so schwer hatte, sich durchzusetzen. Vor dem Hintergrund obrigkeitsstaatlicher und diktatorischer Erfahrungen sowie des Scheiterns der Weimarer Republik war dies durchaus verständlich. Schließlich galt es nach dem Ende des Zweiten Weltkrieges, endlich ein stabiles demokratisches Regierungssystem auf deutschem Boden zu errichten. Im Kontext

solcher Bemühungen bediente sich die Mehrzahl der Zeithistoriker und Politikwissenschaftler, die sich der Erforschung der jüngeren deutschen Geschichte zuwandten, des gegensätzlichen Begriffspaars Demokratie-Diktatur als eines Instrumentes für Analyse und Interpretation. Das war und ist wissenschaftlich vertretbar und zudem politisch legitim.
Aber mit der Konzentration auf Regierungsformen und Herrschaftssysteme ging ein vielleicht unvermeidliches Defizit einher, daß nämlich andere historische Zusammenhänge tendenziell vernachlässigt wurden, besonders das Problemfeld »Krieg und Frieden« beziehungsweise, genauer gesagt, die Untersuchung und Interpretation der jüngeren deutschen Geschichte unter der erkenntnisleitenden Fragestellung, welche Faktoren es waren, die zu den wiederholten kriegerischen Gewaltexzessen führten und die gleichzeitig eine dauerhafte Friedensordnung verhinderten.
Zwischenzeitlich hat sich die Erkenntnis durchgesetzt, daß in der deutschen Geschichte des 19. und 20. Jahrhunderts eine enge Verbindung zwischen antidemokratischen und militaristischen Einstellungen auf der einen Seite sowie demokratischen und friedensorientierten auf der anderen bestand. So erklärt es sich, daß die Begriffe »Militarismus« und »Pazifismus« ihren Charakter als aggressiv wirkende Reizvokabeln, den sie noch in den 70er Jahren hatten, heute weitgehend verloren haben. Statt dessen sind sie nunmehr als analytische Kategorien anerkannt.
In einem einschlägigen neueren Sammelwerk zur politisch-historischen Sprache in Deutschland figurieren sie als »geschichtliche Grundbegriffe«, deren Wert für die Forschung nach dem Diktum der Herausgeber darin besteht, daß mit ihrer Hilfe »Strukturen und große Ereigniszusammenhänge erschlossen werden können«. Mit den Vokabeln »militaristisch« und »pazifistisch« werden also keineswegs nur Ideen, Gesinnungen und Einstellungen charakterisiert, sondern auch politische, gesellschaftliche und wirtschaftliche Strukturen, je nachdem, ob sie — ausweislich der historischen Analyse — mehr in Richtung Krieg oder in Richtung Frieden gewirkt haben.

*

Die in diesem Band veröffentlichten Aufsätze sind zwischen 1972 und 1989 entstanden. Sie folgen durchgängig der leitenden Idee, zu erforschen, welche Kräfte und Faktoren in der jüngeren deutschen Geschichte die kriegerische Gewalt verursacht haben und welche in eine andere, friedlichere

Richtung wirkten, sich aber nicht durchsetzen konnten. Die Beiträge dieses Bandes schildern zeitgenössische Auseinandersetzungen mit dem Jahrhundertproblem »Krieg und Gewalt« und sie spiegeln zugleich die Auseinandersetzung des Autors mit den »deutschen Kriegen«.
Ich werte es als ein erfreuliches Zeichen, daß das Militärgeschichtliche Forschungsamt (MGFA) in Freiburg i. Br. dem Band »Militarismus und Pazifismus« Unterstützung zuteil werden ließ, indem es Hilfeleistungen zur Verfügung stellte, wofür ich hiermit meinen Dank abstatte. Er gilt besonders Frau Anita Bosch und Frau Maria-Elisabeth Marschalt, die für Textaufnahme und Satzherstellung verantwortlich waren. Für die Durchsicht des gesamten Manuskripts und wertvolle Anregungen danke ich meinen beiden Kollegen Helmut Donat, Bremen, und Professor Dr. Dieter Riesenberger, Paderborn.

Freiburg i. Br., im Dezember 1990 Wolfram Wette

Erstes Kapitel

Kriegsverhinderung durch »allgemeine Volksbewaffnung«?

Liberale und sozialistische Milizvorstellungen im 19. Jahrhundert

1. Zum Begriff der Miliz und zur Funktion der Milizforderung

Die Begriffe »allgemeine Volksbewaffnung«, »Volksheer« und »Miliz« (beziehungsweise »Nationalmiliz«) wurden im 19. Jahrhundert weitgehend identisch gebraucht. Mit ihnen verband sich die aus dem Gleichheitsgrundsatz abgeleitete Idee der allgemeinen Wehrpflicht (im Sinne eines Wehrrechtes) sowie die Vorstellung, daß nur ein Verteidigungskrieg gerecht und der Friede der Normalzustand und das Ziel aller Politik sei. Während den Liberalen die *levée en masse* und die preußische Landwehr als Leitbilder ihrer Volksheerforderung dienten, nahmen die Sozialisten in erster Linie das Schweizer Beispiel zum Vorbild eines reinen Milizsystems, charakterisiert durch konsequent gehandhabte allgemeine Wehrpflicht, kurze Dienstzeit und das Fehlen stehender Truppenkörper und Stäbe. Einige Sozialisten idealisierten dabei die bürgerliche Schweizer Miliz in einer Weise, die den entschiedenen Widerspruch gerade von schweizerischen Sozialdemokraten hervorrufen mußte.
Wenn die Liberalen und später die Sozialisten die allgemeine Volksbewaffnung in Form der Miliz forderten, so hatten sie niemals die reale Macht, diese Forderung in politische Praxis umsetzen zu können. Die Worte »Miliz« und »Volksheer« hatten in erster Linie die Funktion einer Kampflosung, und zwar im Kontext eines gegen die bestehende Staats- und Gesellschaftsordnung gerichteten Gesamtprogramms. Die Milizmodelle fungierten sozusagen als Anti-Programme zum System der stehenden Heere. Man glaubte in der Miliz alles zum Positiven wenden zu können, was man an den stehenden Heeren auszusetzen hatte.
Der Inhalt der liberalen und sozialistischen Milizforderung stellte sich eben wegen ihrer wesentlich politischen Funktion nicht primär vom Militärisch-Fachlichen und -Organisatorischen her dar. Daraus erklärt sich auch

die Tatsache, daß es zwischen den Verfechtern des Milizgedankens und den militärischen Fachleuten im stehenden Heer eigentlich keine echte Diskussion gab.
Obwohl die Liberalen des Vormärz in Frontstellung zum bestehenden Staat standen, richteten sie ihre wehrpolitischen Vorstellungen an die Adresse der jeweiligen Regierungen in der unrealistischen Hoffnung, einsichtige Fürsten würden sie verwirklichen. Handelte es sich bei den Liberalen also um ein gesamtgesellschaftlich konzipiertes Reformprogramm, um ein theoretisches Modell, das man dem Staat zur Analyse oder Ablehnung offerierte, so wurde den Sozialisten klar, daß alle Milizforderungen nur einen Sinn hatten in Verbindung mit einer politischen Strategie, die sich die Umwälzung der bestehenden Verhältnisse zum Ziel setzte.
Der Agitationscharakter der Milizlosung rückte stärker in den Vordergrund. Er reduzierte sich jedoch nicht auf ein revolutionäres Fernziel, sondern schloß tagespolitische und mittelfristige Nahziele ein. Die Sozialisten glaubten, bei konsequenter Handhabung der allgemeinen Wehrpflicht das stehende Heer allmählich demokratisieren, es auf diesem Wege dem Volksheerideal annähern und schließlich als Machtinstrument in der Hand der politisch und wirtschaftlich Herrschenden unbrauchbar machen zu können.
Alle diese Zielsetzungen wurden unter den Programmpunkt »allgemeine Volksbewaffnung« in Form der Miliz subsumiert. Die Bewertung der verschiedenen Funktionen dieses Programmpunktes sollte dann im Revisionismusstreit seit den 1890er Jahren eine Rolle spielen und zur Spaltung der Sozialdemokratie in eine klassenkämpferische, eine pazifistische und eine wehrwillig-patriotische Richtung beitragen.

2. Argumente gegen das stehende Heer und für die Miliz

Wenn im folgenden liberale und sozialistische Argumente gegen das stehende Heer und für die Miliz zusammengestellt werden, so gilt es, zweierlei ständig im Auge zu behalten. Erstens: Es handelt sich hierbei nicht um abstrakte Argumente; sie dürfen nicht willkürlich aus dem historischen Zusammenhang herausgerissen werden. Zweitens: Die gebotene Kürze erzwingt eine Beschränkung auf die Hauptargumente; es ist an dieser Stelle nicht möglich, die liberalen und sozialistischen Vorstellungen und Kontroversen in ihrer ganzen Differenziertheit darzustellen.

a) Der innenpolitische Aspekt

Das System der stehenden Heere, das im 18. Jahrhundert in den absoluten Monarchien Frankreich und Preußen seine klassische Ausprägung erhalten hatte, stand nach dem Sieg der Armeen Napoleons über das alte preußische Heer nicht mehr nur unter dem kritischen Beschuß der bürgerlich-aufklärerischen Opposition, sondern auch dem der militärischen Praktiker. Die Niederlage von 1806 mußte die Frage aufwerfen, ob das stehende Fürstenheer überhaupt in der Lage sei, das Vaterland wirksam gegen Angriffe von außen zu verteidigen. Die preußischen Reformer fanden die der Situation angemessene Antwort auf diese Frage, indem sie mit Erfolg versuchten, in den Befreiungskriegen einen verhältnismäßig großen Teil der Volkskraft zu mobilisieren. Neben dem stehenden Heer kämpften Landwehr und Landsturm gegen die napoleonische Fremdherrschaft.
Die liberale Kritik setzte ein, als sich zeigte, daß die preußische Monarchie das Volksaufgebot nur für ihre eigenen Interessen ausgenutzt hatte, daß das »Bündnis zwischen Regierung und Nation« (Scharnhorst) nach der Befreiung von der Fremdherrschaft der einsetzenden politischen Reaktion weitgehend zum Opfer fiel. Zwar wurde das Prinzip der allgemeinen Wehrpflicht wenigstens formal beibehalten, und auch die Landwehr konnte institutionell verankert werden; das stehende Heer (Linienheer) blieb jedoch das dominierende Machtinstrument in der Hand der Monarchie. Es erschien den Frühliberalen in erster Linie als ein Werkzeug zur Unterdrückung aller freiheitlichen Bestrebungen im Innern. Aus diesem Grunde sollte bei der liberalen Kritik am stehenden Heer von Anfang an der innenpolitische Gesichtspunkt im Vordergrund stehen, und zwar nicht nur im absolutistischen Preußen, sondern ebenso in den konstitutionellen Staaten Süddeutschlands.
Karl von Rotteck, einer der Exponenten des süddeutschen Frühliberalismus, schrieb im Jahre 1806 seine für die ganze bürgerlich-liberale Heeresideologie bestimmende Schrift »Über stehende Heere und Nationalmiliz«. Seine Forderung lautete: Abschaffung des stehenden Heeres, Einführung einer Miliz. Indem er diese Forderung mit der Feststellung begründete, die stehenden Heere vermehrten die Despotie, sie taugten besonders gut zum Einsatz »gegen das eigene Volk«, beschrieb er eine Gefahr, der sich Liberale, Demokraten und Sozialisten das ganze 19. Jahrhundert hindurch ausgesetzt sehen sollten.

Es kennzeichnet Rottecks theoretisches Modell eines auf der Verfassung gegründeten Wehrsystems, daß es insbesondere die innenpolitischen Verhältnisse reflektierte. Seiner radikalen Konzeption einer Nationalmiliz lag die Vorstellung eines die Ideale der Freiheit und Gleichheit verkörpernden Staatsbürgers in Uniform zugrunde, der immer auf der Seite des Volkes stehen und die Verfassung gegenüber allen Angriffen der Reaktion schützen würde. Die von den preußischen Reformern gewollte Mischform von stehendem Heer und Landwehr lehnte Rotteck aus ideologisch-prinzipiellen Gründen ab, weil er das Kasernenheer mit absolutistischen Interessen identifizierte.
Dieser führende Kopf des Frühliberalismus warnte auch bereits weitblikkend vor der Gefahr einer Militarisierung des ganzen Volkes, wenn es mittels der allgemeinen Wehrpflicht im Kasernenheer den Geist militärischer Subordination anerzogen bekomme, statt in einem bürgerlich umgestalteten Nationalheer politisch und moralisch mit bürgerlichem Geist durchdrungen zu werden. Aus denselben Gründen strebte er — als Verkörperung des Volksinteresses — eine reine Miliz an. Praktische Erwägungen ließen jedoch auch ihn — bei allen prinzipiellen Bedenken — die Notwendigkeit einer sehr kleinen Rahmentruppe (»ständige Nationalwehr«) anerkennen.
Insgesamt gesehen ist der deutsche Liberalismus nicht völlig identisch mit dem Votum für die reine Miliz. Es gab, zumal in der Diskussion süddeutscher Liberaler, eine ganze Skala von Abstufungen bezüglich einer Verbindung von stehendem Rahmenheer und Miliz. Dieser teilweise Rückzug aus der theoretisch-radikalen Position war bereits eine erste tagespolitische Konzession, geboren aus der Einsicht, daß die Monarchie die reine Miliz ohnehin nicht »gewähren« würde. Folgerichtig konzentrierten sich dann auch die politischen Kampagnen der süddeutschen Liberalen (besonders Rottecks und Welckers), denen im Gegensatz zu den preußischen Gesinnungsgenossen immerhin die Landtage als Aktionsbasis zur Verfügung standen, immer mehr auf das Nahziel, wenigstens die Vereidigung des stehenden Heeres auf die Verfassung zu erreichen.
Nach dem Scheitern der Revolution 1848/49 ließen die Liberalen die Milizforderung fallen. Während des preußischen Heereskonfliktes in den 1860er Jahren ging es ihnen nicht mehr um eine grundsätzliche Alternative zum stehenden Heer, sondern im wesentlichen nur noch um budgetrechtliche Fragen, die sich am Problem der zwei- oder dreijährigen Dienstzeit entzündeten. Der preußische Kriegsminister Roon konnte die bei der Mobi-

lisierung von 1859 sichtbar gewordenen Mängel der (seit 1815 ohnehin bewußt vernachlässigten) Landwehr zum Anlaß nehmen, diese der demokratischen Gesinnung verdächtige Institution weiter zu schwächen, ohne bei den Liberalen auf entschiedenen Widerspruch zu stoßen.
Als der in der radikal-liberalen Tradition stehende Friedrich Wilhelm Rüstow in den zwei Jahrzehnten nach der 1848er Revolution noch einmal heftig und mit militärischem Sachverstand für die Miliz agitierte, lieferte er nicht mehr den konservativ gewordenen Liberalen Argumente, sondern der entstehenden deutschen Sozialdemokratie.
Rüstow stellte erneut die innenpolitische Funktion der stehenden Heere in den Vordergrund, indem er sie mit Hinweis auf die Staatsstreiche Louis Napoleons als ein Mittel der Staatsgewalt anprangerte, sich »über den Volkswillen (zu) erheben«. Eine Miliz würde sich nach seiner Auffassung nicht zu Staatsstreichen mißbrauchen lassen, sondern den Gehorsam verweigern. Gerade weil ein Milizsystem die Freiheit der Völker und den Fortschritt begünstige, und weil dies den Regierungen gefährlich werden könnte, hielten sie am willfährigen Instrument des stehenden Heeres fest.
Diesen Argumenten hatten die Sozialisten nicht viel hinzuzufügen. Für sie und ihre politischen Organisationen wurde die Armee mit ihrer Unterdrückungsfunktion im Innern zur täglichen Existenzbedrohung. Zur Zeit des Kaiserreiches wurden die Sozialdemokraten zu »vaterlandslosen Gesellen« und zum »inneren Feind« schlechthin gestempelt, und Wilhelm II. drohte mehrfach in aller Öffentlichkeit, die Armee gegen sie einzusetzen.
So war es nur verständlich, daß Engels, Liebknecht, Bebel und viele andere das stehende Heer in erster Linie wegen seiner innenpolitischen Funktion bekämpften. Andererseits konnte der Armee in einer auf dem Klassengegensatz gegründeten Gesellschaftsordnung nach ihrer Auffassung gar keine andere Aufgabe zukommen. Im Dienst dieser Aufgabe mußten daher auch die soziologische Struktur des Offizierkorps, seine elitäre Selbsteinschätzung, die lange Dienstzeit, die Kultivierung eines besonderen militärischen Geistes und die extreme ideologische Frontstellung der Armee gegen die Sozialdemokratie gesehen werden.
Wie bereits angedeutet, hatte die sozialistische Volkswehrforderung unter innenpolitischem Aspekt eine dreifache Funktion: Erstens wollten die Sozialisten durch die Erzwingung der konsequenten Handhabung der allgemeinen Wehrpflicht eine Demokratisierung der Armee einleiten (hier-

zu gibt es bemerkenswerte Vorschläge von Lassalle und Bebel); zweitens hofften sie, ein im demokratischen Sinne umgestaltetes Heer würde sich für den Kampf im Innern immer weniger eignen und ein Bollwerk gegen Staatsstreichgefahren bilden; drittens spekulierten sie damit, daß schließlich ein qualitativer Umschlag der politischen Interessenlage erfolgen würde, durch den das Fürstenheer zum Volksheer würde.
Hier überwogen also eindeutig nicht organisatorische, nicht Form-Fragen, sondern politische Inhalte und Funktionen im Rahmen einer politischen Strategie.

b) Der außenpolitische Aspekt

Daß die stehenden Fürstenheere allein schon durch ihr Vorhandensein und durch ihre Kriegsbereitschaft eine ständige Gefahr für den Frieden bedeuteten, war schon ein Bestandteil der aufklärerischen Kritik Kants. Wie die Aufklärer des 18. Jahrhunderts gingen die Liberalen des 19. Jahrhunderts von der optimistischen Annahme aus, die Völker wollten den Frieden; schaffte man die stehenden Heere ab, so würden zumindest die Angriffskriege aufhören; man könnte sich dem Ziel eines dauerhaften Friedens wenigstens nähern. Der Frühliberalismus rechtfertigte daher ausschließlich den Volkskrieg, den man sich nur als einen Verteidigungskrieg vorstellen konnte.
In einem solchen Krieg würden »freie Leute ihren eigenen Krieg« führen (Rotteck). Unter anderem in der Form eines Volksaufstandes würden die auf lokaler Ebene organisierten Volksmassen um einer als gerecht erkannten Sache willen gegen die ungerechten Angreifer kämpfen. Von Rotteck bis Bebel hielt sich dabei die Vorstellung, der Enthusiasmus werde die mangelnde militärische Ausbildung und Ausrüstung ersetzen. In diesen Zusammenhang müssen auch diejenigen politischen Forderungen Rottecks und Welckers gestellt werden, die den Zweck verfolgten, die Entscheidung über Krieg und Frieden dem Volk oder seinen Repräsentanten zu übertragen, um so dem Monarchen die Verfügungsgewalt über das Heer zu entreißen und den Herrscherkrieg unmöglich zu machen.
Als militärischer Fachmann versuchte Wilhelm Rüstow zu verdeutlichen, wie sehr man die militärische Effektivität im Hinblick auf die Schutzfunktion der Armee nach außen würde erhöhen können, wenn man das stehende Heer durch ein Milizsystem ersetzte. Er ging dabei von der

Annahme aus, das stehende Heer sei gar nicht in der Lage, die in einem zukünftigen Krieg benötigten Massen an Menschen auszubilden. Diesen Vorteil der allgemeinen Wehrpflicht könne nur das Milizsystem ausnützen. Zudem würde sich beim Vorhandensein einer Miliz jede Regierung hüten, leichtfertig einen Krieg vom Zaune zu brechen, der im Volke nicht bejaht werde.

Als die deutsche Sozialdemokratie die ehemals liberale Forderung nach Abschaffung der stehenden Heere und nach Einführung der allgemeinen Volksbewaffnung in Form der Miliz übernahm, konnte sie bereits auf entsprechende programmatische Formulierungen von Marx, Engels und Lassalle zurückgreifen. Die Volksheerforderung bildete seit 1868 einen festen Bestandteil der sozialdemokratischen Parteiprogramme, und zwar bis in die Weimarer Zeit hinein.

Wie sehr bei den Begründungen die innenpolitischen Argumente überwogen, so griffen besonders August Bebel und Wilhelm Liebknecht doch auch den außenpolitischen Aspekt auf. Sie betonten, das stehende Heer sei zwar geeignet als Mittel dynastischer Eroberungskriege nach außen, aber »unfähig, das Vaterland in der Stunde der Gefahr zu verteidigen«. Umgekehrt sei — was schon Carnot und Scharnhorst so gesehen hatten — ein in der Miliz organisiertes »Volk in Waffen« unfähig zum Eroberungskrieg, aber unschlagbar in der Verteidigung, eine echte Garantie gegen die Zufälligkeiten des Kriegsglücks und damit zugleich die beste Friedensbürgschaft. Diese Friedensgarantie, so glaubte Liebknecht, würde allerdings nur eine »Miliz ohne stehendes Heer« bieten können.

Engels stimmte diesen Argumenten grundsätzlich zu. In der Zeit des preußischen Heereskonflikts kritisierte er allerdings entschieden die Vorstellung, Preußen könnte — während in Frankreich und Rußland stehende Heere zum Angriff bereitstünden — mit einer reinen Miliz auskommen, die die ersten Elemente der Kriegsschule erst vor dem Feind erlernte. Er wandte sich damit aus rein militärischen Erwägungen heraus in dieser konkreten historischen Situation gegen alle Schwärmereien von einer Miliz »mit sozusagen gar keiner Dienstzeit« und befürwortete eine Militärorganisation, die ein Mittelding zwischen der schweizerischen und der preußischen sein sollte.

Wenn Marx und Engels in den 1860er Jahren von Miliz redeten, so meinten sie unter tagespolitischen Aspekten die konsequente Handhabung der allgemeinen Wehrpflicht. Für sie standen niemals Fragen der militärischen

Organisationsform im Vordergrund, sondern der politische Inhalt. Man könnte ihre Auffassung auf die Formel bringen: Nicht jedes stehende Heer ist reaktionär, nicht jede Miliz ist fortschrittlich.
Dem Milizideal würde man sich Engels' Auffassung erst in einer nachrevolutionären, klassenlosen Zukunftsgesellschaft annähern können. Diese Äußerung veranlaßte Franz Mehring später zu einer Reflexion über das Problem militärischer Disziplin in ihrer Abhängigkeit von der in einer Gesellschaft vorherrschenden Produktionsweise. Die kapitalistische Produktionsweise, so lautete sein Argument, könne nur »atomisierte Massen« hervorbringen, nicht aber die enge Lebens- und Arbeitsgemeinschaft, welche die notwendige Voraussetzung einer der Miliz eigenen Disziplin darstelle.

c) Die Kostenfrage

Bei einer ins Grundsätzliche gehenden Diskussion über stehendes Heer oder Volksheer durfte die Frage nach den Kosten nicht ausgeklammert werden. Angesichts der Tatsache, daß die Militärhaushalte den größten Teil der Staatseinnahmen verschlangen und im Zuge des Ende des vorigen Jahrhunderts einsetzenden Wettrüstens immer weiter anstiegen, mußte sich die Vorstellung von einer billigen Miliz als ein sehr zugkräftiges Argument gegen das System der stehenden Heere erweisen.
Die Sozialisten brandmarkten die immensen Kosten für das stehende Heer als eine »wesentliche Ursache der herrschenden Not und Massenverarmung« (Wilhelm Liebknecht) und kritisierten, gerade sie würden verhindern, daß etwas für den sozialen und kulturellen Fortschritt getan werde, der das primäre Ziel sozialdemokratischer Politik sei. Gerade auch aus diesem Grunde konnten sie dem bestehenden Staat gegenüber nur eine Politik verfolgen, die in der Losung ihren Ausdruck fand: »Diesem System keinen Mann und keinen Groschen!« Die Kosten für die stehenden Heere verhinderten allerdings nicht nur eine sinnvollere Verwendung der Staatseinnahmen, sie drohten auch die Völker wirtschaftlich zugrundezurichten und leisteten damit der Auffassung Vorschub, man könne den *Circulus vitiosus* des Wettrüstens nur durch einen Krieg durchbrechen.
Gegen diese Gefahren war schon in den 1850er Jahren Rüstow angetreten, indem er propagierte, es sei doch ein in die Augen springender Vorteil des Milizsystems, daß es »bei den geringsten Kosten die größte Zahl

ausgebildeter Soldaten für den Kriegsfall gibt«. Am schweizerischen Beispiel rechnete er vor, eine Miliz von 140000 Mann würde etwa so viel kosten wie ein stehendes Heer von 20000 bis 25000 Mann. Das reine Milizsystem würde also im Vergleich zum stehenden Heer die Ausbildung einer sechs- bis siebenfachen Anzahl von Soldaten ermöglichen.
Auch Engels war der Auffassung, bei Einführung des Volksheeres würde man das Kriegsbudget um die Hälfte verringern, die militärische Verteidigungskraft eines Volkes aber verdoppeln. Es blieb jedoch über Jahrzehnte hinweg bei mehr oder weniger pauschalen Behauptungen, bis Bebel schließlich im Jahre 1898 daranging, die Kosten des Volksheeres und des stehenden Heeres einer vergleichenden Analyse zu unterziehen, bei der er mit Zahlen zu beweisen versuchte, was bisher nur als selbstverständliche Annahme gegolten hatte. Wie vor ihm Rüstow orientierte er sich am Heeresbudget der Schweiz. Übertrüge man die schweizerische Wehrverfassung auf deutsche Verhältnisse, so lautete Bebels (bei den Milizgegnern allerdings umstrittenes) Ergebnis, würde man die Hälfte der Kosten einsparen. Selbst bei Einführung der von Bebel immer wieder geforderten militärischen Jugenderziehung (nach seinen Vorstellungen sollten mehr als drei Millionen Jugendliche unterwiesen werden) bliebe der Etat immer noch um ein Drittel unter dem Budget für das stehende Heer. Wie vor ihm alle Befürworter des Milizsystems machte auch Bebel geltend, nicht der Krieg, sondern der Friede sei der Normalzustand, und in Friedenszeiten sei die Miliz die absolut billigste Heeresform.

3. Fazit

Als eine Zusammenfassung der im 19. Jahrhundert gegen die stehenden Heere und für das Volksheer geltend gemachten Argumente möge eine von Wilhelm Liebknecht entworfene und vom 5. Vereinstag der deutschen Arbeitervereine im Jahre 1868 verabschiedete Resolution gelten:
»Das System der stehenden Heere, wie es sich in fast allen Ländern Europas entwickelt hat, ist eine der Hauptursachen der gegenwärtigen Geschäftsstockungen. Indem es den Völkern insgesamt ungeheure Lasten auferlegt, die Steuern mit den Staatsschulden von Tag zu Tag erhöht, einen großen Teil der Bevölkerung in den besten und kräftigsten Mannesjahren ihrem Beruf und der Produktion entzieht, ist es zugleich eine wesentliche

Ursache der herrschenden Not und Massenverarmung. Indem es ferner den Fürsten die Macht gibt, gegen den Willen und das Interesse der Völker Krieg zu führen, überhaupt den Willen der Völker zu mißachten, ist das stehende Heer die Quelle ständiger Kriegsgefahr und das Mittel dynastischer Eroberungskriege nach außen und der Unterdrückung von Recht und Freiheit nach innen. In Erwägung dessen betrachtet es der deutsche Arbeitervereinstag als eine Pflicht der Arbeiter aller Länder, nachdrücklich und unausgesetzt mit allen Mitteln auf Beseitigung der stehenden Heere und auf Einführung der allgemeinen Volksbewaffnung hinzuwirken.«

Hatte den radikal-liberalen Milizplänen von Rotteck bis Rüstow wenigstens teilweise noch die Vorstellung zugrunde gelegen, man könne Wehrstrukturfragen modellhaft vom Organisatorischen her angehen, so dürfen die von den Sozialisten für die Miliz ins Feld geführten Argumente, und zwar gerade auch die militärischen Sachargumente, nicht darüber hinwegtäuschen, daß die sozialistische Volkswehrforderung ganz primär von ihrer politischen Funktion her begriffen werden muß. Das ist abschließend ebenso noch einmal hervorzuheben wie der Gesichtspunkt, daß die aufstrebenden Schichten oder Klassen des 19. Jahrhunderts — repräsentiert zunächst durch die Liberalen, dann durch die Sozialisten — in der möglichst extensiven Durchführung der Wehrpflicht als eines Wehrrechtes das militärische Pendant zum allgemeinen Wahlrecht sahen.

Über die Gegenwartsrelevanz der Wehrstrukturdiskussion der Liberalen und Sozialisten des 19. Jahrhunderts kann man historisch-kritisch nur reflektieren, wenn die Fortentwicklung der liberalen und sozialistischen Vorstellungen zu Krieg und Frieden im 20. Jahrhundert einbezogen wird. Nach der Auffassung des Verfassers stellt sich das Problem heute nicht mehr in der Alternative des 19. Jahrhunderts — stehendes Heer oder Miliz —, sondern es muß — die geschilderte historische Alternative transzendierend — inhaltlich neu formuliert werden: Wie kann die Perpetuierung von Kriegsstrukturen politisch durchbrochen und die Initiierung von Friedensstrukturen gefördert werden?

Zweites Kapitel

Die deutsche Sozialdemokratie zu Krieg und Frieden

Ein Überblick

Sozialdemokratie und Frieden: ein selbstverständlicher Gleichklang oder ein brisantes Problemgemisch? Sozialdemokratie und Pazifismus: natürliche Verbündete, politische Konkurrenten oder gar politische Gegner mit unvereinbaren Grundpositionen? Die Sozialdemokratie selbst: eine Friedensbewegung, eine pazifistische Partei — oder nicht?

Wer wollte ernstlich behaupten, daß Fragen wie diese in einfacher Weise zu beantworten wären? Eine Betrachtung der mehr als 125jährigen Geschichte der deutschen Sozialdemokratie im Hinblick auf ihre Stellung zu den großen Problemen von Krieg und Frieden läßt erkennen, daß es Kontinuitäten und Brüche gab, Licht und Schatten, oft wiederholte Parolen und gegenläufige Taten, widerstreitende Positionen allemal. Dies alles vor dem Hintergrund der kriegerischen Gewaltpolitik des preußisch-deutschen Militarismus, auf den die Sozialdemokratie nur geringen, ja fast keinen Einfluß hatte.

Heute, unter der atomaren Vernichtungsdrohung, sind auch die meisten politisch Andersgläubigen davon überzeugt, daß Willy Brandt eine unumstößliche Wahrheit aussprach, als er erklärte: »Der Frieden ist nicht alles, aber ohne Frieden ist alles nichts.« Der Mann, von dem Hans-Jochen Vogel einmal sagte, ihm vor allem hätten wir es zu verdanken, »daß die Worte Frieden und Deutschland wieder in einem Atemzug genannt werden können«, ist ein besonders glaubwürdiger Repräsentant sozialdemokratischer Friedenspolitik. Als er im Jahre 1971 als Bundeskanzler mit dem Friedens-Nobelpreis ausgezeichnet wurde, war er — nach Ludwig Quidde, Gustav Stresemann und Carl v. Ossietzky — der vierte Deutsche, der diese internationale Anerkennung erhielt.

Willy Brandt selbst hat über die Geschichte der SPD und ihre Stellung zu Krieg und Frieden im Bewußtsein auch zahlreicher Fehlentwicklungen mit unübersehbarem Stolz, aber auch in der erforderlichen Behutsamkeit folgendes formuliert: »Niemals hat sie Krieg und Knechtschaft über das deutsche Volk gebracht; Freiheit und Gleichheit und friedlicher Ausgleich standen auf ihren Fahnen, als andere Hitler den Steigbügel hielten und wissen mußten, daß dies den Weg in den Krieg bedeuten würde. Die SPD ist sich im Kern treu geblieben, selbst in den dunkelsten Augenblicken der Geschichte.«

1. Ein Identitätsproblem

Nach ihrem Selbstverständnis sind Sozialdemokraten seit jeher Verfechter einer Politik der Kriegsverhinderung und der Förderung des Friedens. Dieses Selbstverständnis macht einen wesentlichen Bestandteil ihrer Identität als Partei aus.

Nicht selten nehmen Sozialdemokraten sogar für sich in Anspruch, daß sie, wenn nicht die historische Friedensbewegung überhaupt, so doch die politische Friedensbewegung gewesen ist. Damit soll, im Vergleich zu anderen Friedensbewegungen, die eigene Politikfähigkeit hervorgehoben werden. Jene anderen Friedensbewegungen haben Selbststilisierungen dieser Art immer wieder kritisiert und sie als Umarmungs- oder gar Vereinnahmungstaktik zurückgewiesen. Sie fürchteten, man wolle ihnen ihre Existenzberechtigung absprechen — und dies vor dem belegbaren Hintergrund, daß die Sozialdemokratie in ihrer Friedenspolitik keineswegs immer die nötige Konsequenz habe walten lassen.

In der Tat wäre es wenig hilfreich, die Geschichte der Sozialdemokratie in dieser Hinsicht zu idealisieren. Jenes Bild, das in ihrer Geburtsstunde 1863 die Friedenstaube aufsteigen sieht, die einen geraden Weg bis zum Friedens-Nobelpreis von 1971 begleitet und nun — über die Scharte der »Nachrüstungspolitik« hinweg — in das Friedenshaus Europa voranfliegt, spiegelt die historische Wirklichkeit keineswegs angemessen wider. Auch Sozialdemokraten waren nicht völlig immun gegenüber militaristischen und nationalistischen Einflüssen und Versuchungen der jüngeren deutschen Geschichte, besonders in der Epoche des deutschen Nationalstaats zwischen 1871 und 1945. Als die Eliten der wilhelminischen Gesellschaft das Deutsche Reich auf den Weg kriegerischer Machtpolitik vorbereiteten, trat die Sozialdemokratie jedoch für Frieden und Abrüstung ein und bot so eine wirkliche politische Alternative an. Im deutsch-französischen Krieg von 1870 waren August Bebel und Wilhelm Liebknecht die einzigen Abgeordneten des Norddeutschen Reichstags, die nicht für die Kriegsanleihe stimmten. Die Parteiführung protestierte nach dem deutschen Sieg von Sedan gegen die Fortsetzung des Krieges und wurde dafür mit Festungshaft bestraft. Diese Haltung begründete die friedenspolitische Tradition der deutschen Sozialdemokratie. Aber im praktischen Vollzug der genannten Ideen gab es auch Halbherzigkeit, Versagen, das Erlebnis des Scheiterns.

2. Kapitalismus und Krieg

Die klassische sozialistische Friedenstheorie, die auf die Intellektuellen in der deutschen Sozialdemokratie einen gewissen, im einzelnen aber schwer nachweisbaren Einfluß ausübte, basiert auf einer Analyse des Zusammenhangs von Kapitalismus und Krieg. Im Kern besagt diese Theorie, daß der Kapitalismus nicht nur die Klassengegensätze im Innern einer Gesellschaft hervorrufe, sondern auch für die Gegensätze zwischen den Nationen und Staaten verantwortlich sei. Daraus wurde die Schlußfolgerung abgeleitet, Kriege ließen sich auf Dauer nur vermeiden, wenn der Kapitalismus überwunden und die Klassengegensätze aufgehoben seien. Das ist der Sinn des berühmten Satzes aus dem von Karl Marx und Friedrich Engels 1848 formulierten Kommunistischen Manifest: »Mit dem Gegensatz der Klassen im Innern der Nationen fällt die feindliche Stellung der Nationen zueinander.«
Aus dieser friedenspolitischen Perspektive resultierte die politische Strategie »Frieden durch Sozialismus«. Karl Kautsky, einer der herausragenden Theoretiker der Sozialdemokratie jener Zeit, schrieb in den offiziellen Erläuterungen zum Erfurter Programm von 1891, der Krieg sei »unausrottbar« in der auf dem Klassengegensatz beruhenden Gesellschaft, weil sich die aus dem Konkurrenzsystem erwachsenden Gegensätze nicht gewaltfrei überbrücken ließen. Noch 1931 wurde in das gemeinsame Abrüstungs-Aktionsprogramm der Sozialistischen Arbeiter-Internationale (SAI) und des Internationalen Gewerkschaftsbundes (IGB) hineingeschrieben: »Indem das Proletariat gegen den Kapitalismus kämpft, der den Keim des Krieges in sich trägt, indem es für den Aufbau einer neuen Gesellschaftsordnung wirkt, in der es keinen Klassengegensatz gibt, bereitet es die vollständige und endgültige Verwirklichung des Friedens vor.«

Der Begriff Sozialismus bündelte im Kontext dieser Theorie zwei wesentliche Elemente der Friedensidee: die Abwesenheit von zwischen- und innerstaatlichen Kriegen einerseits und die soziale Gesellschaft jenseits von Not, Ausbeutung und Unterdrückung andererseits.

3. Friedensbewahrung als Gegenwartsaufgabe

Marx und Engels, ähnlich auch Ferdinand Lassalle, interpretierten die nach der gescheiterten Revolution von 1848 eintretenden politischen Entwicklungen in Deutschland und in Europa unter dem Gesichtspunkt, ob sie Ansätze für die von ihnen erhofften revolutionären Veränderungen bieten konnten. Unter der theoretischen Prämisse, daß die auf dem Klassengegensatz beruhende Gesellschaft ohnehin periodisch Kriege hervorbringe, stellten sie Erwägungen darüber an, wie diese Kriege, auf deren Entstehung sie keinen Einfluß hatten, gegebenenfalls im Interesse revolutionärer Veränderungen genutzt werden konnten, ob sie gar die Rolle eines »Geburtshelfers« der sozialen Revolution würden spielen können.
In ihrer praktischen Politik hat sich die deutsche Sozialdemokratie weder in den ersten Jahrzehnten ihres Bestehens noch auch später von dieser revolutionären Friedenstheorie, die den Krieg als »Geburtshelfer« des Sozialismus einkalkulierte, maßgeblich beeinflussen lassen. Vielmehr trat sie von Beginn an als Gegner des preußisch-deutschen Militarismus und als Gegner des Krieges auf. Das System der stehenden Heere wurde kritisiert, weil es die Ursache zu immer neuen Kriegen in sich trage.
Je mehr sich die Sozialdemokratie in Deutschland im letzten Viertel des 19. Jahrhunderts zur Massenpartei entwickelte, desto drängender setzte sich die Erkenntnis durch, daß ein neuer Krieg mit seinen kaum vorstellbaren Verwüstungen dem aufstrebenden Proletariat am meisten schaden würde und daher unter allen Umständen verhindert werden müsse. Jetzt war der Frieden nicht mehr die reale Utopie einer nachrevolutionären Gesellschaft, sondern die Bewahrung des Friedens wurde zur Gegenwartsaufgabe. Selbst der alte Friedrich Engels bejahte jetzt (1893) die Frage, ob Europa abrüsten könne oder gar müsse.
Der Widerspruch in der Theorie — Frieden durch Revolution einerseits, Frieden als Gegenwartsaufgabe andererseits — blieb in der Parteiprogrammatik ungelöst, woraus sich nicht wenige Konflikte ergaben. In der prak-

tischen Politik fühlten sich die deutsche Sozialdemokratie und die von ihr stark geprägte II. Sozialistische Internationale in den beiden Jahrzehnten vor dem Ersten Weltkrieg vor allem der Aufgabe der Kriegsverhinderung verpflichtet.

4. Demokratie und Frieden

Zeitlich parallel und in inhaltlicher Konkurrenz zur klassischen Theorie — durch revolutionäre Überwindung des Kapitalismus zum Sozialismus und damit zum Frieden — wurde in der deutschen Sozialdemokratie seit ihren Anfängen die Frage erörtert, was unter den Bedingungen des Gegenwartsstaates praktisch für die Friedensbewahrung getan werden könne. Die Antworten auf diese Frage ergaben sich nicht aus einer Revolutionstheorie, sondern aus den demokratischen Überzeugungen der Sozialdemokraten, die ein Erbe des Denkens der Aufklärung darstellten.
Was gemeint war, drückte August Bebel auf dem Gründungsparteitag der Sozialdemokratischen Arbeiterpartei in Eisenach im Jahre 1869 folgendermaßen aus: Wenn wir erst einmal über das allgemeine, gleiche, direkte und geheime Wahlrecht verfügen, »dann haben wir den demokratischen Staat, und dieser macht Kriege überhaupt unmöglich!«. Denn das Volk werde niemals einen Krieg — sozusagen gegen sich selbst, gegen die eigenen Interessen — beschließen, und insoweit werde die Verwirklichung der Demokratie auch im zwischenstaatlichen Bereich friedensfördernde Wirkungen entfalten können. Diese Idee schlug sich dann in den Gegenwartsforderungen des Erfurter Programms in der Formulierung nieder: »Entscheidung über Krieg und Frieden durch das Volk.«

5. Volkswehr als Friedensgarant

Die Eliten des kaiserlichen Deutschlands — wie auch die anderer Staaten — betrachteten den Krieg als eine legitime Fortsetzung der Politik mit anderen Mitteln, auch den Angriffs- und Eroberungskrieg. Die Sozialdemokratie hat diese Politik immer abgelehnt und bekämpft. Gleichwohl hat sie die Bereitstellung militärischer Machtmittel zum Zwecke der Landesverteidigung nicht verworfen. Ihr — vielen Mißdeutungen und Verun-

glimpfungen ausgesetztes — militärpolitisches Programm verfolgte das den vorherrschenden Tendenzen gegenläufige Ziel, die Militärpolitik auf die Verteidigungsaufgabe zu beschränken und zu konzentrieren.
Auch hier wies das demokratische Prinzip den Weg. Die allgemeine Wehrpflicht galt den Sozialdemokraten als Pendant des allgemeinen Wahlrechts. Sie meinten, daß bei einer konsequenten Durchführung der allgemeinen Wehrpflicht das Militär sich nicht mehr zu Angriffskriegen mißbrauchen, sondern nur noch für den Schutz des Landes einsetzen lassen würde. Somit war das militärpolitische Programm der SPD von Beginn an auf Landesverteidigung und, wie man zuversichtlich glaubte, zugleich auf Friedensbewahrung ausgerichtet.
Schon der Allgemeine Deutsche Arbeiterverein (ADAV) bezeichnete es auf seinem 5. Vereinstag im Jahre 1868 als eine »Pflicht der Arbeiter aller Länder«, »nachdrücklich und unausgesetzt mit allen Mitteln zur Beseitigung der stehenden Heere und auf Einführung der allgemeinen Volksbewaffnung hinzuwirken«. Die stehenden Heere — das war die mit Tatsachen belegbare Überzeugung — dienten nicht der Friedenserhaltung, sondern der Führung von Eroberungskriegen. Die von den Sozialdemokraten erstrebte »Volkswehr« dagegen würde die Landesverteidigung zu einer Sache des Volkes selbst machen und die Sicherheit des Landes damit auch wirklich garantieren können. Somit wäre die Volkswehr »die beste Bürgschaft des Friedens«, wie sich Wilhelm Liebknecht auf dem SPD-Parteitag in Halle im Jahre 1890 ausdrückte. Bebels Eintreten für die vormilitärische Jugenderziehung — das war eines seiner politischen »Steckenpferde« — muß in diesem Zusammenhang verstanden werden.

6. Bewährungsprobe und Scheitern

Die Bewährungsprobe für all das, was in der deutschen Sozialdemokratie bis dahin über Kriegsverhütung und Friedensbewahrung gedacht, programmatisch festgelegt und politisch durchzusetzen versucht worden war, kam 1914. Welche Prinzipien sollten nun den Weg weisen? Die Forderung nach »allgemeiner Volksbewaffnung« und das Bekenntnis zur Landesverteidigung? Die Kriegsverhinderung war das Ziel der Parteien der II. Sozialistischen Internationale. Es fand jedoch nur in allgemeinen Formelkompromissen Ausdruck, ohne daß es zu international gültigen Absprachen über

konkrete Antikriegsmaßnahmen — etwa einen internationalen Massenstreik gegen den Krieg — gekommen wäre.
Würde man überhaupt erkennen können, wer Angreifer und wer Verteidiger war? Das ganze militärisch-politische Konzept der SPD — eine unüberwindbar starke Volkswehr zum Schutz des Landes als Friedensbürgschaft — hing ja unter den Bedingungen des wilhelminischen Obrigkeits- und Militärstaats davon ab, ob man in einer konkreten Konfliktsituation zweifelsfrei würde entscheiden können, ob sich das eigene Land in einer Verteidigungssituation befand oder nicht.
1914 wollte die deutsche Sozialdemokratie unbedingt den Krieg verhindern, aber sie wollte auch den Angriff auf ihr Land abwehren. Hier lag der unlösbare Widerspruch begründet. Der Parteivorstand der SPD gab am 25. Juli 1914 die Erklärung heraus: »Der Weltkrieg droht! Die herrschenden Klassen, die Euch im Frieden knebeln, verachten, ausnutzen, wollen Euch als Kanonenfutter mißbrauchen. Überall muß den Gewalthabern in den Ohren klingen: Wir wollen keinen Krieg! Nieder mit dem Krieg! Hoch die Internationale Völkerverbrüderung!« Hunderttausende Anhänger der Sozialdemokratie demonstrierten daraufhin für die Erhaltung des Friedens. Wenig später, am 4. August 1914, erfolgte die Bewilligung der Kriegskredite durch die sozialdemokratische Reichstagsfraktion, verbunden mit dem Bekenntnis zur Unterstützung des Krieges zur Verteidigung des Landes: »Da machen wir wahr, was wir immer betont haben: Wir lassen in der Stunde der Gefahr das Vaterland nicht im Stich.« Die Sozialdemokraten waren damals überzeugt davon, daß es sich auf deutscher Seite um einen Verteidigungskrieg handele, und daß das zaristische Rußland der Aggressor sei.
In Gustav Noskes Chemnitzer »Volksstimme« hatte es schon am 1. August in einem — nationalistischer Kriegspropaganda ähnlichen — Stile geheißen: »So ist denn der Krieg im Land. Uns alle beherrscht jetzt nur eine Frage: Wollen wir siegen? Und unsere Antwort lautet Ja!« Im Hinblick auf die frühere Beschimpfung der Sozialdemokraten als »vaterlandslose Gesellen« hieß es in der — für den rechten Flügel der SPD sprechenden — Zeitung weiter: »Aber was man immer uns angelastet hat, in dem Augenblick empfinden wir alle die Pflicht, vor allem anderen gegen die russische Knutenherrschaft zu kämpfen. Deutschlands Frauen und Kinder sollen nicht das Opfer russischer Bestialitäten werden, das deutsche Land nicht die Beute der Kosaken ... Deshalb verteidigen wir in diesem Augenblick

alles, was es an deutscher Kultur und deutscher Freiheit gibt, gegen einen schonungslosen und barbarischen Feind.« Ähnliche Stellungnahmen fanden sich in vielen anderen Parteiblättern. Der Reichstagsabgeordnete Ludwig Frank, ein führender süddeutscher Sozialdemokrat, meldete sich sofort als Kriegsfreiwilliger und fiel wenige Wochen später.

7. Der Weg zur Parteispaltung

Um ein denkbares Mißverständnis auszuräumen: Die SPD-Reichstagsfraktion hatte 1914 nicht die Macht, durch eine Verweigerung der Kriegskredite den Krieg zu verhindern. Ihr Nein hätte am Regierungskurs nichts geändert. Gleichwohl war das mit der Kriegskreditebewilligung dokumentierte Scheitern der Kriegsverhinderungsstrategie der deutschen Sozialdemokratie und zugleich der II. Internationale ein hochpolitischer Vorgang, nicht zuletzt im Hinblick auf die politische Identität der Partei.

Nun war eingetreten, was Weitsichtige hatten kommen sehen: Mittels einer gezielten Desinformationspolitik hatte die deutsche Regierung ein Lagebild gezeichnet, das keinen Zweifel daran aufkommen zu lassen schien, daß sich Deutschland der Aggression anderer, vor allem des Zarenreiches, erwehren mußte. Die regierungsamtlichen Verteidigungslügen waren zunächst nicht zu durchschauen. Heute wissen wir es besser. Damals blieb die Mehrheit der Sozialdemokraten bei dem am 4. August 1914 eingeschlagenen Kurs, obwohl deutsche Eroberungsabsichten im Laufe des Krieges immer deutlicher wurden. Die SPD-Mehrheit bewilligte bis Kriegsende die geforderten Kriegskredite, allerdings drängte sie seit dem Frühjahr 1917 die Regierung, durch diplomatische Verhandlungen den Krieg möglichst schnell zu beenden, während die Machthaber weiterhin auf einen »Siegfrieden« setzten.

Die Minderheit, die der These vom Verteidigungskrieg zunehmend weniger Glauben schenkte, wurde aus der Partei gedrängt. Quer zu den bisherigen Fraktionierungen der »Revolutionäre«, »Reformer« und »Zentristen« sammelten sich die sozialdemokratischen Kriegsgegner in der 1917 gegründeten Unabhängigen Sozialdemokratischen Partei Deutschlands (USPD), der sich auch die Spartakusgruppe unter der Führung Rosa Luxemburgs und Karl Liebknechts anschloß. Die USPD wurde sogleich zum politischen Sprachrohr der Antikriegsstimmungen in der deutschen Arbeiterschaft und zum Hoffnungsträger der Pazifisten verschiedenster Herkunft.

8. Versagen in der Kriegsschuldfrage

Die Politik der Mehrheits-SPD in den Jahren 1914—1918 bedeutete im Ergebnis nichts anderes als die Unterstützung der Kriegspolitik der kaiserlichen Regierungen und der seit 1916 immer mächtiger werdenden Obersten Heeresleitung. Diese Politik hat das friedenspolitische Profil der deutschen Sozialdemokratie nachhaltig beschädigt, und zwar um so mehr, als die Mehrheit auch nach der Beendigung des Krieges und der Gründung der Weimarer Republik unter der verantwortlichen Führung sozialdemokratischer Reichskanzler (Philipp Scheidemann, Gustav Bauer, Hermann Müller) nicht bereit war, über diesen Kurs selbstkritisch nachzudenken und die Kriegsschuldfrage offensiv aufzurollen.
Nur die USPD forderte eine Klärung der Kriegsschuldfrage. Die Mehrheitssozialdemokratie dagegen wollte nicht einmal darüber diskutieren, welche Art von Krieg sie eigentlich unterstützt hatte. Selbst Erkenntnisse aus den offiziellen Regierungsakten von 1914 — wie sie etwa von Kurt Eisner und Karl Kautsky erarbeitet worden waren — wurden nicht zur Kenntnis genommen. Die Kriegsschuldfrage blieb während der gesamten Weimarer Zeit tabu, und dies bedeutete, daß die für die Kriegspolitik von 1914 verantwortlichen Kreise niemals zur Rechenschaft gezogen wurden, ja mehr noch, daß sie mittels der Dolchstoßlüge das Faktum der militärischen Niederlage verdrängen und zugleich darangehen konnten, die Voraussetzungen für einen neuerlichen »Griff nach der Weltmacht« zu schaffen.
Der Parteitag von 1922, bei dem sich ein Teil der USPD wieder mit der Mehrheitssozialdemokratie vereinigte, hat die grundlegenden Meinungsverschiedenheiten über die sozialdemokratische Politik während des Weltkrieges nicht gelöst, sondern die Konflikte nur verschleppt. Ein rechter, »wehrfreundlicher« Flügel der Partei brachte ein gewisses Verständnis für die Belange nationaler Machtpolitik auf, ein anderer Flügel orientierte sich an der klassischen und klassenkämpferischen Friedensvorstellung, ein dritter folgte antimilitaristischen und pazifistischen Orientierungen. Auf dem Magdeburger Parteitag der SPD von 1929 bestritten die Repräsentanten dieser Flügel eine Grundsatzdebatte auf hohem Niveau, aber ohne die Möglichkeit der Einigung in der Sache.
In ein schweres Dilemma geriet die SPD, als sie 1928 die Führung einer Großen Koalition übernahm und im Widerspruch zu ihren Wahlkampfparolen den Bau eines Panzerkreuzers bewilligte, den die vorige — bürger-

liche — Regierung beschlossen hatte. Die Reichstagsfraktion der SPD stimmte damals gegen die Entscheidung der von dem sozialdemokratischen Reichskanzler Hermann Müller geführten Regierung.

9. Völkerbund, Kriegsächtung, Abrüstung

In den Jahren der Weimarer Republik (1918—1933) unterstützte die SPD — ungeachtet der erwähnten Meinungsverschiedenheiten — alle friedenspolitischen Bestrebungen, die zu einer gewaltfreien Stabilisierung des internationalen Systems beitragen konnten. Sie orientierte sich in der Praxis immer weniger an der klassischen sozialistischen Friedenstheorie — durch Überwindung des Kapitalismus zum Frieden —, statt dessen immer mehr an Vorstellungen, die dem bürgerlich-liberalen und pazifistischen Völkerrechtsdenken entsprachen. Revolutionäre Rhetorik behielt ihre Funktion im Konkurrenzkampf mit der KPD. In der praktischen Politik verfocht man ein gradualistisches Friedensprogramm, in dem der Völkerbund, die Kriegsächtungsidee, die Versöhnung mit den ehemaligen Feindmächten und die Abrüstung einen wichtigen Platz einnahmen.
Seit dem beginnenden 20. Jahrhundert hatte der demokratische Ansatz einer Friedenspolitik, theoretisch angeregt durch den Revisionismusstreit, in der deutschen Sozialdemokratie immer mehr an Gewicht gewonnen. Demokratie, verstanden als Alternative zum Recht des Stärkeren, sollte sowohl die Innen- als auch die Außenpolitik durchdringen und einen gewaltfreien Konfliktaustrag ermöglichen.
In der Zeit der Weimarer Republik wurde versucht, diese Politik zu praktizieren: Das parlamentarische Regierungssystem sollte die innenpolitischen Auseinandersetzungen nach gewaltfreien Spielregeln ordnen, und als Pendant dazu galt die friedliche Verständigungspolitik nach außen als die zeitgemäße Alternative zu kriegerischen Gewaltlösungen. Karl Kautsky, der Theoretiker der Partei, hat in seinem 1928 veröffentlichten Buch »Krieg und Demokratie« die hier aufgeworfenen Gedanken systematisch untersucht.

10. Sozialdemokratie und Pazifismus

Hatten sich Sozialdemokraten und Pazifisten in der Zeit vor dem Ersten Weltkrieg noch betont distanziert gegenübergestanden, so brachten das

Weltkriegserlebnis und die massenhafte Antikriegsstimmung der ersten Nachkriegsjahre eine weitgehende Annäherung, die jedoch nicht dauerhaft stabilisiert werden konnte. Je mehr sich die SPD auf den Weg einer von Demokratie und Völkerrecht geprägten Friedenspolitik begab, desto enger wurden die Berührungspunkte zum gemäßigten Pazifismus. In der Nie-wieder-Krieg-Bewegung der Zeit nach dem Ersten Weltkrieg, die Millionen von Menschen erfaßte, bekam dieses Zusammengehen seinen sinnfälligen Ausdruck.
Die Frage, weshalb das sozialdemokratisch-pazifistische Bündnis in der Endphase der Weimarer Republik zerbrach, hing gar nicht einmal so sehr mit der Stellung zur Landesverteidigung zusammen, sondern mit der unterschiedlichen und sich aktuell auch verschiebenden Haltung zur militärstaatlichen Tradition Preußen-Deutschlands. Würden die radikalen Nationalisten, die jetzt zum Sturm auf die Republik ansetzten, das Unglück eines neuen Krieges heraufbeschwören? Wie konnte man ihnen wirkungsvoll entgegentreten?

11. 1914, 1933, 1939

Im Jahre 1914 glaubte die Sozialdemokratie noch, sich in die nationale Front der Landesverteidigung einreihen zu müssen. Sie akzeptierte notgedrungen den »Burgfrieden«, d.h. sie stellte eigene innenpolitische Reformforderungen und Angriffe auf die Regierung zurück, sie unterstützte die Kriegspolitik des kaiserlichen Deutschlands im guten Glauben, der Verteidigung des Landes zu dienen. Diese Verzichts- und Anpassungsleistungen wurden von niemandem honoriert, am wenigsten von der militärischen Führung unter Hindenburg und Ludendorff und den hinter ihnen stehenden nationalistischen Kräften. Die Sozialdemokraten, selbst die, die am Schluß noch zum »Durchhalten« gegen den äußeren Feind aufgerufen hatten, mußten nach Kriegsende erleben, daß sie von den Rechten für den Verlust des Krieges mitverantwortlich gemacht wurden. Das war der Sinn der Dolchstoßlüge: Von der militärischen Niederlage abzulenken und anderen — Sozialdemokraten, Juden, Pazifisten — die Schuld an ihr zu geben. Man benötigte Sündenböcke.
Zu den vielen, die behaupteten, die »Heimat« habe der »Front« den Dolch in den Rücken gestoßen, gehörte auch Adolf Hitler. Er zog daraus die Kon-

sequenz, daß im Falle eines künftigen Krieges alles darangesetzt werden müsse, um ein Abbröckeln der nationalen Front oder gar eine revolutionäre Entwicklung wie 1918 zu verhindern. Das öffentliche Verbrennen pazifistischer Literatur und die Ausschaltung der »Marxisten« und der Pazifisten aus dem öffentlichen Leben Deutschlands, ihre grausame Verfolgung und totale Unterdrückung markiert eine wichtige Etappe auf dem Weg in den Zweiten Weltkrieg. Daß die Machtübernahme durch Hitler Krieg bedeuten würde, gehörte in den letzten Jahren der Weimarer Republik zu den Wahlparolen der SPD.
Man kann sagen: Der Erste Weltkrieg konnte noch mit der Unterstützung eines Großteils der deutschen Sozialdemokratie geführt werden, der Zweite Weltkrieg nur noch gegen sie. Nach der Zerschlagung der politischen und gewerkschaftlichen Organisationen der deutschen Arbeiterbewegung im Jahre 1933 und der Verhaftung oder Flucht führender sozialdemokratischer Politiker ins Ausland stellte die deutsche Sozialdemokratie keinen Machtfaktor mehr dar, der sich dem Hitlerschen Kriegskurs in den Weg hätte stellen können. Sozialdemokraten im Exil warnten die Regierungen ihrer Gastländer vor den Kriegsvorbereitungen im NS-Reich. Sie führten ihnen die Konsequenzen der Beschwichtigungspolitik (*appeasement*), die Hitler einen außenpolitischen Erfolg nach dem anderen verschaffte, vor Augen. Den Zweiten Weltkrieg verhindern konnten sie nicht, denn sie waren in Deutschland als NS-Gegner vom Verlust von Freiheit und Leben bedroht, und im Exil waren sie nur geduldete Zufluchtsuchende ohne Macht und Einfluß.

12. Exkurs: Sozialdemokraten in den Kriegen

Friedenstheorien und -programme sind eine Sache, die harten Realitäten des Krieges eine andere. In den beiden Weltkriegen 1914—1918 und 1939—1945 haben sozialdemokratisch eingestellte Deutsche, die den Krieg haßten und den Frieden ersehnten, unter dem Diktat der allgemeinen Wehrpflicht den Kriegsdienst leisten müssen. Was das bedeutete, hatte der SPD-Parteivorstand in seiner oben zitierten Erklärung vom 25. Juli 1914 in klaren Worten vorhergesagt: »Die herrschenden Klassen, die Euch im Frieden knebeln, verachten, ausnutzen, wollen Euch als Kanonenfutter mißbrauchen.« Im Kasernenalltag der Vorkriegszeiten waren sie dem Drill,

der militaristischen Disziplinierung und der nationalistischen Propaganda mit ihren Feindbildern ausgesetzt. In den Kriegen selbst saßen sie nicht an den grünen Tischen der goldbetreßten Strategen, sondern im Dreck der Frontgräben, als »Kanonenfutter«.
Wir wissen wenig darüber, wie die Millionen sozialdemokratisch eingestellter Soldaten der beiden Weltkriege mit ihren Kriegserlebnissen fertig wurden. Wir sehen sie nach den beiden Kriegen unter der pazifistischen Parole »Nie wieder Krieg!« vereint mit anderen, in deren Ohren das Gerede vom Krieg als »Stahlbad« oder »Gesundbrunnen« wie der reine Hohn klang. Wir sehen sie sich zusammenschließen in Organisationen, die das Bestreben leitete, aus dem jeweils vergangenen Krieg die richtigen Konsequenzen für die Verhinderung eines denkbaren künftigen Krieges zu ziehen.

13. Von der Kapitulation 1945 zum »Kalten Krieg«

Mit der bedingungslosen Kapitulation der Wehrmacht des Deutschen Reiches am 8. Mai 1945 endete die Geschichte des deutschen Nationalstaats. Nach dem Willen der Siegermächte sollte der deutsche Militarismus, der die Welt zweimal in einen großen Krieg gestürzt hatte, nicht mehr nur, wie nach 1918, geschwächt, sondern ein für allemal vernichtet werden. Diese Absichten korrespondierten zunächst durchaus mit einer in der deutschen Bevölkerung der Nachkriegszeit weitverbreiteten Antikriegsstimmung. Hinter der traditionsreichen Parole »Nie wieder Krieg!« stand auch die sogleich nach Kriegsende wiedergegründete SPD. Kurt Schumacher forderte die Entmachtung aller Kräfte in der deutschen Gesellschaft, die den Nationalsozialismus unterstützt und den Krieg entfesselt hatten. Doch der entstehende Ost-West-Konflikt und die in seinem Gefolge propagierten Bedrohungsvorstellungen ließen schon in den frühen fünfziger Jahren einen Stimmungsumschwung zu, der es der Regierung Adenauer ermöglichte, die Wiederbewaffnung bei gleichzeitiger Westintegration der Bundesrepublik Deutschland mehrheitsfähig zu machen und durchzusetzen. Die SPD widersetzte sich der Remilitarisierung, auch weil sie befürchtete, daß der Aufbau von Streitkräften im westdeutschen Teilstaat das als vorrangig erklärte Ziel der deutschen Wiedervereinigung zunichte machen würde. Als Opposition konnte sie im Parlament und durch außerparlamentarische Aktionen gegen die Wiederbewaffnung argumentieren und

protestieren, sie konnte sie jedoch nicht verhindern, sondern mußte sich mit ihr als einer Tatsache abfinden. Auch sozialdemokratische Vorstellungen von einem blockübergreifenden kollektiven Sicherheitssystem konnten nicht durchgesetzt werden. Seit Mitte der fünfziger Jahre vollzog die SPD eine schrittweise Anpassung an die Realitäten der NATO-Integration und die Strategie der atomaren Abschreckung.
Das Jahr 1945 markierte eine weitere, welthistorisch gesehen noch bedeutendere Zäsur, nämlich den Eintritt in das Atomzeitalter. Ganz allmählich erkannten auch jene Politiker, die sich selbst in der Tradition deutschnationaler Machtpolitik stehend betrachteten, daß der Krieg nun nicht mehr sein konnte, was er für sie bislang immer gewesen war, nämlich ein legitimes Mittel der Politik. In dieser historisch neuen Situation wurde der »Kalte Krieg« zu einer Ersatzhandlung für den nicht mehr möglichen bzw. nicht mehr rational kalkulierbaren »heißen Krieg«. Aber gleichzeitig wurde und wird ganz im Stile des voratomaren Zeitalters weiterhin materiell und personell gerüstet, und dies durchaus mit Zustimmung einer großen Bevölkerungsmehrheit, die auf die Bereitstellung von Gewaltmitteln nicht verzichten möchte.

14. Entspannungs- und Ostpolitik

Ende der fünfziger und in den sechziger Jahren betrieb die SPD eine Politik der Anpassung — vielleicht auch der »Überanpassung« — an die von konservativen Regierungen geschaffenen Realitäten. Unter dem Gesichtspunkt der friedenspolitischen Identität der Partei war hierfür ein nicht gering zu veranschlagender Preis zu entrichten. Aber das Kalkül, daß nur auf diesem Wege die Mehrheitsfähigkeit und die Regierungsmacht erreicht und damit eigene politische Gestaltungsmöglichkeiten eröffnet werden konnten, ging schließlich auf. Nach einer Beteiligung an der Regierung der Großen Koalition seit 1966, in der Willy Brandt als Außenminister wichtige friedenspolitische Schritte unternahm, konnte 1969 ein Kabinett gebildet werden, in dem Willy Brandt Bundeskanzler und Walter Scheel Außenminister waren. Die Regierung der sozialliberalen Koalition nutzte ihre Regierungsmacht für die Durchführung von innen- und sozialpolitischen Reformen sowie für die Gestaltung einer aktiven Friedenspolitik.

Die Entspannungs- und die »Ostpolitik« war die historische Leistung der Regierung Brandt/Scheel. Sie konnte sich im Zuge der zuvor schon eingeleiteten Entspannung zwischen den beiden Weltmächten USA und UdSSR entfalten. Die schweren historischen Hypotheken, die das Hitler-Regime und der Zweite Weltkrieg hinterlassen hatten, wurden durch Verträge mit Polen und mit der Sowjetunion, in denen die bestehenden Grenzen anerkannt wurden, schrittweise abgebaut. Die »Ostpolitik« war ein in starkem Maße von Sozialdemokraten geprägter Beitrag zu dem Ziel, den Frieden in Europa sicherer zu machen. Der Friedens-Nobelpreis für Bundeskanzler Willy Brandt im Jahre 1971 bedeutete für die Anhänger der SPD die höchste Bestätigung ihres Selbstverständnisses als politische Friedensbewegung. Anders als in der Weimarer Republik war diese Politik nunmehr von Erfolg gekrönt: sie fand den nötigen Rückhalt in der Bevölkerung des eigenen Landes und internationale Anerkennung. Der nicht-sozialdemokratischen Friedensbewegung bot sie Identifikationsmöglichkeiten.
Die durch den sogenannten NATO-Doppelbeschluß im Jahre 1979 ausgelöste »Nachrüstungspolitik«, an der Brandts Nachfolger Helmut Schmidt wesentlichen Anteil hatte, führte dann in der ersten Hälfte der achtziger Jahre zu schwerwiegenden Auseinandersetzungen in der SPD wie in der bundesdeutschen Bevölkerung. Außerhalb der SPD entstand eine Friedensbewegung, die machtvoller als je zuvor seit den großen Antikriegsdemonstrationen der frühen zwanziger Jahre auftrat. Sie forderte den sofortigen Verzicht auf die Stationierung atomarer Mittelstreckenraketen auf dem Territorium der Bundesrepublik und einen generellen Rüstungsstopp statt weiterer Aufrüstung. Seit Mitte der achtziger Jahre ist die Politik der Entspannung in eine neue Phase eingetreten. Die Initiativen der Sowjetunion unter Michail Gorbatschow haben daran einen maßgeblichen Anteil. Erstmals ist ein wirkliches Abrüstungsabkommen geschlossen und durchgeführt worden.

Drittes Kapitel

»Kriegsgewinnlerei« im Ersten Weltkrieg

Die Anfänge parlamentarischer Rüstungskontrolle in Deutschland

Es ist ein Gemeinplatz, daß die Rüstungsindustrie in Kriegszeiten aus Konjunkturgründen ihre Gewinne beträchtlich zu steigern vermag[1]. Da machte die deutsche Rüstungsindustrie während des Ersten Weltkrieges keine Ausnahme. Ihre Repräsentanten sahen die kriegsbedingte Explosion ihrer Gewinne denn auch als etwas ganz Normales an. Sie betrachteten die Kriegsgewinne als einen ökonomischen, genauer gesagt, als einen betriebswirtschaftlichen Vorgang. Dabei erkannten sie nicht — und das war aus ihrer spezifischen Optik kaum anders zu erwarten —, daß die Rüstungsgewinne ein sehr sensibles Thema darstellten, das unversehens zu einem öffentlichen Skandal werden konnte, zu einem brisanten Politikum gar, welches das gesamte politische, militärische und wirtschaftliche System unter Legitimationsdruck zu setzen vermochte.

Genau dies war während des Ersten Weltkrieges in Deutschland der Fall. »Kriegsgewinnlerei« hieß das zeitgenössische politische Schlagwort. Es war ein polemischer Begriff mit einem betont negativen, abschätzigen Klang. Denn unter dem Vorzeichen des »Burgfriedens«, des Zusammenstehens der ganzen Nation gegen die äußeren Kriegsgegner, galt »Kriegsgewinnlerei« als etwas moralisch Verwerfliches. Der ökonomische Zusammenhang wurde auf diese Weise völlig von der politischen Wertung überlagert, verdrängt. Damit war ein neues innenpolitisches Konfliktthema geboren, dessen Sprengkraft zunächst nur schwer abgeschätzt werden konnte.

In der Literatur ist die »Kriegsgewinnlerei« während des Ersten Weltkrieges zwar nicht übersehen, aber doch eher am Rande behandelt worden[2], was dem Gewicht dieses Themas für die deutsche Innenpolitik in der zweiten Kriegshälfte und damit für die Vorgeschichte der deutschen Revolution von 1918/19 nicht gerecht wird. In der älteren, zwischen den beiden Weltkriegen verfaßten historischen Literatur lag der Schwerpunkt der Betrachtungsweise auf den wirtschafts-, finanz- und steuerpolitischen

Aspekten der Kriegsgewinne[3]. Wenig Interesse wurde demgegenüber der Frage entgegengebracht, welche Rolle das Parlament im Ersten Weltkrieg bei der Lösung dieses Problems spielte. Dabei hat der Reichstag seinerzeit ernsthafte Versuche unternommen, auf dem Gesetzgebungs- und dem Verordnungswege Maßnahmen gegen die »Kriegsgewinnlerei« durchzusetzen. Er tat dies sowohl im Interesse der Einsparung von Mitteln, also im Kontext der Kriegsfinanzierung, als auch im Hinblick auf die Stabilisierung der innenpolitischen Verhältnisse. Man kann in dem damaligen Kampf des Reichstags gegen die »Kriegsgewinnlerei« die Anfänge parlamentarischer Rüstungskontrolle in Deutschland sehen[4].

Da die Frage nach den Möglichkeiten und Grenzen parlamentarischer Rüstungskontrolle in einem kapitalistischen Wirtschaftssystem ein bis zum heutigen Tage aktuelles Thema geblieben ist, wird im folgenden untersucht, welche Wege der deutsche Reichstag unter den Bedingungen des Krieges 1914—18 zu gehen versuchte, um Einfluß auf die Rüstungspolitik zu gewinnen.

Daß diese Vorgänge wenig bekannt sind, liegt zum einen daran, daß der Kampf des Parlaments gegen die »Kriegsgewinnlerei« seinerzeit nicht eben sehr erfolgreich war, zum anderen daran, daß einschlägige Quellen bislang nicht intensiv genug ausgewertet wurden. Hier sind insbesondere die Protokolle der »Kommission zur Prüfung von Verträgen über Kriegslieferungen«[5] aus den Jahren 1916—18 zu nennen, die an entlegener Stelle, nämlich in den Akten des Reichs-Marine-Amts, aufgefunden werden konnten[6], sowie die seit kurzem gedruckt vorliegenden Protokolle des Hauptausschusses des Reichstags[7]. Zusammen mit den Stenographischen Berichten über die Plenardebatten des Reichstags[8] stellen diese offiziellen Dokumente eine solide Informationsbasis dar, von der aus dargestellt werden kann, wie der Reichstag und seine Organe unter den spezifischen Bedingungen des Kaiserreichs im Kriege parlamentarische Rüstungskontrolle zu betreiben versuchten.

1. »Kriegsgewinnlerei« als innenpolitische Herausforderung

Die »Kriegsgewinnlerei« erwies sich aus der Sicht der Regierung und des Parlaments in erster Linie als eine innenpolitische Herausforderung, da der öffentlich spürbare Unmut eine Gefahr für die Stabilisierung im Innern darstellte. Denn wer wollte angesichts der bekanntgewordenen Rüstungsgewinne noch behaupten, daß die Lasten des Krieges gleichmäßig auf die Schultern aller verteilt seien? Wer wollte da noch von sozialer Gerechtigkeit reden? Bei vielen Menschen entstand oder verfestigte sich nun der Eindruck, daß skrupellose Kapitalisten zu Hause fantastische Kriegsgewinne einstrichen, während der einfache Mann an der Front für das Vaterland zu sterben hatte. Rosa Luxemburg hat diesen Eindruck 1916 in ihrer Junius-Broschüre auf die klassische Formel gebracht: »Die Dividenden steigen, die Proletarier fallen.«[9] Da wurde auch klar, in welchem Maße diejenigen an der Wirklichkeit vorbeiredeten, die im »Schützengrabensozialismus« die Zeichen einer neuen Zeit zu erkennen glaubten. Tatsächlich gab es zwar eine Sozialisierung der Gefahr an der Front, aber nicht eine Einebnung des sozialen Status und der innergesellschaftlichen Machtverhältnisse. Die öffentliche Diskussion über die »Kriegsgewinnlerei« machte vielen Menschen deutlich, daß sie in einer Klassengesellschaft lebten[10].

Diese öffentliche Diskussion setzte bereits in der ersten Kriegshälfte ein. Ihre politische Brisanz erhielt sie jedoch erst in der zweiten Kriegshälfte. Das hing mit zwei sich überschneidenden Entwicklungen zusammen. Zum einen steht das Jahr 1916 für eine dramatische Verschlechterung der Lebensbedingungen der deutschen Bevölkerung. Zum anderen markiert es einen Wendepunkt in der deutschen Rüstungspolitik, der zu einem teilweise explosionsartigen Anwachsen der Gewinne in der Rüstungsindustrie führte.

Die Veränderungen in der Rüstungspolitik resultierten aus einem grundlegenden Wandel in den Einsatzgrundsätzen für das deutsche Feldheer. Sie wurden von der neu berufenen 3. Obersten Heeresleitung (OHL) unter Hindenburg und Ludendorff erlassen. Ihre Zielsetzung ging dahin, die bisherige personalintensive Rüstung durch eine materialintensive zu ersetzen. Die neuen rüstungspolitischen Prioritäten fanden im »Hindenburg-Programm« ihren Ausdruck, das im Bereich der Rüstung eine Verdoppelung oder gar Verdreifachung der Produktion forderte. Nach der These von Michael Geyer[11] vollzog die 3. OHL »den Übergang zum Maschinenkrieg und damit zur Industrialisierung der Kriegführung in Deutschland mit einer Radikalität, die als einmalig bezeichnet werden kann«. Jetzt drängte die gesamte Schwerindustrie auf den Rüstungsmarkt. War Rüstungsproduktion bislang das Geschäft einzelner privater und staatlicher Betriebe gewesen, so ging sie nun »in eine nationale, die gesamte Wirtschaft und Gesell-

schaft erfassende Rüstungsproduktion über«[12]. Die Folge war nicht nur ein Anheizen der Rüstungskonjunktur mit einem rapiden Ansteigen der Kriegsgewinne, sondern auch eine gewisse Machtverschiebung innerhalb der deutschen Gesellschaft zugunsten der Rüstungsindustrie, ohne deren Kenntnis der eher zaghafte Umgang staatlicher Stellen mit dem Problem der »Kriegsgewinnlerei« in den folgenden Jahren kaum verständlich wird.
Die öffentliche Kritik an der »Kriegsgewinnlerei« richtete sich in erster Linie an die Adresse bestimmter Rüstungsindustrieller, die dem Monopolabnehmer Staat für ihre kriegswichtigen Produkte Wucherpreise zumuteten, die — so die Vermutung — die Gestehungskosten um ein Vielfaches überstiegen. Zugleich richtete sich die Kritik jedoch auch an den Staat — vertreten durch die Offiziere und Beamten des militärischen Beschaffungswesens —, der ganz offensichtlich unfähig war, diese Praktiken wirksam zu unterbinden. Drittens schließlich mußten sich auch die Regierung und der Reichstag angegriffen fühlen, da sie es nicht vermocht hatten, ein Kriegsgewinnsteuergesetz in Kraft zu setzen, das eine befriedigende Abschöpfung der Kriegsgewinne ermöglichte. Die vorhandenen Gesetze waren so grobmaschig angelegt, daß sie von der Rüstungsindustrie nicht gefürchtet zu werden brauchten. Eine der Ursachen hierfür lag darin, daß bei den zuständigen Regierungsstellen die Anschauung vorherrschte, »man müsse der Industrie durch hohe Preise Anreize bieten, die Produktionserfordernisse zu erfüllen«[13]. Wer so dachte, wurde erst hellhörig, als das Schlagwort von der »Kriegsgewinnlerei« innenpolitische Konfliktträchtigkeit signalisierte.
Bei der Mehrheit der Parlamentarier war dies nicht anders. Aber nun mußten sich die Reichstagsabgeordneten die Frage vorlegen, ob sie es bei dem bislang praktizierten Verfahren bewenden lassen konnten, alljährlich pauschal Kriegskredite zu bewilligen, oder ob ihr Budgetrecht die Pflicht zu einer stärkeren Kontrolle des Umgangs militärischer Beschaffungsstellen mit öffentlichen Mitteln einschloß, und wo gegebenenfalls der Hebel am wirkungsvollsten angesetzt werden konnte.

2. Von der 1. Rüstungskommission (1913) zum Kriegssteuergesetz (1916)

Unregelmäßigkeiten im militärischen Beschaffungswesen hatten das Parlament bereits in der Vorkriegszeit auf den Plan gerufen und dazu geführt, daß die Reichsregierung 1913 eine »Rüstungskommission«[14] ins Leben rief, die einmal gründlich in das Verfahren bei der Beschaffung von Rüstungsgütern hineinleuchten und dabei auch die Behauptung überprüfen sollte, daß in diesem Milieu nicht selten mit Schmiergeldern gearbeitet wurde. Diese Rüstungskommission konnte seinerzeit keine großen Taten vollbringen, da sie 1914 wegen des Kriegsbeginns ihre Arbeit unterbrechen bzw. faktisch beenden mußte. Aber sie stellte gleichwohl einen bemerkenswerten Schritt in der Geschichte parlamentarischer Versuche dar, Einfluß auf den Militär- und Rüstungsetat und seine Verwendung zu gewinnen. Denn die Rüstungskommission von 1913 erhob den Anspruch, nicht nur bei der Bewilligung, sondern auch bei der Beschaffung von Rüstungsgütern ein kontrollierendes Wort mitzureden.

Weder die vorhandene Gesetzgebung noch die erwähnte, formell noch immer existierende Rüstungskommission konnten verhindern, daß es bereits in der ersten Hälfte des Weltkrieges auf dem Gebiet der Rüstungsproduktion und -beschaffung zu unerfreulichen Erscheinungen kam. Der sozialdemokratische Reichstagsabgeordnete Gustav Noske berichtete darüber folgendes: »Gleich nach Kriegsbeginn waren nicht nur mit seriösen Firmen, sondern auch mit den unmöglichsten Personen Kontakte für Heereslieferungen, oft zu Wucherpreisen, aber auch sonstige himmelschreiende Verträge zum Nachteil des Reiches abgeschlossen worden. Kontrahenten[15] waren in bunter Reihe Legationsräte, galizische Juden, Tänzerinnen, Kabinettssekretäre und so fort.«[16] Gravierender als die offensichtliche Inkompetenz mancher militärischer Beschaffer war jedoch, daß der Staat keine hinreichenden Anstrengungen unternahm, seine Rolle als Monopolabnehmer für Rüstungsgüter für eine Preiskontrolle auszunutzen[17]. Damit ließ er es faktisch zu, daß nicht unbeträchtliche Kriegsgewinne gemacht werden konnten.

Erst im Sommer 1916 — noch vor der Berufung der 3. OHL — bequemte sich die Regierung zu einem Kriegssteuergesetz[18], das jedoch wiederum nur einen geringen Teil der Kriegsgewinne zu erfassen vermochte. Das Parlament gab sich, dies wohl ahnend, nicht mit dem neuen Gesetz zufrieden, sondern forderte zusätzliche parlamentarische Aktivitäten zur Untersuchung des militärischen Beschaffungswesens. Der konkrete Anstoß dazu ging — noch während der abschließenden dritten Beratung des Kriegssteuergesetzes im Plenum des Reichstags — von der Konservativen Partei aus. Ihr Sprecher, Graf v. Westarp, forderte, einmal »in die Verhältnisse der Kriegslieferungen und der Kriegsverträge hineinzuleuchten«; dabei sollte auch überprüft werden, »ob nicht — ohne daß man daraus besondere Vor-

würfe gegen die Behörden konstruieren wollte — in der ungeheuer schnellen und schwierigen Entwicklung namentlich der ersten Kriegsmonate Gewinne gemacht worden sind, die wir alle mißbilligen und die im ganzen Volke eine große Erregung hervorrufen«[19].
Dem Grundsatz nach waren sich die im Reichstag vertretenen Parteien darin einig, daß sich der Staat ein Preisdiktat der Rüstungsindustriellen weder finanziell noch politisch gefallen lassen konnte, und daß daher eine parlamentarische Überprüfung der Beschaffungsvorgänge geboten war. Über den geeigneten Weg dazu gab es einige kontroverse Debatten im Rechnungsausschuß. Dort einigte man sich schließlich auf die Forderung nach Einsetzung einer Kommission nach dem Muster der Rüstungskommission von 1913. Als Berichterstatter des Rechnungsausschusses stellte Noske im Plenum des Reichstags am 7. Juni 1916 folgendes Motiv für diese Initiative heraus: »Es besteht unstreitig in weiten Kreisen des Volkes ein starkes Mißtrauen gegen die Art, in der manche Lieferungsgeschäfte zur Erledigung gebracht worden sind, und es besteht auch ein starkes Mißtrauen insofern, ob die Art aller Kriegslieferungen ganz unbedenklich und einwandfrei sei.«[20] Sodann trug er einen von der Rechnungskommission einstimmig verabschiedeten Resolutionsentwurf[21] vor, in dem der Reichskanzler aufgefordert wurde, »zur Prüfung von Verträgen, welche Behörden oder Kriegsgesellschaften seit Kriegsbeginn zu Lasten der Reichskasse über Leistungen oder Lieferungen für Kriegszwecke geschlossen haben, eine Kommission zu berufen, zu welcher vom Reichstag zu wählende Mitglieder des Reichstags und Sachverständige zuzuziehen sind. Der Herr Reichskanzler wird ersucht, den Bericht der Kommission den gesetzgebenden Körperschaften mit Vorschlägen zur Beseitigung etwaiger Mißstände mitzuteilen.« Abschließend gab Noske namens der Rechnungskommission der Erwartung Ausdruck, daß die Regierung das vorgeschlagene Gremium »schleunigst« an die Arbeit gehen lassen werde, weil dies »im Interesse des Reichs dringend erforderlich« sei. Noskes Resolutionsentwurf wurde mit großer Mehrheit angenommen[22].

3. Die Berufung der »Kommission Kriegslieferungen«

Unter dem Druck der unzufriedenen Öffentlichkeit erklärte nun auch die Regierung, daß sie die Kontrolle durch die Volksvertretung für wün-

schenswert halte[23]. Noch im Sommer 1916 wurde die »Kommission zur Prüfung von Verträgen über Kriegslieferungen«, wie der umständliche und daher vielfach falsch überlieferte Titel dieses Gremiums lautete[24], berufen. Dies war Sache der Regierung, nicht des Parlaments, das mit der erwähnten Resolution lediglich eine Empfehlung ausgesprochen hatte. Die Regierung folgte dem Ersuchen des Reichstags in der Weise, daß sie zwar auch Parlamentarier in die Kommission berief, ihnen aber eine doppelt bis dreimal so große Anzahl von Regierungs- bzw. Behördenvertretern gegenüberstellte[25], womit wohl nicht zuletzt das der Verfassungswirklichkeit entsprechende Machtgefälle demonstriert werden sollte. Es wurden 13 Mitglieder des Reichstags[26] berufen, die von den Fraktionen benannt waren. Nach einem an den Fraktionsstärken orientierten Schlüssel entsandte die SPD-Fraktion drei Abgeordnete, nämlich die Redakteure Wilhelm Dittmann, Hermann Krätzig und Gustav Noske, die Zentrumsfraktion zwei, nämlich den Fabrikbesitzer Richard Müller und den Steuerbeamten Johann Sophian Richter, die Nationalliberale Fraktion ebenfalls zwei, nämlich den Rechtsanwalt Friedrich List und den Rittergutsbesitzer Julius Heinrich Zimmermann. Die Fortschrittliche Volkspartei wurde durch den Rechtsanwalt Eugen Haehnle und den Hamburger Kaufmann Hermann Leube vertreten, die Konservative Fraktion durch den Fabrikanten und Rittergutspächter Martin Schiele und den bayerischen Ökonomierat Luitpold Weinböck. Weiter gehörten der Kommission der polnische Abgeordnete Adalbert v. Trampezynski, von Beruf Rechtsanwalt und Notar, und der Abgeordnete, Antisemit und Redakteur Ludwig Werner von der Deutschen Reformpartei an.
Für die Regierungsseite fungierte der Staatssekretär des Innern, Staatsminister Karl Helfferich, der zugleich Vizekanzler war, als Vorsitzender des Ausschusses. Er ließ sich gelegentlich von dem Direktor im Reichsamt des Innern, Theodor Lewald, vertreten. Weiterhin wurde eine große, wechselnde Anzahl von Vertretern der Reichsämter (Ministerien) in die Kommission entsandt, wobei das Reichs-Marine-Amt und das Preußische Kriegsministerium im Regelfall besonders zahlreich vertreten waren. In der ersten Sitzung der Kommission saßen den 13 Parlamentariern 24 Behördenvertreter gegenüber. In der 6. Sitzung am 19. Juni 1917 waren es beispielsweise sogar 34 Behördenvertreter, darunter 23 Offiziere des Kriegsministeriums. Die Anwesenheitslisten der gedruckten Kommissionsprotokolle erinnerten an die kaiserliche Hoftafel und das mit ihr symbolisierte

Prestigedenken: Hier wie dort rangierte der Reichstagsabgeordnete hinter dem Offizier.
Die im Sommer 1916 berufene Kommission hielt — nach monatelangem Zögern der einladenden Regierung — am 19. Dezember 1916 ihre erste Sitzung ab, tagte dann in unregelmäßigen Abständen über das Jahr 1917 und das Frühjahr 1918 hinweg insgesamt 14mal und schloß ihre Arbeiten am 16. Februar 1918 ab. In diesem Zeitraum befaßten sich auch der Hauptausschuß sowie das Plenum des Reichstags mehrfach mit dem Gegenstand, der von der »Kommission Kriegslieferungen« zu überprüfen war.

4. Nur ein Alibi?

Insgesamt war das Anliegen der Regierung unverkennbar, die Arbeit der Kommission möglichst in die von ihr gewünschte Richtung zu lenken. So erklärt sich die Zusammensetzung der Kommission, in der nicht die Abgeordneten, sondern die Regierungskommissare dominierten, wie auch das Bestreben, möglichst wenige interne Informationen — etwa über das kritikwürdige Finanzgebaren der Rüstungsindustriellen oder über die Unzulänglichkeiten bei den staatlichen Rüstungsbeschaffern — an die Öffentlichkeit gelangen zu lassen. Die Regierung befürchtete, solche Informationen könnten das ohnehin angespannte innenpolitische Klima zusätzlich anheizen, und verfügte daher die Vertraulichkeit der Kommissionsberatungen. Schließlich litt die Arbeit der Kommission auch darunter, daß sie nicht das Recht auf eidliche Vernehmung hatte, wie es bei einem unter den Bedingungen eines parlamentarischen Regierungssystems gebildeten Untersuchungsausschuß selbstverständlich gewesen wäre.
Von Anfang an bestand unter diesen Voraussetzungen die Gefahr, daß die Kommission von der Regierung dazu mißbraucht wurde, sich vor der Öffentlichkeit ein Alibi zu verschaffen. Kein Geringerer als der Vorsitzende gab dies ganz ungeschützt zu, als er zu Beginn der ersten Sitzung ausführte, man müsse die Überprüfung der Kriegslieferungen vornehmen, »schon um unserem Volke das Vertrauen zu erhalten, daß in diesen Geschäften alles mit rechten Dingen zugeht, daß nach vernünftigen Grundsätzen verfahren wird, daß die Personen, die so gewaltige Geschäfte zu bearbeiten haben, dem alten Rufe der deutschen Beamtenschaft Ehre machen, daß mit den Riesensummen, die hier in Frage stehen, sparsam umgegan-

gen wird, daß eine gewissenhafte Kontrolle da ist und daß Fehlgriffe, wie sie ja schließlich bei Geschäftsabschlüssen von so gewaltigem Umfang unvermeidlich sind, ihre Remedur finden«[27]. Angesichts dieser Äußerung war es eine geradezu zurückhaltende Formulierung, wenn Wilhelm Dittmann, der seit 1917 die USPD-Fraktion in der Kommission vertrat, im Herbst desselben Jahres vor dem Reichstag den Verdacht äußerte, das Gremium sei nur eine »Kulisse«, mit der die Regierung nach außen hin den Eindruck erwecken wolle, »als bestände eine parlamentarische Kontrolle über die Kriegslieferungen, während sie in Wirklichkeit nicht vorhanden ist«[28].
Die praktische Arbeit des Gremiums gestaltete sich zunächst so, daß sich die Reichstagsabgeordneten Vorträge über die Grundsätze anhörten, nach denen bislang bei der Beschaffung bestimmter Rüstungsgüter verfahren wurde. Bei den Vortragenden handelte es sich um Offiziere und Beamte des Preußischen Kriegsministeriums, die für einen bestimmten Beschaffungssektor Verantwortung trugen. Naturgemäß überwog bei diesem Personenkreis nicht gerade der kritisch-aufklärerische Ansatz, so daß die Abgeordneten schon bald einsahen, daß sie selbst mit konkreten Aufträgen an die Behörden aktiv werden mußten, wenn sie die Hoffnung nicht begraben wollten, einen bestimmten Sachverhalt sachlich einwandfrei auszuleuchten.

5. Die herausragende Rolle des Abgeordneten Gustav Noske (SPD)

Die Gefahr, daß sich die Beratungen der Kommission im Kreise drehen könnten, hat wohl am deutlichsten der sozialdemokratische Abgeordnete Gustav Noske erkannt, der nach dem Zeugnis des Ministerialdirektors Lewald überhaupt »das tätigste und führende Mitglied dieser Kommission«[29] war. Die Kommissionsprotokolle bestätigen diese Aussage in vollem Umfang.
Noske hatte breits in den Vorkriegsjahren so scharf wie kaum ein anderer Reichstagsabgeordneter auf Mißstände im militärischen Beschaffungswesen hingewiesen[30] und war dabei auch vor systemkritischen Schlußfolgerungen nicht zurückgeschreckt. Schonungslos hatte er die Praktiken zahlreicher Lieferanten aufgedeckt, Beamte und Offiziere der Marineverwaltung zu »schmieren«, um von ihnen Aufträge zu erhalten. Mehrfach hatte

er dabei mit Karl Liebknecht, dem wohl profiliertesten Rüstungskritiker der Vorkriegs-Sozialdemokratie, an einem Strang gezogen, etwa in einem Bestechungsfall der Firma Krupp im Jahre 1913[31]. Noske hatte schon damals erkannt: »Ganz unverkennbar ist das Rüstungskapital in allen Ländern darauf bedacht, die Rüstungen voranzutreiben, um seine Profitmöglichkeiten immer glänzender zu gestalten.«[32] Der Parlamentarier war zu der Überzeugung gelangt, daß es neben den Angehörigen der Armee, die ihre Arbeitsplätze sichern und Karriere machen wollten, die Waffenfabrikanten seien, die ein Interesse an einer Steigerung der Rüstungen und an kriegerischen Verwicklungen hätten[33]. Daher führten ihn seine Überlegungen zu dem Ergebnis, »daß im Interesse der Erhaltung des Friedens und der Beschränkung der Rüstungen die Verstaatlichung der gesamten Rüstungsindustrie dringend geboten wäre«[34]. Noskes Problembewußtsein bezüglich des Verhältnisses von Rüstungsindustrie und Militärbürokratie war also bereits zu diesem Zeitpunkt gut entwickelt.
Daher war es für die SPD-Reichstagsfraktion auch keine Frage gewesen, daß Noske in die erste Rüstungskommission von 1913 gesandt werden sollte[35]. Als es dann 1916 um die Besetzung der »Kommission Kriegslieferungen« ging, schlug die Fraktion wiederum Noske vor[36]. Aufgrund seiner einschlägigen Erfahrungen mit den Lieferungsskandalen der Vorkriegszeit wie auch wegen seiner langjährigen Tätigkeit als Militärexperte seiner Fraktion und als Mitglied der Rechnungskommission des Reichstags, in welcher die Staatsausgaben einer parlamentarischen Überprüfung unterzogen wurden, konnte man berechtigte Hoffnungen haben, daß es diesem Abgeordneten gelingen würde, mit einiger Aussicht auf Erfolg in dem Morast der Kriegsgewinnlerei herumzustochern. Außerdem hatte er, wie oben erwähnt, schon vor Jahren einer Verstaatlichung der Rüstungsindustrie das Wort geredet und damit einen Weg aufgezeigt, der eine private Abschöpfung von Gewinnen aus der Rüstungsproduktion vollständig unmöglich machte.
Die Frage stellt sich nun, ob Noske diese Forderung unter den geänderten Bedingungen des Burgfriedens wiederholen und damit den öffentlichen Skandal als Hebel für die Forderung nach einer antikapitalistischen Strukturreform im Rüstungssektor einsetzen würde. Berücksichtigt man, daß die Gewerkschaften und die Mehrheitssozialdemokraten gerade auch im Winter 1916/17 bestrebt waren, mit der militärischen Führung zusammenzuwirken, »um jede Schwierigkeit für die Kriegführung zu vermei-

den«[37], und berücksichtigt man weiterhin, daß Noske ein besonders eifriger Verfechter dieser Zusammenarbeit zum Zwecke eines militärischen Sieges Deutschlands war, so durfte von ihm kaum erwartet werden, daß er in der gegebenen Situation mehr als die Beseitigung allzu skandalöser Auswüchse anstrebte.
Immerhin gab sich Noske große Mühe, den in ihn gesetzten Erwartungen gerecht zu werden. Er war es, der bereits in der ersten Sitzung der Kommission — übrigens als einziger — ein inhaltliches Programm für deren Arbeit entwickelte, das nach seiner Auffassung die Möglichkeit bot, die vielschichtige und schwierige Materie angemessen zu behandeln. Noske wollte besonders die Art der Auftragsvergabe durch die Heeresverwaltung, die Provisionen und die brisante Frage der Zwischengewinne untersucht sehen[38]. Schon bei dieser Gelegenheit kündigte er an, daß er sich keinesfalls mit der Entgegennahme von Vorträgen abspeisen lassen werde, sondern daß sich die Vertreter der Reichsämter darauf einstellen müßten, daß er »an die Einzelheiten herankommen« wolle[39]. Bei alledem blieb Noske jedoch im Ton durchaus moderat, da er das Klima in der Kommission nicht durch vorzeitige Angriffe gegen die Regierungsvertreter belasten wollte. So sprach er z. B. nicht von Skandalen, wie dies in der Presse gang und gäbe war, sondern von »Ungehörigkeiten« und »Fehlern«, die gemacht worden seien, und Helfferich kam er mit der Bemerkung entgegen, daß er an der Lauterkeit der Masse der Beamten keinen Zweifel hege und daß es für manche »Bemängelungen« sicherlich entschuldbare Gründe gebe.
Gleichwohl war Noske der Mann, der die Beratungen voranbrachte. Fast regelmäßig ergriff er nach den Vorträgen als erster das Wort, um den jeweiligen Referenten mit kritischen Fragen zu konfrontieren. Auch hier beeindruckte Noske wieder durch detaillierte Sachkenntnisse. Er war der einzige unter den Abgeordneten in der Kommission, der mitreden konnte, wenn es zum Beispiel um die Beschaffung von Tornistern, Patronentaschen, Schanzzeug und anderes Material ging[40]. Er konnte es sich leisten, schon zu einem sehr frühen Zeitpunkt die Feststellung zu treffen, daß die Offiziere und Beamten der Heeresverwaltung vielleicht mit gutem Willen, gewiß aber nicht mit der erforderlichen Sachkenntnis gehandelt und überdies unseriösen Zwischenhändlern vertraut hätten[41]. Noske sparte auch nicht mit scharfer Kritik, wenn die vortragenden Offiziere trotz des offen zutage liegenden Tatbestands übermäßiger Profite vieler Rüstungsunternehmen noch immer — ihre eigene Beschaffungspraxis verteidigend — von

»angemessenen« oder gar »niedrigen« Preisen sprachen, die von der Heeresverwaltung bezahlt wurden[42]. Was Noskes hervorgehobene Stellung in der Kommission ausmachte, war seine Fähigkeit, sich über bestimmte Vorgänge in der Grauzone des Rüstungsgeschäfts aus Quellen zu informieren, die außerhalb der Reichsbehörden lagen, während die Vertreter dieser Behörden noch immer im Nebel herumstocherten — oder dies zumindest vorgaben.

6. Kriegsgewinne des Elektrokonzerns AEG und der Firma Textilunion

Noske demonstrierte dies am Beispiel des Elektrokonzerns AEG, über den er sich genaue Informatonen beschafft hatte. Dieses sehr stark am Rüstungsgeschäft beteiligte Unternehmen hatte schon im Jahre 1915 einen offiziellen Kriegsgewinn von 34,5 Millionen Mark erzielen können[43]. In den Folgejahren stiegen die Gewinne weiter an, worin der Leiter des Unternehmens, Walther Rathenau, der seit 1914 zugleich mit der Organisation der deutschen Rohstoffbewirtschaftung betraut war, nichts grundsätzlich Verwerfliches zu erblicken vermochte[44]. Noske konfrontierte nun die Kommissionsmitglieder mit der Feststellung, die AEG habe allein bei der Weitergabe von Aufträgen der Heeresverwaltung »einen Profit von annähernd 40 Millionen Mark herausgeschlagen«, sich also mit Zwischengewinnen, ohne eigene Leistung, auf ungeheuerliche Weise bereichert[45]. Als die Behördenvertreter hierzu nichts zu sagen wußten und damit die Arbeit der Kommission objektiv behinderten, warf ihnen Noske vor, sich bei ihren Prüfungen, die sie im Auftrage der Kommission durchführten, auf kleine Unternehmer beschränkt zu haben, statt sich an die größten Unternehmen heranzumachen, von denen die größten Gewinne erzielt worden waren[46]. Dittmann unterstützte ihn dabei mit der Bemerkung, die Behandlung der AEG sei ein Beweis dafür, daß es die Regierung nicht wage, »gegenüber dem Großkapital ... energisch einzugreifen«[47].
Trotz der zunächst von allen Abgeordneten in der Kommission akzeptierten Selbstbeschränkung der Arbeit auf die Überprüfung der zwischen Heeresverwaltung und Rüstungsbetrieben abgeschlossenen Lieferverträge kam es — von der Sache her notgedrungenermaßen — alsbald zu grundsätzlichen Auseinandersetzungen. Den Anlaß dazu boten die Mitteilungen eines Offiziers des Preußischen Kriegsministeriums (Ingenieur-Komitee) über die

gewaltigen Kriegsgewinne der Firma »Textilunion«, die eine Monopolstellung für die Herstellung von Sandsäcken und Zeltbahnen aus Papiergarn innehatte[48]. Der Abgeordnete Wilhelm Dittmann[49] sah sich aufgrund dieser Mitteilungen zu der Aussage veranlaßt, es sei für ihn eine bedrückende Vorstellung, »daß es kein wirksames Mittel gibt, diesen großkapitalistischen Vampyrgesellschaften das Handwerk zu legen, die es ganz offensichtlich darauf abgesehen haben, systematisch einen dauernden Raubzug auf die Reichskasse zu eröffnen und zu unterhalten«. Im vorliegenden Fall empfahl Dittmann der Reichsleitung, zu dem gegebenen »Radikalmittel« zu greifen und das Privatmonopol der Papiergarnverarbeitung in ein Staatsmonopol zu verwandeln und sich nicht damit zu begnügen, lediglich »Auswüchse zu verhindern und die schädlichen Folgen, die auftreten, zu mildern«. Eine reichseigene Produktion der Sandsäcke, an denen die Heeresverwaltung einen Millionenbedarf hatte, konnte, so Dittmann, die ungeheuren Zwischengewinne verhindern und außerdem zu höheren Löhnen führen.

7. Pro und contra Verstaatlichung

Wie reagierte Noske darauf, der doch vor dem Kriege selbst die Verstaatlichung der Rüstungsindustrie empfohlen hatte? Er berichtete der Kommission, daß man sich im Hauptausschuß im Zusammenhang mit der Beratung des Hilfsdienstgesetzes[50] bereits mit der Frage befaßt habe, ob man mit der Übernahme der Produktion durch das Reich das Problem der unzulässig hohen Profite ausschalten könne. Er selbst habe schon dort davon abgeraten, dies während des Krieges zu tun, weil darunter das vordringliche Ziel der »raschen Produktion« von Rüstungsgütern leiden könne[51]. Noske rückte also mit Rücksicht auf die Kriegserfordernisse von seiner früheren Position eindeutig ab und trug an ihrer Stelle eine neue Idee vor: Die Heeresverwaltung sollte, so seine Empfehlung, bei der Beschaffung von Rüstungsgütern nicht bloß Sachverständige aus der Industrie heranziehen, von denen man doch gewiß nicht erwarten könne, daß sie den Profitinteressen der Unternehmer entgegenträten, sondern auch »Sachverständige aus den Arbeiterorganisationen«[52]. Diese könnten nicht nur ihre spezifische Sachkenntnis einbringen, die bei den militärischen Stellen häufig fehle, sondern auch den Profitinteressen wirksam entgegentreten und damit das Preisgebaren der Firmen kontrollieren.

Auch der andere Vertreter der SPD in der Kommission, Hermann Krätzig, hielt es für ausgeschlossen, jetzt an die Ausführung des Verstaatlichungsgedankens heranzugehen. Er glaubte, der »ungeheure Wucher« ließe sich auch auf andere Weise beseitigen[53]. Die bürgerlichen Abgeordneten[54] mußten zwar zugeben, daß das Monopolunternehmen »Textilunion« »märchenhafte Gewinne« erzielt habe, wollten aber von grundsätzlichen Erörterungen, wie sie Dittmann angeregt hatte, überhaupt nichts wissen.
Nachdem in der Kommission systemkritische Überlegungen dieser Art zumindest einmal angeklungen waren, hielt es Helfferich für angezeigt, eine mehrmonatige Beratungspause einzulegen. Als das Gremium dann um die Jahresmitte 1917 wieder zusammentrat[55] und sich Vorträge über die Beschaffung von Mundverpflegung und von Gewehren anhörte, kam Noske in einer Weise auf das Thema »Verstaatlichung der Rüstungsindustrie« zurück, die offenbar von allen Anwesenden akzeptiert wurde: Er wollte die Debatte hierüber auf »später« — bis nach dem Kriege — vertagt wissen; dann könne eine weitergehende Kontrolle des Reiches über monopolartige Rüstungsbetriebe durchaus in Frage kommen, meinte er[56]. Für diese Vertagung des Problems sprach Noske zufolge das Beispiel der Waffenfabrik »Oberspree«[57], das zunächst einmal genauer untersucht werden sollte. Diese Firma war mit staatlichen Mitteln gegründet und zunächst auch unter staatlicher Regie betrieben worden. Als sich dann herausstellte, daß sie zu teuer arbeitete, wurde sie auf eine privatkapitalistische Basis gestellt. Den damit aufgeworfenen Fragen wollte Noske durch Einsichtnahme in die »Oberspree«-Akten persönlich nachgehen und über das Ergebnis der Kommission berichten.
Ersatzweise diskutierte die Kommission nun das englische Beispiel. Das dort 1915 beschlossene Munitionsgesetz stellte die Munitionshersteller vollständig unter Staatsaufsicht, womit auch die Preisgestaltung zu einer Angelegenheit des Staates wurde[58]. Es handelte sich in England also um einen sehr weitgehenden Eingriff in die privatwirtschaftliche Rüstungsindustrie, der mit dem deutschen Kriegssteuergesetz von 1916 gar nicht zu vergleichen war. Noske, dem das englische Beispiel nicht unsympathisch war, soweit es sich auf die Preisgestaltung bezog, stellte jedoch zugleich die wirtschaftliche Leistungsfähigkeit eines unter so starker staatlicher Kontrolle stehenden Betriebes in Frage. Für ihn war es durchaus nicht entschieden, ob nicht doch »beim freien Wirken der wirtschaftlichen Kräfte ein höheres Maß an Leistungen erwartet werden konnte«[59].

Das also war im Sommer 1917 — ein Jahr nach der Berufung der »Kommission Kriegslieferungen« durch den Reichskanzler — der Stand der Dinge: Die Abgeordneten waren — mit durchaus unterschiedlichem Engagement — dabei, etwas tiefer in die zu untersuchende Materie einzudringen; in einigen Fällen — AEG, Daimler, Oberspree[60] — versuchten sie, bislang noch mit mäßigem Erfolg, zum harten Kern der Preisgestaltung vorzudringen; von der Formulierung praktischer Gegenmaßnahmen, die über das Kriegsgewinnsteuergesetz hinausgingen, war man noch weit entfernt; mit der Verstaatlichungsidee hatte man nur so ein bißchen gespielt und sie dann wieder beiseite gelegt.

Alles in allem: Für die Rüstungsindustrie bedeutete die Kommission zu diesem Zeitpunkt — und, um dies vorwegzunehmen, auch später — keine Gefahr.

8. Die Groener-Merton-Denkschrift von 1917

Diese Zwischenbilanz der Kommissionsarbeit wurde hier gezogen, um eine andere politische Aktion, die zu etwa derselben Zeit von General Groener gestartet wurde, in angemessener Weise zu würdigen. Groener war zu diesem Zeitpunkt Chef des 1916 im Zusammenhang mit dem umfassenden Rüstungsprogramm der OHL neu geschaffenen Kriegsamtes. Diese Behörde sollte letztlich »die gesamte Rüstungstätigkeit zentral bündeln«[61]. Im einzelnen oblag es ihr, den personellen und materiellen Nachschub an die Front zu organisieren und zugleich die Rüstungsindustrie mit geeigneten Arbeitskräften zu versorgen.

In seiner Verantwortung als Chef dieser hohen militärischen Behörde, die gleichsam an der Nahtstelle zwischen Armee und Industrie arbeitete, legte Groener dem Reichskanzler Michaelis und einigen Persönlichkeiten aus der Industrie eine vom 12. Juli 1917 datierte Denkschrift vor[62], deren Inhalt so aufregend wie der Titel war: »Über die Notwendigkeit eines staatlichen Eingriffs zur Regelung der Unternehmergewinne und Arbeiterlöhne.«[63] Verfaßt war diese kluge und in ihren Schlußfolgerungen radikal zu nennende Schrift von Richard Merton[64], einem Vorstandsmitglied der Metallgesellschaft Frankfurt a. M.[65], der jetzt im Range eines Rittmeisters der Reserve als Mitarbeiter Groeners im Kriegsamt tätig war. Veröffentlicht wurde die Denkschrift erst nach dem Kriege[66].

Groener, der sich die Gedanken seines Mitarbeiters aus der deutschen Industrie zu eigen machte, riet mit dieser Denkschrift der Reichsleitung, Unternehmergewinne und Arbeiterlöhne nicht mehr dem freien Spiel der Kräfte zu überlassen, sondern die Probleme, die der deutschen Kriegswirtschaft mit der Kriegsgewinnlerei auf der einen und dem rapiden Anwachsen der Löhne auf der anderen Seite erwuchsen, mittels staatlicher Eingriffe zu lösen. Was die Industrie betraf, so legte Merton in schonungsloser Weise offen, daß die Rüstungsunternehmer sich nicht von irgendwelchen ethischen Motiven wie Opfersinn, Vaterlandsliebe und dergleichen leiten ließen, sondern ausschließlich vom »Verdienstanreiz«. Er konstatierte, »daß, je länger der Krieg gedauert hat, das Bestreben, die Konjunktur nach Kräften auszunutzen, auf allen Seiten um so rücksichtsloser zum Ausdruck gekommen ist«. Aus den Bilanzen las er ab, daß es der Industrie trotz der bestehenden Gesetze noch immer möglich war, »ganz außerordentliche, in durchaus keinem Verhältnis zu den Leistungen stehende Gewinne zu erzielen«[67]. Groener und Merton verlangten eine Verschärfung des Kriegsgewinnsteuer-Gesetzes, zusätzliche gesetzgeberische Maßnahmen sowie den Einsatz staatlicher Zwangsmittel bis hin zur Zwangsverwaltung von Rüstungsbetrieben durch das Militär. Nach dem Vorbild des englischen Munitionsgesetzes, über das auch die Parlamentarier in der »Kommission Kriegslieferungen« debattiert hatten, sollte der Reichskanzler ermächtigt werden, »industrielle Unternehmungen jeder Art unter Zwangsverwaltung zu stellen und für derartige Unternehmungen je nach den Verhältnissen Arbeitslöhne und Unternehmergewinne festzusetzen«[68]. Den Unternehmern — gegen sie richtete sich die Groener-Denkschrift in erster Linie, nicht so sehr gegen die Arbeitnehmer und ihre Gewerkschaften — müsse klargemacht werden, »daß der Krieg keine Gelegenheit zum Geldverdienen ist, sondern daß er tatsächlich von jedermann Opfer verlangt und, wenn nötig, erzwingt«[69].

Erzwingen konnte Groener allerdings weder die Militarisierung der Rüstungsbetriebe noch eine andere der von ihm vorgeschlagenen Maßnahmen. Vielmehr erwirkten einflußreiche Industrielle, denen die ganze Stoßrichtung der Schrift gegen den Strich ging, beim Ersten Generalquartiermeister bei der OHL, General Ludendorff, und seinem engsten politischen Berater, Bauer, den Sturz Groeners als Chef des Kriegsamtes[70]. Was er vorgeschlagen hatte, war seinen Gegnern im Unternehmerlager, für die seit 1917 die Abwehr staatlicher Interventionen in den ökonomischen

Bereich hinein ohnehin zum innenpolitisch wichtigsten Thema geworden war[71], allzu brisant.
Mit Blick auf die gemischte »Kommission Kriegslieferungen« aus Regierungsvertretern und Parlamentariern ist zu sagen, daß sie sich zu so radikalen Forderungen wie denen nach einschneidenden staatsinterventionistischen Maßnahmen niemals hat durchringen können. Während also ein hoher Militär praktikable, wenngleich in Industriekreisen unpopuläre Vorschläge zur Bekämpfung der Kriegsgewinnlerei machte, schreckte die Kommission vor vergleichbar weitgehenden Vorschlägen zurück. Sie durfte daher weiterarbeiten, Groener nicht.
Die »Kommission Kriegslieferungen« hat von der Groener-Denkschrift keine Kenntnis erhalten[72]. Da sie von Groener selbst als »vertraulich« eingestuft worden war, durfte sie nicht publiziert werden und hat daher wahrscheinlich nur wenige Adressaten aus der unmittelbaren Umgebung des Reichskanzlers Michaelis erreicht. Es ist mit Sicherheit anzunehmen, daß zu dieser auch Helfferich, der Staatssekretär des Innern und Vizekanzler, sowie sein Untestaatssekretär Lewald gehörten[73], mit dem er sich im Vorsitz der Kommission abwechselte. Doch beide haben es vermieden, Noske und seine Parlamentarierkollegen über die weitreichenden Vorschläge des General Groener zu unterrichten. Der Grund war naheliegend: Noske hätte bei seinem engagierten Kampf gegen die Kriegsgewinnlerei in dem Militär einen Verbündeten sehen und mit ihm gemeinsam für einschneidende staatliche Eingriffe in die Rüstungsindustrie eintreten können.
Daran war der kaiserlichen Regierung jedoch in keiner Weise gelegen. Sie fürchtete die Öffentlichkeit. Daher verlangte sie auch, daß die von der »Kommission Kriegslieferungen« erstatteten schriftlichen Berichte vertraulich behandelt wurden. Das Instrument der »Vertraulich«-Klassifizierung hat infolgedessen sowohl die Wirkungen der Groener-Denkschrift als auch die der »Kommission Kriegslieferungen« in den Grenzen gehalten, die von der Regierung für opportun erachtet wurden.

9. Aus der Prüfungsarbeit der »Kommission Kriegslieferungen«

Nach dem Sommer 1917 traf sich die Kommission zu weiteren sieben ganztägigen Sitzungen[74] und besichtigte zudem mehrere Rüstungsbetriebe, darunter die Werften in Kiel. Am Arbeitsstil änderte sich wenig. Die Reichs-

tagsabgeordneten nahmen wiederum eine größere Anzahl von Vorträgen, darunter allein ein Dutzend Referate über die Grundsätze der Beschaffung in der Marine, entgegen und versuchten, durch Rückfragen bei den Regierungskommissaren einen Einblick in die Beschaffungsvorgänge zu erhalten. Angeregt durch Noske[75], der immer mehr in die Rolle eines Sprechers der Kommission hineinwuchs und zugleich die Gechäftsführeraufgaben mit übernahm[76], gingen einige Abgeordnete nunmehr daran, durch persönliches Aktenstudium bei der Heeres- und Marineverwaltung die Verträge zu prüfen. Noske bewältigte dabei das größte Pensum. Er überprüfte die Akten des Waffenwerkes Oberspree in Niederschönweide bei Berlin, der AEG, der Aktiengesellschaft Goerz sowie der Pulverhersteller und erstattete der Kommission über jede einzelne Überprüfung einen schriftlichen Bericht[77]. Noske war es auch, der im Januar 1918 die Ergebnisse der bisherigen Beratungen in einem Abschlußbericht[78] zusammenfaßte.
Von allgemeinem Interesse waren die Erkenntnisse, die der Abgeordnete aus seiner Prüfung der Akten der Gewehrfabrik Oberspree zog, da es sich bei ihr um einen »gemischten Betrieb« aus staatlichen und privatkapitalistischen Elementen handelte, der miserabel gearbeitet hatte und daher die Frage aufwarf, ob eine solche Mischung nicht generell zu verwerfen war. Tatsächlich betrachtete Noske eben dies als seine Aufgabe, nämlich »zu ermitteln, aus welchen Gründen das Unternehmen, bei dem der Reichsfiskus, vertreten durch die Militärverwaltung, und ein Privatunternehmen zusammen arbeiten sollten, mit einem völligen Mißerfolg endete«[79]. Das Ergebnis war überraschend. Denn es zeigte sich, daß aus dem Mißerfolg der Waffenfabrik Oberspree nicht gefolgert werden durfte, »daß an sich ein Zusammenwirken von Fiskus und Privatkapital in einem gemischten Betrieb unmöglich« sei[80]. Vielmehr waren, Noske zufolge, einzelne Fehlgriffe der Heeresverwaltung — ein schlechter Vertrag, der »von einem Höchstmaß geschäftlicher Einsichtslosigkeit an amtlicher Stelle« zeugte, sowie die Auswahl eines Unternehmers, der von der Gewehrfabrikation nicht die geringste Ahnung hatte — für das Scheitern dieses Versuchs verantwortlich zu machen. Noske fand, daß die von diesem Unternehmen verpulverten staatlichen Gelder einen »himmelschreienden Skandal« darstellten und beharrte darauf, daß die beteiligten Offiziere und Beamten disziplinar und gerichtlich zur Rechenschaft gezogen werden müßten[81]. Das war eine Tonart, die Oberst v. Wrisberg zu der Feststellung veranlaßte, im Zusammenhang mit den Oberspree-Werken sei die Heeresverwal-

tung »in einer Weise angegriffen worden, wie es bisher noch nicht der Fall gewesen ist«[82].

Noske konnten die schlechten Erfahrungen mit den Waffenwerken Oberspree nicht davon abbringen, daß Staat und Industrie auch künftig in der Produktion selbst eng zusammenwirken und hierfür optimale Formen entwickeln müßten. Wenn ein Betrieb ein Monopol innehatte, wie dies bei der Firma Krupp mit der Produktion von schweren Schiffsgeschützen der Fall war, dann müßte ein solcher Betrieb nach Noskes Meinung allerdings »unter eine weitgehende direkte Kontrolle des Reiches und Gewinnbeteiligung gestellt werden« können[83]. Hier schwebte ihm zweifellos das englische Beispiel als Vorbild vor.

Der von Noske verfaßte Schlußbericht[84] machte jedoch noch einmal deutlich, daß die Kommissionsarbeit insoweit vor dem Ziel steckengeblieben war, als sie nicht zu konkreten Schlußfolgerungen geführt hatte, wie der Profitjägerei der Rüstungsunternehmen rasch Einhalt geboten werden konnte. Einen Maßnahmenkatalog, vergleichbar dem in der Groener-Merton-Denkschrift, vermochte die »Kommission Kriegslieferungen« nicht vorzulegen. Die häufig vorgeschlagene Verstaatlichung der Rüstungsindustrie, gab Noske in seinem Bericht zu bedenken, könne das Problem schon deshalb nicht vollständig lösen, weil man unter Rüstungsindustrie ja nicht nur die »Kanonen-, Gewehr-, Pulver- und Panzerplattenfabriken« verstehen dürfe. Vielmehr habe der Krieg gezeigt, »daß fast die gesamte Industrie ... zur Kriegslieferantin wurde«. Wenn man also in Friedenszeiten die Waffen- und Munitionsfabriken — die Rüstungsindustrie im engeren Sinne also — verstaatliche und den Friedensbedarf dann durch die Produktion in Staatsbetrieben decke, so sei damit für den Krieg noch keineswegs vorgesorgt[85]. Noskes Bericht schloß folgendermaßen: »Noch kann nicht gesagt werden, was im einzelnen zu tun sein wird. Der Abschluß des Krieges ist abzuwarten. Dann sind die Erfahrungen und Maßnahmen in anderen Staaten rasch zu studieren. Das allgemeine fiskalische Interesse wird Deutschland zwingen, große wirtschaftliche Umgestaltungen bald in die Wege zu leiten.«[86]

Der wichtigste Ertrag der Kommissionsarbeit bestand mithin darin, den Nachweis erbracht zu haben, daß es tatsächlich eine skandalöse Kriegsgewinnlerei gab und zwar keineswegs nur in Einzelfällen. Noske faßte dieses Ergebnis mit dem folgenden Satz zusammen: »Es gibt kein Gebiet der Beschaffung von Ausrüstung und Bewaffnung für das Heer, auf dem nicht eine Bewucherung des Reiches stattgefunden hätte oder doch versucht worden wäre.«[87] Heute wissen wir über die Größenordnung der Kriegsgewinne während des Ersten Weltkrieges und die damaligen Vertuschungspraktiken der Rüstungsunternehmer genauer Bescheid: »Die 16 wichtigsten deutschen Stahl- und gemischten Montanwerke verbuchten in den ersten drei Kriegsjahren einen Reingewinn von insgesamt über 285 Millionen Mark. Gegenüber dem Hochkonjunkturjahr 1912/13 bedeutete das in Einzelfällen Steigerungsraten um mehr als das Achtfache. Die wirklichen Gewinnsteigerungen lagen sogar noch höher. Um ihr wahres Ausmaß zu verbergen und um Steuerforderungen des Fiskus wie Lohnansprüchen der Arbeiter zu entgehen, hielten die Firmenleitungen in den Bilanzen die Reingewinne und Dividenden künstlich niedrig. Sie versteckten die Gewinne in erhöhten Rücklagen oder in Erhöhungen des Aktienkapitals, wobei den alten Aktionären oft verbilligte oder gar kostenlose Aktien angeboten wurden.«[88]

Die Parlamentarier in der »Kommission Kriegslieferungen«, voran ihr tatkräftiger Sprecher Noske, gingen seinerzeit auf die ihnen mögliche Weise gegen diese Praktiken vor, indem sie einige Beschaffungsfälle genauer unter die Lupe nahmen und Firmen oder Beschaffer an den Pranger stellten. Da dies jedoch — wegen der Vertraulichkeit der Kommissionsberatungen — im Regelfall nur nichtöffentlich geschehen konnte, waren die Wirkungen gering. Aber mehr konnte unter den gegebenen Rahmenbedingungen wohl nicht erreicht werden. Weil er dies wußte, versagte es sich Noske wohl auch, konkrete Abhilfemaßnahmen vorzuschlagen.

Immerhin hatte das Vertiefen in die Materie der militärischen Beschaffungspolitik bei Noske und seinen Kollegen zu einer beträchtlichen Erweiterung des Problembewußtseins beigetragen. Während am Anfang der öffentliche Skandal stand — die einen starben an der Front oder litten materielle Not, während »eine dünne Schicht unseres Volkes«, wie Noske einmal im Reichstag formulierte, »im wahrsten Sinne des Wortes in Gold« schwamm[89] —, wußte man nun, was es kurz- und langfristig zu lösen galt, nämlich eine optimale Form des Zusammenwirkens von staatlichem Auftraggeber und privatwirtschaftlich organisierter Rüstungsindustrie zu finden.

In der gegebenen Kriegssituation stellte sich die kurzfristige Aufgabe nach Noskes Überzeugung so dar, daß im Interesse der Landesverteidigung dem Gesichtspunkt militärischer und fiskalischer Effizienz stärker als bislang

Rechnung getragen werden mußte. Das bedeutete, daß innerhalb der vorhandenen Struktur Wege zu finden waren, wie qualifizierte Rüstungsgüter in großer Menge zu angemessenen Preisen beschafft werden konnten. Zur Lösung dieser Aufgabe mußten dem Staat kurzfristig realisierbare Instrumente zur Preiskontrolle zur Verfügung gestellt werden.

10. Die Militarisierung der Daimler-Motoren-Werke

Schon im Sommer 1917 hatten General Groener und sein Mitarbeiter Merton in ihrer Denkschrift eine besonders harte Maßnahme empfohlen, nämlich die »Militarisierung« von Betrieben, die sich den Kriegserfordernissen nicht fügten. Im letzten Kriegsjahr kam diese Maßnahme gegenüber den Daimler-Motoren-Werke in Stuttgart-Untertürkheim zur Anwendung. Die Heeresverwaltung ließ den Betrieb, in dem Motoren für Flugzeuge und Kraftfahrzeuge hergestellt wurden, im März 1918 militärisch besetzen, d. h. unter militärische Aufsicht stellen. Es war dies der erste und, soweit bekannt, einzige Fall einer »Militarisierung« eines großen Rüstungsbetriebes infolge des Verhaltens der Unternehmensleitung.
Der sogenannte Daimler-Skandal[90], auf den hier näher eingegangen werden soll, bestand aus mehreren eng miteinander verflochtenen Vorgängen, die im Grunde genommen einen Machtkampf zwischen dem Staat und der Rüstungsindustrie darstellten. Der Konflikt eskalierte innerhalb weniger Wochen bis zu dem Punkt, an dem sich der Staat genötigt sah, zu dem drastischen Mittel der »Militarisierung« zu greifen.
Öffentliches Aufsehen erregten zunächst die 1917 und Anfang 1918 bekanntgewordenen gigantischen Kriegsgewinne[91] dieses fast vollständig auf Rüstungsproduktion umgestellten Unternehmens. Über die Entwicklung der Gewinne gaben unter anderem die Aktienkurse einen Aufschluß. Der Kurswert der Daimler-Aktien, der Ende 1913 317 betragen hatte, war 1916 auf 630 und 1917 sprunghaft auf 1350 angestiegen; im Jahre 1916 wurden 35 Prozent Dividende verteilt[92]. In den Monaten November und Dezember 1917 kam es in der Firma zu Arbeitskämpfen, da die Arbeiterschaft in Kenntnis der Kriegsgewinne Lohnerhöhungen forderte, die jedoch von der Firmenleitung nicht bewilligt wurden; im Zuge dieser Arbeitskämpfe war zeitweise Militär in den Daimler-Werken anwesend[93]. Anfang 1918 forderte nun die Firmenleitung von Daimler eine Anhebung der

Preise für Automobile um 50 Prozent, stieß dabei jedoch auf den entschiedenen Widerstand der Heeresverwaltung[94]. In dieser ohnehin gespannten Lage hielt es der Vorstandsvorsitzende der Daimler-Werke, Ernst Berge, zudem für angebracht, der Heeresverwaltung für den Fall staatlicher Eingriffe eine Einschränkung der Produktion anzukündigen. In einem Schreiben an die Inspektion der Fliegertruppen in Berlin-Charlottenburg vom 15. Januar 1918 drohte Berge nicht nur damit, im Falle von Lohnerhöhungen die gesteigerten Unkosten auf die Heeresverwaltung abzuwälzen, sondern auch mit innerbetrieblichen Maßnahmen, die »selbstverständlich das Lieferungsprogramm nicht unwesentlich beeinflussen« würden[95]. Damit war der Bogen überspannt. Denn die Aufrechterhaltung der Produktion von Rüstungsgütern galt als ein vorrangiges militärisches und nationales Interesse, dem unter allen Umständen Geltung zu verschaffen war. Die Fliegerinspektion Berlin entsandte nun eine Untersuchungskommission nach Untertürkheim und drohte der Betriebsleitung mit der Militarisierung des Betriebes[96]. Berge zog daraufhin seine Drohung zurück und verpflichtete sich schriftlich zur Ausdehnung der Produktion.
Der Konflikt geriet in eine neue Phase, als einem Unterausschuß des Reichstags[97] die Anzeige eines früheren Angestellten der Daimler-Werke zuging, in der die Behauptung aufgestellt und mit beweiskräftigem Material belegt wurde, daß diese Firma jahrelang ihre Kalkulation gefälscht habe[98]. Der Unterausschuß forderte nun vom preußischen Kriegsminister Scheüch, daß die Firma Daimler unter militärische Aufsicht gestellt werde[99]. Gleichzeitig erstattete er gemeinsam mit dem württembergischen Kriegsministerium Strafanzeige wegen versuchten Betrugs und wegen Kriegswuchers. Der Ober-Reichsanwalt prüfte sogar die Frage, ob versuchter Landesverrat vorlag[100]. Am 6. März 1918 wurden die Daimler-Werke unter eine militärische Aufsicht gestellt[101]. Dies sah in der Praxis so aus, daß zwei Offiziere, Oberstleutnant v. Holzhauser und Hauptmann der Landwehr Häbrich, im Zivilberuf Professor an einer Technischen Hochschule, ab sofort die Produktion und den allgemeinen Geschäftsgang der Daimler-Werke überwachten[102]. Gleichzeitig wurde dem Vorstandsvorsitzenden Berge »jede unmittelbare oder mittelbare Einwirkung auf den Geschäftsbetrieb der Firma und jede Betätigung in demselben ... verboten«[103].
Diese »Militärische Aufsicht über die Leitung der Daimler-Motoren-Gesellschaft«[104] wurde — trotz aller Proteste und öffentlichen Rechtfertigungsversuche der Firma[105] — bis über das Kriegsende hinaus aufrechterhal-

ten. Die Aufhebung der »Militarisierung« erfolgte schließlich am 9. Dezember 1918[106], nachdem sich die Daimler-Werke schriftlich verpflichtet hatten, den weiteren Gang der gerichtlichen Untersuchung wegen Betrugs, Kriegswuchers und Landesverrats nicht zu behindern.
Seinerzeit, im März 1918, als Daimler Schlagzeilen machte und als dann die militärische Überwachung angeordnet wurde, war die Empörung über den Kriegswucher dieses Rüstungsunternehmens in der deutschen Öffentlichkeit einhellig. Über die Stimmung der Bevölkerung in Württemberg gibt ein Bericht[107] des Kriegsministeriums in Stuttgart für den Monat 1918 Auskunft. Ihm ist die folgende anschauliche Schilderung entnommen:
»Was die innenpolitischen Verhältnisse anbelangt, so haben die Erörterungen, die sich an den im Reichstag behandelten ›Fall Daimler‹ knüpften, begreiflicherweise in Württemberg besonders nachhaltige Besprechung erfahren. Wenn auch im Lande es an und für sich als unangenehm empfunden wird, daß das erstmalige Eingreifen[108] gerade gegen ein, und zwar so hochentwickeltes württembergisches Industrieunternehmen, das durch seine Erfindungen und die Güte seiner Produkte einen Weltruf erlangt hat, stattfinden mußte, begrüßt man es allgemein dennoch, daß man — mag die Untersuchung gegen die Daimlerwerke ausfallen wie sie will — endlich einmal grundsätzlich gegen die Geldmachersucht vorgeht, die allmählich weite Kreise erfaßt hat und die nach Ansicht der Bevölkerung letzten Endes nur eine wucherische Ausbeutung des Staates auf der einen und des verbrauchenden Publikums auf der anderen Seite im Auge hat. Die Erbitterung gegen alle Arten von ›Kriegsgewinnlern‹, die Erkenntnis, daß diesen mühelos Millionen in die Tasche fließen auf Kosten der anderen Mitbürger, insbesondere auf der des Arbeiters und des Mittelstandes[109], ist durch den Fall Daimler von neuem geschürt worden. Bei der bekannten Art und Weise, wie in solchen großen Unternehmungen[110] Bilanzen aufgemacht werden, befürchtet man in Volkskreisen, daß auf diese Weise vielfach auch dem Steuerfiskus große Summen zu Unrecht entzogen werden, während bei anderen Berufen und namentlich bei den Beamten sowie bei den kleinen Handel- und Gewerbetreibenden, den Landwirten u.s.w. alles auf Heller und Pfennig errechnet werden und den Steuern dienstbar gemacht werden kann.«
[...] »Eine für die Ruhe bedenkliche Folgeerscheinung des ›Falls Daimler‹ ist der Umtand, daß seitens eines Teiles der Bevölkerung, namentlich der Arbeiterkreise, eine Parallele gezogen wird zwischen der Drohung mit Betriebseinschränkung und der Arbeitsniederlegung der Fabrikarbeiter.«

»Kriegsgewinnlerei« wurde also — das macht dieser Lagebericht des Württembergischen Kriegsministeriums noch einmal sehr deutlich — als sinnfälliger Ausdruck für eine ungerechte Umverteilung in der »Klassengesellschaft im Kriege«[111] interpretiert. Für die Arbeiterschaft nicht nur der Daimler-Werke war es daher eine gewisse Genugtuung zu sehen, daß der Staat sich gezwungen sah, dieses Werk zu »militarisieren«, und zwar nicht, weil die Arbeiterschaft mit Streik gedroht hatte — für diese Fälle war die Militarisierung eigentlich vorbereitet worden —, sondern wegen des Fehlverhaltens der Betriebsleitung. Dieses wurde von der sozialdemokratischen Zeitung »Schwäbische Tagwacht« als »landesverräterische Erpressungsversuche der Firma Daimler« qualifiziert[112]; und Noske sprach im Hauptausschuß des Reichstags von der »Streikdrohung« der Werksleitung, womit er deren Ansinnen meinte, die Einschränkung der Rüstungsproduktion als Druckmittel einzusetzen, sowie, im Hinblick auf die »systematisch jahrelang gefälschte« Kalkulation des Betriebes, von »vollendetem Betrug«[113].

11. Abhilfevorschläge des Reichstags

Die Abgeordneten des Reichstags, die sich nun im Hauptausschuß, im Plenum und in den beiden Kommissionen, die mit dem Problem der »Kriegsgewinnlerei« befaßt waren, mit dem Fall Daimler beschäftigten, sahen die Dinge im Grunde nicht anders als die Öffentlichkeit in Württemberg. Im Reichstag konnte eine auffällige Übereinstimmung jener Parteien beobachtet werden, die seit einiger Zeit im Interfraktionellen Ausschuß zusammenarbeiteten. So sprachen sich etwa Erzberger (Zentrumspartei), Noske (Mehrheitssozialdemokraten) und Gothein (Fortschrittliche Volkspartei) einhellig für die im Falle Daimler erstmals praktizierte »Militarisierung von Betrieben«[114] aus. Für Noske war dabei der Gesichtspunkt ausschlaggebend, daß die Drohung mit einer eingeschränkten Produktion »eine beträchtliche Gefährdung der Landesverteidigung« bedeutete[115]. Einig war man sich auch in der moralischen Verurteilung der »erpresserischen Ausnutzung der Notlage des Reichs durch große Unternehmen wie Daimler«[116] und in der Forderung, daß die Wuchergewinne an den Staat zurückgezahlt werden müßten.
Wie aber konnte sich der Staat mit diesen Forderungen praktisch durchsetzen? Welche Mittel hatte die Heeresverwaltung, wenn die Leitung eines

Rüstungsunternehmens — wie dies etwa bei Daimler, Krupp und der AEG der Fall war — einfach die Einsicht in die Geschäftsbücher verweigerte und damit eine Nachprüfung ihrer Kalkulationen behinderte? Die Regierung hatte zwar bereits im Vorjahr auf dem Wege einer Bundesratsverordnung (vom 12. Juli 1917)[117] eine Auskunftspflicht der Unternehmen dekretiert, war damit bei der Industrie jedoch auf nachhaltigen Widerstand[118] gestoßen. Daher wurde im Zusammenhang mit dem Fall Daimler im Hauptausschuß erneut für eine Lösung dieses Problems votiert[119]. Noske (MSPD) und Pfleger (Zentrum) vertraten hierbei allerdings die Auffassung, daß die vorhandene Rechtsgrundlage voll ausreiche und es darum gehe, daß die Heeresverwaltung ihre »übergroße Geduld« mit den Praktiken mancher Rüstungsbetriebe aufgebe (Noske) und sich endlich zu einem »scharfen Vorgehen« entschließe (Pfleger)[120]. Ebenso kritisierte Erzberger die »unendliche Geduld des Kriegsministeriums, das anderthalb Jahre lang versucht habe, von der Firma Daimler Unterlagen für die Preiskalkulation zu bekommen, die dann auch noch fragwürdiger Natur gewesen seien«[121]. Diese Parlamentarier machten also in erster Linie die Militärbürokratie dafür verantwortlich, daß die Rüstungsunternehmen trotz des vorhandenen rechtlichen Instrumentariums noch immer »Kriegsgewinnlerei« betrieben.
In den weiteren Beratungen des Hauptausschusses wurden mehrere Maßnahmen vorgeschlagen, mit denen der Gesetzgeber auf den Mißstand der »Kriegsgewinnlerei« und des Kriegswuchers reagieren konnte. Die Vertreter der Parteien des Interfraktionellen Ausschusses waren nun bereit, die Möglichkeit der »Militarisierung« auch auf solche Betriebe auszudehnen, »welche durch übermäßige Preisberechnungen die Interessen des Reiches schädigen«[122]. Sie konnten sich damit jedoch gegen die industrie-freundlichen Parteien (Konservative, Nationalliberale) nicht durchsetzen.
Nun zeigte sich auch, wie unterschiedlich der Fall Daimler letztlich doch beurteilt wurde und wie vordergründig die einhellige moralische Verurteilung war. Auf der einen Seite standen diejenigen, für die Daimler nur die Spitze eines Eisberges darstellte, weil sie zu der Überzeugung gelangt waren, »daß der Fiskus fast überall bei Kriegslieferungen geprellt worden« sei[123] und daß nun auch im Hinblick auf andere vergleichbare Fälle »mit rücksichtsloser Entschlossenheit« eine »saubere Wirtschaft im Deutschen Reiche« geschaffen werden müsse[124]. Auf der anderen Seite warnten die Konservativen und die Nationalliberalen davor, »aus dem Fall Daimler auf die deutsche Industrie insgesamt zu schließen«[125] und vertraten die An-

sicht, »daß die übrige Industrie sich keineswegs mit Daimler identifiziere«[126], sie also auch nicht in ihrer Gesamtheit betroffen sei[127]. Die industriefreundlichen Fraktionen des Reichstags hatten erkannt, daß der Fall Daimler das ganze System zu korrumpieren drohte und waren daher um Schadensbegrenzung bemüht.
Schließlich wurden im Hauptausschuß Beschlüsse gefaßt, die darauf hinausliefen, das vorhandene Instrumentarium in Erinnerung zu rufen und es teilweise zu verbessern. Dies betraf die Möglichkeit zur Einsichtnahme in die Geschäftsbücher der Rüstungsindustrie und die Verbesserung der Arbeit der Preisprüfungsstellen bei Heer und Marine[128]. Hernach fanden zwei ausführliche Debatten im Plenum des Reichstags statt[129], die in der Sache jedoch nichts Neues brachten. Nachdem die industriefreundlichen Fraktionen den Vorschlag Erzbergers, die Militarisierung von Fabrikleitungen zu erleichtern, bereits im Hauptausschuß abgelehnt hatten, lagen dem Reichstag nur noch zwei Resolutionen vor, die am 16. April 1918 dann einstimmig beschlossen werden konnten[130]. Erstens wurde der Reichskanzler ersucht, für den Erlaß einer Bundesratsverordnung Sorge zu tragen, die ihn ermächtigen sollte, »in sämtlichen für den Heeresbedarf arbeitenden Betrieben die Geschäftsbücher und andere für die Berechnung der Preise maßgebende Unterlagen überwachen zu lassen«. Zweitens sollten bei sämtlichen zentralen Beschaffungsstellen für die Bedürfnisse des Heeres und der Marine »Preisprüfungsstellen« eingerichtet und überdies eine »Zentralprüfungsstelle der Kriegslieferungen« geschaffen werden mit der Aufgabe, die Tätigkeit der einzelnen Prüfungsstellen zu überwachen. Ob die gewünschten Maßnahmen verwirklicht wurden, ist nicht zu ermitteln, aber eher unwahrscheinlich[131]. Jedenfalls sollte Noske recht behalten, der schon während der parlamentarischen Beratungen deutlich machte, daß man sich über den Grad der von diesen Verordnungen zu erwartenden Besserung keine übertriebenen Hoffnungen machen dürfe[132], und zwar aus Erwägungen heraus, welche die Grundlagen des Rüstungsprozesses betrafen.

12. Parlamentarische Rüstungskontrolle im machtleeren Raum

Die Erfahrungen und Erkenntnisse, die der sozialdemokratische Reichstagsabgeordnete Gustav Noske durch seine intensive Beschäftigung mit der Rüstungspolitik und dem militärischen Beschaffungswesen erwarb, liefen darauf hinaus, daß er — und hier gab es doch eine Kontinuität mit seinen vor dem Kriege geäußerten Vorstellungen — eine wirkliche Lösung des Problems im Rahmen der vorgegebenen kapitalistischen Wirtschaftsordnung für unmöglich erklärte. »Viele der zu Tage getretenen Mißstände«, gab er im Reichstag zu bedenken, »sind im Wesen der kapitalistischen Wirtschaft begründet und werden erst mit dieser selbst restlos zum Verschwinden gebracht werden.«[133] Nach seiner Auffassung berechtigte auch nichts zu der Annahme, daß die während dieses Krieges gewonnenen Erkenntnisse über die Zusammenarbeit von Heeresverwaltung und Rüstungsindustrie in einem künftigen Kriege berücksichtigt werden könnten, weil sich aufgrund der fortschreitenden Technik die Probleme ganz neu stellen würden. Nein, es gab nur einen Weg, nämlich »den Kapitalismus so rasch wie möglich niederzuringen, weil darin allein die Gewähr gegen zukünftige Kriege und Heil für die Menschheit liegt«[134].

Der Verdacht, Noske habe mit diesem der Parteiideologie entlehnten Vokabular nur das konkret zu lösende Problem verdecken wollen, ist unzutreffend. Denn tatsächlich hatte Noske erkannt — sein Schlußbericht an die »Kommission Kriegslieferungen« und andere Äußerungen belegen dies[135] —, daß der Kriegsgewinnlerei mit einer Verstaatlichung der Rüstungsindustrie (im engeren Sinne) keineswegs vollständig beizukommen war, da es ein moderner Krieg mit seiner Tendenz zur Totalität — zur Einbeziehung der gesamten Industrie in die Kriegsproduktion — kaum noch zuließ, einen Sektor Rüstungsindustrie säuberlich abzugrenzen. Also war das im Weltkrieg aufgetretene Problem der »Bewucherung des Staates« durch eine profitgierige Rüstungsindustrie auch nicht im Sinne einer Bereinigung von Auswüchsen des Kapitalismus zu lösen.

Noske hat die geringen Wirkungen seines Kampfes gegen die Kriegsgewinnlerei während des Ersten Weltkrieges nüchtern gesehen. Ende Oktober 1918 stellte er im Reichstag mit Bitterkeit fest: »Der Skandal der großen Kriegsgewinne im Lieferungswesen ist bei weitem nicht in dem Maße eingeschränkt worden, wie man es hätte erwarten müssen.«[136] Betrachtet man die Umstände, unter denen die Parlamentarier damals arbeiten mußten, so wird man gleichwohl den anerkennenden Worten Philipp Scheidemanns zustimmen können, der 1925 im Hinblick auf die Ausplünderung des deutschen Volkes durch einen Teil der deutschen Industrie in den Kriegsjahren bemerkte: »Diese Blase hat damals Noske im Reichstag aufgestochen.«[137]

Der Zentrumspolitiker und Finanzfachmann Matthias Erzberger, der 1918 auf ein Jahrzehnt Mitgliedschaft in der Budgetkommission des Reichstags zurückblicken konnte, war der einzige Parlamentarier, der die Debatte über Daimler und Kriegsgewinne zu einer selbstkritischen Betrachtung der Rolle des Parlaments bei der Beschaffung von Rüstungsgütern benutzte. Er beleuchtete damit ein Thema, dessen politische Bedeutung erst in späteren Jahrzehnten in vollem Umfang erkennbar werden sollte: Möglichkeiten und Grenzen parlamentarischer Rüstungskontrolle.

Nicht anders als Noske führte auch Erzberger offenkundige Mißstände in der militärischen Beschaffungspolitik als eine Ursache für die »Kriegsgewinnlerei« an. Zugleich sah er jedoch eine Mitschuld des Reichstags, der sein Budgetrecht in den Jahren seit Kriegsbeginn »zu gelinde« angewendet habe: »Der Reichstag hat ein unendliches Vertrauen dem Kriegsministerium und den einzelnen Behörden entgegengebracht, indem er immer wieder 15 Milliarden bewilligte, ohne sich um die weiteren Einzelheiten zu bekümmern.«[138] Mit anderen Worten: Im Rahmen des Burgfriedens — des Verzichts auf innenpolitische Auseinandersetzungen aller Art — war der Reichstag seit Kriegsbeginn dazu übergegangen, im Zuge jährlicher Kriegskreditbewilligungen große Summen pauschal abzusegnen[139]. Damit hatte das Parlament Abstriche an der Basis der eigenen Machtposition, nämlich am Budgetrecht, hingenommen, mit der Folge, daß sich die Exekutive sofort dieses Feldes bemächtigte. Der Rüstungsprozeß entwickelte sich nun zu einem Vorgang, der zwischen der Heeresverwaltung auf der einen und der Rüstungsindustrie auf der anderen Seite abgewickelt wurde, ohne daß die Volksvertreter vorher oder nachher Einspruch erheben konnten. Ihnen wurde erst dann ein vertraulicher Einblick gewährt, als der Sand im Getriebe der Rüstungsproduktion und -beschaffung in Gestalt übermäßiger Kriegsgewinne öffentlich hörbar knirschte. Wenn man überhaupt von einem Machtdreieck von Militär, Rüstungsindustrie und Reichstag sprechen konnte, so war das Parlament jedenfalls das bei weitem schwächste Glied in dieser Konstellation.

Bekanntlich nahm die 3. OHL die Existenz des Reichstags kaum zur Kenntnis und berief sich in ihren Handlungen auf die kaiserliche Kommandogewalt, die den militärischen Bereich der parlamentarischen Kontrolle entzog[140]. Erst im Oktober 1918, als sie die unumstößliche militärische Niederlage vor Augen hatten, erinnerten sich die Generale daran, daß es im Windschatten der Militärdiktatur noch einen Reichstag gab, den

man nun an der Verantwortung und an der Verwaltung der Konkursmasse beteiligen konnte.
Vor dem Hintergrund dieser Konfliktlage verwundert es, daß die Sprecher der im Interfraktionellen Ausschuß zusammenarbeitenden Parteien das Thema »Kriegsgewinnlerei« nicht stärker in das Arsenal ihrer Argumente für eine innenpolitische »Neuordnung« aufnahmen. Denn das politische System war doch ganz offensichtlich außerstande, die voranschreitende Umverteilung zugunsten der Rüstungsindustrie zu bremsen und zu korrigieren. Hätte es da nicht nahegelegen, eine Stärkung des Parlaments durch Einführung des parlamentarischen Regierungssystems auch unter Hinweis auf die unbewältigte »Kriegsgewinnlerei« zu fordern?
Wenn die Parteien dies in den Reichstagsdebatten vom März und April 1918, in denen sie die Konsequenzen aus dem Daimler-Skandal zu ziehen versuchten, vermieden, so geschah dies in erster Linie wegen der gemeinsamen Grundhaltung, daß nichts getan werden durfte, was irgendwie den Interessen der Landesverteidigung schaden konnte. Eine Ausnahme machte da nicht einmal der Sprecher der Unabhängigen Sozialdemokraten, der Abgeordnete Henke, obwohl er erklärte, es gelte, »den Kampf mit den Arbeitermassen gegen die kapitalistische Wirtschaftsordnung zu führen und gegen den Staat, der sie unter allen Umständen erhalten will«[141]. Eine Absage an die Landesverteidigung war damit nicht gemeint[142]. Für die Mehrheitssozialdemokraten machte Noske klar, daß harte Maßnahmen gegen die Daimler-Werke eben wegen der Gefährdung der Landesverteidigung notwendig gewesen seien, und er fügte hinzu: »Die Notwendigkeit, den Kapitalismus zu bekämpfen, entbindet nach meiner Überzeugung nicht von der Verpflichtung, dafür Sorge zu tragen, daß unser Land und unser Volk nicht auch noch von feindlichen Heeren geplündert wird.«[143]
Damit verkürzte sich das Problem also letztlich auf die »rücksichtslose Wahrung der staatlichen Finanzinteressen«, wie Erzberger zum Ausdruck brachte, oder, mit anderen Worten, auf das Ziel, »mit der höchsten Sparsamkeit das Höchste an Menge und Güte« hervorzubringen[144]. Es ging dem Reichstag demnach primär um Effizienzsteigerung im Rüstungswesen und nicht um eine aktuelle Veränderung der politischen und wirtschaftlichen Rahmenbedingungen. Auch die systemkritischen Parteien wollten zunächst, solange die Notwendigkeit der Landesverteidigung bestand, nur den »Auswüchsen des Kapitalismus« zu Leibe gehen (Noske), die mit der »Kriegsgewinnlerei« sichtbar geworden waren.

Zusammenfassend läßt sich sagen, daß der Rüstungssektor in Deutschland auch in der zweiten Hälfte des Ersten Weltkrieges, als tendenziell die gesamte Industrie für den Krieg produzierte, ein weitgehend autonomer Raum blieb, auf den der Reichstag letztlich kaum einen Einfluß zu nehmen vermochte. Die parlamentarischen Versuche, anläßlich der zum öffentlichen Skandal gewordenen »Kriegsgewinnlerei« das komplizierte Beziehungsgeflecht zwischen Militärbürokratie und Rüstungsindustrie zu durchleuchten und Mittel ausfindig zu machen, mit denen diesem Übel hätte begegnet werden können, bewegten sich in einem weitgehend machtleeren Raum. Hinzu kam die ungleiche Verteilung des Sachverstandes. Gerade die Beratungen der »Kommission zur Prüfung von Verträgen über Kriegslieferungen« zeigten mit aller Deutlichkeit, daß die militärische Beschaffungsbürokratie mit überlegenen Fachkenntnissen aufwarten konnte und die Parlamentarier, sieht man von Noske einmal ab, kaum in der Lage waren, ihre Nachprüfungs- und Kontrollfunktion wirkungsvoll wahrzunehmen.

Blieb der Rüstungssektor somit für den Reichstag ein tabuierter Bereich, so ist die Frage von Interesse, ob der Staat in der Phase der Diktatur der OHL wirklich der allmächtige Motor der Rüstungspolitik war, als der er sich in der Öffentlichkeit darstellte. Das Phänomen der »Kriegsgewinnlerei« allein zeigt schon, daß der Staat — vertreten durch die militärischen Auftraggeber und Beschaffer — das Preisgebaren der Rüstungsindustrie nicht unter Kontrolle zu bringen vermochte. Der Fall Daimler machte drastisch deutlich, daß die Heeresverwaltung keine Möglichkeit sah, in die Kalkulationsunterlagen dieser Rüstungsfirma Einblick zu nehmen. Treffender Kommentar Erzbergers: »Dieses hilflose Kriegsministerium gegenüber der mächtigen Firma Daimler in seinem dreijährigen Kampfe!«[145]

In der Tat hatte das »Hindenburg-Programm« von 1916 — und darauf wurde eingangs unter Hinweis auf das wichtige Buch von Michael Geyer über die deutsche Rüstungspolitik[146] bereits hingewiesen — eine Machtverlagerung zugunsten der Rüstungsindustrie eingeleitet, was unter anderem zu einer »völligen Neuorganisation des Beschaffungsvorgangs« führte; denn jetzt »wurde der auf den Rüstungsmarkt drängenden Industrie eine defacto-Kontrolle über Produktion, Produktionsprozeß und Kalkulation übergeben«, und das Militär wurde — idealtypisch gesehen — »zum bloßen Abnehmer von Rüstungsgütern, die in der Selbstverwaltung der Industrie nach ... ökonomischen ... Gesichtspunkten angefertigt wurden«[147].

Man könnte sagen: Mit dem Übergang zum Maschinenkrieg beanspruchten die Produzenten der Kriegsmaschinen die Herrschaft über den Rüstungsprozeß, und selbst der in der Form einer Militärdiktatur agierende Staat konnte gegen diesen Anspruch nichts ausrichten. Die »Kriegsgewinnlerei« symbolisierte auch diesen Sachverhalt.

13. Exkurs: »Kriegsgewinnlerei« als antisemitisches Agitationsthema

Regierung und Reichstag sahen in der gemischten »Kommission Kriegslieferungen« in erster Linie ein Ventil für den öffentlichen Unmut über die »Kriegsgewinnlerei«. Die Bereitschaft und die Fähigkeit zu wirklichen Veränderungen war mit der Einsetzung dieses Untersuchungsausschusses nicht verbunden. Folglich blieb das Problem auch ungelöst. Dadurch ergab sich für die extreme nationalistische Rechte die Chance, sich des Themas der »Kriegsgewinnlerei« auf ihre Weise zu bemächtigen. Sie mißbrauchte es zum Zwecke einer breit angelegten antisemitischen Propagandakampagne, indem sie die verleumderische Behauptung in Umlauf setzte, die Juden seien Drückeberger, sie verstünden es, sich vom Frontdienst zu drücken, und sie seien es, die sich zu Hause als Kriegsgewinnler und Schieber betätigten.
Die Propagandathemen »Drückebergerei« und »Kriegsgewinnlerei« wurden dabei also in einen unmittelbaren Zusammenhang gebracht. Auf einem 1918 verbreiteten antisemitischen Flugblatt war zu lesen: »Überall grinst ihr Gesicht, nur im Schützengraben nicht.«[148] Das Strickmuster dieser Kampagne war im Grunde leicht zu durchschauen. Ihre Betreiber, die alldeutschen und konservativen Nationalisten, erkannten, daß der öffentliche Unmut über die hohen Rüstungsprofite erheblichen sozialen Sprengstoff in sich barg, sofern die Wahrnehmung dieses Vorgangs nach dem klassenspezifischen Interpretationsmuster erfolgte, das Rosa Luxemburg so treffend in die Worte gegossen hatte: »Die Dividenden steigen, die Proletarier fallen.« Daher, so lautete ihre Kalkulation, mußte der empörten Öffentlichkeit ein außerhalb der klassengesellschaftlichen Betrachtungsweise liegender Sündenbock offeriert werden, auf den sie ihre Aggressionen lenken konnten[149]. Heinrich Claß, der Vorsitzende des Alldeutschen Verbandes, macht ohne jede Umschweife klar, daß es darum ging, »die Juden als Blitzableiter für alles Unrecht zu benützen«[150].

Was die Frage der »Drückebergerei« betrifft, so ist spätestens seit der Untersuchung von Franz Oppenheimer aus dem Jahre 1922[151] nachgewiesen, daß die deutschen Juden während des Ersten Weltkrieges wie andere Deutsche ihren Kriegsdienst leisteten. Für die im Oktober 1916 vom preußischen Kriegsministerium angeordnete Judenzählung[152], die angeblich den Zweck verfolgte, Vorwürfe wegen jüdischer »Drückebergerei« zu entkräften, gab es der Sache nach keine Notwendigkeit. Vielmehr handelte es sich um eine antisemitische Aktion, und so wurde sie von den jüdischen Frontsoldaten, die sich in ihrer Hoffnung auf gesellschaftliche Anerkennung betrogen sahen, auch empfunden.
Während die Legende von der jüdischen »Drückebergerei« also längst als solche entlarvt ist[153], hat sich die Forschung mit der antisemitischen Agitation gegen angeblich jüdische »Kriegsgewinnler« nur am Rande auseinandergesetzt. Sie wäre einer eingehenden Untersuchung durchaus wert; denn ungeachtet des Befundes, daß in der Tat ein überproportional hoher Anteil von Juden in wichtigen Positionen der Kriegswirtschaft tätig war[154], haben wir es auch hier mit dem klassischen Modell antisemitischer Propaganda zu tun. Eine solche Untersuchung, die hier nur angeregt, aber nicht geleistet werden kann, müßte auch die Frage beantworten, in welcher Weise die antisemitische Agitation während des Ersten Weltkrieges fortlebte und den verbrecherischen Antisemitismus des »Dritten Reiches« direkt oder indirekt beeinflußt hat. Daß es hier Verbindungslinien gibt, liegt auf der Hand. Immerhin konnte einer der mächtigsten Männer des NS-Staates, Hermann Göring, im September 1939, wenige Tage nach dem Beginn des Zweiten Weltkrieges, darauf hinweisen, daß die Nationalsozialisten auch in der Frage der »Kriegsgewinnlerei« ihre Lehren aus dem Weltkrieg 1914—18 gezogen hatten. Vor Rüstungsarbeitern führte er aus, wie das Regime diese Frage gelöst hatte: »Der Begriff des Kriegsschiebers des Weltkrieges wird in Deutschland nicht wieder auferstehen ... Dieser Typ des Kriegsschiebers wird schon deshalb nicht so zahlreich sein, weil die Rasse, die das Hauptkontingent gestellt hat, nicht mehr so zahlreich bei uns vertreten ist, vor allen Dingen nicht mehr in den Stellungen, in denen sie während des Weltkrieges gesessen hat. Die Zeit, wo die Juden in den Kriegsämtern gesessen haben, ist vorbei; die Gemeingefährlichen sitzen heute im Konzentrationslager.« Und die anderen? Sollte jemals wieder eine Not wie im Weltkrieg 1914—18 kommen, »dann«, prophezeite Göring, »weiß ich, was ich zu tun habe«[155].

Um zum Abschluß wieder den Bogen zur »Kriegsgewinnlerei« während des Ersten Weltkrieges zurück zu schlagen: Die antisemitische Sündenbockpropaganda kam sowohl der Rüstungsindustrie als auch den militärischen Beschaffern, deren Kompetenz und Integrität ins Zwielicht geraten war, nicht ungelegen. Nicht nur, daß es hier wie dort einen latenten Antisemitismus gab, der im Verlaufe des Krieges immer virulenter wurde[156]. Die Umorientierung des öffentlichen Interesses auf den jüdischen Sündenbock trug auch dazu bei, vom eigenen Fehlverhalten abzulenken: ein Auftakt zur Dolchstoßlegende.

Anmerkungen

1 Meinem Kollegen Rolf-Dieter Müller, Freiburg i. Br., danke ich für die kritische Durchsicht des Manuskriptes dieses Kapitels und für wertvolle Anregungen.

2 Soweit dem Verfasser bekannt, ist nach 1945 keine Spezialstudie über Kriegsgewinne im Ersten Weltkrieg publiziert worden. Eine eher betriebswirtschaftlich ausgerichtete Studie publizierte Lothar Burchardt, Zwischen Kriegsgewinnen und Kriegskosten: Krupp im Ersten Weltkrieg. In: Zeitschrift für Unternehmensgeschichte. Hrsg. im Auftrag der Gesellschaft für Unternehmensgeschichte von Hans Pohl und Wilhelm Treue. 32 (1987), S. 71—122.

3 Vgl. H. Schmidt: Kriegsgewinne und Wirtschaft. Die Aufgabe einer deutschen Kriegswirtschaftspolitik im Hinblick auf den Kriegsgewinn. Oldenburg i. O., Berlin 1935, und die dort (S. 37) angegebene Literatur.

4 Der Begriff Rüstungskontrolle wird heute vornehmlich, aber nicht ausschließlich auf dem Felde der internationalen Beziehungen benutzt. Im vorliegenden Kapitel bezeichnet er die parlamentarische Kontrolle der Produktion und Beschaffung von Rüstungsgütern. Zur Terminologie vgl. E. Forndran: Rüstungskontrolle — Theorie und Probleme. In: Das kontrollierte Chaos: Die Krise der Abrüstung. Frankfurt a. M. 1980 (= Friedensanalysen. 13), S. 15—38, bes. Abschn. 6: Rüstungskontrolle und Innenpolitik.

5 Die Verhandlungen dieser Kommission, über deren Entstehung und Aufgaben noch berichtet wird, wurden im Wortlaut protokolliert und gedruckt u. d. Tit.: Kommission zur Prüfung von Verträgen über Kriegslieferungen. Stenographische Berichte. Die 1. Sitzung fand am 19. Dezember 1916 statt, die 14. und letzte am 16. Februar 1918. Ein Exemplar sämtlicher Protokolle befindet sich in den Akten des Reichs-Marine-Amts, Verwaltungsdepartement (Bundesarchiv-Militärarchiv, Freiburg i. Br. — BA-MA —, RM 3/v. 7763) — fortan zit. »Kommission Kriegslieferungen«, mit Angabe von Nummer und Datum der Sitzung.

6 Für den Hinweis auf diese Quelle danke ich dem Kollegen Gerhard Hecker, Freiburg i. Br., der sie in seinem Buch Walther Rathenau und sein Verhältnis zu Militär und Krieg. Boppard a. Rh. 1983, bereits teilweise ausgewertet hat.

7 Der Hauptausschuß des Deutschen Reichstags 1915—1918. Bearb. von R. Schiffers. Bd 1—4. Düsseldorf 1981—83 (= Quellen zur Geschichte des Parlamentarismus und der politischen Parteien. R. 1. Bd 9/I—IV) — fortan zit. HA, mit Nummer der Sitzung und Datumsangabe.

8 Verhandlungen des Reichstags. Stenographische Berichte. Bd 311 ff. — fortan zit. Verh. d. Reichst., mit Nr. des Bandes, Nr. und Datum der Sitzung sowie Seitenangabe.

9 R. Luxemburg: Die Krise der Sozialdemokratie (Junius-Broschüre). Zit. nach dem Wiederabdruck in dies.: Politische Schriften. Leipzig 1970, S. 371.

10 J. Kocka: Klassengesellschaft im Kriege. Deutsche Sozialgeschichte 1914—1918. Göttingen 1973, S. 127.

11 M. Geyer: Deutsche Rüstungspolitik 1860—1980. Frankfurt a. M. 1984, Kap. »Ludendorff und seine Folgen 1916—1919«. Zit. S. 102.

12 Ebd., S. 106.

13 H.-J. Bieber: Gewerkschaften in Krieg und Revolution. Arbeiterbewegung, Industrie, Staat und Militär in Deutschland 1914—1920. Hamburg 1981, T. 1, S. 144.

14 Ein Exemplar der Protokolle der Verhandlungen dieser Rüstungskommission befindet sich in den Akten des Reichs-Marine-Amts (BA-MA, RM 3/v. 11043).

15 Gemeint sind Vertragspartner.

16 G. Noske: Erlebtes aus Aufstieg und Niedergang einer Demokratie. Offenbach 1947, S. 62 f.

17 Bieber: Gewerkschaften in Krieg und Revolution (wie Anm. 13), T. 1, S. 144.

18 Kriegssteuergesetz v. 21. Juni 1916. In: Reichsgesetzblatt (RGBl.) 1916, T. 1, Nr. 136, S. 561—572. Das Gesetz führte eine »außerordentliche Kriegsabgabe« ein für Personen mit einem Vermögenszuwachs während des Krieges.

19 So begründete Graf v. Westarp die zuvor schon in der Rechnungskommission des Reichstags eingebrachten Vorschläge der Konservativen im Reichstag. Siehe Verh. d. Reichst. (wie Anm. 8), Bd 307, 59. Sitzung am 5. Juni 1916, S. 1472.

20 Noske-Rede in Verh. d. Reichst. (wie Anm. 8), Bd 308, 61. Sitzung am 7. Juni 1916, S. 1582.

21 Ebd.

22 Ebd., S. 1584.

23 Nach der Mitteilung von Noske im Plenum des Reichstags (ebd.), S. 1582.

24 In der SPD-Reichstagsfraktion war die Bezeichnung »Kommission für die Preisprüfung für Militärlieferungen« im Umlauf. Siehe E. Matthias u. E. Pikart (Bearb.): Die Reichstagsfraktion der deutschen Sozialdemokratie 1898 bis 1918. T. 2. Düsseldorf 1966, S. 220 (zit. SPD-Reichstagsfraktion). Gustav Noske sprach in seinen Memoiren: Erlebtes (wie Anm. 16), S. 63, von der »Kommission zur Nachprüfung der Heereslieferungen«.

25 Eine Liste der Teilnehmer wurde dem Protokoll einer jeden Sitzung der Kommission vorangestellt.

26 Berufsangaben der Abgeordneten nach M. Schwarz: M.d.R. Biographisches Handbuch der Reichstage. Hannover 1965.

27 Helfferich in »Kommission Kriegslieferungen« (wie Anm. 5), 1. Sitzung am 19. Dezember 1916, S. 1.

28 Dittmann in Verh. d. Reichst. (wie Anm. 8), Bd 310, 118. Sitzung am 26. September 1917, S. 3623.

29 Lewald (ebd.), S. 3623.

30 Vgl. u. a. seine Reichstagsrede v. 14. Februar 1911 in Verh. d. Reichst. (wie Anm. 8), Bd 264, 127. Sitzung, S. 4631 f.

31 Der Fall wird geschildert in Noske: Erlebtes (wie Anm. 16), S. 59 f.; s. auch die dazugehörende Rede Noskes in Verh. d. Reichst. (wie Anm. 8), Bd 290, 158. Sitzung am 10. Juni 1913, S. 5429.

32 Siehe ebd., S. 5428 f.

33 Noske in Verh. d. Reichst. (wie Anm. 8), Bd 264, 133. Sitzung am 23. Februar 1911, S. 4882.

34 Dies führte Noske in seiner Rede zum Wehretat 1913 aus. Siehe Verh. d. Reichst. (wie Anm. 8), Bd 290, 158. Sitzung am 10. Juni 1913, S. 5428.

35 Er gehörte ihr jedoch nicht an, da die Regierung Liebknecht nicht akzeptieren wollte und die SPD-Fraktion daraufhin ihre Mitarbeit in der Kommission insgesamt aufkündigte. Dieser Vorgang wird ausführlicher geschildert in: W. Wette, Gustav Noske. Eine politische Biographie. Düsseldorf [2]1988, S. 113.

36 Die SPD-Fraktion wählte in ihrer Sitzung am 10. Oktober 1916 Gustav Noske und Josef Simon zu ihren Vertretern in der Kommission. Siehe SPD-Reichstagsfraktion (wie Anm. 24), T. 2, S. 220. Simon konnte wegen Arbeitsüberlastung seine Tätigkeit in der Kommission nicht ausüben und wurde daher durch Hermann Krätzig ersetzt, der jedoch im Vergleich zu Noske wenig hervortrat.

37 Dies die rückblickende Aussage des Generals Groener, der 1916 Chef des Kriegsamtes war. Siehe: Der Dolchstoß-Prozeß in München. Oktober-November 1925. Eine Ehrenrettung des deutschen Volkes. Zeugen- und Sachverständigen-Aussagen. Eine Sammlung von Dokumenten. München o. J. (1925), S. 199 (zit. Der Dolchstoß-Prozeß 1925).

38 »Kommission Kriegslieferungen« (wie Anm. 5), 1. Sitzung v. 19. Dezember 1916, S. 5.

39 Noske (ebd.), S. 4.

40 »Kommission Kriegslieferungen« (wie Anm. 5), 2. Sitzung vom 9. Januar 1917, S. 15.

41 Ebd., S. 12 f.

42 »Kommission Kriegslieferungen« (wie Anm. 5), 3. Sitzung am 11. Januar 1917, S. 28.

43 A. Müller: Die Kriegsrohstoffbewirtschaftung 1914—1918 im Dienste des deutschen Monopolkapitals. (Ost-)Berlin 1955, S. 58 f.

44 Dazu im einzelnen G. Hecker: Walther Rathenau und sein Verhältnis zu Militär und Krieg. Boppard a. Rh. 1983, S. 423 f.

45 »Kommission Kriegslieferungen« (wie Anm. 5), 3. Sitzung am 11. Januar 1917, S. 23.

46 Ebd., S. 27.

47 Ebd., S. 28.

48 Mit dieser Problematik setzte sich die Kommission in ihrer 5. Sitzung am 15. Februar 1917 ausführlich auseinander. Siehe das Stenographische Protokoll der Sitzung (ebd.), S. 7—23.
49 Dittmann (ebd.), S. 17.
50 HA (wie Anm. 7), 113. Sitzung am 23. November 1916, S. 1021 ff. Wortlaut des Hilfsdienstgesetzes in RGBl. 1916, S. 1333 ff.
51 »Kommission Kriegslieferungen« (wie Anm. 5), 5. Sitzung am 15. Februar 1917, S. 18.
52 Ebd., S. 19.
53 Ebd., S. 20. Krätzig war, wie Noske, Mitglied des Haushaltsausschusses. Zudem gehörte er dem Fraktionsvorstand an.
54 Vgl. die Redebeiträge der Abgeordneten List und Schiele (ebd.), S. 21 u. 23.
55 »Kommission Kriegslieferungen« (wie Anm. 5), 6. u. 7. Sitzung am 19. u. 20. Juni 1917.
56 Stenogr. Ber. dieser Sitzungen (ebd.), S. 18.
57 Ebd., S. 17 f. u. 91.
58 So die Information von Major Fonck vom preußischen Kriegsminsiterium (ebd.), S. 19.
59 Ebd., S. 21.
60 Vgl. ebd., S. 20 ff., 31 ff.
61 Geyer: Deutsche Rüstungspolitik (wie Anm. 11), S. 106.
62 Siehe W. Groener: Lebenserinnerungen. Jugend — Generalstab — Weltkrieg. Hrsg. von F. Frhr. Hiller v. Gaertringen. Göttingen 1957, S. 368. Michaelis erhielt die Denkschrift am 25. Juli 1917.
63 Text der Denkschrift in Groener: Lebenserinnerungen (wie Anm. 62), S. 521 ff., sowie in Der Dolchstoß-Prozeß 1925 (wie Anm. 37), S. 204—209. Während dieses Prozesses verlas Groener die Denkschrift und machte sie damit einer breiteren Öffentlichkeit bekannt.
64 Vgl. R. Merton: Erinnernswertes aus meinem Leben, das über das Persönliche hinausgeht. Frankfurt a. M. 1955, S. 36 ff.
65 Richard Merton war von 1911—1928 Mitglied des Vorstandes der Metallgesellschaft und seit 1917 Vorsitzender des Aufsichtsrats der Metallbank und Metallurgischen Gesellschaft AG. Siehe dazu W. Däbritz: Fünfzig Jahre Metallgesellschaft 1881—1931. Frankfurt a. M. 1931.
66 Die Erstveröffentlichung erfolgte im Dezember 1918 u. d. Tit.: »Eine Denkschrift von Generalleutnant Groener aus dem Jahre 1917, als er Chef des Kriegsamts war« im Verlag Voigt und Gleiber. Frankfurt a. M.; das Vorwort schrieb Richard Merton. Für den Hinweis auf diese Publikation danke ich Frau Dr. Ursula Ratz.
67 Merton-Groener-Denkschrift. Zit. nach Der Dolchstoß-Prozeß 1925 (wie Anm. 37), S. 204.
68 Ebd., S. 207 ff., Zit. S. 208.
69 Ebd., S. 209.
70 Vgl. Deist in Militär und Innenpolitik im Weltkrieg 1914—1918. Bearb. von W. Deist. Düsseldorf 1970 (= Quellen zur Geschichte des Parlamentarismus und

der politischen Parteien, R. 2: Militär und Politik. Bd 1, 1), S. 614f. Anm. 2. Zum Sturz Groeners und seinen Ursachen vgl. weiterhin G. D. Feldman: Army, Industry and Labor in Germany 1914—1918. Princeton, N. J. 1966, S. 372ff.; zur Kritik der Industrie an der Merton-Groener-Denkschrift vgl. P. Wulf: Hugo Stinnes. Wirtschaft und Politik 1918—1924. Stuttgart 1979, S. 51. Siehe auch Groeners Aussage in Der Dolchstoß-Prozeß 1925 (wie Anm. 37), S. 209.

71 Kocka: Klassengesellschaft im Kriege (wie Anm. 10), S. 116.

72 Auch die Hintergründe der Ablösung Groeners behandelte die Reichsregierung wie ein Staatsgeheimnis. Obwohl die Abgeordneten Liesching (FVP), Scheidemann (SPD) und Erzberger (Zentrum) um diesbezügliche Informationen nachsuchten, wurden sie von den Regierungsvertretern verweigert. Siehe HA (wie Anm. 7), 174. Sitzung am 24. August 1917, S. 1673—1676.

73 Dies ist zu schließen aus der Aussage Groeners im Dolchstoß-Prozeß, daß sich die Denkschrift bei den Akten des Reichsamts des Innern befand. Siehe: Der Dolchstoß-Prozeß 1925 (wie Anm. 37), S. 209.

74 Die 8. u. 9. Sitzung fand am 30./31. Oktober 1917 statt; die 10., 11. u. 12. am 15., 16. u. 17. November 1917; die 13. u. 14., zugleich letzte Sitzung, am 15. u. 16. Februar 1918. Danach wurde die Thematik im Plenum des Reichstags verhandelt.

75 Vgl. »Kommission Kriegslieferungen« (wie Anm. 5), 9. Sitzung am 31. Oktober 1917, S. 42f.; die Abgeordneten sollten zumindest Stichproben-Prüfungen vornehmen. Nur wenige von ihnen erstatteten der Kommission hernach einen schriftlichen Bericht.

76 Hierfür bedankte sich Unterstaatssekretär Lewald am Ende der Beratungen ausdrücklich bei Noske. Siehe »Kommission Kriegslieferungen« (wie Anm. 5), 14. Sitzung am 16. Februar 1918, S. 77.

77 Bericht Noskes über das Waffenwerk Oberspree in »Kommission Kriegslieferungen« (wie Anm. 5), 8. u. 9. Sitzung am 39. u. 31. Oktober 1917, S. 70—76 (Anl. 1). Ausführungen des Vertreters des Kriegsministeriums, Major Eichelkraut, hierzu (ebd.), S. 77—84 (Anl. 2). Erwiderung Noskes hierauf (ebd.), S. 85—88 (Anl. 3). Bericht Noskes über Vergebung von Arbeiten an Unterlieferanten durch die AEG (ebd.), S. 94—96 (Anl. 5). Bericht Noskes über die Lieferung von Rundblickfernrohren durch die Aktiengesellschaft Goerz in »Kommission Kriegslieferungen« (wie Anm. 5), 10. u. 12. Sitzung am 15. u. 17. November 1917, S. 122—124 (Anl. 1). Bericht Noskes über die Kriegslieferungen, betreffend Pulver (ebd.), S. 125—130 (Anl. 2).

78 Bericht des Abgeordneten Noske an die Vertragsprüfungskommission, betreffend allgemeine Besprechung der nunmehr sämtlich gedruckt vorliegenden Vorträge der Vertreter der Heeres- und Marineverwaltung. Berlin, den 16. Januar 1918. Abgedruckt in »Kommission Kriegslieferungen« (wie Anm. 5), 13. u. 14. Sitzung am 15. u. 16. Februar 1918, S. 83—91 (Anl. 1).

79 Bericht Noskes über die Überprüfung des Waffenwerks Oberspree (wie Anm. 77), S. 70.

80 Ebd., S. 75f.

81 Ebd., S. 76 u. 85ff.
82 Ebd., S. 10.
83 »Kommission Kriegslieferungen« (wie Anm. 5), 10. Sitzung am 15. November 1917, S. 20f.
84 Vgl. zum Weiteren die »Schlußfolgerungen« aus dem Bericht Noskes in »Kommission Kriegslieferungen« (wie Anm. 5), 13. u. 14. Sitzung am 15. u. 16. Februar 1918, S. 90f.
85 Im preußischen Kriegsministerium stellte zur selben Zeit ein »Ausschuß für die neue Friedensorganisation« Überlegungen hinsichtlich der Verbesserung des Beschaffungswesens für einen kommenden Krieg an. Oberstleutnant Joseph Koeth, seinerzeit Chef der Kriegsrohstoffabteilung im Kriegsministerium, sprach sich für die Bildung großer Syndikate aus, in denen alle Betriebe einer Branche zusammengefaßt werden sollten. Vgl. das Protokoll der Sitzungen des genannten Ausschusses v. 14.6. u. 5.9.1917 in D. Eichholtz u. W. Schumann: Anatomie des Krieges. (Ost-) Berlin 1969, Dok. Nr. 1, S. 79—82.
86 Ebd., S. 91.
87 Ebd., S. 85.
88 Bieber: Gewerkschaften in Krieg und Revolution (wie Anm. 13), T. 1, S. 145. Vgl. auch die tabellarische Darstellung in der schon 1918 publizierten Spezialstudie von R. Fuchs: Die Kriegsgewinne der verschiedenen Wirtschaftszweige in den einzelnen Staaten anhand statistischer Daten dargestellt. Zürich 1918.
89 Noske in Verh. d. Reichst. (wie Anm. 8), Bd 311, 144. Sitzung am 20. März 1918, S. 4510.
90 Zum Daimler-Skandal vgl. den zusammenfassenden Bericht über die diesbezüglichen Beratungen des Hauptausschusses des Reichstags. In: Schulthess' Europäischer Geschichtskalender. N.F. 34 (1918), T. 1, S. 115, sowie den Aufsatz von R. Woldt: Der Kampf um die Kriegsgewinne. Ein kritisches Nachwort zum Daimler-Skandal. In: Die Neue Zeit 36 (1918), 601—607; neuerdings auch die entsprechenden Passagen in der breitangelegten sozialgeschichtlichen Darstellung von G. Mai: Kriegswirtschaft und Arbeiterbewegung in Württemberg 1914—1918. Stuttgart 1983, S. 69—77.
91 Vgl. dazu Fuchs: Die Kriegsgewinne (wie Anm. 88), S. 92f.; weiterhin die Angaben bei Mai: Kriegswirtschaft (wie Anm. 90), S. 93.
92 Nach der Darstellung des Abgeordneten Liesching (FVP) im Plenum des Reichstags in Verh. d. Reichst. (wie Anm. 8), Bd 311, 144. Sitzung am 20. März 1918, S. 4498.
93 Eine ausführliche und detaillierte Schilderung dieser Arbeitskämpfe enthält die Rede des USPD-Reichstagsabgeordneten Henke in Verh. d. Reichst. (wie Anm. 8), Bd 311, 146. Sitzung am 16. April 1918, S. 4595ff.
94 Siehe dazu die Ausführungen des FVP-Abgeordneten Liesching in Verh. d. Reichst. (wie Anm. 8), Bd 311, 144. Sitzung am 20. März 1918, S. 4499f.
95 Dieser Brief wurde von Liesching im Reichstag auszugsweise verlesen. Siehe (ebd.), S. 4500. Ausführlichere Wiedergabe in Mai: Kriegswirtschaft (wie Anm. 90), S. 73f.

96 Siehe dazu den Bericht des Obersten Oschmann, Chef der Luftfahrtabteilung im preußischen Kriegsministerium in HA (wie Anm. 7), 214. Sitzung am 8. März 1918, S. 2030f.; vgl. auch Mai: Kriegswirtschaft (wie Anm. 90), S. 74.

97 Dieser Unterausschuß war Mitte 1917, zusätzlich zur »Kommission Kriegslieferungen«, eingesetzt worden, um das Geschäftsgebaren von Kriegsgesellschaften zu untersuchen. Siehe HA (wie Anm. 7), Bd 4, S. 2026 Anm. 3.

98 Mitteilung des Abgeordneten Liesching in HA (wie Anm. 7), 214. Sitzung am 8. März 1918, S. 2026.

99 Mitteilung des Abgeordneten Liesching (ebd.).

100 Mitteilung des Generalmajors v. Wrisberg, Departementsdirektor im preußischen Kriegsministerium, in Verh. d. Reichst. (wie Anm. 8), Bd 311, 144. Sitzung am 20. März 1918, S. 1501. Das Verfahren wegen Landesverrats wurde jedoch wenig später eingestellt. Siehe die Mitteilung des nationalliberalen Abgeordneten Keinath in Verh. d. Reichst. (wie Anm. 8), Bd 311, 146. Sitzung am 16. April 1918, S. 4581.

101 Bekanntmachung des stellv. Generalkommandos XIII. (Königl. Württ.) Armeekorps. Stuttgart, den 6. März 1918. Gez. vom stellv. kommandierenden General v. Schaefer. Die als Plakat ausgehängte Bekanntmachung hatte folgenden Wortlaut: »Zwischen der Heeresverwaltung und der Firma Daimler Motorengesellschaft in Stuttgart-Untertürkheim sind Differenzen entstanden, welche dazu geführt haben, der Leitung der Firma vorläufig eine militärische Aufsicht beizuordnen. Der Betrieb der Fabriken in Untertürkheim und Sindelfingen geht unverändert weiter. Die militärische Aufsicht wendet sich mit ihren Anordnungen, soweit sie erforderlich werden, an die Organe und Angestellten der Gesellschaft, welche diesen Anordnungen Folge zu leisten haben. Sämtliche Werksangehörigen haben nach wie vor ihren Dienst zu versehen; das Verhältnis der Arbeiterschaft zu der Gesellschaft wird in keiner Weise berührt.« Plakat in Hauptstaatsarchiv (HStA) Stuttgart, M 77/1, Bü 76, Bl. 3.

102 Befehl des Generals v. Schaefer, stellv. Generalkommando des XIII. (Württ.) Armeekorps, vom 6. März 1918 zur Verpflichtung der Daimler Motorengesellschaft, sich unter Militäraufsicht stellen zu lassen, in HStA Stuttgart, M 77/1, Bü 76, Bl. 1. Dieses Dokument ist abgedruckt bei G. Cordes: Krieg, Revolution, Republik. Die Jahre 1918 bis 1920 in Baden und Württemberg. Eine Dokumentation. Hrsg. vom Hauptstaatsarchiv Stuttgart. Ulm 1978, S. 29.

103 Abschrift der diesbezüglichen Weisung des Generals v. Schaefer v. 6. März 1918, ausgesprochen aufgrund des Gesetzes über den Belagerungszustand, in HStA Stuttgart, M 77/1, Bü 76, Bl. 2.

104 Wortlaut des Stempelaufdrucks auf allen Schriftsätzen der Firma.

105 Vgl. u. a. die gedruckte Erklärung der Daimler-Motoren-Gesellschaft v. 11. März 1918, die der Presse übergeben wurdc, in HStA Stuttgart, M 77/1, Bü 76, Bl. 10. Die Erklärung wurde auch vom Staatsanzeiger für Württemberg, 13. März 1918, abgedruckt. Nach dieser Quelle wiederabgedruckt in Cordes: Krieg, Revolution, Republik (wie Anm. 102), S. 30. Noske bezeichnete diese Presseerklärung der Daimler-Werke als einen »dreisten Versuch, die Öffentlichkeit zu täuschen«. Siehe HA (wie Anm. 7), 218. Sitzung am 15. März 1918, S. 2048.

106 Schreiben des Generalmajors v. Strobel v. 9. Dezember 1918 betreffend die Aufhebung der militärischen Aufsicht über die Daimler-Werke, in HStA Stuttgart, M 77/1, Bü 76, Hefter II e2.

107 K(öniglich) W(ürttembergisches) Kriegsministerium. Nr. 15100.K.18. W.K.11. Stuttgart, den 1. April 1918. Monatsbericht v. März 1918, in HStA Stuttgart, M 1/11, Bü 1025.

108 Gemeint ist das Eingreifen des Militärs.

109 Daß auch der Mittelstand schwer unter dem Krieg zu leiden hatte, wurde mehrfach im Reichstag angesprochen. Siehe etwa die Feststellung Erzbergers: »Unser Mittelstand ist in weitem Umfange nahezu ruiniert.« Siehe Verh. d. Reichst. (wie Anm. 8), Bd 311, 144. Sitzung am 20. März 1918, S. 4502. Vgl. auch die diesen Sachverhalt bestätigenden Äußerungen des Chefs des Kriegsamts, Generalmajor Scheüch (ebd.), S. 4520.

110 Die Daimler-Motoren-Werke waren damals das weitaus größte Unternehmen Württembergs. Dort waren 1918 15 124 Personen beschäftigt. Vgl. dazu die Tabelle »Entwicklung der Beschäftigtenzahlen württembergischer Groß- und ›Riesen‹-Betriebe 1907—1918« bei G. Mai: Kriegswirtschaft und Arbeiterbewegung in Württemberg 1914—1918. Marburg a.d.L. (Masch. Habilschrift) 1981, S. 85.

111 So der Titel der Sozialgeschichte 1914—1918 von Kocka. Das Werk wurde in Anm. 10 bereits zitiert.

112 Siehe den Artikel »Kapitalistische Kriegsgeschäfte. Landesverräterische Erpressungsversuche der Firma Daimler.« In: Schwäbische Tagwacht. Organ der Sozialdemokraten Württembergs 38 (1918), Nr. 58 v. 9. März 1918, S. 1f.

113 Nach dem ausführlichen Bericht der soeben zitierten »Schwäbischen Tagwacht«. Das Protokoll der 214. Sitzung des Hauptausschusses am 8. März 1918 (HA — wie Anm. 7 —, Bd 4, S. 2025—2033) bringt demgegenüber nur eine kurze Zusammenfassung der Ausführungen Noskes.

114 Diese Formulierung verwendete Erzberger in Verh. d. Reichst. (wie Anm. 8), Bd 311, 144. Sitzung am 20. März 1918, S. 4508. Auch in der Heeresverwaltung war diese Terminologie gang und gäbe.

115 Siehe die Noske-Rede im Plenum (Verh. d. Reichst. — wie Anm. 8 —, Bd 311, 146. Sitzung am 16. April 1918, S. 4601).

116 Formulierung von Noske im Hauptausschuß (HA — wie Anm. 7 —, 214. Sitzung am 8. März 1918, S. 2029).

117 Siehe Bekanntmachung über Auskunftspflicht v. 12. Juli 1917. In: RGBl. 1917, S. 604—606.

118 Dies berichtete der Vertreter des Waffen- und Munitionsbeschaffungsamts (»Wumba«), Meyer, auf Anfrage des Abgeordneten Erzberger im Hauptausschuß des Reichstags (HA — wie Anm. 7 —, 214. Sitzung am 8. März 1918, S. 2028f.).

119 Liesching (FVP) legte folgenden Antrag des Untersuchungsausschusses vor: »Der Reichstag wolle beschließen, den Reichskanzler zu ersuchen, alsbald für Erlaß einer Bundesratsverordnung Sorge zu tragen, wonach der Reichskanzler ermächtigt wird, in sämtlichen für den Heeresbedarf arbeitenden Betrieben die Geschäftsbücher und andere für die Berechnung der Preise maßgebenden

Unterlagen überwachen zu lassen.« Siehe HA (wie Anm. 7), 214. Sitzung am 8. März 1918, S. 2027.

120 Stellungnahmen Noskes und Pflegers (ebd.), S. 2029 u. 2031.

121 Erzberger (ebd.), S. 2032.

122 Antrag Erzberger, Gröber und Genossen, in HA (wie Anm. 7), 215. Sitzung v. 9. März 1918, S. 2034.

123 So Noske in derselben Sitzung, S. 2029.

124 Noske in Verh. d. Reichst. (wie Anm. 8), 146. Sitzung am 16. April 1918, S. 4603. Auch Woldt stellte in seinem in Anm. 90 zit. Aufsatz heraus, daß es sich bei Daimler nicht um einen Einzelfall handelte, sondern um einen Skandal, der typisch war für die ganze Situation.

125 So der nationalliberale Abgeordnete Keinath (HA — wie Anm. 7 —, 218. Sitzung am 15. März 1918, S. 2049).

126 So der nationalliberale Abgeordnete Stöve (ebd.), S. 2048.

127 So der Konservative Schiele (ebd.), S. 2050.

128 Vgl. die Debatten in der 214. bis 218. Sitzung des HA — wie Anm. 7 — (8.—15. März 1918) mit der Beschlußfassung am 15. März 1918 (ebd.), 218. Sitzung, S. 2050.

129 Siehe Verh. d. Reichst. (wie Anm. 8), Bd 311, 144. Sitzung am 20. März 1918, S. 4498—4520, und (ebd.), 146. Sitzung am 16. April 1918, S. 4580—4605.

130 Text der beiden Resolutionen und Beschlußfassung (ebd.), S. 4605.

131 Jedenfalls finden sich weder im RGBl. noch im Armee-Verordnungsblatt entsprechende Verordnungen.

132 Noske in Verh. d. Reichst. (wie Anm. 8), Bd 311, 144. Sitzung am 20. März 1918, S. 4510.

133 Noske in der Debatte über die Bundesratsverordnung zur »Überwachung der für den Heeresbedarf arbeitenden Betriebe« (Verh. d. Reichst. — wie Anm. 8 —, Bd 311, 144. Sitzung am 20. März 1918, S. 4510).

134 Mit diesem Satz beendete Noske seine Reichstagsrede v. 20. März 1918 (ebd.), S. 4514.

135 Vgl. Noskes Schlußbericht in »Kommission Kriegslieferungen« (wie Anm. 5), 14. Sitzung am 16. Februar 1918, S. 90, sowie seine Reichstagsrede v. 16. April 1918, in Verh. d. Reichst. (wie Anm. 8), Bd 311, 146. Sitzung am 16. April 1918, S. 4600.

136 Ebd., Bd 314, 195. Sitzung am 24. Oktober 1918, S. 6217.

137 Scheidemann-Aussage in Der Dolchstoß-Prozeß 1925 (wie Anm. 37), S. 243.

138 Erzberger in Verh. d. Reichst. (wie Anm. 8), Bd 311, 144. Sitzung am 20. März 1918, S. 4508.

139 Mit der Aufstellung der militärischen Forderungen, also der rüstungspolitischen Vorgaben, war das Parlament ohnehin nicht befaßt. Im Hinblick auf die pauschalen Kriegskreditbewilligungen sprach der Abgeordnete Henke (USPD) von einem »Blankowechsel«, den das Parlament der Heeresverwaltung ausstellte. Siehe Verh. d. Reichst. (wie Anm. 8), Bd 311, 146. Sitzung am 16. April 1918, S. 4596.

140 R. Schiffers: Der Hauptausschuß des Deutschen Reichstags 1915—1918. Formen und Bereiche der Kooperation zwischen Parlament und Regierung. Düsseldorf 1979, bringt dafür sprechende Fakten (S. 146), meint aber gleichwohl, seit dem Juli 1917 habe die OHL im Reichstag ihren »einzigen ernsthaften Gegenspieler« gesehen (S. 239). Tatsächlich wandte sich die OHL jedoch erst im Oktober 1918 direkt an die Vertreter der Parteien des Reichstags und nahm damit von ihrer früheren restriktiven Haltung Abstand.

141 Henke in Verh. d. Reichst. (wie Anm. 8), Bd 311, 146. Sitzung am 16. April 1918, S. 4597.

142 Die USPD wollte revolutionäre Veränderungen im Innern, aber »nicht auf Kosten der militärischen Niederlage«. So F. Boll: Frieden ohne Revolution? Friedensstrategien der deutschen Sozialdemokratie vom Erfurter Programm 1891 bis zur Revolution 1918. Bonn 1980, S. 271.

143 Noske in Verh. d. Reichst. (wie Anm. 8), Bd 311, 146. Sitzung am 16. April 1918, S. 4600.

144 Erzberger (ebd.), Bd 311, 144. Sitzung am 20. März 1918, S. 4508.

145 Erzberger (ebd.), S. 4507.

146 Geyer betrachtet die Entwicklung der deutschen Rüstungspolitik zwischen 1860 und 1980 durchgängig unter dem Gesichtspunkt des Herrschaftscharakters von Rüstung: »Als Aneignung gesellschaftlicher Ressourcen ist jede Rüstungsmaßnahme wie die Steuereintreibung, mit der zusammen die Rüstung groß geworden ist, ein Herrschaftsakt, der die gesellschaftlichen Herrschaftsverhältnisse in sich aufnimmt und diese wiederum durch die Produktion von Kriegsmitteln und schließlich auch durch ihre Verwendung prägt und gestaltet.« (Ders.: Deutsche Rüstungspolitik — wie Anm. 11 —, S. 14f.). Bezogen auf das Jahr 1916 vgl. ebd., S. 104f.

147 Ebd., S. 104.

148 Zit. nach W. T. Angress: Das deutsche Militär und die Juden im Ersten Weltkrieg. In: MGM 19 (1976), 77—146, hier S. 77.

149 Vgl. Kocka: Klassengesellschaft im Kriege (wie Anm. 10), S. 103f.

150 Protokoll der Sitzung der Hauptleitung des Geschäftsführenden Ausschusses am 19. und 20. Oktober 1918. Zit. nach W. Jochmann: Die Ausbreitung des Antisemitismus. In: W. E. Mosse (Hrsg.): Deutsches Judentum in Krieg und Revolution 1916—1923. Tübingen 1971, S. 439.

151 F. Oppenheimer: Die Judenstatistik des preußischen Kriegsministeriums. München 1922. Diese Untersuchung richtete sich gegen das Buch von E. v. Wrisberg: Erinnerungen an die Kriegsjahre im Kgl. Preuß. Kriegsministerium. Bd 2: Heer und Heimat 1914—1918. Berlin, Leipzig 1921, in dem einseitig über die Ergebnisse der Judenzählung von 1916 berichtet worden war. Generalmajor a. D. v. Wrisberg war während des Krieges Direktor des Allgemeinen Kriegsdepartements im preußischen Kriegsministerium.

152 Vgl. dazu die Dokumentation von Angress (s. Anm. 148), besonders das Dokument Nr. 7. Erlaß des preußischen Kriegsministers Wild von Hohenborn zwecks Nachweisung aller beim Heere befindlichen wehrpflichtigen Juden. 11.10.1916.

Auch E. Zechlin: Die Deutsche Politik und die Juden im Ersten Weltkrieg. Göttingen 1969, S. 527—529, hält die vom preußischen Kriegsministerium angegebenen Gründe für die Judenzählung für »zumindest fragwürdig« und für eine »Schutzbehauptung«.

153 Vgl. dazu den Ausstellungskatalog Deutsche Jüdische Soldaten 1914—1945. Im Auftrage des Bundesministeriums der Verteidigung zur Wanderausstellung hrsg. vom Militärgeschichtlichen Forschungsamt. Freiburg i. Br. 1982. Diese Ausstellung bemühte sich — mehr als ein halbes Jahrhundert nach der diffamierenden Judenzählung von 1916 — um eine Rehabilitierung der jüdischen deutschen Soldaten im Ersten Weltkrieg. In einem der Beiträge des Ausstellungskataloges wird eine angemessene kritische Aufarbeitung des Antisemitismus im preußisch-deutschen Offizierkorps geleistet. Siehe M. Messerschmidt: Juden im preußisch-deutschen Heer. In: Deutsche Jüdische Soldaten 1914—1945 (wie eingangs dieser Anm.), S. 96—127.

154 H.-G. Zmarzlik: Antisemitismus im Deutschen Kaiserreich 1871—1918. In: Die Juden als Minderheit in der Geschichte. Hrsg. von B. Martin u. E. Schulin. München 1981, S. 249—270, hier S. 260.

155 »Wir alle sind Frontkämpfer!« Rede Görings vor den Arbeitern der Rheinmetall-Borsig-Werke in Berlin am 9. September 1939. Zit. nach: Deutsches Nachrichtenbüro, 9. September 1939, Nr. 1303—08.

156 Siehe dazu die erwähnten Arbeiten von Kocka, Jochmann, Messerschmidt und Zmarzlik.

Viertes Kapitel

Demobilmachung in Deutschland 1918/1919

Die schleichende Entmachtung der Soldatenräte

Unter Demobilmachung haben wir einen sehr komplexen Vorgang zu verstehen, nämlich den Gesamtprozeß der Veränderungen auf militärischem, wirtschaftlichem und sozialem Gebiet, durch den eine im Kriegszustand befindliche Gesellschaft nach Beendigung der Kampfhandlungen in den Friedenszustand überführt wird.

1. Problemstellung und Forschungsstand

Während des Ersten Weltkrieges griff der Staat in Deutschland — wie übrigens auch in den anderen am Krieg beteiligten Ländern — stärker als je zuvor befehlend und kontrollierend in Wirtschaft und Gesellschaft ein. Der Anspruch des Staates war bereits damals in der Tendenz total: Die gesamte Gesellschaft sollte auf die Erfordernisse der Kriegführung hin organisiert werden. Dementsprechend wurde auch die Demobilmachung im wesentlichen als eine vom Staat zu planende und durchzuführende Aufgabe begriffen. Durchdacht und geplant werden mußte, welche Maßnahmen bei der für den Demobilmachungsfall zu erwartenden Lockerung oder Aufhebung der staatlichen Zwangswirtschaft erforderlich wurden. Für den Bereich der militärischen Demobilmachung waren seitens der militärischen Führung spezielle Vorbereitungen zu treffen. Sie bezogen sich auf die Rückführung der Millionen von Soldaten von den verschiedenen Fronten in das Heimatgebiet sowie auf die gewaltigen Probleme der materiellen Abrüstung und der Massenentlassungen aus dem Kriegsdienst. Sodann hing es von der möglichst harmonischen Zusammenarbeit der staatlichen Stellen mit den Arbeitgeber- und den Arbeitnehmerorganisationen und dieser untereinander ab, ob es gelang, von Kriegsproduktion auf Friedensproduktion umzustellen und die Millionen der aus dem Kriegsdienst entlassenen Menschen rasch und ohne größere Reibungen wieder in Brot und Arbeit zu bringen.

Angesichts dieser und anderer Erwägungen war bei den in Deutschland mit Fragen der Demobilmachung befaßten Organisatoren die Überzeugung allgemein, daß die mit dem siegreichen Ende des Krieges — ein anderes Ende konnte man sich nicht vorstellen — zu erwartende Demobilmachung gründlich geplant und in der Praxis ordnungsgemäß durchgeführt werden mußte, wollte man nicht riskieren, daß es zu einer völligen Auflösung der militärischen Disziplin und zu potentiell noch folgenreicheren sozialen Unruhen kam. Hierin lag die enorme politische Brisanz der Demobilmachungsproblematik. Es war u. a. die Furcht vor sozialen Unruhen, die den Staat veranlaßte, schon seit etwa 1916 an die Rahmen- wie die Detailplanung der späteren Demobilmachung heranzutreten.
Die äußeren und inneren Entwicklungen bei Kriegsende im Herbst 1918 — die militärische Niederlage, der Ausbruch der Novemberrevolution und der Abschluß des Waffenstillstandes — warfen die Demobilmachungsplanungen dann zwar nicht völlig über den Haufen, ließen aber gleichwohl eine Dynamik in Gang kommen, die mit Plänen, Befehlen und Kontrollen nicht mehr zu lenken war. Dadurch wurde teilweise die Autorität des Staates selbst in Frage gestellt. Als vielerorts die Disziplin ins Wanken geriet, erlebte die militärische Führung ihre eigentliche Niederlage. Jetzt mußte sie begreifen, daß sich die politische Macht, die ihr im Verlaufe des Krieges über die militärische Macht hinaus zugewachsen war, plötzlich in ein Nichts auflöste. Jetzt mußte sie sogar befürchten, daß sie ihre Rolle als »militär-technische Liquidationsinstitution«[1], die ihr vom Rat der Volksbeauftragten mit der Rückführung und Demobilmachung des Heeres zugewiesen war, nicht würde erfüllen können. Damit schien — wenigstens für einen kurzen Zeitraum — die Funktion und Existenzberechtigung der Offiziere generell zur Disposition gestellt zu sein.
Schließlich wurde der Verlauf der deutschen Revolution von 1918/19 insgesamt maßgeblich von der Demobilmachung beeinflußt. Sowohl zeitlich wie in der Sache bestand ein enger Zusammenhang zwischen dem rapiden Prozeß der Massenentlassungen aus dem Kriegsdienst einerseits und dem Niedergang der anfangs so machtvollen Soldatenrätebewegung andererseits. Angesichts dieser offensichtlichen Kausalität muß es verwundern, daß die Problematik der militärischen Demobilmachung und ihrer Folgen in der umfangreichen Literatur über die deutsche Revolution von 1918/19 weithin unbeachtet blieb[2]. Erst in allerjüngster Zeit sind einige wesentliche Aspekte der Demobilmachung nach dem Ersten Weltkrieg

genauer untersucht worden. Die Ergebnisse wurden 1981 auf einer in London durchgeführten Tagung über »Social Processes of Demobilisation after the First World War« vorgestellt[3]. Sie zielen auf eine vergleichende Betrachtung der Verhältnisse in Frankreich, Deutschland und Großbritannien ab. Im Mittelpunkt des wissenschaftlichen Interesses stand allerdings nicht die militärische Demobilmachung, sondern zum einen die Frage nach der Wiedereingliederung der Massenheere in die Friedenswirtschaft und zum anderen das erstmals genauer untersuchte Problem, wie der Staat gegenüber den Kriegsinvaliden und Hinterbliebenen seine Sorgepflicht wahrnahm. Der zeitlich vorhergehende militärische Teil der Demobilmachung fand kein vergleichbar intensives Interesse, was unter anderem mit dem komparativen Ansatz dieser Tagung zusammenhängen mochte. Nur in Deutschland gab es nämlich jenen unmittelbaren Zusammenhang von militärischer Demobilmachung und Revolutionsverlauf, dem in diesem Beitrag besondere Aufmerksamkeit geschenkt wird.

Angesichts der in der Räteforschung vorherrschenden Tendenz, die mit der Rätebewegung gegebenen Erfolgschancen der Revolution aufzuzeigen, mahnte ein profunder Kenner der Materie, der amerikanische Historiker Gerald D. Feldman: »So unangenehm es auch sein mag, wir sind an einem Punkt angelangt, wo eine Umkehrung der Forschungsrichtung unserem historischen Verstehen nur nützen könnte. Statt sich wie bisher auf die Frage zu konzentrieren, wie die Verlierer hätten gewinnen können, sollte man sich fragen, wie die Sieger gewinnen konnten.«[4] Wenn wir uns aus dieser Perspektive die Frage vorlegen, wie der Niedergang der Soldatenrätebewegung zu erklären ist, so erhält die Demobilmachungsproblematik erst ihr volles Gewicht. Denn die Vermutung liegt auf der Hand, daß den Soldatenräten als revolutionären Machtinstanzen mit der personellen Demobilmachung — bildlich gesprochen — der Boden unter den Füßen weggezogen wurde.

Die personelle Demobilmachung am Ende des Ersten Weltkrieges stellte einen sozialen Veränderungsprozeß von ungeheuren Ausmaßen dar. Am Tage des Waffenstillstandes (11.11.1918) standen rund acht Millionen deutsche Soldaten unter den Waffen, davon — nach der übereinstimmenden Schätzung des Volksbeauftragten Barth (USPD) und des preußischen Kriegsministers, General Scheüch[5] — rund sechs Millionen jenseits der deutschen Grenzen und der Rest dieseits, im Heimatgebiet. Bis zum Ende des Jahres 1918 verringerte sich diese Zahl auf etwa drei Millionen, bis

Ende Januar 1919 auf etwa eine Million, und Mitte Februar 1919 war die personelle Demobilmachung großenteils abgeschlossen[6]. Das bedeutete, daß zwischen Mitte November und Mitte Februar, also in drei Monaten, sieben Millionen männliche Deutsche das Heer beziehungsweise die Marine verließen und entweder ins bürgerliche Erwerbsleben oder doch wenigstens zu ihren Familien zurückkehrten. Wie sich dieser gewaltige soziale Reintegrationsprozeß abspielte, kann man sich abstrakt nur schwer vorstellen, und die Forschung hat sich mit diesem Vorgang, wie bereits vermerkt wurde, bislang nur ansatzweise befaßt[7]. Im folgenden können daher lediglich einige der mit diesem Veränderungsprozeß zu sammenhängenden Fragen angeschnitten werden. Dabei steht die militärische Demobilmachung im Reich und in der Ostseestadt Kiel, von der die deutsche Revolution 1918 ihren Ausgang nahm, im Vordergrund des Interesses.

2. Demobilmachung im Reich — Planung und Praxis

Als der Krieg beendet war, hatte die große Mehrheit der Soldaten verständlicherweise kein sehnlicheres Bedürfnis, als schnellstmöglich zu ihren Familien zurückzukehren. Spätestens zu Weihnachten wollte jedermann zuhause sein. Der Rat der Volksbeauftragten trug diesem Wunsch Rechnung und unterstützte ihn. In seinem Erlaß an das Feldheer vom 12. November 1918[8], einen Tag nach Abschluß des Waffenstillstandes, ließ er die Soldaten wissen: »Die Volksregierung ist von dem Wunsche beseelt, daß jeder unserer Soldaten nach den unsäglichen Leiden und den unerhörten Entbehrungen in kürzester Zeit nach der Heimat zurückkehrt.« Zugleich mußte die Regierung jedoch befürchten, der Drang nach Hause könnte bei vielen Soldaten stärker sein als die Bereitschaft zur Aufrechterhaltung der militärischen Disziplin. Daher fügte die Regierung hinzu: »Dieses Ziel (der schnellstmöglichen Rückführung, d. Verf.) ist aber nur zu erreichen, wenn die Demobilisierung nach einem geordneten Plane vor sich geht. Falls einzelne Trupps willkürlich zurückfluten, so gefährden sie sich selbst, ihre Kameraden und die Heimat auf das schwerste. Ein Chaos mit Hunger und Not müßte die Folge sein.«
In ihrer praktischen Arbeit orientierten sich die militärischen Kommandobehörden an den vorhandenen Demobilmachungsplänen, die in allge-

mein gehaltener Form die Durchführung der nach Kriegsende erfolgenden Massenentlassungen aus dem Militärdienst sowie eine Fülle weiterer Angelegenheiten regelten, die mit der Überführung von Heer und Marine in den Friedenszustand zusammenhingen. Der »Demobilmachungsplan für die Marine«[9] wurde bereits 1916 erlassen, der »Demobilmachungsplan für das Deutsche Heer«[10] im Frühjahr 1918. Im gleichlautenden Einleitungstext zu beiden Plänen wurde betont, es könnten »naturgemäß nur allgemeine Richtlinien gegeben werden«, die »den Umständen angepaßt« werden müßten. Die »notwendigen Abweichungen« würden zu gegebener Zeit besonders befohlen. Die Militärbehörden waren angewiesen, Demobilmachungsvorbereitungen zu treffen.
Tatsächlich mußten in der Praxis der mit dem Waffenstillstand am 11. November 1918 offiziell einsetzenden Demobilmachung »mancherlei Abweichungen vorgenommen und angeordnet werden«[11], wie das Berliner Kriegsministerium später bestätigte. Es lief trotz der frühzeitigen Rahmenplanung und der späteren Einzelanweisungen durchaus nicht alles programmgemäß. Denn viele der innerhalb der Reichsgrenzen stationierten Soldaten machten sich alsbald aus eigenem Antrieb auf den Heimweg, und die Soldaten der Frontformationen taten dies häufig ebenfalls, sobald ihr Verband die Reichsgrenzen erreicht hatte. Nach dem langen Krieg hatte mancher Soldat kein Verständnis für umständliche bürokratische Entlassungsprozeduren. Sie wurden vielfach als entbehrliche Verzögerung der möglichst raschen Rückkehr zu den Familien empfunden. Aus diesem Grunde war es schon damals kaum möglich, eine genaue Übersicht über den tatsächlichen Verlauf der personellen Demobilmachung zu gewinnen. Dem rückblickenden Betrachter drängt sich der Eindruck auf, daß die Oberste Heeresleitung, das preußische Kriegsministerium und das Reichsmarineamt dem Phänomen der spontanen Demobilmachung weithin ratlos gegenüberstanden und daß ihren Bemühungen, die Entlassungen nach einem geordneten Plan abzuwickeln, nur ein begrenzter Erfolg beschieden war.
Am 19. November 1918 traf das preußische Kriegsministerium die Anordnung, der allgemeine Demobilmachungsbefehl brauche nicht abgewartet zu werden; die in ihre Heimatgarnisonen zurückgekehrten Formationen sollten sogleich nach ihrem Eintreffen entlassen werden, sofern sie nicht zu einer besonderen Verwendung im Grenzschutz oder im Sicherheitsdienst bestimmt waren[12]. Mit demselben Befehl wurde die Entlassung der

Angehörigen aller älteren Jahrgänge bis einschließlich des Jahres 1895 verfügt[13]. Das bedeutete, daß alle zum Kriegsdienst eingezogenen Soldaten, die älter als 24 Jahre waren, sofort entlassen werden konnten. Lediglich die Jahrgänge 1896—1899, also die 20—23jährigen Soldaten, waren von diesem ersten großen Entlassungsschub ausgenommen. Die Richtlinien des Kriegsministeriums und die ähnlich lautenden Verfügungen des Reichsmarineamtes[14] verfolgten das allgemeine Ziel, Heer und Marine zunächst einmal aus der Kriegsstärke »in den allgemeinen Friedensrahmen« zurückzuführen[15], das heißt, sie auf den personellen Stand vom Sommer 1914, vor Beginn des Krieges, herunterzubringen.

Nach den Demobilmachungsplänen für Heer und Marine sollte die reguläre Entlassung so vonstatten gehen, daß die Soldaten bei den für sie zuständigen Ersatztruppenteilen ihre Militärpässe ausgehändigt erhielten. Da sich dieses Verfahren in der Praxis häufig als undurchführbar erwies, weil die Ersatztruppenteile weit entfernt waren, sahen sich die Militärbehörden gezwungen, auch behelfsmäßige Entlassungen[16] zu genehmigen und für rechtens zu erklären. Das bedeutete, daß die Soldaten von derjenigen Formation, bei der sie sich gerade befanden, im Regelfall ihrem Feldtruppenteil, durch die Aushändigung eines einfachen Entlassungsscheins demobil gemacht werden konnten.

3. Die politische Dimension

Am 31. Dezember 1918 erließ die Reichsregierung dann den allgemeinen Demobilmachungsbefehl[17]. Er bestimmte, daß am 10. Januar 1919 alle Formationen, die sich zu diesem Zeitpunkt in ihren Friedensstandorten befanden, aufzulösen waren. Das preußische Kriegsministerium ordnete zusätzlich an, die bislang noch zurückgehaltenen Jahrgänge 1896, 1897 und 1898 bis Ende Januar 1919 zu entlassen[18], so daß außer den Berufssoldaten nur noch der Wehrpflichtigen-Jahrgang 1899, also die 20jährigen Soldaten, in den Kasernen verbleiben mußten. Dabei handelte es sich um diejenigen jungen Männer, die am Ende des Krieges vorzeitig eingezogen worden waren und die ihre Wehrpflichtzeit, die unter normalen Friedensumständen am 1. Januar 1919 begonnen hätte, noch nicht vollständig abgeleistet hatten.

Die Einbehaltung dieses jüngsten Jahrganges stieß in Berlin auf heftige Proteste der linken Gegner des Rates der Volksbeauftragten. Ein von der KPD gelenkter »Reichsausschuß der Jahrgänge 1896—99« forderte die sofortige Entlassung dieser Jahrgänge aus dem alten Heere und rief dazu auf, für diese Forderung am 5. Januar zu demonstrieren[19]. Auch die Unabhängigen und die Revolutionären Obleute unterstützten dieses Anliegen[20]. Damit wurde die unvollständige Demobilmachung zu einem Politikum. Sie gehörte — neben der Absetzung des Berliner Polizeipräsidenten Emil Eichhorn (USPD) — zu den Faktoren, welche die Berliner Januarunruhen auslösten.

Diesen Vorgängen waren heftige Auseinandersetzungen im Kabinett und im Zentralrat vorausgegangen. Der USPD-Volksbeauftragte Hugo Haase vertrat nämlich die Auffassung, das Kriegsministerium wollte die Jahrgänge 1898/99 nicht entlassen, »nur um die alte Macht des Militarismus aufrecht zu erhalten«[21]. Die drei unabhängigen Regierungsmitglieder lehnten daher den Entwurf des Demobilmachungs-Gesetzes im Kabinett ab[22]. Bis zu seinem Auseinanderbrechen konnte sich das Koalitionskabinett über diese Frage nicht verständigen[23]. Ebert hatte sich des Einwandes zu erwehren, er wolle einen Teil des stehenden Heeres beibehalten. Er vertrat hierzu jedoch die Auffassung, alles sei nur eine Frage der Praktikabilität; selbstverständlich könnten die Millionen von Soldaten nicht an einem Tage entlassen werden; man werde sich über die Entlassung der noch zurückbehaltenen Jahrgänge 1898/99 nach Neujahr zu verständigen haben[24]. Demgegenüber sahen auch die unabhängigen Minister im preußischen Kabinett in der Zurückbehaltung ein Politikum[25] und stellten sich hinter die Forderung ihrer Kollegen Haase, Dittmann und Barth.

4. Massendesertionen

Trotz der von langer Hand vorbereiteten Demobilmachungsplanung verlief die Auflösung des Millionenheeres durchaus nicht überall nach den Vorgaben der militärischen Kommandobehörden. Bereits im September 1918, also mehrere Wochen vor dem formellen Abschluß des Waffenstillstandsvertrages, sollen etwa 750000 Soldaten des kaiserlichen Heeres desertiert sein[26]. Nach dem Waffenstillstand am 11. November entwickelte sich die militärische Demobilmachung dann vielerorts zu einem rasanten, von den Kommandobehörden kaum noch kontrollierbaren Prozeß. Zwar gelang es den Offizieren der Fronttruppen in Zusammenarbeit mit den Soldatenräten im Regelfall, ihre Formationen geschlossen in die Heimatgarnison zurückzuführen. Doch spätestens mit dem Erreichen des Friedensstandorts setzte sich dann bei den Soldaten der unwiderstehliche Drang durch, sofort die Uniform ausziehen und nach Hause zu gehen. Es ist gewiß eine Legende, daß dieser Auflösungsprozeß vom »zersetzenden Einfluß der örtlichen Soldatenräte« und von den »verseuchten Ersatztruppen«[27] hervorgerufen wurde. Es bedurfte dieser Einflüsse gar nicht. Als typisch für den unkontrollierbaren Zerfall der heimkehrenden Fronttruppen kann das Verhalten jener von der Westfront kommenden, 35000 Mann starken Verbände des Generalkommandos Lequis gelten, die im Dezember 1918 feierlich in Berlin einzogen und sich dann alsbald bis auf rund 2000 Mann einfach auflösten[28].

Das Zurückfluten der Soldatenmassen und die von oben kaum regelbare, weithin spontane Auflösung vieler Verbände hinterließ bei den Offizieren der Obersten Heeresleitung den Eindruck, daß sie sämtlicher Machtmittel entblößt seien. Der Erste Generalquartiermeister, General Groener, klagte bereits in einem am 14. Dezember 1918 an die Volksbeauftragten gerichteten Schreiben: »Alles will in die Heimat; alle Rücksicht auf den Feind, Pferde und Material und die Erhaltung des Friedensheeres treten zurück. Der Einfluß heimischer Arbeiter- und Soldatenräte veranlaßt ganze Truppenteile, außer der Reihe die Abfahrt zu erzwingen ... Die Oberste Heeresleitung ist machtlos, da von der Regierung nichts dagegen unternommen wird. Wenn die Staatsautorität nicht hergestellt wird, muß das ganze Heer zerfallen. Die Soldatenräte müssen verschwinden.«[29] Diese Ausführungen Groeners zeigen einmal mehr, daß die OHL den Auflösungstendenzen sowohl im Heimatheer — den »Ersatztruppen« — als auch im zurückgeführten Westheer weithin ohnmächtig zusehen mußte. Die Attacken der Offiziere gegen die Soldatenräte, die häufig selbständig Entlassungspapiere ausfertigten und das Tempo der Demobilmachung damit beschleunigten, waren zu diesem Zeitpunkt das indirekte Eingeständnis eben dieser Machtlosigkeit. Aus der Sicht Groeners war es nur konsequent, wenn er angesichts des rapiden Zerfalls des alten Heeres Erwägungen anstellte, wie es militärisch weitergehen sollte, und den Volksbeauftragten bereits jetzt — Mitte Dezember 1918 — die Forderung präsentierte, »eine Armee aus Freiwilligen« zu schaffen[30].

5. Der Stand der personellen Demobilmachung zum Jahreswechsel 1918/19

Im Ergebnis bleibt festzustellen, daß in den sechs Wochen zwischen dem Abschluß der Waffenstillstandsvertrages und dem Weihnachtsfest 1918 reichsweit etwa fünf Millionen deutsche Soldaten die Uniform auszogen und daß ihnen im Januar 1919 noch einmal zwei Millionen folgten. Der Vorsitzende der deutschen Waffenstillstandskommission, Matthias Erzberger, stellte am 15. Januar 1919 in einer Rede fest: »Die deutsche Armee ist verschwunden.«[31] Dies stimmte weitgehend, aber doch nicht vollständig. Denn wenn sich auch die deutsche Demobilmachung in raschem Schritt vollzogen hatte, so war Ende Januar 1919 doch immer noch etwa eine Million Soldaten präsent, was ungefähr der Kopfstärke vor Beginn des Weltkrieges entsprach.
Um die Wiedereingliederung der etwa sieben Millionen entlassener Soldaten in das normale Arbeitsleben zu erleichtern, hatte die Reichsregierung bereits am 12. November 1918 ein »Reichsamt für die wirtschaftliche Demobilmachung« — kurz Demobilmachungsamt genannt — eingerichtet und der Leitung eines Fachministers unterstellt, nämlich des Staatssekretärs Dr. Josef Koeth[32]. Ihm teilte der Rat der Volksbeauftragten die Politiker Otto Büchner (USPD) und Oswald Schumann (MSPD) als Beigeordnete zu, die jedoch dieser Aufgabe kaum gewachsen waren[33]. Da die Umstellung von Rüstungs- auf Friedensproduktion nur allmählich in Gang kam und der Arbeitsmarkt nur begrenzt aufnahmefähig war[34], verlief der Prozeß der Wiedereingliederung trotz der Tätigkeit des Demobilmachungsamtes und der Zusammenarbeit von Unternehmerverbänden und Gewerkschaften keineswegs reibungslos.
Angesichts dieser Schwierigkeiten verfügten das Kriegsministerium und das Reichsmarineamt Anfang Januar[35], daß — neben den Berufssoldaten — auch solche Mannschaften bei der Truppe freiwillig verbleiben konnten, »die im bürgerlichen Leben trotz eifrigen Bemühens noch keine Erwerbsgelegenheit gefunden haben, sofern sie auf eine solche zu ihrem Lebensunterhalt angewiesen sind«. Weiterhin wurde in dem Erlaß des Kriegsministeriums verfügt: »Um die Mannschaften bald ihrem bürgerlichen Beruf zuzuführen, haben die Ersatztruppenteile mit den Arbeitsämtern in Verbindung zu treten. Für Mannschaften, die die ihnen von den Arbeitsämtern nachgewiesene Arbeitsgelegenheit nicht ausnutzen,

erlischt die Berechtigung zum Verbleib im Heeresdienst. Für arbeitsscheue Leute sind die Kasernen nicht bestimmt. Die Soldatenräte werden im Interesse der übrigen Leute hierauf ihr besonderes Augenmerk zu richten haben.«

Der Staat kam unbestreitbar einer sozialen Verpflichtung nach, wenn er Arbeitswillige, die in der Phase der Umstellung von Kriegs- auf Friedensproduktion keinen Arbeitsplatz fanden, nicht einfach auf die Straße setzte, sondern ihnen durch die Möglichkeit des freiwilligen Verbleibs bei der Truppe kurzfristig die Existenz sichern half. Aber neben der sozialen Seite hatte diese Verordnung indirekt auch eine politische. Denn sie trug nicht unwesentlich dazu bei, daß jene Landsknechtstypen, die im bürgerlichen Erwerbsleben keinen ihnen gemäßen Lebenssinn sehen wollten, sich nun ihr Soldatenmetier durch freiwillige Meldung erhalten konnten. Die seit Januar 1919 in großer Zahl entstehenden Freikorps speisten sich personell weitgehend aus diesem Reservoir.

Auch dies war also eine Folge der staatlichen Demobilmachungspolitik. Zur Entlassung kamen nämlich alle diejenigen Soldaten, die den Krieg und das Militär gründlich satt hatten und nun wieder ihrem bürgerlichen Beruf nachgehen wollten. Von der Demobilmachung ausgespart blieben diejenigen, die entweder bereits Berufssoldaten waren oder aber dies werden wollten, weil ihnen die Aussicht auf eine Existenz als Arbeiter, Angestellter oder Beamter nicht erstrebenswert erschien, weil diese Aussicht manchen von ihnen regelrecht zuwider war. Aus dieser personellen Konstellation ergaben sich die Grenzen einer künftigen militärischen Personalpolitik, ja man kann sogar noch weitergehen und folgern, daß ein unmittelbarer Zusammenhang zwischen der Demobilmachungspolitik einerseits und dem schließlichen Scheitern der Versuche des Reichswehrministers Gustav Noske, eine republiktreue Reichswehr zu schaffen, bestand.

6. Fallstudie: Die Demobilmachung in der revolutionären Ostseestadt Kiel

Im folgenden soll nun der Prozeß der Demobilmachung in der Ostseestadt Kiel, von welcher die Revolution ihren Ausgang nahm, etwas genauer untersucht werden. Seit dem 7. November 1918 amtierte in Kiel nicht mehr ein Admiral als Gouverneur, sondern ein Zivilist, nämlich der mehrheitssozialdemokratische Reichstagsabgeordnete Noske, der sich zuvor als Mari-

nesachverständiger seiner Partei einen Namen gemacht hatte. Noske war von der Reichsregierung am 4. November nach Kiel geschickt worden, um dort beruhigend zu wirken. Nach Prüfung der örtlichen Verhältnisse war er dann zu dem Ergebnis gekommen, daß er dieser Aufgabe am ehesten würde gerecht werden können, wenn er sich in das Amt des Gouverneurs wählen ließ. Tatsächlich kam die Wahl zustande und »Berlin« bestätigte den Abgeordneten in seinem Amt. So kam es also, daß Noske in Kiel die Verantwortung für die Demobilmachung trug, worunter nicht bloß die Abwicklung der Entlassungen von Marinepersonal, sondern auch die gemäß Waffenstillstandsvertrag durchzuführende Abrüstung der Kriegsschiffe und ihre Auslieferung an die Engländer zu verstehen war. Im Anschluß an die Spezialstudie von Dirk Dähnhardt über die Revolution in Kiel läßt sich sagen, »daß in Kiel Abrüstung und Demobilmachung im großen und ganzen reibungslos abgewickelt worden sind«[36], und zwar dank der verständnisvollen Zusammenarbeit aller beteiligten Kieler Stellen sowie dank der Leitungs- und Integrationsfähigkeit Noskes.
Über diese recht allgemein gehaltene Feststellung hinaus ist bislang nicht bekannt, wie sich die personelle Demobilmachung in Kiel im einzelnen abspielte. Das ist nicht nur im Hinblick auf die Analyse der Politik beziehungsweise Verwaltungstätigkeit Noskes in diesem Bereich bedauerlich, sondern auch und in noch stärkerem Maße, weil die Demobilmachung nicht bloß als ein technischer Abwicklungsvorgang begriffen werden darf. Vielmehr handelte es sich um eine politisch relevante Entwicklung, in deren Verlauf sich die gesamte Sozialstruktur der Ostseestadt grundlegend veränderte und nicht minder die politischen Machtverhältnisse. Besonders das politische Schicksal der Soldatenratsbewegung ist ohne genauere Kenntnis der Demobilmachung kaum angemessen zu begreifen.
Aufgrund einer günstigen Aktenlage läßt sich die Massenentlassung von Soldaten in Kiel während der Gouverneurszeit Noske in ihren einzelnen Etappen recht präzise nachvollziehen. Die Gouvernements-Befehle geben Aufschluß über die Art und Weise, wie Noske seine Leitungsfunktion ausübte. Wesentlich aufschlußreicher ist jedoch eine vom späteren Stationschef, Admiral Meurer, auf Befehl des Reichsmarineamts[37] Ende April 1919 verfaßte »Zusammenfassende Darstellung des Verlaufs der bisherigen Demobilmachung unter besonderer Berücksichtigung der Einwirkungen der politischen Umwälzung und der Durchführung der Waffenstillstandsbedingungen«[38], die — auf der Grundlage von Erfahrungsberichten

aller der Station O unterstehenden Dienststellen und Verbände[39] — Einblick in den tatsächlichen Verlauf der Demobilmachung gibt.
Bei Beginn der Revolution waren in Kiel etwa fünfzigtausend Militärangehörige stationiert[40]. Berücksichtigt man, daß die Anzahl der Kieler Erwerbstätigen zur gleichen Zeit etwa 100000 betrug, von denen 70 % Arbeiter und nur 30 % Angestellte und Selbständige waren[41], so wird zweierlei deutlich: Kiel hatte eine insgesamt untypische Sozialstruktur; der Anteil der Soldaten war überdimensional hoch.
Die militärischen Stellen in Kiel waren sich schon während des Weltkrieges darüber im klaren, daß sie bei der zu erwartenden Demobilisierung erhebliche organisatorische Probleme zu bewältigen haben würden. Vorsorglich wandte sich das »Transportbüro Kiel«[42] bereits im Sommer 1918 an die Kieler Kommandantur[43] und gab zu bedenken, daß nach Ausspruch der Demobilmachung ungefähr 40000 Mann aus Kiel abtransportiert werden müßten, wozu man wenigstens 40 Sonderzüge benötige[44]. Zu diesem Zeitpunkt ging man noch davon aus, die Demobilmachung könne — nach einem siegreich beendeten Krieg — planmäßig und von äußeren Einflüssen ungestört abgewickelt werden. Sie stellte sich daher in erster Linie als ein Organisations- und Transportproblem dar.

7. »Wilde Entlassungen«

Als dann im November 1918 in Kiel die revolutionären Unruhen ausbrachen und wenig später der Waffenstillstand bekannt wurde, ging es nur noch selten »nach Plan«. Bereits in den Kampftagen zwischen dem 3. und 7. November 1918 reisten mehrere Matrosendelegationen aus Kiel ab, um in verschiedenen Städten des Reiches über die Entwicklung in der Ostseestadt zu berichten und um den revolutionären Funken, der in Kiel entfacht worden war, weiterzutragen[45]. Wie viele Matrosen in dieser Zeit ohne eine politische Mission die Ostseestation stillschweigend verlassen haben, um zu ihren Familien zurückzukehren, ist zwar im einzelnen nicht bekannt. Ihre Zahl dürfte jedoch beträchtlich gewesen sein. Nach dem Bekanntwerden des Waffenstillstandes setzte dann eine zweite Welle der spontanen Demobilmachung ein. Das heißt, viele Matrosen verließen Kiel auf eigene Faust, ohne die Aushändigung von Entlassungspapieren abzuwarten. Jetzt war »die Entwicklung der Dinge so in Fluß«, faßte das Kieler Stationskommando rückblickend zusammen[46], »daß von einer Ausnutzung der Demobilmachungsvorbereitungen und somit von einem planmäßigen Vorgehen fast auf keinem Gebiete die Rede sein konnte ... Wenn schon zu Beginn der Revolution zahlreiche wilde Entlassungen stattfanden oder vielfach Leute ihre Dienststellen einfach verließen, so war der Entlassungsdrang nach Abschluß des Waffenstillstandes so stark und fand derartige Äußerungen, daß ihm durch weitgehend entgegenkommende Verfügungen stattgegeben werden mußte.« Es kam zu »überhasteten, ungeordneten Entlassungen«.

Einer Weisung des Reichsmarineamtes folgend, ordnete Noske als erste Maßnahme an, die in den Jahren 1870 und 1871 geborenen Landsturmleute zu entlassen[47]. Am 13. November verfügte er, ohne weitere Weisungen des R.M.A. abzuwarten, die im Demobilmachungsplan vorgesehene Entlassung von Marineangehörigen mit Spezialberufen, die in Verwaltung und Wirtschaft dringend benötigt wurden: »Angestellte und Arbeiter der Gas-, Elektrizitäts- und Wasserwerke, der Eisenbahnen, Kleinbahnen und Straßenbahnen, der Binnenschiffahrt, Beamte des öffentlichen Verkehrs, der wirtschaftlichen Organisationen, der Arbeitnehmer und Arbeitgeberverbände, Gewerkschaften u. dergl.; Arbeitsnachweisbeamte, Arbeiter und Angestellte für Bergbau-, Land- und Forstwirtschaft. Besonders wichtig sind Schlosser, Schmiede und Gasmeister der Elektrizitäts- und Gaswerke«[48]. Diese Fachleute sollten »umgehend« mit einem vorläufigen Entlassungsschein versehen und nach Hause geschickt werden. Im Interesse volkswirtschaftlicher Belange stellte Noske zu einem frühen Zeitpunkt auch älteren Reserveoffizieren anheim, sich bereits vor der allgemeinen Demobilmachung vom Stationskommando beurlauben zu lassen[49]. Erst Mitte November, als Noske längst von sich aus die personelle Demobilmachung auf den Weg gebracht hatte, erließ das Reichsmarineamt »Richtlinien für die Entlassung des Marinepersonals«[50], mit denen die allgemeine Demobilmachung praktisch vorweggenommen wurde. Der Personalbedarf für Handel und Wirtschaftsleben, hieß es in den Richtlinien des R.M.A., müsse zunächst aus dem Heimatheer und der Marine gedeckt werden, da sich das Westheer noch auf dem Rückmarsch befinde. Die Entlassungen sollten »in weitest gehendem Umfange dem Bedarf des Wirtschaftslebens entsprechend erfolgen«. Den Umfang der täglichen Entlassungen machte das Reichsmarineamt lediglich von der praktischen Durchführbarkeit abhängig, nämlich von der Leistungsfähigkeit der Eisenbahnen. Die Ostseestation wurde

verpflichtet, dafür zu sorgen, »daß das zur Durchführung der Waffenstillstandsbedingungen benötigte Personal« zurückbehalten wurde. Für diese Aufgabe standen neben den Berufssoldaten die von der Entlassung bisher ausgenommenen jüngeren Jahrgänge (1896—98) zur Verfügung.
Wie vorherzusehen war, gestaltete sich der Abtransport von Soldaten und Zivilangehörigen aus Kiel zu einem schwer zu lösenden Problem. Seit den ersten Tagen der Revolution herrschte »ein großes Durcheinander im Reiseverkehr«[51]. Der normale Bahnlinienverkehr reichte bei weitem nicht aus, um die Vielzahl der zur Entlassung kommenden Leute aus Kiel abtransportieren zu können. Daher setzte die Eisenbahndirektion Altona in der Zeit vom 15. bis zum 29. November 1918 täglich zwei bis drei Sonderzüge ein[52], die nach Hamburg und Berlin fuhren und pro Zug etwa 1500 Personen aufnehmen konnten. Diese Maßnahme ermöglichte den Abtransport von rund 30000 Personen in der zweiten Novemberhälfte. Darüber hinaus veranlaßte Noske den Einsatz von Transportschiffen in Richtung Stettin und Danzig[53].
In dieser Phase der Massenentlassungen, in der täglich fast 2000 Menschen Kiel verließen, mußte der Gouverneur Noske befürchten, alsbald werde nicht einmal mehr genügend eingearbeitetes Personal zur bürokratischen Abwicklung der Demobilmachung sowie zur Außerdienststellung und Ablieferung der Kriegsschiffe in den Internierungshäfen vorhanden sein[54]. Tatsächlich führte die Knappheit an ausgebildetem Personal, das die Formalitäten der regulären Entlassung und der Abfindung mit Gebührnissen auszuführen in der Lage war, zu erheblichen Schwierigkeiten. Wie Admiral Meurer später feststellte, drückte »die wilde Art der Entlassungen der ganzen Demobilmachung ihren Stempel auf«[55]. Sie führte auch dazu, daß viele Personalpapiere und Verwaltungsakten aller Art verloren gingen, was nicht nur die gesamte Abwicklungsarbeit erheblich verlängerte und verteuerte, sondern auch für viele Nachteile mit sich brachte, die später Gehalts-, Löhnungs-, Renten- und sonstige persönliche Ansprüche geltend machten[56].

8. Entmachtung der Soldatenräte

Wenn das Reichsmarineamt in seinen Entlassungsrichtlinien von Mitte November 1918 praktisch die generelle Demobilmachung einleitete, so verfolgte sie damit zweifellos auch einen ganz konkreten politischen Zweck. Hieß es in den Richtlinien noch etwas verschleiert, die Massenentlassungen lägen auch im Interesse der Marine selbst, »um Personalanstauungen in den Marinegarnisonen zu vermeiden«[57], so drückte die »Kommandantur der Befestigungen des Reichskriegshafens Kiel« in ihrem Bericht über die Demobilmachung unumwunden aus, worum es in Wirklichkeit ging. Nach dem Ausbruch der Matrosenrevolution, hieß es in diesem Bericht, sei jedem Einsichtigen klar gewesen, daß es nun galt, »so schnell wie möglich aus dem überheizten, brodelnden Kessel möglichst viel Dampf abzulassen, d. h. massenweise Entlassungen vorzunehmen«[58].

Dieser Vorgang zeigt, daß die überstürzten Massenentlassungen aus der Sicht der Marineführung nicht bloß eine negative Seite hatten, die in der weitgehenden Auflösung der militärischen Disziplin bestand. Sie waren zugleich politisch höchst willkommen, da sie hoffen ließen, bald sei die Masse der revoltierenden Matrosen vom Schauplatz des Revolutionsbeginns, nämlich Kiel, verschwunden, und damit würden allmählich wieder geordnete Zustände eintreten können.

Der Tatbestand, daß die Matrosen noch im November 1918 die Ostseestadt Kiel zu Tausenden geradezu fluchtartig verließen, belegt darüber hinaus die Begrenztheit ihrer politischen Ziele. Sie hatten Ende Oktober den Flottenvorstoß verhindert und waren beim Kampf um die Folgen dieser Gehorsamsverweigerung siegreich geblieben. Dann folgte mit dem Abschluß des Waffenstillstandes die formelle Beendigung des Krieges. Damit war das Hauptziel der Matrosen, nämlich die schleunige Beendigung der Kampfhandlungen, erreicht. Wo neben der Friedenssehnsucht auch eine Veränderung der politischen Verhältnisse erstrebt wurde, schien dieses Ziel mit der Regierungsübernahme durch den Rat der Volksbeauftragten in Berlin und in Kiel durch Noskes Einsetzung in das Amt des Gouverneurs eingelöst zu sein. Eine Bereitschaft der Matrosen von Kiel, sich nach dem weitgehend unblutig verlaufenen und dennoch erfolgreichen Novemberumsturz für ein Weitertreiben der Revolution zu engagieren, war mehrheitlich gering. Daher gab es für sie keinen Grund mehr, in der Ostseestadt zu bleiben.

Wie es im Demobilmachungsplan vorgeschrieben war, ordnete Noske bereits im November 1918 Maßnahmen an, die eine Übersicht über den Stand der Entlassungen bieten sollten. Alle entlassenden Dienststellen in seinem Befehlsbereich sollten erstmalig am 1.12.1918 und ab da alle 14

Tage entsprechende Meldungen an das Stationskommando geben[59]. Diese planmäßige Berichterstattung kam jedoch nicht zustande, da die meisten Dienststellen die geforderten Meldungen nicht lieferten. Das Stationskommando war daher nicht in der Lage, eine laufende, einigermaßen exakte Übersicht über den Gang der Demobilmachung zu gewinnen[60]. Da zumal die Unterlagen über den Stand der Entlassungen »völlig unzureichend« waren, konnten die 14tägigen Zusammenstellungen nicht erarbeitet werden. Doch auch die Einzelmeldungen enthalten verallgemeinerungsfähige Aussagen. So traf etwa die dem Kieler Stationskommando unterstehende Inspektion des Torpedowesens in ihrem Demobilmachungsbericht[61] die folgende aufschlußreiche Feststellung: »Das jetzige ungefähre Ergebnis der Entlassungen ist folgendes: Von der vor der Revolution gewesenen Iststärke der einzelnen Kompagnien sind von den zu entlassenden Leuten 1/3 ordnungsgemäß mit Militärpapieren entlassen worden. Bei 1/3 schweben noch die Verhandlungen und bei 1/3 fehlen sämtliche Unterlagen.« Bei anderen Marineteilen im Bereich der Ostseestation war die Quote der regulär Entlassenen wesentlich höher. Aus den lückenhaften Meldungen läßt sich immerhin errechnen, daß am Stichtag 1. Dezember 1918 über 15000 Marineangehörige der Garnison Kiel mit Entlassungspapieren versehen waren[62]. Wenn Noske am 4. Dezember im Gouvernements-Tagesbefehl mitteilen ließ, die Entlassung der Inaktiven sei im Ostseebereich nunmehr zum größten Teil durchgeführt[63], so hatte er dabei gewiß nicht nur die erwähnten etwa 15000 regulär Entlassenen vor Augen, sondern auch die große Zahl derjenigen, die auf eigene Faust abgereist waren. Anhand der seit Mitte November eingesetzten Militär-Sonderzüge sowie der zum Abtransport bestimmten Schiffe läßt sich schätzen, daß bis Weihnachten 1918 um die 40000 Marineangehörige Kiel verlassen haben müssen. Bis zum Stichtag 1. Januar erhöhte sich die Zahl der regulär Entlassenen auf schätzungsweise 24000 Mann[64], so daß sich — mit Vorbehalt — sagen läßt, daß mehr als ein Drittel der Marineangehörigen der Kieler Garnison spontan und formlos demobil machte. Von den rund 50000 Militärpersonen, die bei Beginn der Revolution in Kiel stationiert waren, waren am Ende des Jahres 1918 mehr als vier Fünftel abgereist. Bei den Soldaten, die noch im Januar 1919 im Befehlsbereich der Marinestation der Ostsee verblieben, handelte es sich fast ausschließlich um Berufssoldaten, also um Unteroffiziere, Deckoffiziere und Offiziere[65]. Die Matrosen, welche die Revolution begonnen und in wenigen Tagen zum Erfolg geführt hat-

ten, waren zum allergrößten Teil schon vor dem Weihnachtsfest zuhause bei ihren Familien.
Was der Weggang von rund 40 000 Matrosen aus der Stadt, die das Signal zur deutschen Revolution gegeben hatten, für die Legitimation der durch die Revolution neugeschaffenen Machtorgane, insbesondere für den Kieler Obersten Soldatenrat, bedeutete, liegt auf der Hand. Der Soldatenrat wurde mit dem Fortgang der Massenentlassungen zunehmend seiner Machtbasis entblößt. Dies hatte zur Folge, daß sich die Zusammensetzung des Obersten Soldatenrates bereits Anfang Dezember 1918 änderte. Jetzt wurden vermehrt Deckoffiziere in den Rat hineingewählt. Einer von ihnen, Franz Riefstahl, ein Signalmeister, gab fortan im Obersten Soldatenrat den Ton an.

9. Das Comeback der Berufssoldaten

Mit seiner schwindenden Legitimation veränderte sich notwendigerweise auch die Machtposition des Soldatenrats im politischen Kräftespiel Kiels. Wie die Aufstellung der »Eisernen Marinebrigade Kiel« zeigen sollte, waren militärische Berufsorganisationen wie der Deckoffizierbund und die Unteroffiziervereinigung bereits Mitte Dezember 1918 handlungsfähigere Institutionen als der Oberste Soldatenrat, an dem die Gründung dieses Freiwilligenverbandes schlicht vorbeiging. Als Noske Ende Februar 1919 die Marineräte mit der Begründung auflöste, nach erfolgter Durchführung der Demobilmachung und der Einrichtung von Entlassungsbüros läge keinerlei Berechtigung mehr für ihre Fortexistenz vor[66], konnte der Kieler Oberste Soldatenrat mangels Massenbasis nicht mehr als verbale Proteste vorbringen.
Die Demobilmachung im Bereich der Marinestation der Ostsee verlief alles in allem wesentlich rascher als im Feldheer. Diese lag sowohl an den besonderen Kieler Voraussetzungen — das zur Entlassung anstehende Personal brauchte nicht von außerhalb nach Kiel zurückgeführt zu werden, sondern war großenteils bereits am Ort stationiert — wie auch am politischen Willen des Reichsmarineamtes und des Kieler Gouverneurs Noske, aus dem »brodelnden Kessel« Kiel möglichst schnell möglichst viel Dampf abzulassen. Der beschriebene Vorgang der beschleunigten Massenentlassungen aus dem Militärdienst bietet somit ein weiteres Erklärungsmoment

für den Tatbestand, daß die Revolution in Kiel unverhältnismäßig schnell, letztlich binnen weniger Tage, in ein ruhiges Fahrwasser geriet. Die rasche Demobilmachung verursachte zugleich den Verfallsprozeß der Kieler Matrosenbewegung und die fortschreitende Machtentblößung des Kieler Obersten Soldatenrats. »Die Soldatenräte gingen recht eigentlich daran zugrunde, daß es keine Soldaten mehr gab.«[67] Jetzt war es nur noch eine Frage der Zeit, bis die Marineoffiziere wieder ihre alten Machtpositionen zurückgewinnen würden.

Anmerkungen

1 Ausdruck von U. Kluge, Soldatenräte und Revolution. Studien zur Militärpolitik in Deutschland 1918/19, Göttingen 1975, S. 206 u. ö.

2 In der nach 37 Sachthemen geordneten Zusammenstellung der einschlägigen Literatur von G. P. Meyer, Bibliographie zur deutschen Revolution 1918/19, Göttingen 1977, fehlt die Demobilmachungsproblematik bezeichnenderweise vollständig. Selbst das umfangreiche Standardwerk über die Soldatenrätebewegung von Kluge schenkt dem Phänomen der Massenentlassungen aus dem Kriegsdienst nicht die angemessene Beachtung.

3 Die wichtigsten Beiträge wurden veröffentlicht in: Geschichte und Gesellschaft, 9/1983: »Die Organisierung des Friedens: Demobilmachung 1918—1920«, mit Aufsätzen von G. D. Feldmann über »Die Demobilmachung und die Sozialordnung der Zwischenkriegszeit in Europa«, von A. Prost über die Demobilmachung in Frankreich und von D. Englander über dieselbe in Großbritannien, von R. Bessel über Frauenarbeit und Demobilmachung in Deutschland sowie von M. Geyer über die Kriegsopferversorgung in Frankreich, Deutschland und Großbritannien.

4 G. D. Feldman, Wirtschafts- u. sozialpolitische Probleme der deutschen Demobilmachung 1918/19, in: Industrielles System u. politische Entwicklung in der Weimarer Republik, Hrsg. H. Mommsen u. a., Düsseldorf 1974, S. 618—36, hier: S. 618. Überarbeitete Fassung dieses Aufsatzes u. d. T.: Economic and Social Problems of the German Demobilization, 1918—19, in: The Journal of Modern History, 47/1975, S. 1—23. Diskussionsbeiträge hierzu ebd., S. 24—47, von J. Kocka, P. B. Johnson, W. J. Mommsen, S. H. Armitage, E. W. Hawley, H. A. Winkler u. H. Homburg, D. H. Aldcroft, C. S. Maier und G. D. Feldman. Sie kreisen, ebenso wie die Darlegungen Feldmans, um die sozialökonomische Dimension der Demobilmachung (ebenso wie die in Anm. 3 erwähnten Beiträge), nicht um den militärischen Teil.

5 Kabinettssitzung am 16. November 1918, in: Die Regierung der Volksbeauftragten 1918/19, Bearb. S. Miller unter Mitwirkung von H. Potthoff, Bd 1, Düsseldorf 1969, S. 63f.

6 Diese Zahlen gab der demokratische Reichsfinanzminister Schiffer am 15. Februar 1919 in der Nationalversammlung bekannt. Verhandlungen NV, Bd 326, S. 93 f.
7 Siehe die in den Anm. 3, 4 und 32 genannten Arbeiten.
8 Erlaß des Rats der Volksbeauftragten an das Feldheer vom 12. November 1918, in: G. A. Ritter u. S. Miller (Hrsg.), Die deutsche Revolution 1918—1919. Dokumente, Hamburg ²1975, S. 101 f.
9 Demobilmachungsplan für die Kaiserliche Marine (Dem.Pl.), Berlin 1916. Es handelt sich um einen als »geheim« klassifizierten Entwurf Nr. 3, der 46 Seiten stark war und 1916 vom Reichsmarineamt als Druckstück herausgegeben wurde. In: BA-MA, RM 31/v. 1797.
10 Demobilmachungsplan für das Deutsche Heer (Dem.Pl.), Berlin 1918. Gez. von Kaiser Wilhelm II. am 4. März 1918. Der gedruckt vorliegende Plan umfaßte 299 Seiten.
11 Demobilmachungs-Handbuch. Mit Genehmigung des Kriegsministeriums bearb. v. K. Gößgen, Rechnungsrat, Geheimer expedierender Sekretär im Kriegsministerium, Berlin 1919, S. 1.
12 Verfügung des Kriegsministeriums D. Nr. 5252/18 AM, in: Armee-Verordnungsblatt 1918, S. 694 f.
13 Ebd., S. 695.
14 Vgl. Verfügung des R.M.A. vom 25. November 1918, in: BA-MA, RM 23/1, Bl. 31.
15 Armee-Verordnungsblatt 1918, S. 694 f.
16 Vgl. Demobilmachungs-Handbuch, Nr. 42, Abs. 5, S. 51, sowie S. 64—67.
17 Demobilmachungs- u. Landsturmauflösungsbefehl. Gezeichnet von Ebert u. Scheidemann für die Reichsregierung sowie von Scheüch u. Göhre für das Preußische Kriegsministerium. Abgedruckt in: RGBl 1919, 1. Halbjahr, S. 1; Armee-Verordnungsblatt 1919, S. 9; Demobilmachungs-Handbuch, S. 4 f.
18 Demobilmachungs-Handbuch, S. 31 u. 62.
19 Flugblatt-Text in: Dokumente u. Materialien zur Geschichte der deutschen Arbeiterbewegung II/3, (Ost-)Berlin 1958, Dok. Nr. 2, S. ff.; zugleich wurde zur Bildung einer Roten Armee aufgerufen. Zum Zusammenhang vgl. auch den Bericht des Untersuchungsausschusses über die Januar-Unruhen 1919 in Berlin, in: Sammlung der Drucksachen der verfassunggebenden Preußischen Landesversammlung. Tagung 1919/21, 15. Bd., Berlin 1921, S. 7682 (fortan zit.: Januar-Unruhen).
20 E. Heilmann, Die Noskegarde, Berlin o. J. (1919), S. 14.
21 So Haase in der Sitzung von Kabinett und Zentralrat am 28. Dezember 1918, in: Regierung der Volksbeauftragten, Bd II, Nr. 78, S. 108; sowie in: Der Zentralrat der Deutschen sozialistischen Republik, 19.12.1918—8.4.1919. Vom ersten zum zweiten Rätekongreß, Bearb. E. Kolb unter Mitwirkung von R. Rürup, Leiden 1968, S. 74.
22 Nach Angaben Haases. Siehe: Zentralrat, S. 74.
23 Ebert in: ebd., S. 80.
24 Ebd., S. 80 u. 87. Vgl. auch: Die Regierung der Volksbeauftragten, Bd II, Nr. 78, S. 128.
25 Vgl. die Ausführungen von Minister Ströbel in der Sitzung des Zentralrats mit dem preußischen Kabinett am 2.1.1919, in: Zentralrat, Nr. 25, S. 173.

26 Seit Herbst 1917 um sich greifende Auflösungserscheinungen im Heer der Westfront fanden sichtbaren Ausdruck in der »Drückebergerei« hinter der Front; vgl. Militär u. Innenpolitik im Weltkrieg 1914—1918, Bearb. W. Deist, Düsseldorf 1970, Nr. 458, S. 1226f. und die dort aufgeführten Verweise. Diese »Drückeberger« machten eine Größenordnung von 750000 bis 1 Mill. Mann aus.

27 Darstellungen aus den Nachkriegskämpfen deutscher Truppen u. Freikorps, 2. Reihe, 6. Bd: Die Wirren in der Reichshauptstadt und im nördlichen Deutschland 1918—1920, Berlin 1940, S. 11 (fortan zit.: Wirren).

28 Vgl. die Schilderung des Majors v. Hammerstein vom preußischen Kriegsministerium vor dem Untersuchungsausschuß der Preußischen Landesversammlung, in: Januar-Unruhen, S. 7706 sowie die Aussage Groeners in: Der Dolchstoßprozeß in München. Oktober—November 1925, München o. J. (1925), S. 224. Zit. in: E. Huber, Deutsche Verfassungsgeschichte, Bd 5, Stuttgart 1978, S. 813.

29 Brief Groeners abgedr. in: Wirren, S. 10f.

30 Ebd.; zu diesen Plänen der OHL vgl. Kluge, Soldatenräte, S. 283f.

31 Erzberger-Rede während der Sitzung der Waffenstillstandskommission am 15. Januar 1919 in Trier, in: Der Waffenstillstand 1918—1919, Bd I, Berlin 1928, S. 150.

32 Vgl. den »Erlaß über die Errichtung des Reichsamtes für die wirtschaftliche Demobilmachung«, in: RGBl. 1918, S. 1304f. Während des Krieges war Oberstleutnant Koeth (1870—1936) Leiter der Kriegsrohstoffabteilung im Reichswirtschaftsamt. Zum Reichsminister für die wirtschaftliche Demobilmachung wurde Koeth am 10. Februar 1919 ernannt. Später amtierte er kurzzeitig (6. Oktober bis 23. November 1923) als Reichswirtschaftsminister im 2. Kabinett Stresemann. Zur sozialen und wirtschaftlichen Demobilmachung insgesamt vgl. die in den Anm. 3 und 4 genannten Arbeiten.

33 H. Homburg, Gewerkschaften, Unternehmer u. Staat in der Demobilmachungsphase (November 1918 bis Mai 1919). Überlegungen am Beispiel des Düsseldorfer Regierungsbezirks, Masch. Manuskript Freiburg 1973, S. 62.

34 Vgl. hierzu die Ausführungen Koeths in der Sitzung der Reichskonferenz in Berlin am 25. November 1918, in: Regierung der Volksbeauftragten, Bd 1, S. 205—07. Druckstück in: BA-MA, RM 29/9, Bl. 205—85, hier: Bl. 276; vgl. auch die spätere Darstellung von Koeth, Die wirtschaftliche Demobilmachung. Ihre Aufgaben u. ihre Organe, in: Handbuch der Politik, IV, Berlin 3. Aufl. 1921.

35 Erlaß des Kriegsministeriums vom 4. Januar 1919, in: Demobilmachungs-Handbuch, S. 31. Ausführungsbestimmungen des R.M.A. zum Demobilmachungsbefehl, in: Marine-Verordnungs-Blatt 1919, Nr. 2, S. 3.

36 D. Dähnhardt, Revolution in Kiel. Der Übergang vom Kaiserreich zur Weimarer Republik 1918/19, Neumünster 1978, S. 120.

37 Befehl des Staatssekretärs des Reichs-Marine-Amts No. AIV 430 vom 4. Februar 1919 an die Stationskommandos in Kiel und in Wilhelmshaven, in: BA-MA, RM 31/v. 1822.

38 Es handelt sich um einen 24 Schreibmaschinenseiten langen Bericht. In: BA-MA, RM 31/v. 1822.

39 Diese Erfahrungsberichte sind ebenfalls enthalten in der Akte: BA-MA, RM 31/v. 1822.

40 Dähnhardt, Revolution in Kiel, S. 27, mit Hinweisen auf die statistischen Quellen, auf deren Grundlage diese Zahl errechnet wurde. G. Noske, Von Kiel bis Kapp. Zur Geschichte der deutschen Revolution, Berlin 1920, S. 26, sprach von »über rund 80000 Soldaten«, die seinem Befehl unterstanden. Dazu gehörten allerdings auch Verbände, die im November 1918 nicht in der Garnison Kiel stationiert waren.

41 Dähnhardt, Revolution in Kiel, S. 28.

42 Offenbar eine zivile Verkehrsbehörde.

43 Schreiben des Transportbüros Kiel an die Kommandantur Kiel vom 3. Juli 1918, in: BA-MA, RM 31/v. 1823.

44 Das Transportbüro wies gleichzeitig darauf hin, daß sich die Zahl der zur Entlassung Anstehenden sogar auf 60000 erhöhen würde, falls auch die Truppen des Marinekorps in Flandern und Kiel demobilisiert würden.

45 Hierüber berichtet L. Popp, Ursprung u. Entwicklung der November-Revolution 1918. Wie die deutsche Republik entstand, Kiel o. J. (1919), S. 26.

46 Meurer, Darstellung der Demobilmachung, S. 1 u. 3.

47 Gouvernements-Tagesbefehl Nr. 3 vom 10.11.1918, Ziff. 12, in: BA-MA, RM 31/v. 2394, Bl. 4.

48 Gouvernements- u. Stations-Tagesbefehl Nr. 6 vom 13.11.1918, Ziff. 6, in: BA-MA, RM 31/v. 2394, Bl. 9f.

49 Gouvernements- u. Stations-Tagesbefehl Nr. 7 vom 14.11.1918, Ziff. 19, in: BA-MA, RM 31/v. 2394, Bl. 16f.

50 Wiedergabe in Gouvernements- u. Stations-Tagesbefehl Nr. 9 vom 16.11.1918, Ziff. 16, in: BA-MA, RM 31/v. 2394, Bl. 26.

51 Bericht der Bahnhofskommandantur Kiel an die Station O vom 9. April 1919, in: BA-MA, RM 31/v. 1822.

52 Ebd. ist von täglich zwei Militärsonderzügen die Rede. Noske kündigte im Gouvernements- u. Stations-Tagesbefehl Nr. 8 vom 15.11.1918, Ziff. 10, den täglichen Einsatz von drei Sonderzügen an, in: BA-MA, RM 31/v. 2394, Bl. 22. Zur Einstellung des Sonderzugverkehrs am 29.11.1918 ebd., S. 62.

53 Bericht der Bahnhofskommandantur Kiel (wie Anm. 51). Meurer, Darstellung der Demobilmachung, S. 9, Kapitel »Abtransport der Entlassenen«.

54 Vgl. Gouvernements- u. Stations-Tagesbefehl Nr. 7 vom 14.11.1918, Ziff. 20, 25, 26, sowie Nr. 9 vom 16.11.1918, Ziff. 12, in: BA-MA, RM 31/v. 2394, Bl. 16—19 u. 25.

55 Meurer, Darstellung der Demobilmachung, S. 4.

56 Ebd., S. 10, Abschnitt »Verluste an Verwaltungsunterlagen«.

57 Wiedergabe der Richtlinien in: Gouvernements- u. Stations-Taagesbefehl Nr. 9 vom 16.11.1918, Ziff. 16, in: BA-MA, RM 31/v. 2394, Bl. 26.

58 Bericht vom 15. März 1919, in: BA-MA, RM 31/v. 1822.

59 Im Gouvernements- u. Stations-Tagesbefehl Nr. 13 vom 20. Nov. 1918, Ziff. 18, waren Tagesmitteilungen über die Demobilmachung angeordnet worden. Der Befehl Nr. 16 vom 22. Nov. 1918 (II. Ausgabe), Ziff. IX, enthielt die Anordnung der 14tägigen Übersichten. BA-MA, RM 31/v. 2394, Bl. 46 u. 51.

60 Meurer, Darstellung der Demobilmachung, Abschnitt »Berichterstattung«.

61 Bericht der Inspektion des Torpedowesens über die Demobilmachung vom 29. März 1919, in: BA-MA, RM 31/v. 1822.

62 Das Marine-Transportbüro meldete am 3. Dezember 1918, in der Zeit vom 16.—30. November 1918 seien 13618 entlassene Mannschaften abtransportiert worden. Es seien jedoch wesentlich mehr Leute abgefahren, die von den Marineteilen nicht zum Transport angemeldet wurden. Meldung des Transportbüros in: BA-MA, RM 31/v. 1807.

63 Gouvernements- u. Stations-Tagesbefehl Nr. 28 vom 4. Dez. 1918, Anlage, Ziff. 2, in: BA-MA, RM 31/v. 2349, Bl. 81.

64 Geschätzt nach dem lückenhaften Zahlenmaterial in den Demobilisierungs-Spezial-Akten des Kaiserlichen Kommandos der Marinestation der Ostsee. BA-MA, RM 31/v. 1807.

65 Meurer, Darstellung der Demobilmachung, berichtet S. 5: »Es befinden sich also nach dem 31.III.(1919) außer Berufssoldaten, zur Abwickelung Zurückbehaltenen und Angehörigen der Freiwilligenverbände nur noch Mannschaften, die 1918 eingestellt wurden, im Dienst.«

66 Verfügung Reichswehrminister Noske vom 23. Febr. 1919, in: BA-MA, RM 23/6, Bl. 15.

67 H. Kraschutzki, Im Arbeiter- und Soldatenrat Bremerhaven November 1918—Januar 1919, Masch. Manuskript vom 5.1.1982, S. 17.

Fünftes Kapitel

Annäherung

Sozialdemokratie und Pazifismus in der Weimarer Republik

1. Aktuelle Fragen an die Geschichte

Das Interesse an historischen Fragestellungen zum Problemkreis »Sozialdemokratie und Pazifismus« wurde in der ersten Hälfte der 80er Jahre durch das Entstehen einer neuen Friedensbewegung angestoßen und belebt. Wie sollte sich die SPD dieser außerparlamentarischen Massenbewegung gegenüber verhalten? Gab es historische Erfahrungen, die man sich hierbei zunutze machen konnte? Das Anschwellen der neuen Friedensbewegung zu einer Massenbewegung rief innerhalb der SPD ganz unterschiedliche Reaktionen hervor. Nicht selten wurde sie als politische Konkurrenz wahrgenommen, mit der Folge, daß die SPD plötzlich das Bedürfnis verspürte, sich in Sachen Frieden öffentlich und unter Rückgriff auf die Geschichte legitimieren zu müssen.
In den Reihen der Friedensbewegung wurde die eigene Ahistorizität, also das fehlende Bewußtsein von der historischen Kontinuität, in der außerparlamentarische Friedensaktivitäten stehen, gelegentlich als ein politisch gewichtiges Manko empfunden. Denn die eigene Geschichtslosigkeit bedeutete einen Mangel an politischer Erfahrung. Sie konnte auch dazu verführen, übersteigerte Erwartungen in die eigene Kraft entstehen zu lassen, mit der Gefahr politischer Kurzatmigkeit im Gefolge.
Sowohl bei den Sozialdemokraten als auch in der neuen Friedensbewegung wurde — verstärkt seit dem Regierungswechsel von 1982 — die Frage aktuell, ob und unter welchen Voraussetzungen es Möglichkeiten der Zusammenarbeit gab. Wie konnten die große linke Volkspartei, die den Schwerpunkt ihrer politischen Tätigkeit auf der parlamentarischen Ebene hatte — nunmehr in der Oppositionsrolle —, und die Massenbewegung für den Frieden, die durch das Nahziel geeint war, die Stationierung neuer atomarer Mittelstreckenwaffen auf dem Boden der Bundesrepublik zu verhindern, kooperieren, und zwar unter Beibehaltung und

gegenseitiger Respektierung ihrer gewachsenen unterschiedlichen politischen Rollen? Konnten Fragen an die Geschichte Anhaltspunkte für die Lösung solcher Probleme geben? Naturgemäß richtete sich der Blick derjenigen, die an Informationen über die Art der Beziehungen zwischen Sozialdemokratie und organisiertem Pazifismus in der Vergangenheit interessiert waren, in besonderem Maße auf die Periode der Weimarer Republik. Denn von dieser ersten deutschen Republik durfte man annehmen, daß sie von allen Phasen der jüngeren deutschen Geschichte noch am ehesten mit den Verhältnissen in der zweiten deutschen Republik zu vergleichen war.

2. Rückbesinnung auf die sozialdemokratische Friedenstradition

Der aufregende Tatbestand, daß neben und außerhalb der Sozialdemokratie eine Friedensbewegung entstehen konnte, veranlaßte die SPD schon bald nicht nur zur selbstkritischen Analyse dieser Entwicklung, sondern auch zur Rückbesinnung auf die eigene friedenspolitische Tradition sowie zur öffentlichen Darlegung ihres friedenspolitischen Selbstverständnisses.

1980 beschrieb der Parteivorsitzende Willy Brandt das Verhältnis der SPD zum Frieden folgendermaßen: »Das alles überragende Element unserer Politik bleibt die Sicherung des Friedens. Die Sozialdemokraten haben in ihrer 117jährigen Geschichte nie auf der Seite derer gestanden, die die Menschen in Krieg, Zerstörung, Knechtschaft und Sklaverei getrieben haben.«[1] Während einer Veranstaltung, die Vertretern der SPD und der Friedensbewegung die Möglichkeit einer öffentlichen Diskussion grundsätzlicher und aktueller friedenspolitischer Fragen bot, bemerkte ein anderer sozialdemokratischer Politiker im Hinblick auf die »neue politische und soziale Bewegung«, die »sich selbst Friedensbewegung nennt«, daß sich natürlich auch die SPD »als Teil der Friedensbewegung in unserem Volk« verstehe.[2]

Im Jahre 1982 gab der Parteivorstand der SPD eine reich bebilderte Broschüre heraus, die den Anspruch der Partei untermauern sollte, die älteste politische Friedensbewegung in Deutschland zu sein. Der Titel brachte dies zum Ausdruck: »1863—1982. Der schwierige Weg zum Frieden. Sozialdemokraten gegen Krieg.«[3] In bezug auf die Weimarer Zeit wurde in dieser Publikation zumindest optisch angedeutet, daß es damals Beziehungen zwischen Sozialdemokratie und pazifistischer Bewegung gab. Neben dem Portrait Philipp Scheidemanns — er trat, wie es im dazu gehörenden Text heißt, »aus Protest gegen den Versailler Vertrag als Regierungschef zurück« — plazierten die Verfasser die Köpfe von Ludwig Quidde, dem langjährigen Vorsitzenden der Deutschen Friedensgesellschaft (DFG), der 1927 mit dem Friedens-Nobelpreis geehrt wurde[4], und von Carl von Ossietzky, der nach Stresemann und Quidde der dritte Deutsche war, der den Friedens-Nobelpreis zugesprochen erhielt, ohne ihn allerdings — als Gefangener in einem Hitlerschen Konzentrationslager[5] — in Empfang nehmen zu können.

Ebenfalls 1982 präsentierte die »Hochschulinitiative Demokratischer Sozialismus (HDS)« einen Sammelband mit dem programmatischen Titel »Der Demokratische Sozialismus als Friedensbewegung«[6]. Einleitend betonte der Herausgeber Reimund Seidelmann, im aktuellen Dialog mit der neuen Friedensbewegung müsse sich »die Arbeiterbewegung darauf zurückbesinnen, daß sich der demokratische Sozialismus immer als Friedensbewegung verstanden hat«, der es sich zur ständigen Aufgabe machte, »eine Politik der Kriegsverhinderung und eine Politik der Beseitigung der Kriegsursachen zu betreiben«[7].

Einer der Autoren dieses Bandes, Hans Koschnick, damals (1982) Vorsitzender der Sicherheitspolitischen Kommission beim Parteivorstand der SPD, verdeutlichte, daß die SPD in der Friedenspolitik keinen Alleinvertretungsanspruch erhebe, sondern »eine Friedensbewegung« — neben anderen — sei, die den Pazifismus zwar toleriere, aber sich zugleich auch von ihm absetze: »Wer die praktischen und theoretischen Entwicklungen in der Sozialdemokratischen Partei verfolgt, kommt zu dem Ergebnis, daß die SPD deshalb nicht als pazifistische Organisation bezeichnet werden kann, weil sie die Forderung nach Landesverteidigung und nach Abwehr erpresserischer militärischer Nötigung immer in den Vordergrund ihrer Überlegungen gestellt hat [...] Die SPD hat zum Frieden ja, zum Pazifismus im Sinne einer bürgerlichen Bewegung aber nein gesagt. Sie stimmt aber mit der pazifistischen Grundposition in der Aussage überein, daß Konflikte nicht nur durch Verhandlungen, sondern auch durch Einstellungsänderungen überwunden werden müssen.«[8]

Auch Karsten D. Voigt, Obmann der SPD-Bundestagsfraktion für Außenpolitik, legte — im Anschluß an früher publizierte Gedanken über »Wege

zur Abrüstung«[9] — Wert auf die Abgrenzung zum bürgerlichen Pazifismus. Im Hinblick auf die Weimarer Zeit stellte er fest, die Position der damaligen SPD-Linken habe »nichts mit Pazifismus und nur sehr wenig mit Vorstellungen der heutigen SPD-Linken zu tun«[10]. Denn der linke SPD-Flügel der zwanziger Jahre — der Autor zielte speziell auf die Gruppe um Paul Levi ab, die seinerzeit die Zeitschrift »Klassenkampf« herausgab — habe die proletarische Wehrhaftigkeit zur Verteidigung einer zukünftigen sozialistischen Gesellschaft zwar bejaht, es aber abgelehnt, dem bürgerlichen Staat Mittel zur Führung von Kriegen zu geben.
Hierzu zwei Anmerkungen: Die SPD-Linke der Weimarer Zeit bestand keineswegs nur aus der marxistischen »Klassenkampf«-Gruppe, sondern ihr gehörte eine nicht minder starke pazifistische Gruppierung an[11], deren Sprecher der Reichstagsabgeordnete Heinrich Ströbel[12] war. Wichtiger ist jedoch das den Äußerungen von Koschnick und Voigt zugrunde liegende Verständnis von Pazifismus, auf das im Folgenden näher eingegangen werden soll.

3. Strömungen im deutschen Pazifismus

Die vielfältigen Erscheinungsformen des deutschen und des europäischen Pazifismus machen es gewiß nicht leicht, für sie eine gemeinsame Definition zu finden. Gegen eine häufig anzutreffende, verengte Sicht muß daran erinnert werden, daß der kontinentaleuropäische Pazifismus, wie er sich im 19. und 20. Jahrhundert ausprägte, »vielfach den nationalen Verteidigungskrieg bejahte«[13]. In der traditionsreichsten deutschen Friedensorganisation, der »Deutschen Friedensgesellschaft (DFG)«, war dies nicht anders. Der Gedanke der Landesverteidigung stand in der Zeit vor dem Ersten Weltkrieg außer Streit[14], und in den Jahren der Weimarer Republik wurde er von der Mehrheit der Pazifisten dem Grundsatz nach ebenfalls bejaht.
Gewiß gibt es auch andere Definitionen des Pazifismus-Begriffs, bei denen die Stellung zur Gewalt als Unterscheidungskriterium eine zentrale Bedeutung hat. Diesem radikaleren Ansatz zufolge ist Pazifismus identisch mit dem Prinzip absoluter Gewaltlosigkeit, also auch mit der Verurteilung des Verteidigungskrieges. Legt man diese Definition als Maßstab an, dann wäre allerdings ein großer Teil des europäischen Pazifismus nicht mehr als

»Pazifismus« anzusehen. Dem radikaleren Anspruch würde dann nur noch der kleinere Teil der historischen Friedensbewegung genügen.
Zumindest bis zur Mitte der zwanziger Jahre war in der deutschen Friedensbewegung ein gemäßigter Pazifismus dominierend. Der Vorsitzende der Deutschen Friedensgesellschaft, Ludwig Quidde, ein Mitglied der linksliberalen DDP, verkörperte diese Richtung. Die DFG und viele andere pazifistische Gruppierungen, die sich unter dem Dach des Deutschen Friedenskartells[15] lose zusammengeschlossen hatten, verfochten ein friedenspolitisches Konzept, in dem neben einer offensiven Politik der internationalen Verständigung durchaus auch eine defensive Militärpolitik ihren Platz hatte. In diesem Zusammenhang ist zudem daran zu erinnern, daß der mit den Namen Kellogg, Briand und Stresemann verbundene Kriegsächtungspakt von 1928[16] – seinerzeit als größter Erfolg pazifistischer Bemühungen gepriesen – nur den Angriffskrieg ächtete, nicht aber die Landesverteidigung.
Jene radikalpazifistische Position, die das Militär generell, ohne Anschauung der ihm von den Politikern zugedachten Funktion, ablehnte und konsequenterweise für die Kriegsdienstverweigerung eintrat[17], war in Deutschland während der Weimarer Zeit auch vertreten, und zwar im Bund der Kriegsdienstgegner (BdK). Dieser Bund repräsentierte jedoch nur eine Strömung unter mehreren anderen innerhalb des radikalen Pazifismus[18]. Er spielte die Rolle einer sehr kleinen Splittergruppe, die für die Meinungsbildung der Mehrheit des organisierten Pazifismus nahezu bedeutungslos blieb.
Das Ziel der pazifistischen Bewegung im Deutschland der Zwischenkriegszeit war in erster Linie die Verhinderung eines weiteren Krieges, den man sich notgedrungen nach dem Muster des total gewordenen Weltkrieges 1914 bis 1918 vorstellte. In der Kriegsverhinderung bestand der gemeinsame Nenner aller sich als pazifistisch verstehenden Organiationen. Abgesehen von dieser Gemeinsamkeit war es für den deutschen Pazifismus der zwanziger Jahre charakteristisch, daß sich die verschiedenen Gruppen und Richtungen auf die Formulierung dezidierter theoretischer Positionen kaprizierten und es für unvermeidbar hielten, sich voneinander möglichst drastisch abzugrenzen – eine ziemlich sinnlose Vergeudung der ohnehin nicht gerade im Übermaß vorhandenen Energien.
Vor dem Hintergrund der Handlungsmöglichkeiten, die der Weimarer Republik durch den Versailler Friedensvertrag vorgegeben waren, gibt

es – worauf ich schon an anderer Stelle hingewiesen habe[19] – keinen Sinn, an dogmatischen Pazifismus-Definitionen festzuhalten, also den Begriff für jene mehr oder minder esoterischen Grüppchen zu reservieren, die Friedenspolitik mit dem vollständigen Verzicht auf staatliche Gewaltmittel verknüpft sehen wollten. Vielmehr ist es richtiger, den Pazifismusbegriff offenzuhalten für alle jene in der Weimarer Republik wirksamen politischen Kräfte, die für eine Politik der friedlichen Verständigung und damit für eine Politik der Kriegsverhinderung eintraten. Es waren dieselben Kräfte, die sich gegen eine militant-aggressive nationalistische Machtpolitik zur Wehr setzten. Zu diesen Kräften gehörten auch die Parteien der sogenannten Weimarer Koalition, also die Sozialdemokratie, die linksliberale Deutsche Demokratische Partei und die katholische Zentrumspartei.

Die Handlungsmöglichkeiten der deutschen Politik in der Weimarer Zeit hat der Historiker Friedrich Meinecke unmittelbar nach dem Ende des Zweiten Weltkrieges, also in Kenntnis der Folgen, so beschrieben: Die Weimarer Mehrheit – gemeint ist die »Weimarer Koalition« – habe den zähen Willen gehabt, »geduldig und langsam durch stete, selbst magere Kompromisse mit den Siegermächten die Knoten des Versailler Friedens einen nach dem anderen zu lösen oder doch wenigstens zu lockern. Es war die einzige damals realpolitisch mögliche Methode, aus ihnen allmählich herauszukommen. Jede andere Möglichkeit drohte über kurz oder lang zu einem Kriege, und jeder Krieg wieder, wie es dann auch geschehen ist, zu einer Katastrophe für Deutschland zu führen.«[20] Das waren in der Tat die Alternativen: entweder eine Politik der friedlichen Verständigung mit den Siegermächten zu betreiben oder aber erneut auf eine aktive militärische Machtpolitik zu setzen[21], mit den von Meinecke beschriebenen Folgen. »Pazifismus« hieß unter diesen Umständen, den Weg der Verständigung und der Kriegsverhinderung – ungeachtet aller sonstigen Differenzen – zu unterstützen.

Wenn sozialdemokratische Politiker gelegentlich – in der Weimarer Zeit wie auch heute noch[22] – das Bedürfnis verspüren, sich gegen den »Pazifismus« abzugrenzen, wobei sie Pazifismus fälschlicherweise immer mit Verzicht auf jegliche staatliche Gewaltmittel gleichsetzen, so muß dies vor dem Hintergrund der kriegerischen Geschichte des deutschen Nationalstaats zwischen 1871 und 1945 Verwunderung auslösen. Möglicherweise wirken hier noch immer Propagandaschlagworte der nationalistischen

Rechten nach: Die Sozialdemokraten seien »vaterlandslose Gesellen«, »wehrfeindlich«, in Fragen der Landesverteidigung unzuverlässig[23]. Immer wieder ist es den Gegnern der Sozialdemokratie gelungen, einzelne Sozialdemokraten mit Unterstellungen dieser Art zu antipazifistischen Bekenntnissen zu verleiten, was dann in den jeweiligen Friedensbewegungen zu nachhaltigen Irritationen führen mußte.

4. Sozialdemokratische Friedensstrategie — ein historisches Konfliktthema

Nicht minder schwer als die Politiker haben sich die Historiker der Arbeiterbewegung mit der »Friedenspolitik« der Sozialdemokratie sowie mit dem Verhältnis von Arbeiterbewegung und Pazifismus getan. So stellte etwa Arno Klönne in einem sehr lesenswerten Aufsatz die unbequeme Frage, ob denn die sozialdemokratische Arbeiterbewegung vor 1914 eine Friedensbewegung gewesen sei oder nicht[24]. Das Ergebnis seiner Überlegungen lautete, daß dies keineswegs leicht zu entscheiden sei. Denn man könne bei der Vorkriegs-Sozialdemokratie eine »Zwiespältigkeit« beobachten: Einerseits bot sie antimilitaristischen und pazifistischen Stimmungen »immer wieder Anknüpfungspunkte«; andererseits verdeckte diese Agitation letztlich nur, daß die dominante Politik der Partei »durchaus nicht als Antimilitarismus und Pazifismus klassifiziert werden« kann. Vielmehr bestand sie in einer Linie, die sich als »nationalmilitärische Loyalität« umschreiben läßt[25]. Als die geschilderte Zwiespältigkeit dann 1914 nicht mehr in der Schwebe gelassen werden konnte, sondern die Situation zur Entscheidung drängte, zeigte sich ihre sprengende Kraft. Nach mehrjährigen Auseinandersetzungen sammelten sich die stärker pazifistisch orientierten Sozialdemokraten in der Unabhängigen Sozialdemokratischen Partei Deutschlands (USPD). Die unterschiedliche Einschätzung des Krieges und, daraus resultierend, unterschiedliche Vorstellungen über die Beendigung des Krieges, also die Wiedergewinnung eines Friedenszustandes, führten zur ersten Spaltung in der Geschichte der deutschen Sozialdemokratie.
Es verdient hervorgehoben zu werden, daß in der USPD sozialdemokratische Pazifisten ungeachtet aller bisherigen innerparteilichen Frontlinien und Unterscheidungsmerkmale zusammenarbeiteten. Die Parteilinke Rosa Luxemburg war ebenso dabei wie der »Zentrist« Karl Kautsky und der

bedeutendste Theoretiker des Revisionismus, Eduard Bernstein. Die seit der Jahrhundertwende in der Partei angelegten Konfliktmuster — »Sozialreform oder Revolution?« — spielten nun nicht mehr die erste Rolle. Vielmehr wurde die Frage, ob die SPD eher eine revolutionäre oder eine reformistische Partei sein sollte, der anderen Frage — Stellung zu Krieg und Frieden — untergeordnet.

In der Geschichte der deutschen Arbeiterbewegung sollte dies nicht die letzte tiefgreifende friedenspolitische Kontroverse bleiben. Als die im November 1918 aus Mehrheitssozialdemokraten und Unabhängigen Sozialdemokraten gemeinsam gebildete Koalitionsregierung der Volksbeauftragten Ende Dezember auseinanderbrach, spielten wiederum friedenspolitische Grundsatzfragen eine Rolle. Hinter den aktuellen ordnungs- und militärpolitischen Kontroversen — Einsatz von »kaiserlichem« Militär gegen die als revolutionär geltende »Volksmarinedivision« in Berlin — stand nämlich das zentrale Problem, in welchem Umfang mit dem preußisch-deutschen Militarismus gebrochen und mit welchen Menschen und Methoden ein republikanisches Militär gestaltet werden sollte, das der Friedenssicherung verpflichtet war und nicht etwa zu einem neuerlichen »Griff nach der Weltmacht« gebraucht bzw. mißbraucht werden konnte.

1929, auf dem Magdeburger Parteitag der SPD, der zehn Jahre zu spät »Richtlinien zur Wehrpolitik« verabschiedete, wurde erneut deutlich, wie brisant das friedenspolitische Konfliktpotential in der Partei noch immer war. Hinter den tagespolitischen Kontroversen um den Bau eines Panzerschiffs, also eines Projekts aus dem Bereich der Marinerüstung, standen wiederum grundsätzlich unterschiedliche Ansichten über die Formulierung sozialdemokratischer Friedenspolitik, genauer gesagt, sozialdemokratischer Friedensstrategie. Denn nicht das Ziel der Kriegsverhinderung und der Friedensgestaltung war strittig, sondern die Frage des richtigen Weges[26] dorthin.

Die Magdeburger Auseinandersetzungen über die Stellung zum »Wehrproblem« und über den richtigen Weg zum Frieden setzten einen Prozeß in Gang, der im Jahre 1931 zu einer neuerlichen Abspaltung und zur Gründung der Sozialistischen Arbeiterpartei Deutschlands (SAPD)[27] führen sollte.

Auch in der Geschichte der Bundesrepublik Deutschland kam es in der Sozialdemokratischen Partei über die Fragen der Wiederbewaffnung und der Stationierung von Atomwaffen zu schweren Zereißproben. Die Auseinandersetzungen über eine neue Etappe des Rüstungswettlaufs — Stichwort »Nachrüstung« — und die Frage, ob eine Rüstungsandrohung im Ergebnis zu einem Abrüstungsschritt führen könnte, haben die SPD in den Jahren 1979 bis 1983 in eine tiefe Krise gestürzt, die zeitweise zu einem Verlust ihrer friedenspolitischen Identität zu führen drohte, was wiederum eine der Ursachen für das Entstehen einer neuen außerparlamentarischen Friedensbewegung war.

Nimmt man die geschilderten Vorgänge zusammen, so drängt sich die These geradezu auf, daß es friedenspolitische Kontroversen waren, die sich in der Geschichte der deutschen Sozialdemokratie als das eigentliche, das hochkarätigste Konfliktthema erwiesen haben. Sie stellten die Partei mehrfach vor schmerzliche Zerreißproben und führten in einzelnen Fällen sogar zu Parteispaltungen.

Überlegungen dieser Art finden sich auch in einer Dokumentation über die Stellung der SPD zur Friedensfrage, die 1984 von Christoph Butterwegge und Heinz-Gerd Hofschen publiziert wurde[28], angeregt wohl durch Thesen von Wolfgang Abendroth[29] und durch die aktuellen friedenspolitischen Auseinandersetzungen gleichermaßen. In den Vorbemerkungen zu ihrem Buch stellen die beiden Autoren fest: »Die Sozialdemokratie erweist sich in Geschichte und Gegenwart als viel zu differenziert und komplex — auch und gerade beim Thema Kriegsverhinderung, Rüstung und Militär —, als daß man ihr mit simplifizierenden und einlinigen Interpretationsmustern gerecht werden könnte. Die in ihr von Beginn an wirkenden gegensätzlichen Strömungen [...] haben gerade an diesem Thema ihre erbittertsten Auseinandersetzungen geführt.« An allen Knotenpunkten der Parteigeschichte, »sei es 1914, beim Panzerkreuzerbau in der Weimarer Republik, bei der Wiederbewaffnung nach dem Zweiten Weltkrieg oder bei der ›Nach‹-rüstung heute«, lasse sich dies nachvollziehen. Die beiden Autoren kommen zu dem Schluß: »Dabei belegt die historische Betrachtung, daß die Partei immer dann ihre größten Niederlagen erlitt (die dann auch Niederlagen der gesamten Arbeiterbewegung und der Demokratie wurden), wenn sie den Kurs konsequenter Friedenspolitik verließ.«[30] Auf der anderen Seite hing manch großer Wahlerfolg — man denke an 1928 und 1972 — mit friedenspolitischen Aussagen der Partei zusammen.

5. Forschungsdefizite

Von einem so brisanten Konfliktthema sollte man annehmen, daß sich ihm die Forschung längst mit gründlichen Untersuchungen gewidmet hätte. Wer jedoch die Fülle der historisch-wissenschaftlichen Literatur über Arbeiterbewegung und Sozialdemokratie zu überblicken versucht, wird rasch den Eindruck gewinnen, daß es bislang nur wenig beachtet, jedenfalls nicht als eigenständiges Problem erkannt worden ist[31]. Wer sich zum Thema informieren möchte, muß vorläufig auf meist an entlegener Stelle publizierte Spezialstudien zurückgreifen beziehungsweise auf einzelne Kapitel in Werken zur Geschichte der Arbeiterbewegung, die einen anderen Schwerpunkt haben[32]. Auch in der vergleichsweise geringeren Anzahl von Arbeiten über den Pazifismus in der jüngeren deutschen Geschichte ist das Verhältnis der Friedensbewegung zur Sozialdemokratie bislang nicht systematisch untersucht, sondern wiederum nur am Rande mitbehandelt worden. Das Thema »Sozialdemokratie und Pazifismus« harrt also insgesamt noch der Aufarbeitung[33].

Diese Feststellung gilt für die Beziehungen zwischen Sozialdemokratie beziehungsweise Arbeiterbewegung und Pazifismus in der Geschichte der letzten 100 Jahre allgemein. Sie trifft jedoch auch auf den hier in Frage stehenden kleineren Zeitraum, nämlich die Geschichte der Weimarer Republik, zu. Dieses Defizit wurde schon früher erkannt, wie der Tatbestand belegt, daß bereits mehrfach Forschungen hierüber angekündigt worden sind[34]. Aber offenbar konnten sie bislang nicht zum Abschluß gebracht werden.

Das aufwendigste Projekt historischer Friedensforschung, das in der ersten Hälfte der siebziger Jahre auf Initiative der Forschungsstätte der Evangelischen Studiengemeinschaft (FEST) in Heidelberg durchgeführt wurde, hatte die sozialistische Arbeiterbewegung zum Gegenstand[35]. Deren Verhältnis zum Pazifismus wurde dabei nicht eigens thematisiert. Die leitende Fragestellung lautete, ob sich durch das Studium dieses historischen Objekts, der sozialistischen Arbeiterbewegung in Deutschland und Europa nämlich, Erkenntnisse gewinnen ließen über die »Chancen gesellschaftlicher Gruppen, friedensfördernde Prozesse vorzubereiten und in Gang zu bringen«, aber auch Erkenntnisse über die »Schwierigkeiten, denen diese Gruppen bei derartigen Versuchen gegenüberstehen«[36]. Anders ausgedrückt: Man erwartete Einsichten über die Handlungsmöglichkeiten von Friedensbewegungen.

Einige der Beiträge dieses schwergewichtigen, aber wenig rezipierten Sammelbandes befassen sich auch mit der Zeit der Weimarer Republik, allerdings nicht in systematischer Weise, sondern an ausgewählten Beispielen. Untersucht wurden die Entwicklung der Friedensstrategie der deutschen Sozialdemokratie bis hin zur Revolution von 1918/19[37] und die revolutionäre Friedenskonzeption der radikalen Linken in Deutschland, ebenfalls auf die Jahre 1918/19 bezogen[38], weiterhin die Versuche der SPD in der Endphase der Weimarer Republik, die Demokratie, die als Vorbedingung für den Friedenserhalt angesehen wurde, gegen den anstürmenden militanten Nationalismus, besonders den Nationalsozialismus, zu verteidigen[39]. Dabei wurde auch das »pazifistische« Selbstverständnis der Sozialdemokratie problematisiert, das Gewalt als Möglichkeit politischen Handelns selbst dann ausschloß, als es um die Verhinderung des nazistischen Gewaltssystems einschließlich der Perspektive eines neuen Weltkrieges ging[40]. Parallel dazu wurden die friedenspolitischen Bestrebungen der britischen[41] und der österreichischen Arbeiterbewegung[42] in einigen entscheidungsrelevanten Situationen der Zwischenkriegszeit untersucht.
Wohl ebenfalls durch die aktuellen Ereignisse angestoßen, wählte die »Internationale Tagung der Historiker der Arbeiterbewegung« das Thema »Arbeiterbewegung und Friedensfrage 1917—1939« zum Hauptgegenstand ihrer 19. Konferenz, die 1983 in Linz stattfand[43]. In einem der Beiträge wurde auch die Friedenspolitik der deutschen Sozialdemokratie in der Weimarer Republik einschließlich deren Verhältnisses zum organisierten Pazifismus behandelt[44]. Parallel dazu reflektierte ein anderer Beitrag[45] das Verhältnis der Kommunistischen Internationale zum Pazifismus.
Das gewachsene Interesse am Verhältnis von Sozialdemokratie und Pazifismus schlug sich nun auch in der Weise nieder, daß in das dreibändige »Lern- und Arbeitsbuch« zur »Geschichte der deutschen Arbeiterbewegung«[46], das im Jahre 1984 in der Schriftenreihe der Bundeszentrale für politische Bildung veröffentlicht wurde, ein eigener Abschnitt zum Thema »Sozialdemokratie und Friedensbewegung«[47] aufgenommen wurde. Friedhelm Boll, der diesen »Baustein« bearbeitete, legte sein Hauptaugenmerk auf die Entwicklung der friedenspolitischen Vorstellungen der Sozialdemokratie von den Anfängen bis 1918[48] sowie auf das Verhältnis von Sozialdemokratie und Pazifismus nach dem Zweiten Weltkrieg. Die Weimarer Republik wird demgegenüber nur knapp behandelt.

6. Trends in der Pazifismusforschung

Der vor einigen Jahren veröffentlichte Sammelband »Pazifismus in der Weimarer Republik«[49], in dem mehrere pazifistische Organisationen und Einzelpersönlichkeiten vorgestellt wurden, litt unter dem Mangel[50], daß ein Historiker, der sich mit dem Thema »Sozialdemokratie und Pazifismus« quellennah befaßt hätte, nicht zu ermitteln war und dieses wichtige Problemfeld daher unberücksichtigt bleiben mußte. Der Tatbestand, daß dieser Sammelband einen deutlichen Schwerpunkt bei der bürgerlichen Friedensbewegung setzte, darf zugleich als ein Indiz für einen gewissen Trend auf diesem Feld der historischen Friedensforschung gelten.

Untersucht wurden die radikalpazifistische Richtung in der Deutschen Friedensgesellschaft (Helmut Donat), die »Nie-wieder-Krieg-Bewegung« (Reinhold Lütgemeier-Davin), der Bund der Kriegsdienstgegner (Guido Grünewald), der innerhalb der katholischen Kirche wirkende Friedensbund deutscher Katholiken (Dieter Riesenberger), die publizistische und wissenschaftliche Friedensarbeit von Emil Julius Gumbel (Franz Josef Lersch), dessen pazifistische Schriften aus den zwanziger Jahren erfreulicherweise vor kurzem nachgedruckt wurden[51], die linksliberale Deutsche Demokratische Partei (Karl Holl) sowie die öffentliche Meinung in Deutschland in der Zeit zwischen dem Briand-Kellogg-Pakt und dem Regierungsantritt Hitlers (Wolfram Wette). Einigen der Beiträge lagen umfangreiche Monographien[52] zugrunde.

Hervorgehoben zu werden verdient weiterhin Friedrich-Karl Scheers Geschichte der Deutschen Friedensgesellschaft[53]. Sie ist vollständig aus den Quellen gearbeitet und muß schon aus diesem Grunde als eine Pioniertat angesehen werden. Geschildert wird die Geschichte der mitgliederstärksten Organisation der pazifistischen Bewegung in Deutschland über einen Zeitraum von vierzig Jahren hinweg (1892—1933), wobei die Weimarer Zeit besondere Aufmerksamkeit erfährt. Zusammen mit den Untersuchungen von Lütgemeier-Davin über das Deutsche Friedenskartell in der Weimarer Republik[54], den Arbeiten von Riesenberger[55] und Höfling[56] über die katholische Friedensbewegung sowie von Gaede[57] über die protestantischen pazifistischen Minderheiten und mit mehreren Abhandlungen von Karl Holl[58] über die Rolle der bürgerlichen Friedensbewegung in der deutschen Politik vor 1933 repräsentiert die Arbeit von Scheer den aktuellen Stand der Pazifismusforschung, soweit er Fragen der Organisation, der ideologischen Strömungen und der politischen Ziele der verschiedenen Vereinigungen betrifft, die sich selbst zur Friedensbewegung der Weimarer Zeit rechneten.

Diesen Untersuchungen mit einer zumindest in Ansätzen strukturgeschichtlichen Fragestellung steht eine größere Anzahl von Biographien über einzelne Persönlichkeiten des Pazifismus gegenüber. Der häufig gewählte biographische Zugriff[59] spiegelt durchaus ein Stück Wirklichkeit wider, war der Pazifismus der Weimarer Zeit doch weniger die politische Aktion einer homogenen politischen und gesellschaftlichen Gruppierung, sondern das konfliktreiche Zusammenspiel höchst heterogener einzelner Persönlichkeiten und vieler kleiner Grüppchen. Den in dieser ideologischen und organisatorischen Zersplittertheit zum Ausdruck kommenden Mangel an Fähigkeit zur Politik hat niemand klarer erkannt als der Insider Carl von Ossietzky. »Der deutsche Pazifismus«, schrieb er, »war immer illusionär, verschwärmt, gesinnungsbesessen, argwöhnisch gegenüber den Mitteln der Politik, argwöhnisch gegen die Führer, die sich dieser Mittel bedienen. Er war Weltanschauung, Religion, Dogmatik, ohne daß sich etwas davon jemals in Energie umgesetzt hätte. Deshalb mochte es ihm zwar gelegentlich gelingen, ein paar Parolen populär zu machen, Versammlungserfolge zu erzielen, organisatorisch hat er niemals die Massen erfaßt. Das Volk blieb immer beiseite.«[60] In diesen Mängeln dürfte sich unter anderem die Herkunft des bürgerlichen Pazifismus als einer elitären Vereinigung linksliberaler Honoratioren — so jedenfalls wird der Pazifismus der Zeit vor dem Ersten Weltkrieg beschrieben[61] — niedergeschlagen haben.

Über die bedeutendsten Pazifisten der Weimarer Zeit liegen inzwischen Biographien vor, so über Ludwig Quidde[62], Kurt von Tucholsky[63], Carl von Ossietzky[64], Walther Schücking[65], Georg Friedrich Nicolai[66], Kurt Hiller[67] und Friedrich Wilhelm Foerster[68]. Über viele andere, hier nicht namentlich genannte Pazifisten der Weimarer Zeit informiert neuerdings ein vorzügliches Lexikon[69], das für jeden Historiker, der sich künftig mit der Geschichte der Friedensbewegung im deutschsprachigen Raum befassen möchte, ein unentbehrliches Hilfsmittel darstellt.

In den Einzelportraits, die in diesem Pazifismus-Lexikon zusammengetragen worden sind, werden auch einige Sozialdemokraten vorgestellt, die in der Friedensbewegung der Weimarer Zeit an führender Stelle tätig waren, zum Beispiel Eduard Bernstein, der unter anderem dem Präsidium der

Deutschen Liga für den Völkerbund angehörte, Kurt Eisner, der sich 1918/19 um eine schonungslose Aufdeckung der deutschen Kriegsschuld als Voraussetzung für einen Neuanfang bemühte, sein Sekretär Felix Fechenbach, der es nach Eisners Ermordung unternahm, dessen Werk fortzuführen[70], Paul Löbe, Mitglied des Präsidiums der Deutschen Friedensgesellschaft, der SPD-Reichstagsabgeordnete Kurt Rosenfeld, der zusammen mit Heinrich Ströbel die pazifistische Richtung auf dem linken Flügel der SPD vertrat, Gerhart Seger, ebenfalls zum pazifistischen Flügel der SPD gehörend, Reichstagsabgeordneter und gleichzeitig politischer Sekretär der Deutschen Friedensgesellschaft, schließlich Anna Siemsen, sozialdemokratische Schulpolitikerin und Mitglied des Präsidiums der Deutschen Friedensgesellschaft.
Das Pazifismus-Lexikon informiert auch in einem größeren Sachbeitrag von Lothar Wieland über »Sozialdemokratie und Pazifismus«. Der Autor stellt dort fest, daß es in der Weimarer Zeit »zu einer faktischen Interessenübereinstimmung von Sozialdemokraten und Pazifisten auf außen- und friedenspolitischem Gebiet« kam, sowie, daß der entschiedene Pazifismus, der den Schwerpunkt der Arbeit auf dem Gebiete der Innenpolitik sah, seine Mitglieder insbesondere aus der Sozialdemokratie rekrutierte.

7. Annäherung: Pazifismus und Sozialdemokratie 1910—1920

In dem Jahrzehnt zwischen 1910 und 1920 kam es auf dem Gebiet der friedenspolitischen Vorstellungen zu einer schrittweisen Annäherung zwischen Sozialdemokratie und Pazifismus, die sich bis dahin meist ablehnend gegenübergestanden waren. Zum einen lag dies am unterschiedlichen sozialen Profil: hier die sozialdemokratische Massenbewegung mit einer starken parlamentarischen Vertretung, dort die elitäre Honoratiorenvereinigung bürgerlich-liberaler Friedensfreunde. Zum anderen lag es an unterschiedlichen Standpunkten in der Friedensfrage.
Die sozialistische Friedenstheorie[71] ging von einem gesellschaftspolitischen Ansatz aus, der besagte, daß eine dauerhafte Beseitigung der Kriegsursachen und damit die Arbeit an einer Zukunftsgesellschaft des Friedens nicht ohne eine — revolutionäre oder evolutionäre — Überwindung der kapitalistischen Klassengesellschaft möglich war. Der organisierte Pazifis-

mus der Vorkriegszeit[72] glaubte Friedenspolitik dagegen auf dem Boden der bestehenden Staats- und Gesellschaftsordnung ermöglichen zu können und wurde von der Sozialdemokratie daher als ein »letztlich systemstabilisierender Faktor«[73] angesehen. Die auf eine friedliche Außenpolitik fixierten Pazifisten hielt man darüber hinaus insgeheim für naive Weltverbesserer, denen es an Politikfähigkeit mangelte.
Beginnend mit abrüstungspolitischen Initiativen der SPD-Reichstagsfraktion, die einen reformistischen, von der »Frieden durch Revolution«-Doktrin abweichenden Denkansatz erkennen ließen, beschleunigt aber durch die Ohnmachtserfahrungen während des Weltkrieges 1914—18, entwickelten sich Sozialdemokratie und Pazifismus schrittweise aufeinander zu. Die Pazifisten rückten von ihrer zuvor rein außenpolitisch orientierten Friedensvorstellung ab und anerkannten nunmehr den wechselseitigen Zusammenhang von äußerer Politik und innerstaatlichen Verhältnissen. Nicht anders als die Sozialdemokraten verknüpften sie nun das Programm des »Verständigungsfriedens« mit der Forderung nach einer grundlegenden innenpolitischen Demokratisierung[74]. Besonders eng war die Übereinstimmung mit den Vorstellungen der Unabhängigen Sozialdemokraten[75]. Die mit der Länge des Krieges zunehmende Antikriegsstimmung in der sozialdemokratischen Arbeiterschaft, die sich dann in großen Massenstreiks entlud[76], ließ auf der anderen Seite die Sympathien für den Pazifismus wachsen.
Die Massenbewegung gegen den Krieg, die während des Ersten Weltkrieges in Deutschland entstand, trat unter der Parole »Frieden, Freiheit, Brot« sowohl für die schleunige Beendigung des Kriege als auch für eine Demokratisierung von Staat und Gesellschaft ein. Ihre soziale Basis reichte weit über die sozialistische Arbeiterschaft hinaus und schloß den bürgerlichen Pazifismus mit ein. Die USPD verdankte dieser Antikriegsbewegung ihren Massenanhang.
Auch der organisierte Pazifismus änderte nun sein Erscheinungsbild. War er vor dem Kriege eine Angelegenheit bürgerlich-liberaler Honoratioren gewesen, so konnte er nach dem Kriege seine soziale Basis beträchtlich erweitern. Das Einströmen tausender sozialdemokratischer Wähler in die Deutsche Friedensgesellschaft trug dazu bei, daß der Pazifismus nun für einige Zeit — und dies zweifellos erstmals in der von militaristischen Denkmustern geprägten deutschen Geschichte — als ein innenpolitisch ernstzunehmender Faktor wahrgenommen wurde.

8. Praktische Zusammenarbeit in der Nie-wieder-Krieg-Bewegung

Die folgenden Zahlen mögen verdeutlichen, wie sich der zahlenmäßig gestärkte organisierte Pazifismus in den ersten Nachkriegsjahren präsentierte: Die Mitgliederzahl der Deutschen Friedensgesellschaft (DFG) stieg zwischen 1919 und 1923 von 6000 auf 17000 und erreichte 1926 mit 30000 ihren Gipfel[77]. Neben der traditionellen DFG entstand eine Fülle neuer Friedensorganisationen, die sich häufig genug mehr befehdeten, als sich in der Verfolgung eines gemeinsamen Zieles gegenseitig zu unterstützen. Mit dem »Deutschen Friedens-Kartell«[78] wurde der Versuch gemacht, eine Dachorganisation zu schaffen, die eine wenigstens minimale Zusammenarbeit gewährleisten sollte. Jedenfalls hatte der deutsche Pazifismus nach dem Ersten Weltkrieg »Konjunktur«.[79]
War die Deutsche Friedensgesellschaft vor dem Kriege eindeutig linksliberal orientiert gewesen, so lagen ihre parteipolitischen Präferenzen nach dem Kriege wesentlich pluralistischer. Nach einer — allerdings nicht sehr genauen — Statistik vom Jahre 1927 sollen 44 % der Mitglieder der DFG Sozialdemokraten, 26 % Demokraten, 5 % Zentrumsangehörige und 25 % unorganisiert gewesen sein. Andere Schätzungen nehmen an, daß mehr als die Hälfte der DFG-Mitglieder der SPD angehört haben[80].
Setzt man diese Mitgliederzahlen in Vergleich zu denen der Sozialdemokratie und den mit ihr eng zusammenarbeitenden Gewerkschaften, so wird sogleich deutlich, daß die pazifistischen Organisationen selbst in dieser Konjunkturphase nicht über den Status einer Kleingruppe hinauskamen. Die SPD verfügte am 31. März 1919 über mehr als eine Million Mitglieder, die USPD zur gleichen Zeit über etwa 300000, und sie stieg bis November 1919 auf 750000 an. Die Freien Gewerkschaften, bei denen die Richtungskämpfe nicht, wie in der politischen Vertretung der Arbeiterbewegung, zur Spaltung eskalierten, verfügten 1919 über nahezu 5 Millionen Mitglieder[81].
Man muß diese Relationen der personellen Stärke, die ja auch etwas über politische bzw. gesellschaftliche Macht aussagen, vor Augen haben, wenn man verstehen will, unter welchen Bedingungen es zwischen den Großorganisationen der Arbeiterbewegung und den pazifistischen Vereinigungen zur Zusammenarbeit, aber auch häufig zum Konflikt kam. Es waren eben zwei ungleiche Partner, die sich in den ersten Jahren der Weimarer Republik darum bemühten, der als Reaktion auf den Weltkrieg entstandenen Massenbewegung für den Frieden Rahmen, Ziel und Richtung zu geben.

Die Chancen und Probleme, die sich aus dieser ungleichen Partnerschaft ergaben, lassen sich besonders gut an der »Nie-wieder-Krieg-Bewegung«[82] studieren, die in der ersten Hälfte der zwanziger Jahre von sich reden machte. Die Initiative zu diesem Versuch einer »Basismobilisierung gegen den Krieg«[83] ging von dem »Friedensbund der Kriegsteilnehmer«[84] aus, dem so prominente Zeitgenossen wie Carl von Ossietzky, Emil Julius Gumbel, Georg Friedrich Nicolai, Kurt von Tucholsky, Otto Lehmann-Rußbüldt und der »Vorwärts«-Redakteur Artur Zickler angehörten. Unter der Federführung dieses Bundes gründeten die Mitglieder verschiedener pazifistischer Organisationen im Jahre 1920 einen sogenannten Nie-wieder-Krieg-Aktionsausschuß, der fortan alljährlich am 1. August, dem Tag des Weltkriegsbeginns 1914, Massenkundgebungen unter dem Motto »Nie wieder Krieg!« organisierte. Neben den Pazifistenorganisationen beteiligten sich auch die beiden sozialdemokratischen Parteien MSPD und USPD sowie der Allgemeine Deutsche Gewerkschaftsbund (ADGB). Auf diese Weise gelang es mehrfach, Hunderttausende von Menschen für die Teilnahme an Friedenskundgebungen zu mobilisieren.
Es gab dieses republikanisch-pazifistische Bündnis also, und es ist eine Frage von bleibendem historischen Interesse, weshalb diese zeitweise intakte Zusammenarbeit seit Mitte der zwanziger Jahre scheiterte und die Bewegung daher in der Folgezeit nichts mehr zu bewegen vermochte. Neben der zunehmenden Radikalisierung der Pazifistenverbände waren es — der Analyse von Lütgemeier-Davin zufolge — gerade auch Streitigkeiten zwischen den ungleichen Partnern um den Führungsanspruch, die eine Kooperation auf Dauer unmöglich machten.

9. Testfall Kriegsschuldfrage

In den großen Demonstrationen der Nie-wieder-Krieg-Bewegung drückte sich eine allgemeine pazifistische Stimmung aus, die nach dem vierjährigen Weltkrieg in der deutschen Bevölkerung weit verbreitet war, im linksliberalen Bürgertum ebenso wie in der Arbeiterschaft, die unter den Wirkungen des Krieges am meisten zu leiden gehabt hatte. Mit dem tausendfachen Ruf »Nie wieder Krieg!« korrespondierte jedoch — über den gemeinsamen Wunsch zur Friedenserhaltung hinaus — keine von Sozialdemo-

kraten und Pazifisten gleichermaßen getragene politische Konzeption, mit deren Hilfe die Antikriegsstimmung kurz- und langfristig in die politische Praxis hätte umgesetzt werden können. Vielmehr gab es mehrere, miteinander konkurrierende Denkansätze, deren Unterscheidungsmerkmal darin lag, ob sich die friedenspolitische Perspektive eher auf das Feld der Außenpolitik und das internationale System richtete oder aber auf die deutsche Innenpolitik mit den ihr eigenen und in ihr nach wie vor wirksamen militaristischen Traditionen.
In den öffentlichen Debatten über die Kriegsschuldfrage[85] traten die angedeuteten unterschiedlichen Denkansätze deutlich zutage. Geführt wurden diese Auseinandersetzungen zum einen unmittelbar nach dem Kriege, in den Jahren 1918 bis 1920, zum anderen in der Endphase der Weimarer Republik. Während dem einen Denkansatz zufolge der Krieg von 1914 mit dem internationalen imperialistischen System in Verbindung zu bringen war, woraus sich dann ergab, daß von einer überwiegenden Kriegsschuld Deutschlands nicht gesprochen werden konnte, ging der andere Denkansatz von einer Analyse der deutschen Politik aus, mit dem Ergebnis, daß hier die Hauptursache für den Krieg zu suchen sei[86]. Dieses Resultat ergab sich nicht nur im Hinblick auf die Rolle der deutschen Politik unmittelbar vor Kriegsbeginn, sondern, deutlicher noch, bei der Betrachtung längerfristiger Trends. Man konnte sie an der offensiven Flottenrüstung ebenso ablesen wie an dem destruktiven Verhalten der deutschen Regierung während der beiden Haager Friedenskonferenzen[87]. Beide Sachverhalte wurden als Belege für die fehlende Bereitschaft Deutschlands zum Verzicht auf kriegerische Machtpolitik herangezogen.
Im Grunde genommen lagen bereits im Frühjahr 1919 genügend aussagekräftige Informationen[88] vor, die es ermöglichten, die Kriegsschuldfrage dahingehend zu beantworten, daß Deutschland politisch gesehen als Hauptverursacher des Krieges betrachtet werden mußte. Das wurde von einzelnen Pazifisten und Sozialdemokraten auch durchaus erkannt und schlug sich zum Beispiel in der Forderung nach Einrichtung eines Staatsgerichtshofes nieder[89], vor dem sich die 1914 in herausgehobenen Stellungen handelnden deutschen Politiker und Militärs verantworten sollten. In den ersten Monaten nach dem Kriege erfreute sich dieser Vorschlag einer breiten Zustimmung bis in die Regierungsparteien hinein, fiel dann aber dem Stimmungsumschwung zum Opfer, der sich mit dem Bekanntwerden der Friedensbedingungen der Siegermächte ergab.

Rückblickend fällt es leicht, zu erkennen, daß mit der Kriegsschuldfrage in der Tat ein zentrales Problem der jüngeren deutschen Geschichte angesprochen war, zielte sie doch auf den Lebensnerv des Selbstverständnisses der nationalistischen Machtpolitiker. Zudem gab es, auch dies sieht man wohl im nachhinein klarer, als es den meisten Zeitgenossen möglich war, einen engen Zusammenhang zwischen der Aufklärung der Vergangenheit und der Gestaltung einer künftigen Friedenspolitik. Wer im Rahmen der ersten deutschen Republik zur Kriegsverhinderung beitragen wollte, und zwar auch durch den Aufbau innergesellschaftlicher Friedensstrukturen, mußte der nicht zuvörderst an einer Klärung der Fragen interessiert sein, durch wessen Schuld es zum Kriege gekommen war und weshalb dieser Krieg vier Jahre lang gedauert, tödliches Leid über Millionen von Familien gebracht und schließlich mit der militärischen Niederlage Deutschlands geendet hatte?
So betrachtet, war die Klärung der Kriegsschuldfrage geradezu eine Voraussetzung für den Aufbau solider republikanischer Verhältnisse. Darauf zielte auch Arthur Rosenberg, als er 1929 schrieb: »Der Selbsterhaltungstrieb hätte schon allein die republikanischen Parteien nötigen müssen, immer wieder in der Agitation nicht die moralische, aber doch die politische Kriegsschuld des alten Systems hervorzuheben [...] Aber als die Männer wie Eisner, Bernstein und in gewissem Grad auch Erzberger versuchten, diese Frage der Kriegsschuld des alten Systems in der Öffentlichkeit aufzurollen, fanden sie entrüstete Ablehnung, und sie blieben auch in den republikanischen Reihen fast ohne Unterstützung.«[90]
In der Tat war dies die Problemlage: Es gab zwar Sozialdemokraten und Pazifisten, die bereit waren, die Kriegsschuldfrage offensiv anzugehen und den damit notwendigerweise zusammenhängenden innenpolitischen Machtkampf mit den nationalistischen Eliten aufzunehmen, aber sie konnten sich in ihren jeweiligen Organisationen nicht durchsetzen. Die Mehrheitssozialdemokraten verdrängten das Problem eher, als sich kritisch und — was ebenfalls erforderlich gewesen wäre — selbstkritisch mit ihm auseinanderzusetzen[91]. Die Pazifisten der gemäßigten Richtung um Quidde, die 1919 in der deutschen Friedensbewegung tonangebend waren, wagten sich ebenfalls nur halbherzig an die Sache heran[92]. Rücksichtnahme auf nationale Gefühle in der deutschen Bevölkerung spielte dabei ebenso eine Rolle wie der Wunsch, den Pazifismus aus der gesellschaftlichen Isolation herauszuholen und ihn zu einer Bewegung mit politischem Einfluß ent-

wickeln zu können. Andere Gründe mögen hinzugekommen sein. Jedenfalls präsentierte sich die deutsche Friedensbewegung, was die Einschätzung der Kriegsschuldfrage anging, als eine Organisation mit großer Meinungsvielfalt, deutlicher gesagt, als zerstritten[93] und damit unfähig zur gemeinsamen politischen Aktion.

Die einzige politische Partei, die sich nicht scheute, öffentlich von einer maßgeblichen deutschen Mitschuld am Kriege zu sprechen, war die USPD[94]. Damit erwarb sie sich zwar die Sympathien der radikalpazifistischen Opposition in der deutschen Friedensbewegung[95], aber zugleich auch die Feindschaft all derer, die das Problem ruhen lassen wollten. Unabhängige und Radikalpazifisten mochten 1919 Teile der deutschen Öffentlichkeit beeinflussen. Die offizielle Regierungspolitik kümmerte sich um ihre Ansichten nicht.

Ohnehin machten es die im Laufe des Jahres 1919 eintretenden Ereignisse immer schwieriger, die Kriegsschuldfrage nüchtern und emotionslos zu behandeln. Denn seit dem Bekanntwerden des Friedensvertrags-Entwurfs mit seinem Kriegsschuldartikel 231 wurde das Thema alsbald zu einer nationalen Prestigeangelegenheit. Mit sicherem Gespür für nationalistische Emotionen sprach die politische Rechte jetzt von einer »Ehrenfrage« und versuchte auf diese Weise, den Protest gegen Versailles im eigenen politischen Interesse zu kanalisieren. Tatsächlich hatte der Kriegsschuldvorwurf der Siegermächte einen — der nüchternen Klärung des Problem zuwiderlaufenden — Effekt, da er, worauf Hillgruber hingewiesen hat, eher »integrierend auf die Nation« wirkte[96], zumal er mit dem Begehren verknüpft war, sogenannte deutsche Kriegsverbrecher an die Siegermächte auszuliefern[97]. Somit läßt sich feststellen, daß das Kriegsschuldthema durch die Auseinanderstzungen mit dem Versailler Friedensvertrag von der innenpolitischen auf die nationale Ebene angehoben wurde, mit der Folge, daß es nunmehr weitgehend neutralisiert war.

Nun zeigte sich auch, daß die nationalistische Rechte keineswegs bereit war, die in der Kriegsschuldfrage zögernde Haltung der Mehrheitssozialdemokraten und der gemäßigten Pazifisten durch eigenes Wohlverhalten zu honorieren. Vielmehr nutzten sie deren Schwäche skrupellos aus, indem sie der deutschen Öffentlichkeit die Dolchstoßlüge unterbreiteten. Dabei handelte es sich um einen geradezu genialen Propagandatrick. Denn mit seiner Hilfe konnte nicht nur die »Heimat« — damit zielte man hauptsächlich gegen die Sozialdemokraten, Juden und Pazifisten — für die Nie-

derlage verantwortlich gemacht werden[98], sondern, und dies war vielleicht noch entscheidender, die 1914 regierenden politischen und militärischen Eliten konnten damit die Aufmerksamkeit der deutschen Öffentlichkeit auf ein neues Thema lenken, also vom Kriegsschuldthema ablenken.
Im August 1919 setzte die Nationalversammlung — anstelle des nicht mehrheitsfähigen Vorschlags zur Einsetzung eines Staatsgerichtshofes — einen parlamentarischen Untersuchungsausschuß ein, der sich auch mit der Kriegsschuldfrage befassen sollte[99]. Dieser Ausschuß hat zwar wertvolle Arbeit geleistet, aber hinsichtlich der öffentlichen Wirksamkeit teilte er das Schicksal jener Autoren aus dem Umkreis der Friedensbewegung[100], die sich in den zwanziger Jahren forschend mit der Kriegsschuldfrage auseinandersetzten, aber entweder nicht veröffentlichen konnten oder totgeschwiegen wurden.

10. Möglichkeiten und Grenzen der Zusammenarbeit

Der methodische Ansatz, in der Behandlung der Kriegsschuldfrage einen Testfall für die Fähigkeit von Sozialdemokratie und Pazifismus zur politischen Zusammenarbeit zu sehen, hat sich somit als durchaus fruchtbar erwiesen. Denn es konnte gezeigt werden, daß die einer engeren Zusammenarbeit entgegenstehenden Probleme keineswegs in erster Linie zwischen den beiden ungleichen Partnern zu lokalisieren waren, sondern vielmehr quer durch die jeweiligen Organisationen für Kontroversen sorgten: hier die Mehrheitssozialdemokraten und die gemäßigten Pazifisten, die in der Kriegsschuldfrage wie auch auf anderen Feldern der Politik dazu neigten, die Zusammenarbeit mit den aus der Kaiserzeit überkommenen Eliten zu suchen, und nur eine geringe Bereitschaft an den Tag legten, durch einen bewußten Bruch mit der Vergangenheit in unbekanntes politisches Terrain vorzustoßen; dort die linken Sozialdemokraten — bis 1922 USPD, danach linker Flügel der SPD — und die Radikalpazifisten, die für eine offensivere Politik plädierten, gerade auch in der Behandlung der Kriegsschuldfrage, und die eher bereit waren, den Konflikt mit den nationalistischen Eliten aufzunehmen. Die These, daß diese Konstellation sich keineswegs nur bei der Beurteilung der Kriegsschuldfrage in besagter Weise herauskristallisierte, sondern für das Verhältnis von Sozialdemokratie und Pazifismus in der Weimarer Republik insgesamt typisch war, wäre allerdings erst noch zu überprüfen.

Sollte sich diese These als tragfähig erweisen, so müßte auch die vielzitierte innerpazifistische Selbstkritik Carl von Ossietzkys, derzufolge die politische Wirkungslosigkeit des deutschen Pazifismus der Weimarer Zeit im wesentlichen die Folge des selbst verschuldeten politischen Dilettantismus der Pazifisten gewesen sei, einer Modifizierung unterzogen werden. Eine solche ist neuerdings von Helmut Donat vorgetragen worden: »Nicht, wie es auf den ersten Blick den Anschein haben mag, persönliche Eigenarten, Intrigen, Streben nach Einflußsphären waren es, die zu Auseinandersetzungen in der DFG und dem Deutschen Friedenskartell [...] führten. All das mag eine Rolle gespielt haben, wesentlich war jedoch die unterschiedliche Einschätzung der deutschen Politik und Zeitgeschichte«, genauer gesagt, die Einstellung zur militärstaatlichen Tradition Preußen—Deutschlands[101]. Unter diesem Gesichtswinkel analysiert, könnten die militär- und rüstungspolitischen Kontroversen in der Spätphase der Weimarer Republik in einem anderen Lichte erscheinen.
Im Verhältnis von Sozialdemokraten und Pazifisten gab es, was am Ende dieses Kapitels noch einmal hervorgehoben zu werden verdient, durchaus eine Reihe von gemeinsamen Grundüberzeugungen. Man war sich völlig einig in der Verwerfung des Krieges als eines Mittels der Politik und im Eintreten für eine aktive Verständigungs- und Abrüstungspolitik. Gemeinsam setzten sich Sozialdemokraten und Pazifisten für das primäre friedenspolitische Ziel der Kriegsverhinderung ein. Beide pflegten — im Gegensatz zu den nationalistischen Parteien und Verbänden — internationale Kontakte und waren Mitglieder größerer internationaler Zusammenschlüsse. Beide bejahten — wenngleich durchaus mit Nuancen — den Völkerbund, die von ihm initiierten Abrüstungsgespräche, den Kriegsächtungspakt und alle weiteren Versuche, der Idee eines internationalen Rechtsfriedens konkrete Gestalt zu verleihen. Sozialdemokraten und Pazifisten waren sich auch einig in der Bejahung der Republik. Im Gegensatz zur Politik des Nationalismus und der Diktatur galt ihnen demokratische Politik als gewaltfrei und friedlich, worin das Bekenntnis zum gemeinsamen Erbe des aufklärerischen Denkens des 18. Jahrhunderts zum Ausdruck kam. Das parlamentarische Regierungssystem wurde als eine notwendige innenpolitische Voraussetzung der Friedensbewahrung angesehen.
Bei einem so großen Maß an gemeinsamen Grundüberzeugungen mag es verwundern, daß es Sozialdemokraten und Pazifisten dann doch nicht gelungen ist, sich wenigstens auf der schmalen Basis eines Minimalkon-

senses dauerhaft zu einigen. Tatsächlich entstanden die Konflikte auch weniger auf dem Felde der oben genannten Gemeinsamkeiten, sondern vielmehr in der Einschätzung konkreter rüstungs- und militärpolitischer Fragen (der Reichswehr mit ihrem großen gesellschaftlichen Umfeld, der geheimen Rüstungen, der Wehrverbände, der Marinerüstung: »Panzerschiff A«), der militaristischen Ideologien und der Stellung zu dem wiederauflebenden aggressiven deutschen Nationalismus. Der für den Niedergang der Weimarer Republik bedeutsame Tatbestand, daß das sozialdemokratisch-republikanisch-pazifistische Bündnis ausgerechnet zu dem Zeitpunkt endgültig zerbrach, als die Nationalisten zum Sturm auf die Republik ansetzten, wirft eine Fülle von Fragen auf, die es verdienten, näher untersucht zu werden, und zwar nicht nur im rein historischen Interesse.

Anmerkungen

1 Aus dem Wahlprogramm der SPD zur Bundestagswahl 1980, in: Wahlparteitag der Sozialdemokratischen Partei Deutschlands am 9. bis 10. Juni 1980 in Essen. Protokoll der Verhandlungen, hrsg. vom Vorstand der SPD, Bonn o. J., Anlagen, S. 355.

2 Peter Glotz auf dem vom SPD-Parteivorstand am 27. August 1981 veranstalteten »Forum Frieden«, dokumentiert in dem Band: Sicherheitspolitik contra Frieden? Ein Forum zur Friedensbewegung, Berlin/Bonn 1981, S. 7.

3 Bonn o. J. [1982].

4 Vgl. hierzu die Dokumentation: Der Friedens-Nobelpreis. Stiftung und Verleihung. Die Reden der vier deutschen Preisträger Gustav Stresemann, Ludwig Quidde, Carl von Ossietzky, Willy Brandt, hrsg. von Arnold Harttung, Berlin 1971.

5 Näheres bei Kurt R. Grossmann, Ossietzky. Ein deutscher Patriot, Frankfurt 1973, S. 271ff.

6 Hrsg. von Reimund Seidelmann, Essen 1982.

7 Ebd., Einleitung, S. 7.

8 Hans Koschnick, Die SPD — nicht die, aber eine Friedensbewegung, ebd., S. 172—180, Zitat S. 172.

9 Karsten Voigt, Wege zur Abrüstung, Frankfurt 1981. Vgl. besonders das Kapitel »Sozialdemokratische Friedenspolitik« (S. 116—138), das so etwas wie eine historische Vergewisserung der durchaus nicht geradlinigen friedenspolitischen Traditionen der Sozialdemokratie beinhaltet.

10 Karsten Voigt, Sozialdemokratische Antikriegspolitik, in: Der demokratische Sozialismus als Friedensbewegung (wie Anm. 6), S. 35—56, Zitat S. 46.

11 Vgl. im einzelnen Hanno Drechsler, Die Sozialistische Arbeiterpartei Deutschlands (SAPD). Ein Beitrag zur Geschichte der deutschen Arbeiterbewegung am Ende der Weimarer Republik, Meisenheim am Glan 1965.

12 Vgl. Lothar Wieland, Deutschlandbild und antifaschistische Strategien des entschiedenen Pazifismus 1930—33. Ein Beitrag zur Biographie Heinrich Ströbels (1869—1944). Unveröffentlichtes Manuskript Bremerhaven 1985. Vgl. auch die von L. Wieland verfaßte biographische Notiz über Ströbel in: Die Friedensbewegung (s. Anm. 59), S. 379—381.

13 Karl Holl, Pazifismus, in: Geschichtliche Grundbegriffe. Historisches Lexikon zur politisch-sozialen Sprache in Deutschland, Bd. 4, Stuttgart 1978, S. 767—768; ders., Der organisierte Pazifismus in der deutschen Politik 1890—1933, in: Wilhelm Korff (Hrsg.), Den Frieden sichern, Düsseldorf 1982, S. 11—31, hier: S. 14f., auch zum Folgenden.

14 Friedrich-Karl Scheer, Die Deutsche Friedensgesellschaft (1892—1933). Organisation — Ideologie — Politische Ziele. Ein Beitrag zur Entwicklung des Pazifismus in Deutschland, Frankfurt 1981, S. 232; Guido Grünewald, Stimme der Völkerverständigung und der Humanität: Die Deutsche Friedensgesellschaft 1892—1933, in: Friedensanalysen für Theorie und Praxis 10, Frankfurt 1979, S. 179—200, hier: S. 181f.

15 Vgl. Reinhold Lütgemeier-Davin, Pazifismus zwischen Kooperation und Konfrontation. Das Deutsche Friedenskartell in der Weimarer Republik, Köln 1982.

16 Vgl. im einzelnen Wolfram Wette, Von Kellogg bis Hitler (1928—1933). Die öffentliche Meinung zwischen Kriegsächtung und Kriegsverherrlichung, in: Der gerechte Krieg. Red. R. Steinweg, Frankfurt 1980, S. 233—268, jetzt auch in diesem Band, 6. Kapitel.

17 Vgl. im einzelnen Guido Grünewald, Friedenssicherung durch radikale Kriegsgegnerschaft: Der Bund der Kriegsdienstgegner (BdK) 1919—1933, in: Karl Holl/Wolfram Wette (Hrsg.), Pazifismus in der Weimarer Republik. Beiträge zur historischen Friedensforschung, Paderborn 1981, S. 77—90.

18 Über weitere Spielarten des radikalen Pazifismus vgl. Scheer, Die Deutsche Friedensgesellschaft (s. Anm. 14), S. 385ff.

19 Wolfram Wette, Probleme des Pazifismus in der Zwischenkriegszeit, in: Holl/Wette (s. Anm. 17), S. 14, aus dem Kapitel »Plädoyer für einen undogmatischen Pazifismusbegriff«.

20 Friedrich Meinecke, Die deutsche Katastrophe, Wiesbaden 1946, S. 67.

21 Dieses Interpretationsmuster liegt meiner Darstellung zugrunde: Militaristische und pazifistische Ideologien in der Endphase der Weimarer Republik, in: Das Deutsche Reich und der Zweite Weltkrieg, Bd I: Ursachen und Voraussetzungen der deutschen Kriegspolitik, Stuttgart 1979, S. 25—99.

22 Ein Beispiel aus jüngster Zeit: Hans Apel, Gerüstet zur Entspannung. Wie der Bundesverteidigungsminister Grundfragen der Bonner Sicherheitspolitik sieht, in: DIE ZEIT, Nr. 9, 20. Febr. 1981, S. 14, mit der in ihrer Einseitigkeit ungerechtfertigten Feststellung: »Es ist das unantastbare Recht des einzelnen, den Kriegsdienst zu verweigern, ein unbedingter Pazifist zu sein. Doch die Politik unseres Landes kann nicht die Realitäten übersehen. Auch die SPD war und ist keine pazifistische Partei.«

23 Den Geist der Rechtfertigung gegen solche Angriffe atmet auch die von Karl Drott bearbeitete Dokumentation: Sozialdemokratie und Wehrfrage. Dokumente aus einem Jahrhundert Wehrdebatten, Berlin/Hannover 1956. Vgl. auch die aktualisierte und kommentierte, bis zum Jahre 1982 reichende Dokumentation: Sozialdemokratie und Streitkräfte, hrsg. vom SPD-Parteivorstand. Mit einem Vorwort von Hans Koschnick, Bonn-Bad Godesberg o. J. [1982].

24 Arno Klönne, Die deutsche Arbeiterbewegung vor 1914 — eine Friedensbewegung?, in: Gernot Heiss/Heinrich Lutz (Hrsg.), Friedensbewegungen: Bedingungen und Wirkungen, München 1984, S. 136—151.

25 Ebda., S. 146—149.

26 In Kenntnis dieser Problematik sind die historischen friedenspolitischen Bestrebungen der deutschen Sozialdemokratie daher gelegentlich auch mit dem bescheidenen Anspruch »Der Wille zum Frieden« versehen worden. Vgl. Willy Brandt, Der Wille zum Frieden. Perspektiven der Politik. Mit einem Vorwort von Golo Mann, Frankfurt 1983; sowie Wolfram Wette, Der Wille zum Frieden. Sozialdemokratische Sicherheitspolitik in historischer Perspektive. Darstellung und ausgewählte Quellentexte, in: Geschichtsdidaktik 5, 1980, S. 23—53.

27 Dieser Prozeß wird beschrieben von Drechsler, SAPD (s. Anm. 11); vgl. auch Scheer, Die Deutsche Friedensgesellschaft (s. Anm. 14), S. 551 ff.

28 Christoph Butterwegge/Heinz-Gerd Hofschen, Sozialdemokratie, Krieg und Frieden. Die Stellung der SPD zur Friedensfrage von den Anfängen bis zur Gegenwart. Eine kommentierte Dokumentation, Heilbronn 1984.

29 Vgl. Friedensbewegung und Arbeiterbewegung. Wolfgang Abendroth im Gespräch, Marburg 1982. Abendroth konstatiert für die Sozialdemokratie der Weimarer Republik eine »Widerspruchslage« (S. 82). Die »Mehrheitsgruppen im Parteivorstand und in der Reichstagsfraktion« hätten die geheime Aufrüstung der Reichswehr mit abgedeckt, während eine innerparteiliche Opposition ihren Widerspruch gegen diese Politik artikulierte. Insgesamt sieht es Abendroth als falsch an, die Sozialdemokratie »als Friedensbewegung oder als politisch-organisatorisches Gerippe der Friedensbewegung anzusehen« (ebd.), stellt aber zugleich fest, daß sie niemals in ihrer Geschichte eine kriegstreibende Partei war.

30 Butterwegge/Hofschen (wie Anm. 28), S. 9.

31 Vgl. Kurt Klotzbach, Bibliographie zur Geschichte der deutschen Arbeiterbewegung 1914—1945. Bonn 1974, 3., wes. erw. und verb. Aufl., bearb. von Volker Mettig, Bonn 1981, S. 308 f., wo nur wenige Arbeiten mit eher exotischer Themenstellung verzeichnet sind. Allerdings muß die bibliographische Erfassung der Studien zu diesem Teilaspekt als unzureichend bezeichnet werden.

32 Die beste Bibliographie zum Thema »Sozialdemokratie, Krieg und Frieden« bietet das oben bereits erwähnte Buch von Butterwegge/Hofschen (s. Anm. 28), S. 391—399.

33 Zu diesem Ergebnis kommt auch Klönne (s. Anm. 24), S. 136.

34 Brigitte Ludwig, Köln, kündigte als Dissertationsthema »Friedensbewegung als politische Kraft in der Weimarer Zeit, aufgezeigt am Beispiel ihrer Verbindung zum linken Flügel der SPD« an (IWK, H. 15, 1972, und Jg. 16, 1980). Franz-Josef

Lersch, Aachen, avisierte eine Arbeit über »Pazifismus und Arbeiterbewegung in der Weimarer Republik« (IWK, Jg. 14, 1978, S. 236). In Bearbeitung ist eine Bochumer Dissertation von K. Rieseberg, Zwischen Pazifismus und Nationalismus. Ideologie und Praxis in der Außenpolitik der SPD in der Weimarer Republik (Hinweis in Ulrich Heinemann, Die verdrängte Niederlage. Politische Öffentlichkeit und Kriegsschuldfrage in der Weimarer Republik, Göttingen 1983, S. 334, Anm. 161).

35 Frieden, Gewalt, Sozialismus. Studien zur Geschichte der sozialistischen Arbeiterbewegung, hrsg. von Wolfgang Huber und Johannes Schwerdtfeger, Stuttgart 1976.

36 ebd., S. 7, aus dem Vorwort von Huber und Schwerdtfeger.

37 Friedhelm Boll, Die deutsche Sozialdemokratie zwischen Resignation und Revolution. Zur Friedensstrategie 1890—1919, ebd., S. 179—281.

38 Wolfram Wette, Frieden durch Revolution? Das Scheitern der Friedenskonzeption der radikalen Linken in der deutschen Revolution von 1918/19, ebd., S. 282—357.

39 Wolfram Wette, Mit dem Stimmzettel gegen den Faschismus? Das Dilemma des sozialdemokratischen Antifaschismus in der Endphase der Weimarer Republik, ebd., S. 358—403.

40 Horst Lademacher, Gewalt der Legalität oder Legalität der Gewalt — Zur Theorie und Politik der SPD von Kiel (1927) bis Prag (1934), ebd., S. 404—460.

41 Frank Ernestus, Independent Labour Party 1910—1918. Versuch einer Friedenspolitik, ebd., S. 611—640; sowie Gottfried Niedhart, Friedensvorstellungen, Gewaltdiskussion und Konfliktverhalten in der britischen Labour Party 1919—1926, ebd., S. 641—679.

42 Almut Schunck/Hans-Joseph Steinberg, Mit Wahlen und Waffen. Der Weg der österreichischen Sozialdemokratie in die Niederlage, ebd., S. 461—495.

43 Internationale Tagung der Historiker der Arbeiterbewegung. 19. Linzer Konferenz 1983 (= Geschichte der Arbeiterbewegung. ITH-Tagungsberichte, Bd. 20), Wien 1985, mit 22 Beiträgen zum Hauptthema »Arbeiterbewegung und Friedensfrage 1917—1939«.

44 Wolfram Wette, Friedenspolitische Bestrebungen der deutschen Sozialdemokratie in der Zwischenkriegszeit, ebd., S. 185—218, hier: S. 204—206.

45 Kirill Schirinja (UdSSR)/Horst Schumacher (DDR), Der Kampf der internationalen revolutionären Arbeiterbewegung gegen die imperialistische Kriegsvorbereitung und für die Sicherung des Friedens in den Jahren 1917—1939, ebd., S. 106—144, hier: S. 119—122.

46 Lern- und Arbeitsbuch: Geschichte der deutschen Arbeiterbewegung. Darstellung — Chroniken — Dokumente, hrsg. unter Leitung von Thomas Meyer, Susanne Miller, Joachim Rohlfes, 3 Bde., Bonn 1984.

47 Ebd., Bd 3, S. 399—438.

48 Vgl. dazu die Spezialstudie: Friedhelm Boll, Frieden ohne Revolution? Friedensstrategien der deutschen Sozialdemokratie vom Erfurter Programm bis zur Revolution 1918, Bonn 1980.

49 Holl/Wette (Hrsg.), Pazifismus (s. Anm. 17).

50 Mit Recht vermerkt Friedhelm Boll in einer Besprechung dieses Bandes (in: Archiv für Sozialgeschichte XXIV, 1984, S. 799—801), daß eine kritische Würdigung des proletarischen Pazifismus bisher noch fehle.

51 Emil Julius Gumbel, Verschwörer. Zur Geschichte und Soziologie der deutschen nationalistischen Geheimbünde 1918—1924. Mit einem Vorwort zur Neuauflage von Karin Buselmeier und zwei Dokumenten zum Fall Gumbel, 2. Aufl. der Originalausgabe Wien 1924, Heidelberg 1979. — Emil Julius Gumbel, Vier Jahre politischer Mord und Denkschrift des Reichsjustizministers zu »Vier Jahre politische Mord«. Mit einem Vorwort von Hans Thill, Heidelberg 1980.

52 Zum Beispiel die Dissertation von Reinhold Lütgemeier-Davin (s. Anm. 15) und das Buch von Dieter Riesenberger, Die katholische Friedensbewegung in der Weimarer Republik, Düsseldorf 1977.

53 Friedrich-Karl Scheer, Die Deutsche Friedensgesellschaft (s. Anm. 14); vgl. auch die schon früher publizierte Zusammenfassung der Ergebnisse dieser Arbeit: ders., Die Deutsche Friedensgesellschaft (1892—1933), in: Forschung für den Frieden. 5 Jahre Deutsche Gesellschaft für Friedens- und Konfliktforschung. Eine Zwischenbilanz, Boppard 1975, S. 261 ff.

54 Siehe Anm. 15.

55 Siehe Anm. 52.

56 Beate Höfling, Katholische Friedensbewegung zwischen den Kriegen. Friedensbund deutscher Katholiken 1917—1933, Waldkirch 1979.

57 Reinhard Gaede, Kirche — Christen — Krieg und Frieden. Die Diskussion im deutschen Protestantismus während der Weimarer Zeit, Hamburg 1975; ders., Die Stellung des deutschen Protestantismus zum Problem von Krieg und Frieden während der Zeit der Weimarer Republik, in: W. Huber/J. Schwerdtfeger (Hrsg.), Kirche zwischen Krieg und Frieden. Studien zur Geschichte des deutschen Protestantismus, Stuttgart 1976, S. 373—422.

58 Karl Holl, Pazifismus oder liberaler Neo-Imperialismus? Zur Rolle der Pazifisten in der Deutschen Demokratischen Partei 1918—1930, in: Joachim Radkau/Imanuel Geiss (Hrsg.), Imperialismus im 20. Jahrhundert. Gedenkschrift für George W. F. Hallgarten, München 1976, S. 171—195; ders., Der organisierte Pazifismus in der deutschen Politik 1890—1933, in: W. Korff (Hrsg.), Den Frieden sichern, S. 11—31.

59 Der Tatbestand als solcher läßt sich zum Beispiel ablesen an der Bibliographie des von Helmut Donat und Karl Holl herausgegebenen Lexikons: Die Friedensbewegung. Organisierter Pazifismus in Deutschland, Österreich und der Schweiz. Eine historische Darstellung, Düsseldorf 1983. Dort sind 55 Memoiren und Autobiographien verzeichnet, 84 Biographien und 46 Darstellungen.

60 Carl von Ossietzky, Die Pazifisten, in: Das Tagebuch 5, 1924, S. 1400 f. Wiederabdruck in: ders., Rechenschaft. Publizistik aus den Jahren 1912—1933, hrsg. von Bruno Frei, Frankfurt 1972, S. 38 ff.

61 G. Grünewald, Stimme (wie Anm. 14), S. 184.

62 Hans Wehberg, Ludwig Quidde. Ein deutscher Demokrat und Vorkämpfer der Völkerverständigung, Offenbach 1948; Utz-Friedebert Taube, Ludwig Quidde. Ein

Beitrag zur Geschichte des demokratischen Gedankens in Deutschland, Kallmünz 1963; Reinhard Rürup, Ludwig Quidde, in: Deutsche Historiker, Bd III, Göttingen 1972, S. 124ff.

63 Berndt W. Wessling, Tucholsky — Ein deutsches Ärgernis. Biographischer Essay, Gerlingen 1985.

64 K. R. Grossmann, Ossietzky (s. Anm. 5); vgl. auch die dort angegebene ältere Literatur.

65 Detlev Acker, Walther Schücking (1875—1935). Eine Biographie unter besonderer Berücksichtigung von Schückings Tätigkeit in der Friedens- und Völkerbundsbewegung. Phil. Diss. Münster 1967; Buch-Publikation Münster 1970.

66 Wolf Zuelzer, Der Fall Nicolai, Frankfurt 1981; vgl. dazu auch Bernhard vom Brocke, »An die Europäer«. Der Fall Nicolai und die Biologie des Krieges. Zur Entstehung und Wirkungsweise eines unzeitgemäßen Buches, in: Historische Zeitschrift 240, 1985, S. 363—375.

67 Horst H. Müller, Kurt Hiller, Hamburg 1969; Rosemarie Schumann, Kurt Hiller zwischen Pazifismus und Reaktion, in: Zeitschrift für Geschichtswissenschaft 27, 1980, S. 957ff.

68 Hans-Henning von der Burg, Sittengesetz und Sozialorganisation. Wege zur civitas humana. Friedrich Wilhelm Foerster und seine politische Ethik, Bamberg 1971.

69 H. Donat/K. Holl (Hrsg.), Die Friedensbewegung (s. Anm. 59).

70 Vgl. jetzt Hermann Schueler, Auf der Flucht erschossen. Felix Fechenbach 1894—1933, Köln 1981.

71 Zur klassischen sozialistischen Friedenstheorie und zu den revisionistischen Neuansätzen vgl. Wolfram Wette, Kriegstheorien deutscher Sozialisten. Marx, Engels, Lassalle, Bernstein, Kautsky, Luxemburg, Stuttgart 1971; sowie Friedhelm Boll, Die deutsche Sozialdemokratie zwischen Resignation und Revolution (s. Anm. 37).

72 Zum Pazifismus der Vorkriegszeit vgl. Karl Holl, Die deutsche Friedensbewegung im wilheminischen Reich. Wirkung und Wirkungslosigkeit, in: W. Huber/J. Schwerdtfeger (Hrsg.), Kirche zwischen Krieg und Frieden (s. Anm. 57), S. 321—372.

73 G. Grünewald, Stimme der Völkerverständigung (s. Anm. 14), S. 183f.

74 Zu den Wandlungen des Pazifismus während des Ersten Weltkrieges vgl. Dorothee Stiewe, Die bürgerliche deutsche Friedensbewegung als soziale Bewegung bis zum Ende des Ersten Weltkrieges, Freiburg i. Br. 1972; Ludwig Quidde, Der deutsche Pazifismus während des Weltkrieges 1914—1918. Aus dem Nachlaß L. Quiddes hrsg. von Karl Holl unter Mitwirkung von Helmut Donat, Boppard a. Rh. 1979; Wilfried Eisenbeiss, Die bürgerliche Friedensbewegung in Deutschland während des Ersten Weltkrieges. Organisation, Selbstverständnis und politische Praxis 1913/14—1919, Bern 1980.

75 Hierzu einschlägig F. Boll. Frieden ohne Revolution (s. Anm. 48).

76 Vgl. Gerald D. Feldman/Eberhard Kolb/Reinhard Rürup. Die Massenbewegungen der Arbeiterschaft in Deutschland am Ende des Ersten Weltkrieges (1917—20), in: Politische Vierteljahresschrift 13, 1972, S. 84—105.

77 Grünewald, Stimme der Völkerverständigung (s. Anm. 14), S. 187f.

78 Vgl. Lütgemeier-Davin, Pazifismus (s. Anm. 15).

79 K. Holl, Der organisierte Pazifismus in der deutschen Politik 1890—1933 (s. Anm. 58), S. 25.

80 Grünewald, Stimme der Völkerverständigung (s. Anm. 14), S. 187f.; Scheer, Die Deutsche Friedensgesellschaft (s. Anm. 14), S. 408.

81 Heinrich August Winkler, Von der Revolution zur Stabilisierung. Arbeiter und Arbeiterbewegung in der Weimarer Republik 1918 bis 1924, Berlin/Bonn 1984, S. 243, 251, 267.

82 Vgl. Reinhold Lütgemeier-Davin, Basismobilisierung gegen den Krieg. Die Nie-wieder-Krieg-Bewegung in der Weimarer Republik, in: Die Friedensbewegung (s. Anm. 59), S. 284—288.

83 Formulierung von Lütgemeier-Davin, ebd.

84 Im Jahre 1919 von linksrepublikanischen Intellektuellen gegründete Organisation, die Kriegsteilnehmer ohne Unterschied der parteipolitischen Orientierung zuammenfassen wollte, die sich zum Weltfriedensgedanken bekannten. Vgl. den entsprechenden Artikel in dem Lexikon: Die Friedensbewegung (s. Anm. 59), S. 138—140.

85 Eine gute zusammenfassende Orientierung bietet Imanuel Geiss, Das Deutsche Reich und die Vorgeschichte des ersten Weltkrieges, München 1978, Kap. 9: Die Kriegsschuldfrage — Das Ende eines nationalen Tabus, S. 204—229.

86 Diese Auffassung wurde seinerzeit am konsequentesten vertreten von dem Pazifisten Friedrich Wilhelm Foerster, Mein Kampf gegen das nationalistische und militaristische Deutschland. Gesichtspunkte zur deutschen Selbsterkenntnis und zum Aufbau eines neuen Deutschland, Wiesbaden 1920.

87 Vgl. dazu jetzt Jost Dülffer, Regeln gegen den Krieg? Die Haager Friedenskonferenzen von 1899 und 1907 in der internationalen Politik, Frankfurt/Berlin/Wien 1981.

88 Im einzelnen dargelegt von H. A. Winkler, Revolution (s. Anm. 81), Kapitel »Kriegsschuldfrage und Friedensvertrag: Der Nationalismus in der Sozialdemokratie«. S. 206—226, unter Hinweis auf die Aufklärungsarbeit von Eisner und Kautsky, die dem Reichskabinett genau bekannt war.

89 Dieser Vorschlag wurde bereits im Herbst und Winter 1918 von deutschen Pazifisten gemacht. Siehe: U. Heinemann, Die verdrängte Niederlage (s. Anm. 34), S. 19. Obwohl der Vorschlag von der Regierung aufgegriffen wurde, scheiterte eine entsprechendes Gesetz schließlich in der Nationalversammlung.

90 Arthur Rosenberg, Geschichte der Weimarer Republik, 13. Aufl., Frankfurt 1972, S. 93. Bernstein unternahm während des Weimarer Parteitages der SPD im Juni 1919 einen Vorstoß in der Kriegsschuldfrage, erntete aber nur Entrüstung und eisige Ablehnung.

91 Vgl. im einzelnen die Ausführungen von H. A. Winkler (s. Anm. 88).

92 Einen guten Eindruck davon vermitteln die Debatten auf dem ersten Nachkriegskongreß der Pazifisten. Siehe: Achter deutscher Pazifistenkongreß, einberufen von der Deutschen Friedensgesellschaft und der Zentralstelle Völkerrecht. Berlin 13. bis 15. Juni 1919 im Preußischen Herrenhaus. Verhandlungsbericht, Charlottenburg 1920.

93 Diese Zerstrittenheit findet in der Dissertation von Rolf R. Schlüter, Probleme der deutschen Friedensbewegung in der Weimarer Republik, Phil. Diss. Bonn 1974, Abschnitt II: Das Schuldmaß der kaiserlichen Regierung am Ersten Weltkrieg, S. 53—91, insoweit einen durchaus adäquaten Niederschlag, als der Autor lediglich die Ansichten einzelner führender Pazifisten beschreibt, auf generalisierende Zusammenfassungen jedoch verzichtet.

94 Die USPD nahm eine entsprechende Forderung in ihre Programmatische Kundgebung vom 6. März 1919 auf: »Sofortige Einsetzung eines Staatsgerichtshofes, der die Schuldigen am Weltkriege und an der Verhinderung eines zeitigeren Friedens zur Verantwortung zu ziehen hat.« Siehe: Eugen Prager, Das Gebot der Stunde. Geschichte der USPD, 4. Aufl., Berlin/Bonn 1980, S. 186.

95 Vgl. hierzu H. Donat, Die radikalpazifistische Richtung in der Deutschen Friedensgesellschaft (1918—1933), in: Holl/Wette, Pazifismus (s. Anm. 17), S. 27—45. Diese Richtung wurde insbesondere von Friedrich Wilhelm Foerster, Fritz Küster und Oskar Stillich repräsentiert. Ihre Auffassungen sind in der Wochenzeitung »Das Andere Deutschland« dokumentiert. Vgl. dazu jetzt den Teilnachdruck: Helmut Donat/Lothar Wieland (Hrsg.), Das Andere Deutschland. Unabhängige Zeitung für entschiedene republikanische Politik. Eine Auswahl (1925—1933). Mit einem Vorwort von Ingeborg Küster, Königstein/Ts. 1980.

96 Andreas Hillgruber, Unter dem Schatten von Versailles. Die außenpolitische Belastung der Weimarer Republik. Realität und Perzeption bei den Deutschen, in: Karl Dietrich Erdmann/Hagen Schulze (Hrsg.), Weimar. Selbstpreisgabe einer Demokratie, Düsseldorf 1980, S. 57.

97 Vgl. dazu die Spezialuntersuchung von Walter Schwengler, Völkerrecht, Versailler Vertrag und Auslieferungsfrage. Die Strafverfolgung wegen Kriegsverbrechen als Problem des Friedensschlusses 1919/20, Stuttgart 1982.

98 Dazu Karl Dietrich Erdmann, Die Zeit der Weltkriege, in: Gebhardt, Handbuch der deutschen Geschichte, Bd. 4, Stuttgart 1963, S. 118: Das Wort vom Dolchstoß wurde »zum eigentlichen und wahren deutschen Verhängnis, schlimmer noch als die Niederlage, da es die Deutschen gegeneinander kehrte«.

99 Eingehend untersucht von Heinemann, Die verdrängte Niederlage (s. Anm. 89). Dieser Ausschuß arbeitete kontinuierlich von 1919 bis 1931.

100 Zum Beispiel Walter Fabian, Die Kriegsschuldfrage, Leipzig 1925, Reprint Bremen 1985, mit einem Nachwort von Fritz Fischer; sowie Erich Brandenburg, Die Ursachen des Weltkrieges, Leipzig 1925; Hermann Kantorowicz, Gutachten zur Kriegsschuldfrage 1914. Bearb. von I. Geiss. Mit einem Geleitwort von Gustav W. Heinemann, Frankfurt 1967. Das letztgenannte Werk wurde bereits 1927 abgeschlossen, durfte aber unter dem Druck des Auswärtigen Amtes nicht publiziert werden.

101 Donat, Die radikalpazifistische Richtung (wie Anm. 95), S. 32.

Sechstes Kapitel

Von Kellogg bis Hitler (1928—1933)

Die öffentliche Meinung zwischen Kriegsächtung und Kriegsverherrlichung

1. Der Kriegsächtungspakt von 1928

Am 27. August 1928 fand in Paris die Unterzeichnung des nach dem französischen Außenminister Briand und seinem US-amerikanischen Kollegen Kellogg benannten Kriegsächtungspaktes statt. Die Vertreter von 15 Staaten erklärten »feierlich im Namen ihrer Völker, daß sie den Krieg als Mittel für die Lösung internationaler Streitfälle verurteilen und auf ihn als Werkzeug nationaler Politik in ihren gegenseitigen Beziehungen verzichten« (Artikel 1)[1]. In Zusatznoten wurde allerdings festgestellt, daß das »natürliche Recht auf Selbstverteidigung« nicht beeinträchtigt werde, was bedeutete, daß der Verteidigungskrieg von der Kriegsächtung nicht betroffen war[2]. Da offen blieb, welche Tatbestandsmerkmale erfüllt sein mußten, um eine Gewaltmaßnahme als Aggression beziehungsweise als Verteidigung zu qualifizieren, sowie, wer hierüber befinden sollte, ließ der Pakt die letzte Konsequenz vermissen.
Im ersten Jahrzehnt nach dem Ersten Weltkrieg hatte es bereits mehrere Versuche gegeben, dem Kriegsführungsrecht der Staaten Schranken zu setzen. In diesem Zusammenhang verdienen besonders die Satzung des Völkerbundes von 1919, das Genfer Protokoll von 1924 und die Locarnoverträge von 1925 genannt zu werden, aber auch die Entschließung der Völkerbundsversammlung vom 24. September 1927, in welcher der Angriffskrieg zu einem internationalen Verbrechen erklärt und die Pflicht zur friedlichen Regelung aller internationalen Streitigkeiten betont wurden[3]. Der Briand-Kellogg-Pakt brachte nun eine noch weitgehendere Ausschaltung, eine noch drastischere Ächtung des Krieges. Mit seiner Unterzeichnung war der Höhepunkt der Kriegsächtungsbewegung erreicht, die in den zwanziger Jahren als Reaktion auf den Weltkrieg weltweite Verbreitung gefunden hatte.

Betrachtet man den Kriegsächtungspakt von 1928 und seine Vorläufer in einem größeren historischen Zusammenhang, so wird deutlich, daß es sich bei ihnen — trotz der erwähnten Mängel und Inkonsequenzen — um etwas ziemlich Sensationelles handelte, nämlich um einen radikalen Bruch mit bestimmten Ideen, die auf eine sehr lange Geschichte verweisen konnten. Denn seit Jahrhunderten — wenn nicht seit Jahrtausenden — hatte der Krieg als etwas Natürliches, etwas Schicksalhaftes und daher als etwas Selbstverständliches gegolten. Zugleich wurde in ihm seit der Existenz des neuzeitlichen Staatensystems ein grundsätzlich erlaubtes Mittel zur Durchsetzung staatspolitischer Forderungen gesehen. Der seit dem 19. Jahrhundert auftretende Pazifismus, der die Berechtigung der fatalistischen Einstellung gegenüber dem Krieg anzweifelte und der behauptete, dauerhafter Friede sei möglich und durch eine richtige Politik auch erreichbar, hatte gegen diesen Kriegsfatalismus noch in den ersten Jahrzehnten des 20. Jahrhunderts wenig auszurichten vermocht.
Neben dem Kriegsfatalismus und ihn überlagernd gab es ebenfalls seit vielen Jahrhunderten ausgefeilte Theorien über den Krieg, in denen bestimmte Kriterien benannt wurden, die es ermöglichen sollten, gerechte und ungerechte Kriege voneinander zu unterscheiden[4]. Teilweise sind diese Theorien in das kodifizierte Völkerrecht eingegangen[5].
Mochten diese Kriegslehren ursprünglich dem menschlichen Bedürfnis nach rationaler Bewältigung des Phänomens Krieg entsprungen sein, mochten einige der Urheber solcher Lehren auch die Absicht verfolgt haben, die Häufigkeit kriegerischer Konflikte einzuschränken, so wurden sie in der Praxis jedoch schnell zu einem Hilfsmittel von Gewaltpolitik. Gelang es beispielsweise einem Herrscher, seine Kriegspolitik mit den Kriterien der theoretischen Lehre zu begründen und sie dann als gerecht hinzustellen, so wurde es ihm und den ihn unterstützenden Führungseliten erleichtert, den Untertanen den Kriegsdienst und damit den Einsatz des Lebens abzuverlangen. Auf diese Weise dienten die verschiedenen Lehren von gerechten und ungerechten Kriegen direkt oder indirekt den Legitimationsbedürfnissen der Politik. Sie erfüllten die Funktion von Herrschaftsmitteln. Ihre Langzeitwirkung bestand darin, daß sich im Bewußtsein der Menschen die Vorstellung zum Glaubenssatz verfestigte, daß nämlich der Krieg von Zeit zu Zeit wie eine Naturgewalt ausbreche und man ihn daher notgedrungen als ein auferlegtes Schicksal hinnehmen müsse.

In der Tradition dieses Denkens steht, um ein für die deutsche Geschichte des 20. Jahrhunderts bedeutsames Beispiel herauszugreifen, die apologetische These vom »Kriegsausbruch« im Jahre 1914. Denn sie suggeriert die Vorstellung, hier sei eine unkontrollierte Naturgewalt wirksam gewesen — vergleichbar einem Vulkanausbruch — und nicht etwa Politik. Zusammen mit nationalistischer Voreingenommenheit trug diese Interpretation der Ursachen des Weltkrieges 1914 bis 1918 in Deutschland dazu bei, daß das Propagandaschlagwort von der »Kriegsschuldlüge« in der Weimarer Zeit auf viele offene Ohren stoßen konnte; glaubte man doch, die Staaten seien in diesen Weltkrieg »hineingeschlittert«, und daher könne die Zuweisung von Kriegsschuld nur als eine böswillige antideutsche Denunziation verstanden werden.

Allerdings waren die Reaktionen auf den Weltkrieg und das Weltkriegserlebnis im Deutschland der zwanziger Jahre durchaus konträr[6]. Es gab sowohl die verklärende Kriegsverherrlichung als auch die moralisch-rigoristische Kriegsgegnerschaft sowie eine ganze Reihe von Positionen zwischen diesen beiden Polen. Deutlicher als je zuvor artikulierte sich nach dem Ende des Ersten Weltkrieges ein an Begriffen wie »Völkerbund« und »Abrüstung« erkennbarer gemäßigter Pazifismus, der auf aktuelle Kriegsverhütung und langfristige Friedenssicherung abzielte, ohne das in der deutschen Bevölkerung insgesamt bejahte Verlangen nach einer Revision des Versailler Vertrages aufzugeben. Über die gesamten zwanziger Jahre hinweg befanden sich die Ideologien mit eher kriegerisch-militaristischer Tendenz und die mit eher pazifistischer in einem zum Teil vehement geführten Konkurrenzkampf um die Gunst der deutschen Öffentlichkeit. Vor diesem Hintergrund mußte die Unterzeichnung des Briand-Kellogg-Paktes als ein weithin sichtbarer Sieg des pazifistischen Gedankenguts und als eine schwerwiegende Niederlage derjenigen Positionen und ihrer Vertreter erscheinen, die Gewalt als Mittel der Außenpolitik — hier speziell der Politik der Revision des Versailler Vertrages und zur Wiedergewinnung einer deutschen Großmachtstellung — bejahten.

Da es sich in Paris um den Versuch handelte, mit den kriegsapologetischen Traditionen radikal zu brechen, kann man es durchaus nachempfinden, daß die zur Vertragsunterzeichnung nach Paris gereisten Diplomaten und Politiker davon überzeugt waren, einer historischen Stunde beizuwohnen. Briand erklärte in seiner Festrede[7], »daß das Ereignis dieses Tages ein neues Datum in der Geschichte der Menschheit darstellt«. In einer Anspielung auf

die deutsch-französische Erbfeindschaft verwies er auf den Symbolgehalt der Anwesenheit Gustav Stresemanns. Anläßlich der Unterzeichnung des Paktes habe nämlich erstmals seit mehr als einem Jahrhundert wieder ein deutscher Außenminister auf französischem Boden empfangen werden können. Stresemann seinerseits gab wenig später im Deutschen Reichstag seiner Meinung Ausdruck[8], der Briand-Kellogg-Pakt verdiene es, als »Einleitung einer neuen Epoche« bezeichnet zu werden. In den USA sprach man von einer »Revolution des menschlichen Denkens«[9].
Wie wir heute wissen, gingen diese hochgespannten Erwartungen nicht in Erfüllung[10]. Die im Briand-Kellogg-Pakt gipfelnden Bestrebungen einer vertraglich bindenden internationalen Ächtung von Gewalt und Krieg als Mittel der Politik haben seinerzeit weder die Abrüstungspolitik vorangetrieben noch haben sie die Entfesselung des Zweiten Weltkrieges durch das nationalsozialistisch beherrschte Deutsche Reich verhindern können.

2. Die Akzeptanz in den Unterzeichnerländern

Mit diesen Feststellungen ist zugleich die Frage aufgeworfen, weshalb es Ende der zwanziger Jahre nicht gelang, der feierlichen Kriegsächtungserklärung Geltung zu verschaffen. Man wäre ein unhistorisch argumentierender Besserwisser, wollte man behaupten, die Politiker seien damals eben so naiv gewesen zu glauben, man könne mit einer moralischen Verurteilung des Krieges und seiner formalen Rechtloserklärung das Zeitalter des ewigen Friedens einläuten. Eine solche Fehleinschätzung des faktischen politischen Gewichts dieses Vertrages mag es vereinzelt gegeben haben; aber sie bildete keinesfalls den Kern der Misere. Den politisch handelnden Zeitgenossen war durchaus klar, daß die papierne Erklärung erst noch mit materiellem Gehalt gefüllt, also in praktische Politik umgesetzt werden mußte[11].
Für's erste erhofften sich die Initiatoren des Paktes eine nachhaltige Unterstützung der Kriegsächtungsidee seitens der Öffentlichkeit in den Unterzeichnerländern. So äußerte Briand die Erwartung, daß die Völker sich nach und nach daran gewöhnen würden, die Begriffe »nationales Interesse« und »nationales Prestige« nicht mehr mit dem Begriff der Gewalt zu verbinden. Denn der gewollte Krieg, der früher als ein Ausfluß göttlichen Rechts gegolten und der in der internationalen Ethik als ein Vorrecht der

Souveränität fortgelebt habe, sei jetzt endlich »von Rechts wegen dessen entkleidet, was seine größte Gefahr darstellte: seiner Legitimität«[12]. Gegen den Einwand, der Pakt sei nicht realistisch, weil ihm die Erzwingbarkeit fehle[13], setzte er die Frage: »Aber ist es wirklich realistisch gedacht, auf dem Gebiet der Tatsachen die moralischen Kräfte, darunter die der öffentlichen Meinung, auszuschließen?« Hier wird erneut deutlich, daß der französische Außenminister in der Massenwirksamkeit der Kriegsächtungsidee das eigentliche Politikum des Paktes erblickte.

Auch Frank B. Kellogg hoffte, daß sich die moralische und rechtliche Ächtung des Krieges dadurch zu einem Machtfaktor entwickeln werde, daß sie von den Bevölkerungen der Unterzeichnerländer — den zunächst 15 Staaten schlossen sich bis 1938 weitere 48 an — akzeptiert und von den politischen und publizistischen Meinungsführern unterstützt werde. Kellogg erhielt 1929 den Friedens-Nobelpreis zugesprochen. Als er ihn am 10. Dezember 1930 in Oslo entgegennahm, vertrat er in seiner Dankesrede[14] die Auffassung, die Staatsmänner seien sich in den letzten zehn Jahren viel nähergekommen, und er glaube, daß die allgemeine Weltmeinung in Zukunft den Frieden sichern werde. Keine der noch ungelösten Fragen in Europa sei von solcher Bedeutung, daß ein Krieg gerechtfertigt sei. Kellogg scheint geglaubt zu haben, der Inhalt des von ihm mitinitiierten Kriegsächtungspaktes sei mehr oder weniger mit der »Weltmeinung« identisch gewesen, und die internationale öffentliche Meinung stelle schon jetzt einen bedeutsamen Faktor der Friedenserhaltung dar. Ebenso ist von Vertretern der Völkerrechtswissenschaft gesagt worden, bei der Unterzeichnung des Paktes hätten sich die Regierungen in Übereinstimmung mit dem Rechtsbewußtsein ihrer Völker befunden[15].

Ob diese Einschätzung der »Weltmeinung« richtig war oder nicht, läßt sich exakt kaum beantworten, zumal eine eingehende wissenschaftliche Untersuchung über die Verbreitung der Kriegsächtungsidee beziehungsweise über die Wirkungen des Briand-Kellogg-Paktes auf die öffentliche Meinung in den verschiedenen Unterzeichnerländern bisher noch aussteht. Allenfalls lassen sich einige Beobachtungen zusammentragen, die für die These sprechen, daß die Grundeinstellung »Nie wieder Krieg!« in den am Ersten Weltkrieg beteiligten Ländern sehr weit verbreitet war und Kellogg also durchaus nicht völlig an der Wirklichkeit vorbeiredete.

In seinem eigenen Land, den USA, wurde die öffentliche Meinung in der Nachkriegszeit nachhaltig durch die dort seit dem 19. Jahrhundert leben-

dige Friedens- und Kriegsächtungsbewegung[16] beeinflußt, die den Krieg nicht nur eindämmen, sondern als Institution des Völkerrechts radikal ausmerzen wollte[17]. In keinem anderen Land scheint die Kriegsächtungsbewegung so stark gewesen zu sein wie in den USA[18]. Die Auffassung, daß der Krieg einer unaufgeklärten, undemokratischen Vergangenheit angehöre und in einer modernen, rationalen Welt keinen Platz mehr habe, war ein weit verbreitetes amerikanisches Credo. Die Überzeugung, daß der Krieg verboten werden müsse (»Outlawry of War«), drückte in ganz spezifischer Weise den amerikanischen Glauben an die Macht rechtlicher Entwürfe und moralischer Prinzipien aus, ja mehr noch, sie gehörte zum amerikanischen politischen Sendungsbewußtsein[19]. Insofern kann man den Pakt von 1928 als ein Projektion dieses amerikanischen Glaubenssatzes betrachten. Auch die konkrete amerikanische Außenpolitik der zwanziger Jahre orientierte sich an einem Konzept des friedlichen Interessenausgleichs (»peaceful change«), das jedoch durchaus nicht nur defensiv verstanden wurde, sondern ökonomische Expansion wie auch die Verhinderung eines weiteren Vordringens all dessen, was man für Kommunismus hielt, mit umfaßte. Auf Europa bezogen bedeutete die Maxime des »peaceful change«, daß die USA durchaus zu einer schrittweisen Beseitigung der deutschen Beschwerden bereit waren, im Gegensatz zu Frankreich also nicht glaubten, daß das Einfrieren des durch Versailles vorgegebenen Status quo den Frieden dauerhaft sichern könne[20].
Frankreichs Außenpolitik der zwanziger Jahre war nationale Sicherheitspolitik auf der Grundlage der Bestimmungen des Versailler Friedensvertrages. Die Vorgeschichte des Briand-Kellogg-Paktes macht deutlich, daß Frankreich ursprünglich gar nicht an einem multilateralen Kriegsächtungspakt interessiert war, sondern vielmehr nur an einem französisch-amerikanischen Vertrag, durch den diese beiden Länder für immer auf alle Kriege verzichten sollten. Hinter diesem Anliegen verbarg sich die Absicht der französischen Regierung, die USA durch einen bilateralen Vertrag in das französische Sicherheitssystem einzubauen. Erst als sich zeigte, daß die amerikanische Regierung hierzu nicht bereit war, sondern einen multilateralen Pakt anstrebte, schloß sich Briand notgedrungen diesen Absichten an[21]. Wenn sie in der französischen Öffentlichkeit weithin ein positives Echo fanden, so ist dies hauptsächlich darauf zurückzuführen, daß sich in Frankreich nach dem Ersten Weltkrieg eine ausgeprägte pazifistische Grundstimmung ausgebreitet hatte. Besonders die ehemaligen

Frontkämpfer, die sich in millionenstarken Vereinigungen zusammengeschlossen hatten und deren weitverzweigte Organisation bis in die letzte Kommune hineinreichte, waren beherrscht von einer tief verwurzelten Abneigung gegen den Krieg — wobei sie sich allerdings selten Rechenschaft darüber ablegten, »daß ihr Pazifismus in erster Linie durch den Sieg möglich geworden war«[22]. Mit dieser für das politische Klima in Frankreich der zwanziger Jahre charakteristischen Antikriegsstimmung verband sich zugleich ein gewisses Unterlegenheitsgefühl gegenüber dem deutschen Nachbarn, dessen Bevölkerungszahl um etwa ein Drittel stärker war, was ebenso wie das als überlegen eingeschätzte deutsche Wirtschaftspotential als eine mögliche Bedrohung begriffen wurde und die in der französischen Öffentlichkeit ohnehin vorhandene Zwangsvorstellung einer möglichen deutschen Invasion noch verstärkte[23]. Militärpolitisch schlugen sich diese Tendenzen in einer Furcht vor Abrüstungsschritten nieder, die als den französischen Sicherheitsinteressen zuwiderlaufend begriffen wurden[24].

Auch in England gab es eine Mehrheit innerhalb der Bevölkerung, »die kriegsmüde war und innenpolitische Reformen forderte«[25]. An dieser in der Zwischenkriegszeit dominierenden Grundstimmung konnte die englische Außen- und Innenpolitik nicht vorbeigehen. Vielmehr muß die unter dem Namen »Appeasement« (wörtlich: Beschwichtigung) bekanntgewordene britische Politik der Kriegsverhinderung und Friedensstabilisierung in engem Zusammenhang mit der pazifistischen Grundstimmung in der englischen Bevölkerung gesehen werden[26]. Einerseits war diese Stimmung eine Folge der nach dem Ersten Weltkrieg in England lautstark artikulierten Wertvorstellungen der Gewaltlosigkeit. Andererseits entsprach das britische Friedensverlangen einem Kalkül nationaler Politik, wobei wirtschaftliche Interessen eine besondere Rolle spielten. »Großbritannien hatte keine Alternative zum Frieden, wollte es seinen Machtverlust im internationalen Vergleich nicht beschleunigen«[27]. Im Jahre 1928, dem Jahr des Kriegsächtungspaktes, faßte die britische Regierung den bezeichnenden Beschluß, »von der festen Annahme auszugehen, daß kein größerer Krieg in den nächsten zehn Jahren ausbrechen« wird[28]. Tatsächlich richtete die englische Regierung in der Folgezeit auch ihre Militärpolitik nach dieser »Zehnjahresregel« aus, was sich in merklichen Reduzierungen des Verteidigungsbudgets, in einem Disengagement von Europa sowie in einer Politik des Isolationismus niederschlug. So kann auch England als ein Beleg dafür

angeführt werden, daß sich eine auf die Vermeidung eines neuen kriegerischen Konflikts hin orientierte öffentliche Meinung in praktischer Regierungspolitik niedergeschlagen hatte.
Über die Einstellung der Bevölkerung der UdSSR zu der in westlichen Ländern entstandenen Kriegsächtungsidee ist nichts bekannt. Die Westmächte scheinen anfangs wenig Interesse an einer Einbeziehung der Sowjetunion in den Kellogg-Pakt gehabt zu haben. Sie beteiligten die Sowjetunion nicht an den Verhandlungen, die schließlich zur Unterzeichnung des Paktes führten, und sie verhinderten auch — dies übrigens gegen den Willen der deutschen Reichsregierung — die Zugehörigkeit der Sowjetunion zum Kreis der Erstsignatarmächte[29], sodaß die SU erst einen Monat später ihre Unterschrift leisten konnte. Grundsätzlich war die sowjetische Regierung in den zwanziger Jahren an allen Abkommen, die zur Kriegsverhinderung beitragen konnten, in hohem Maße interessiert. Denn sie war auf ständiger Suche nach Sicherheit vor ihren potentiellen Gegnern im Westen, um die Entwicklung im Innern ungestört fortsetzen zu können. Eine antisowjetische Koalition der kapitalistischen Staaten des Westens war für die sowjetischen Politiker und Diplomaten geradezu ein Alptraum und die Verhinderung eines solchen Bündnisses daher eines der wichtigsten Ziele ihrer Außenpolitik[30].
Während also die Regierung der UdSSR im September 1928 den Briand-Kellogg-Pakt unterzeichnete, inszenierte die Kommunistische Partei der Sowjetunion (KPdSU) ein Doppelspiel, indem sie den Pakt als eine neue »kapitalistische Verschwörung« gegen die Sowjetunion verurteilte[31]. Ebenso operierte Nikolai Bucharin auf dem VI. Weltkongreß der Kommunistischen Internationale (Komintern) im Herbst 1928 in Moskau. Er bezeichnete es als ein Verwischen der wirklichen Konfliktkonstellationen, wenn der Imperialismus verschiedene »pazifistische« Pakte, wie zum Beispiel den Kellogg-Pakt vorschlage, wenn er Konferenzen des Völkerbundes organisiere und ein Friedensgeschrei erhebe[32]. Diese Position entsprach der marxistisch-leninistischen Kriegstheorie, derzufolge sich der Klassenkampf seit der Existenz der Sowjetunion von der nationalen auf die internationale Ebene verlagert habe, was zugleich bedeutete, daß Verschärfungen kapitalistischer Krisen zu militärischen Aggressionen der kapitalistischen Länder gegen die Sowjetunion führen mußten. Diesen für unvermeidbar gehaltenen Krieg versuchte die sowjetische Regierung so lange wie möglich hinauszuzögern, um die eigenen Ausgangspositionen verbessern zu können.

3. Die deutsche Sonderentwicklung

Wie in England, Frankreich und den USA gab es nach dem Weltkrieg 1914 bis 1918 auch in Deutschland starke pazifistische Strömungen[33]. Dabei ist es der historischen Situation der zwanziger Jahre dieses Jahrhunderts nicht angemessen, das Etikett »pazifistisch« lediglich für die radikale Position einer generellen Ablehnung militärischer Machtmittel zu reservieren. Angesichts der Alternative, welche die politische Rechte der Weimarer Zeit bot — nämlich Wiedergewinnung militärischer Macht unter Umgehung der Versailler Vertragsbestimmungen, und zwar sowohl aus nationalen Prestigegründen wie auch zum Zwecke einer künftigen aktiven militärischen Machtpolitik —, muß auch die um Friedensbewahrung bemühte Außenpolitik der Weimarer Koalition unter diesen Begriff fallen, der damals auch durchaus in diesem Sinne verwandt wurde — nicht nur in denunziatorischer Absicht von der nationalen Rechten. Was die Sozialdemokratische Partei Deutschlands, die katholische Zentrumspartei und die liberale Deutsche Demokratische Partei vertraten, war ein gemäßigter Pazifismus, nämlich eine Kombination von äußerer Verständigungspolitik samt Befürwortung von Völkerbund und Abrüstung einerseits und defensiver Militärpolitik andererseits[34]. Diese bis zum Jahre 1930 durchaus mehrheitsfähige Politik geriet dann in der Spätphase der Weimarer Republik mit zunehmendem Erfolg unter den Beschuß der nationalistischen Rechten, die den republikanischen Pazifismus als schwächlich denunzierte und machtpolitische Parolen propagierte.
Schon die Behandlung des Briand-Kellogg-Paktes im Deutschen Reichstag zeigte, daß Kriegsächtung nicht einmal der Idee nach von allen Parteien akzeptiert wurde. In der Ratifizierungsdebatte[35] am 8. Februar 1929 stimmten 289 Abgeordnete für den Vertrag und 127 gegen ihn. Zu den Gegnern gehörte die Fraktion der Kommunistischen Partei Deutschlands (KPD), die mit den bereits erwähnten Komintern-Argumenten gegen den Pakt polemisierte. Seitens der Rechten versagten die Deutschnationale Volkspartei (DNVP), die Nationalsozialistische Deutsche Arbeiterpartei (NSDAP) und die Christlich-Nationale Bauernpartei dem Pakt ihre Zustimmung. Jedoch auch bei den anderen Parteien war das Ja an Bedingungen geknüpft. Mehrere Sprecher machten deutlich, daß sie den Pakt als Instrument zur Unterstützung deutscher Revisionsforderungen benutzen wollten, insbesondere der Forderung nach Abrüstung der Versailler Mächte.

Auch die von dem sozialdemokratischen Kanzler Hermann Müller geführte Reichsregierung betrachtete den Briand-Kellogg-Pakt unter dem generellen Aspekt einer friedlichen, schrittweisen Revisionspolitik.
Trotz ihrer Unvollständigkeit läßt die vorstehende Betrachtung der öffentlichen Meinung in den Vereinigten Staaten von Amerika, Frankreich, England, der Sowjetunion und Deutschland die Annahme zu, daß die Kriegsächtungsidee in den Bevölkerungen der meisten dieser Länder auf eine schon zuvor vorhandene, wenn auch unterschiedlich weit verbreitete Antikriegsstimmung[36] traf. Der Briand-Kellogg-Pakt korrespondierte offenbar mit einem latenten Pazifismus, wie unklar er im einzelnen auch artikuliert sein mochte.
In Deutschland, auf das sich die nachfolgenden Ausführungen nunmehr beschränken, ist das auf den ersten Blick wenig verständliche Phänomen zu beobachten, daß etwa ein Jahr nach der Unterzeichnung des Kriegsächtungspaktes ein Stimmungsumschwung einsetzte. In zunehmendem Maße stießen jetzt nationalistische Ideologien mit einem ausgeprägt militaristischen Einschlag auf Resonanz in großen Teilen der deutschen Öffentlichkeit. Es handelte sich um eine Entwicklung, die den Intentionen des Kriegsächtungspaktes direkt entgegenlief und die sich in dieser Weise nur in Deutschland vollzog. Die öffentliche Meinung in den meisten der übrigen Signatarstaaten des Briand-Kellogg-Paktes, besonders der erwähnten Großmächte, schwenkte erst in der zweiten Hälfte der dreißiger Jahre um und gab dann ebenfalls ihre latent pazifistische Linie auf. Es handelte sich dabei zweifelsfrei um eine Reaktion auf die von Hitler-Deutschland ausgehenden Kriegsgefahren.
Die These, daß sich eine flutartige Remilitarisierung der öffentlichen Meinung bereits seit dem Ende der zwanziger Jahre vollzog, und nicht erst mit dem Machtantritt Hitlers, ist relativ neu. Die historische Forschung hat nach dem Ende des Zweiten Weltkrieges — in dem verständlichen Bemühen, aus dem Scheitern der ersten deutschen Republik Lehren zu ziehen für eine Stabilisierung des parlamentarischen Regierungssystems der zweiten Republik — die ausgehenden zwanziger und beginnenden dreißiger Jahre vorrangig unter der Fragestellung analysiert, welche Faktoren zum Verfall des Staates von Weimar beigetragen haben[37]. Dabei wurde den antidemokratischen Ideen der politischen Rechten besondere Aufmerksamkeit gewidmet[38]. Dagegen erschien das militaristische Gedankengut, der »Gesinnungsmilitarismus«, dem Hitler später organisatorische Gestalt

geben sollte, unter dem auf den Problemkreis Demokratie-Diktatur eingeengten Gesichtswinkel lediglich als ein Element der antidemokratischen Ideen und wurde nicht in zureichendem Maße als ein eigengewichtiger historischer Faktor gewürdigt, der als ein direkter Vorläufer der seit 1933 von der Regierung Hitler verordneten geistigen und materiellen »Wiederwehrhaftmachung« begriffen werden muß.

Diese Forschungslage führte zu einem Defizit an Studien über die Entwicklung des militaristischen und des pazifistischen Denkens, wie es sich in der veröffentlichten Meinung in Deutschland in den Krisenjahren 1929–1933 niedergeschlagen hat. Die folgenden Ausführungen sind daher als Versuch zu verstehen, die These von einer deutschen Sonderentwicklung durch eine Reihe von Indizien zu untermauern, ohne daß gleichzeitig schon die schwierige Frage abschließend beantwortet werden könnte, wie diese Entwicklung zu erklären ist.

Ein gängiges, eher apologetisches Erklärungsmuster orientiert sich an außenpolitischen Ereignissen, insbesondere an dem Nachweis, daß sich die an den Briand-Kellogg-Pakt geknüpften Erwartungen hinsichtlich einer schleunigen Revision des Versailler Vertrages nicht erfüllten. In der Tat kamen die Verhandlungen über eine Reduzierung der deutschen Reparationszahlungen nur schleppend voran, die Abrüstungsverhandlungen stagnierten und weite Teile der deutschen Bevölkerung sahen sich nach wie vor durch die Kriegsschuldthese der Siegermächte diskriminiert. Vornehmlich auf indirektem Wege, nämlich durch die Interpretation, welche die nationalistischen Parteien und Verbände den außenpolitischen Ereignissen gaben, wurde das Meinungsklima in Deutschland durch die Ereignisse beeinflußt. Die Frage, in welcher Weise die 1929 beginnende Weltwirtschaftskrise, die in Deutschland zu Massenarbeitslosigkeit und damit wirtschaftlicher Not in den lohnabhängigen Bevölkerungsschichten führte, die aber auch Existenzängste in den Mittelschichten hervorrief, einer militaristischen Trendwende Vorschub leistete, bedarf noch eingehender, auch psychoanalytisch ansetzender Untersuchungen[39]. Das Ergebnis der krisenhaften Wende läßt sich nicht zuletzt an den Wahlerfolgen der Rechtsparteien und am Abgleiten der Mittelpartien in ein nationalistisches Fahrwasser ablesen. Sie verdeutlichen, daß mit dem Stimmungsumschwung von 1929/30 die Position einer friedlichen Revisionspolitik in die Defensive gedrängt wurde und der Ruf nach machtpolitischen Lösungen des außen-, innen- und wirtschaftspolitischen Dilemmas zunehmenden Widerhall fand.

Zweifellos hatte die Propaganda der nationalistischen Parteien an dieser Entwicklung maßgeblichen Anteil. Nicht unwesentliche, im einzelnen aber schwer meßbare Wirkungen gingen überdies von bestimmten literarischen und filmischen Kulturprodukten aus, die an dieser Stelle näher untersucht werden sollen.

4. Literarische Kriegsverherrlichung: Der »Soldatische Nationalismus«

Die radikalste Ausformung antipazifistischen und kriegsverherrlichenden Denkens repräsentierte eine literarische Strömung, die politisch der »Konservativen Revolution« zuzurechnen ist und deren Ideologie im Nachhinein zutreffend als »Kriegerischer« oder »Soldatischer Nationalismus«[40] bezeichnet worden ist; zutreffend deshalb, weil Krieg und Nation die zentralen Bezugspunkte dieser Ideologie darstellten. Bei ihren Vertretern handelte es sich um eine zahlenmäßig kleine, aber einflußreiche Gruppe von Intellektuellen, die schon seit Beginn der zwanziger Jahre die Rolle übernommen hatte, das Thema Krieg in immer neuen Varianten literarisch zu verarbeiten, deren Produktion aber erst am Ende des Jahrzehnts Massenauflagen erlebte — Indiz für eine gesteigerte Nachfrage nach der aus heutiger Sicht schockierend wirkenden Kriegsphilosophie, die diese literarischen »Krieger« mitzuteilen hatten.
Zum »Soldatischen Nationalismus« zählten die Brüder Ernst und Friedrich Georg Jünger, Werner Beumelburg, Edwin Erich Dwinger, Franz Schauwekker, Helmut Franke, Friedrich Hielscher, Wilhelm Kleinau, Albrecht Erich Günther, Ernst von Salomon, Gerhard Günther, Wilhelm von Schramm, um nur einige der bekanntesten Namen zu nennen. Sie alle waren im letzten Jahrzehnt des 19. Jahrhunderts geboren und hatten am Weltkrieg als Frontsoldaten teilgenommen. Nach ihrer Selbsteinschätzung wurde der Krieg für sie zu einem Bildungserlebnis, das sie entscheidend prägte[41]. Da sie jede Form von Organisation ablehnten, wie übrigens auch jede verbindliche politische Programmatik, gehörten sie keiner der konservativen Parteien an. Was sie verband und zu einer Gruppe werden ließ, war eine bestimmte, durch den Krieg geprägte Geisteshaltung, die es nach ihrer Überzeugung auch nach dem Ende des Krieges in irgendeiner Weise zu bewahren galt. Mit diesem Anliegen befanden sie sich nicht etwa in einer Außenseiterposition. Die kollektive Erinnerung an die unverbrüchliche »Frontge-

meinschaft« wurde vielmehr im konservativ-nationalistischen Lager insgesamt kultiviert, wie man auf der anderen Seite ebenso einhellig die Weimarer Republik und die sie tragenden demokratische Parteien als unheroisch, unkriegerisch, unsoldatisch, pazifistisch und defätistisch angriff. Die nationalistische und antidemokratische Ausdeutung des Kriegserlebnisses wurde zu einer der durchschlagskräftigsten konservativen Einigungsparolen[42], zumal die demokratische Linke das stimmungsmäßig so wichtige Gebiet der militärischen Traditionen fast gänzlich der politischen Rechten überließ[43].

Die weitgehende Einigkeit der Konservativen verschiedenster Provenienz hinsichtlich ihres Verhältnisses zum Weltkrieg, zum Kriegserlebnis, zum Problem Krieg schlechthin wird verständlich, wenn man sich vergegenwärtigt, daß der Konservatismus bereits im vorigen Jahrhundert eine Philosophie des Krieges entwickelt hatte, derzufolge Krieg, wie eingangs erwähnt, als ein Naturgesetz, als ein schicksalhafter Vorgang zu begreifen war. Die aufklärerische Idee des ewigen Friedens mußte folglich als eine den Naturgesetzen zuwiderlaufende Utopie erscheinen. Überdies war für die konservative Theorie eine prinzipiell positive Bewertung des Krieges typisch[44]. Man pries ihn als einen Jungbrunnen der Völker und als ein geeignetes Mittel zur nationalen Integration.

Diese konstanten Elemente der konservativen Kriegsphilosophie brauchten in der literarischen Reproduktion des Weltkriegserlebnisses also nur aufgenommen und aktualisiert zu werden. Freilich wurden auch neue Akzente gesetzt, etwa durch Ernst Jüngers ästhetisierende Beschreibung des Krieges; aber insgesamt ist doch festzuhalten, daß die Kriegsglorifizierung, wie sie von den Frontliteraten der »Konservativen Revolution« in den Jahren der Weimarer Republik permanent betrieben wurde, in der erwähnten Tradition stand.

Viele der nationalistisch gesinnten ehemaligen Frontsoldaten, die mit Kriegsende arbeitslos geworden waren und den Einstieg in einen bürgerlichen Beruf nicht gefunden hatten oder nicht hatten finden wollen[45], betätigten sich in den Anfangsjahren der Republik aktiv in den Freikorps und nach deren Auflösung in deren Nachfolgeorganisationen, den rechtsgerichteten Wehrbünden. Was die Intellektuellen unter ihnen in dieser Zeit literarisch von sich gaben, war noch keine politische Artikulation im engeren Sinne, sondern vielmehr eine subjektive, individuelle Verklärung dessen, was sie in den vier Kriegsjahren erlebt hatten[46].

Die Politisierung des Kriegserlebnisses setzte ein, als sich mit dem Jahre 1924 die wirtschaftliche Lage zu stabilisieren begann und als die gewaltsamen innenpolitischen Auseinandersetzungen der vergangenen Jahre abflauten. Seit dem Beginn dieser sogenannten Stabilisierungsphase der Weimarer Republik standen das Kriegserlebnis und die Kriegsschuldfrage nicht mehr in demselben Maße im Mittelpunkt der öffentlichen Diskussion, wie dies zuvor der Fall gewesen war. Dadurch gerieten die Frontliteraten für einige Jahre in die Isolation. Aber die schwächer werdende Resonanz in der Öffentlichkeit beeinträchtigte ihre Aktivität nicht, sondern steigerte sie noch zu einem geradezu missionarischen Sendungsbewußtsein[47]. Ihre Ideologie wirkte in den folgenden Jahren in die oppositionellen Rechtsparteien hinein, sowie in die zahlreichen nationalen Wehrverbände, die sich den kriegerischen Traditionen verpflichtet fühlten. Im »Werwolf«, im »Jungdeutschen Orden«, im »Bund Oberland«, im »Bund Wiking« und anderen Wehrbünden, vor allem aber im »Stahlhelm« fanden Friedrich Georg Jünger, Schauwecker, Franke und Kleinau, insbesondere aber Ernst Jünger, der in der Gruppe des »Soldatischen Nationalismus« eine unbestrittene Führerrolle einnahm, ein weites publizistisches Agitationsfeld[48]. Von 1924 bis 1926 stand ihnen die Stahlhelmzeitung »Die Standarte« als Sprachrohr zur Verfügung. Als es dann zum Bruch mit dem »Stahlhelm« kam, versuchten die Literaten des »Soldatischen Nationalismus« in den kommenden Jahren, die übrigen Wehrbünde zusammenzufassen, ohne diese Absichten jedoch verwirklichen zu können. Der große Erfolg, den sie in der Endphase der Republik feiern sollten, war auf den ersten Blick ein literarischer, von der Wirkung her gesehen jedoch zugleich ein politischer.
Die Ideologie des »Soldatischen Nationalismus« präsentierte sich als ein Bündel von Irrationalismen, innerhalb dessen sich mit einiger Mühe die folgenden vier Elemente unterscheiden lassen: Erstens wurde das Weltkriegserlebnis idealisierend verklärt. Über den erlebten Einzelfall hinaus gelangte man, zweitens, zu einer generellen Hochschätzung und Verherrlichung von Krieg und Kriegertum. Mit ihr verband sich, drittens, ein ausgeprägter Nationalismus. Und viertens schließlich erhob der »Kriegerische Nationalismus« die Forderung nach einem Staat der Frontsoldaten, dem die Aufgabe imperialistischer Eroberungen zufallen sollte.
In schroffem Gegensatz zur pazifistischen Ausdeutung des Kriegserlebnisses ging es den nationalistischen Frontliteraten darum, die durch den Krieg verursachten Leiden und Zerstörungen vergessen zu machen und

statt dessen demonstrativ seine positiven Seiten zu betonen: »Wir wollen das negative, bedingte, der Verwesung opfernde Teil (sic!) dieses Krieges aus unserem Gedächtnis auszumerzen versuchen, wie dies die Tendenz des Gedächtnisses immer ist — und nur das Lebendige, Große, Fortzeugende aufbehalten (sic!)«[49]. Wie sich schon an diesem Satz ablesen läßt, ging es den Publizisten des »Soldatischen Nationalismus« von vornherein nicht um eine politische, soziale oder ökonomische Analyse des Weltkrieges. Es ging ihnen überhaupt weder um die Erzeugung überprüfbaren Wissens noch um rationale Argumentation, sondern um intuitives Schauen und Fühlen, um wirklichkeitsentrücktes Verklären. Daher lag auch eine Beschäftigung mit den Ursachen des Weltkrieges außerhalb des Gesichtskreises des »Soldatischen Nationalismus«. Man hielt es diesbezüglich mit dem Wort vom Krieg als Vater aller Dinge, das der vielgelesene Oswald Spengler in die noch eingängigere Formulierung abgewandelt hatte: »Am Anfang war der Krieg«[50]. Dies galt als unumstößliche, ewige Wahrheit, und jede weitere Erörterung dieser Frage mußte daher als überflüssig erscheinen. So war es nur folgerichtig, wenn Ernst Jünger meinte, für die Erkenntnis des Wesens des Krieges spiele es eine nebensächliche Rolle, »in welchem Jahrhundert, für welche Ideen und mit welchen Waffen gefochten wird«[51].

Wenn die Frontliteraten über den Krieg schrieben, so meinten sie eben nicht einen bestimmten Krieg in seinem spezifischen historischen Kontext, sondern den Krieg an sich. In diesem Sinne artikulierte Friedrich Hielscher das Selbstverständnis des »Soldatischen Nationalismus«: Man müsse »Krieger sein um des Krieges willen«, und wenn man es so sehe, sei man auch »des höchsten inneren Friedens gewiß«[52]. Im Rahmen der kampfbetonten, sozialdarwinistisch beeinflußten Lebensphilosophie verschwanden denn auch die Gegensätze zwischen Krieg und Frieden und verflüssigten sich zu »zwei Seiten einunddesselben Zustandes der Verwandlung, die wir das Leben nennen«: »Krieg ist immer da; und der Friede ist immer da. Denn jedes Leben vollzieht sich dadurch, daß es anderes Leben zerstört«[53]. Heroismus war daher alles, und die Humanität bedeutete nichts: »Der geborene Krieger läßt sich auf humanitäre Perspektiven gar nicht ein; er kann es nicht, weil er von der Schicksalhaftigkeit des Krieges ganz und gar durchdrungen ist«[54]. Eine moralische, ethische oder rechtliche Beurteilung des Krieges erschien den literarischen Kriegern als ein ebenso absurdes Unterfangen wie die Unterscheidung von Angriffs-

und Verteidigungskrieg. All dies gehörte in den Bereich der verachteten rationalen Analyse, die, wie sich A.E. Günther vernehmen ließ, nur den Instinkt lähme:

»Natürlich ist jeder Krieg ein Verteidigungskrieg, sogar für beide Partner, — sei es, daß die Lebensrechte des Werdenden gegen den erstickenden Druck des Bestehenden, sei es, daß das Lebensrecht des Bestehenden gegen die zerstörende Gewalt des Werdenden verteidigt werden: uns vermag darum diese Diskussion nur um ihres propagandistischen Wertes — um ihrer instinktlähmenden Wirkung zu interessieren.«

Daher sei es nichts weniger als selbstverständlich, daß die »Wahrung des Lebensrechtes« auch den Angriff umschließe[55]. Diesen Gedanken fortführend, empfahl Ernst Jünger seinen Landsleuten, sie sollten stolz darauf sein, von der Welt »als eine ihrer höchsten Gefahren gewittert zu werden«[56]. Die »hemmungslose Übertragung der Thesen des l'Art pour l'Art auf den Krieg«[57], die für die Ideologie des »Soldatischen Nationalismus« charakteristisch war, erreichte einen kaum noch steigerungsfähigen Höhepunkt in der Vorstellung, der aller praktischen Zwecke und politischen Ziele entkleidete kriegerische Kampf gehöre in den Bereich der edelsten Künste. Für echte Soldaten, bedauerte beispielsweise Wilhelm von Schramm sich und seinesgleichen, sei der Weltkrieg eine schlimme Enttäuschung geworden; dies nicht etwa, weil das Deutsche Reich den Krieg verloren hatte, sondern weil dieser Krieg »kein Krieg um der tieferen Ideen des Krieges willen«, war, weil er der Idee vom Krieg »als Kunst, als höchster und edelster Stil des Streites zwischen Männern, als kunstvolle eigengesetzliche Fassung des Kampfes zwischen Völkern« nicht entsprach, weil in ihm statt dessen »um Zwecke und praktische Ziele, (um) materiellen Gewinn« ging und nicht um das »ernste, hohe und blutige Spiel«, das »die Männer zu allen Zeiten zu Männern« macht[58].

Mit Weisheiten dieser Art haben die Literaten des »Soldatischen Nationalismus« tausende von Seiten gefüllt. Sie fügten sich nahtlos in jenen extremen politischen Irrationalismus ein, dem die Konservative Revolution insgesamt verpflichtet war.

Der sozialistische Schriftsteller Walter Benjamin hat seinerzeit die Sammelschrift »Krieg und Krieger«, aus der hier mehrfach zitiert wurde, genau analysiert und einer vernichtenden Kritik unterzogen:

»Man soll es mit aller Bitternis aussprechen: Im Angesicht der total mobilgemachten Landschaft hat das deutsche Naturgefühl einen ungeahnten Aufschwung genommen. Die Friedensgenien, die sie so besinnlich besiedeln, sind evakuiert worden, und so weit man über den Grabenrand blicken konnte, war alles Umliegende zum Gelände des deutschen Idealismus selbst geworden, jeder Granattrichter ein Problem, jeder Drahtverhau eine Autonomie, jede Explosion eine Satzung, und der Himmel darüber bei Tag die kosmische Innenseite des Stahlhelms, bei Nacht das sittliche Gesetz über ihr.« Die Vertreter des neuen Nationalismus, die sich zum Krieg in Form der metaphysischen Abstraktion bekennen, seien jedoch nicht bloß idealistische Denker. »Was sich hier unter der Maske erst des Freiwilligen im Weltkrieg, dann des Söldners im Nachkrieg, heranbildete, ist in Wahrheit der zuverlässigste faschistische Klassenkrieger, und was die Verfasser unter Nation verstehen, eine auf diesen Stand gestützte Herrscherklasse ...« Sie sind die »Kriegsingenieure der Herrscherklasse« und als solche »bilden sie das Pendant der leitenden Angestellten im Cut. Weiß Gott«, warnte Benjamin, »daß ihre Führergeste ernst zu nehmen, ihre Drohung nicht lächerlich ist«[59].

Das waren in der Tat die beiden Rollen, die der »Soldatische Nationalismus« spielte: Einerseits propagierte er einen metaphysisch-abstrakten Kriegskult, andererseits meldete er unüberhörbar politische Herrschaftsansprüche für die Elite der Frontsoldatengeneration an. Was man in der Literatur etwas unscharf die »Politisierung des Kriegserlebnisses« genannt hat[60], bestand in eben diesem Herrschaftsanspruch: Ausgehend von der Frontgemeinschaft, die als ideales Modell einer verwirklichten nationalen Gemeinschaft und als Ausgangspunkt für die politische Erneuerung Deutschlands gepriesen wurde, entwickelten die Vertreter des »Kriegerischen Nationalismus« die recht konkrete politische Forderung nach einem Staat der Frontsoldaten. Dessen erste Aufgabe sollte es sein, mit der als schwächlich diffamierten Verständigungspolitik der demokratischen Parteien aufzuräumen, d. h. mit dem »unheroischen« Versuch, eine friedliche Revision der Versailler Friedensbedingungen zu erreichen.

Mit diesen Vorstellungen entwickelte der »Soldatische Nationalismus« eine geradezu klassische Ideologie des Militarismus. Militärische Ordnungsvorstellungen wurden in der Form einer emotionalen Projektion des Kriegserlebnisses auf die im Frieden lebende Gesellschaft übertragen, ohne daß auch nur andeutungsweise der Versuch unternommen worden wäre, die Bewegungsgesetze einer fortgeschrittenen Industriegesellschaft rational zu analysieren.

Die Konzeption des Frontsoldatenstaates fungierte in erster Linie als ein autoritärer und nationalistischer Gegenentwurf zum demokratischen System von Weimar. Als solcher unterschied er sich allenfalls graduell von dem nach 1933 verwirklichten faschistischen Staatswesen. Aber die Liquidierung des verhaßten Systems von Weimar war nur die eine Stoßrichtung. Der Frontsoldatenstaat sollte auch den Weg frei machen für kriegerische Eroberungen. Der Krieg, dieser permanent gepriesene heroische Lebenszustand, mußte wiederaufgenommen werden, nicht unbedingt ein bestimmter Krieg, etwa ein Revanchekrieg gegen Frankreich oder ein Präventivkrieg gegen Polen, sondern ein Krieg an sich.

Die Literaten des »Kriegerischen Nationalismus« verstiegen sich in imperialistische Wunschträume, die jene der Alldeutschen vor 1914 weit hinter sich ließen und die den Hitlerschen Kriegsideen in nichts nachstanden. Friedrich Georg Jünger forderte bereits im Jahre 1926, der Nationalismus müsse die »ins Unendliche« gerichtete imperialistische Idee dem deutschen Bewußtsein unermüdlich einhämmern: »Es gibt nichts Wichtigeres, nichts Dringlicheres, als den imperialistischen Willen überall zu beleben, zu stählen und schlagfertig zu machen. Denn jeder Kampf, der morgen oder übermorgen von uns geführt wird, geht um das Dasein ... Er ist Austrag über die Beherrschung der Erde«[61]. Da der nationalistische Frontsoldatenstaat »das Deutsche (sic!) in eine neue aggressive Form« bringen wolle, sei für ihn »jede neue Schraube an einem Maschinengewehr, jede Vervollkommnung des Gaskrieges wesentlicher als der Völkerbund«. Es gehe nicht um Mitarbeit im Völkerbund, sondern »das Deutsche« sei dazu berufen, das »Imperium germanicum« zu schaffen[62]. Für F. G. Jünger stand fest: »Die Gesinnung des Nationalismus ist notwendig zugleich eine imperialistische«[63].

Sein Bruder Ernst gab seiner Überzeugung Ausdruck, »daß es um die Welt nur gut stehen kann, in der wir die ersten sind«[64]. In seinem Kriegstagebuch »Feuer und Blut« hielt er ein rassistisch gefärbtes Plädoyer für eine gewalttätige und durch kein konkretes territoriales Ziel begrenzte imperialistische Expansion, das in denkbar drastischer Weise dokumentiert, wie entbehrlich die Unterscheidung zwischen dem faschistischen und dem kriegerisch-nationalistischen Gedankengut ist. Hitler formulierte in »Mein Kampf«: »Ein Staat, der im Zeitalter der Rassenvergiftung sich der Pflege seiner besten rassischen Elemente widmet, muß eine Tages zum Herrn der Erde werden«[65]. Jünger schrieb: »Den Drang ins Weite und Grenzenlose,

wir tragen ihn als unser germanisches Erbteil im Blut, und wir hoffen, daß es sich dereinst zu einem Imperialismus gestalten wird, der sich nicht wie jener kümmerliche von gestern auf einige Vorrechte, Grenzprovinzen und Südseeinseln richtet, sondern der wirklich aufs Ganze geht«[66].
Was die »überhitzte militarisierte Phantasie« Jüngers[67] hier unter Verzicht auf jede politische Begründung produzierte, war die Idee unbegrenzter Gewalttätigkeit um der Gewalttätigkeit willen. Die Vision eines germanischen Weltreiches wurde dementsprechend nur sehr vage artikuliert und wirkt eher wie ein entbehrliches Anhängsel, wie eine widerwillig gegebene Konzession an die Adresse derer, die dem politischen Irrationalismus noch nicht völlig verfallen waren.

5. Indizien zur Remilitarisierung der öffentlichen Meinung in Deutschland ab 1929

Die Ideologie der Literatengruppe »Soldatischer Nationalismus« trug gewiß extreme Züge. Aber dies bedeutet nicht, daß es sich um eine isolierte und politisch bedeutungslose Erscheinung handelte. Denn ab 1929 — der Zeitpunkt ist relativ genau fixierbar — stießen die Bücher dieser Literatengruppe, die zum Teil schon Jahre zuvor erstmals erschienen, aber nicht sonderlich beachtet worden waren, auf das Interesse eines Massenpublikums[68], was gewiß als Indiz für eine Trendwende in der politischen Stimmungslage gelten kann.
Werner Beumelburgs Frontsoldatenroman »Gruppe Bosemüller« erreichte 1930 auf Anhieb das 30. Tausend, 1933 das 65. (1935 das 90., 1940 das 170.). Sein Bestseller »Sperrfeuer um Deutschland« wurde alleine im Jahre 1930 in einer Auflage von 100000 gedruckt; 1931 wurde das 140. Tausend, 1932 das 150. und 1933 das 166. Tausend ausgeliefert (1935 das 216., 1938 das 328.). Edwin Erich Dwingers Bücher erlebten ebenfalls Massenauflagen mit mehreren zigtausend. Sein sibirisches Tagebuch mit dem Titel »Die Armee hinter Stacheldraht« erschien 1929, erreichte 1931 das 27. und 1935 das 78. Tausend; sein Roman »Zwischen Weiß und Rot«, 1930 erstmals publiziert, hatte 1932 die Auflage von 40000 überschritten. Ernst Jüngers Schlachtbeschreibung »Feuer und Blut« erlebte 1929 die 4. Auflage, seine Chronik aus den Grabenkämpfen 1918 mit dem Titel »Das Wäldchen 125« wurde 1929 in 4. und 1930 in 5. Auflage gedruckt (16. Tausend); sein »Der

Kampf als inneres Erlebnis« kletterte zwischen 1929 und 1933 von der 4. bis zur 13. Auflage, und sein Buch »In Stahlgewittern« erreichte 1931 ebenfalls die 13. Auflage. Im Jahre 1930 erschienen zugleich die beiden dickleibigen, von Ernst Jünger herausgegebenen Sammelbände »Krieg und Krieger« und »Das Antlitz des Weltkrieges« (2 Bände). Das Buch von Franz Schauwecker »So war der Krieg« wurde 1929 in 7. und 8. Auflage herausgebracht und überschritt 1930 das 50. Tausend; nach 1928 erschienen mehrere Neuauflagen seines Romans »Der feurige Weg«. Schauweckers Buch »Aufbruch der Nation« kam 1930 mit einer Auflage von 30000 heraus. Es wurde übrigens, ebenso wie Ernst von Salomons Bücher »Putsch« und »Die Verschwörer«, 1933 in der NS-Reihe »Das Reich im Werden« nachgedruckt. Auch die Schriften des Stahlhelm-Führers Franz Seldte »M.G.K.« und »Dauerfeuer«, die nach 1933 in Volksausgaben herausgebracht wurden, erschienen bereits 1929 und 1930 in hohen Auflagen (30000). Wilhelm Michaels »Infanterist Perhobstler« erlebte 1930 eine Auflage von 30000 und Arnolt Bronnens »O.S.« eine solche von 25000 Exemplaren. Neben den genannten sah sich eine Reihe weiterer Autoren des »Soldatischen Nationalismus« beziehungsweise der »Konservativen Revolution« einem gesteigerten Interesse der Öffentlichkeit konfrontiert.
Daß Deutschland seit 1929 von einer regelrechten Welle nationalistischer Kriegsbücher und Kriegsfilme überschwemmt wurde, war zu einem nicht unwesentlichen Anteil der Produktion der Literatengruppe »Soldatischer Nationalismus« zuzuschreiben. Der Gesamttrend war jedoch noch wesentlich breiter angelegt. Eine Auswertung des einschlägigen Schrifttums anhand des Deutschen Bücherverzeichnisses für die Jahre 1925 bis 1935 macht deutlich: Der Boom von Kulturprodukten mit militaristischer Tendenz und der gleichzeitige Niedergang von solchen mit pazifistischer Tendenz zeichnete sich bereits mehrere Jahre vor Hitlers Regierungsantritt ab.
Beispielsweise ist zu beobachten, daß die Zahl der Bücher, die sich mit »Wehrfragen«[69] auseinandersetzten, zwischen 1929 und 1935 kontinuierlich anstieg. Für die Jahre 1930 bis 1932 fällt besonders die hohe Zahl jener Schriften ins Auge, die sich mit zukünftigen Kriegen befaßten (1929: 2; 1930: 12; 1931: 14; 1932: 17). Die Zahl der Bücher, die man allgemein — ohne Analyse der Tendenz — unter der Rubrik »Weltkriegsbücher« zusammenfassen kann, die also Aufschluß über die sich steigernde Auseinandersetzung mit dem Krieg 1914—1918 und mit der Rückerinnerung an ihn geben können, stieg von etwa 200 im Jahre 1926 auf etwa 300 im

Jahre 1929 und mehr als 400 im Jahre 1930, fiel 1931 und 1932 auf etwa 300 zurück und erreichte dann, nach dem Regierungsantritt Hitlers, mit jeweils mehr als 500 Titeln in den Jahren 1933 bis 1935 einen absoluten Höhepunkt. Mit dem Jahre 1935 endete dann die militärpolitische Diskussion in der Öffentlichkeit, was Hillgruber darauf zurückführt, daß das militaristische Gesellschaftskonzept zu diesem Zeitpunkt weitgehend in die Wirklichkeit umgesetzt war[70].

Die Entwicklung der Bücher zur Friedensproblematik, denen man pazifistische Tendenzen im weitesten Sinne unterstellen kann, lief genau umgekehrt. Die unter der Rubrik »Frieden« im Deutschen Bücherverzeichnis faßbaren (also gewiß nicht vollständigen, aber gleichwohl aussagekräftigen) Titel zeigen eine Linie nach unten: 1929 waren es 35, 1930 30, 1931 25, 1932 23 und 1933 noch 10 Titel. Seit 1933 wurde pazifistische Literatur in Deutschland bekanntlich nicht mehr verlegt, sondern öffentlich verbrannt.

Ein einziges Buch mit einer gegen den Krieg gerichteten Tendenz, nämlich Erich Maria Remarques »Im Westen nichts Neues«, konnte sich trotz der zu beobachtenden Trendwende behaupten und im Jahre 1930 eine Spitzenauflage von 1 Million Exemplaren im Inland und von 2 Millionen im Ausland erzielen[71]. Da Remarques Buch eine ungeschminkte Reportage des Kriegsalltags bot und auf jedes Heldenpathos verzichtete, wurde es im Lager der nationalistischen Rechten als ein massiver Angriff auf die »Ehre der Frontsoldaten« empfunden. Schauwecker sprach vom »Kriegserlebnis des Untermenschen« und F. G. Jünger brachte seine Verachtung dadurch zum Ausdruck, daß er den Roman als ein Buch abkanzelte, »das nicht die heroischen Kämpfe der deutschen Heere darstelle, sondern sich in schwächlichen Klagen gegen den Krieg erging«[72]. Der Pazifist Carl von Ossietzky brachte 1932 in der »Weltbühne«[73] sein Bedauern darüber zum Ausdruck, daß Remarques Bestseller nicht von der Literatur in die Politik hineinwirken konnte und daher eine »interessante und isolierte« Leistung geblieben sei. Seine ungeheure Verbreitung habe dem Nationalismus keinen Abbruch getan. Das Buch sei im Grunde effektlos vorbeigerauscht. Es sei als eine Modesache aufgenommen, so gelesen und wieder weggelegt worden.

Die nationalistische Rechte scheint diese Auffassung nicht geteilt zu haben. Denn neben den erwähnten Ausfällen verbaler Aggressivität gegen das pazifistische Buch zeigten politische Ereignisse im Spätjahr 1930, daß die durch

den Triumph der NSDAP in den Septemberwahlen 1930 gestärkte Rechte zwischenzeitlich nicht mehr bereit war, der Verbreitung pazifistischen Gedankenguts tatenlos zuzusehen.
Am 5. Dezember 1930 kam es anläßlich der Berliner Erstaufführung des Films »Im Westen nichts Neues« zu erregten Demonstrationen vor allem seitens der NSDAP unter deren Berliner Gauleiter Goebbels[74]. Die Aufführung wurde gesprengt, und eine zweite mußte abgesetzt werden. Wenige Tage später veranstaltete die NSDAP große öffentliche Protestkundgebungen gegen den Film. Auch die Frontkämpferverbände stimmten in den Protest ein. Die Länder Sachsen, Bayern und Württemberg stellten schließlich bei der Filmoberprüfstelle in Berlin den Antrag, die Zulassung des Films zu widerrufen. Es kennzeichnet das veränderte politische Klima, daß die Zensurbehörde dem Antrag entsprach und weitere Aufführungen unter dem Vorwand verbot, er gefährde das deutsche Ansehen im Ausland. Selbst die Zentrumspartei, ehedem eine der Stützen der »Weimarer Koalition«, sprach sich für das Verbot aus. Der dem Zentrum angehörende Reichskanzler Heinrich Brüning forderte in diesem Zusammenhang, daß auch gegen andere pazifistische Filme und Theaterstücke verschärft Front gemacht werden müsse. Daß die sozialdemokratisch geführte preußische Regierung gegen das Filmverbot Stellung nahm, verurteilte Brüning als »sehr gefährlich nach außen«. Seiner eigenen Partei empfahl er, den neuen Formen (»Umzüge, Kleinkaliberschießen etc.«) stärker Rechnung zu tragen[75]. Auch der dem Zentrum angehörende Reichsinnenminister Joseph Wirth[76] machte sich für das Verbot des Remarque-Films stark, weil er glaubte, »gewisse Gefühle schonen« und »Rücksicht auf gewisse Stimmungen nehmen« zu müssen. Für die Neigungen Brünings, besonders aber für das 1930 im Reichstag vorherrschende Meinungsklima war es charakteristisch, daß der Reichskanzler seine Regierung als »Kabinett der Frontsoldaten«[77] bezeichnete. Bei einem ersten Zusammentreffen mit Hitler am 6. Oktober 1930 appellierte Brüning an diesen »als alten Frontsoldaten«, er möge seine Politik tolerieren. Im übrigen versuchte Brüning, Hitler für Koalitionen von Zentrum und NSDAP in den Länderparlamenten zu gewinnen[78].
Wie die Literatur, so war auch das Kino »Kriegsschauplatz«, auf dem innenpolitische und ideologische Konflikte ausgetragen wurden. Im deutschen Film waren seit 1930 Entwicklungstendenzen zu beobachten, die mit dem Boom der kriegsverherrlichenden Literatur durchaus parallel liefen. Der

fortschrittliche Film, der sich der Kritik sozialer Verhältnisse zuwandte und auch pazifistische Inhalte zu vermitteln suchte, mußte zunehmend dem autoritären Film, dem »nationalen Epos«, weichen, in dem Rebellen, Kriegshelden und Führer zu Leitbildern stilisiert wurden[79]. Typisch für diese letztgenannte Gruppe von Filmen waren die von Louis Trenker, in denen das Loblied kriegerischer Tugenden gesungen wurde und für die im übrigen charakteristisch war, daß Kriege als überpersönliche Ereignisse dargestellt wurden, mit denen man sich abzufinden habe. Der Filmhistoriker Kracauer urteilt: »Trenkers Bergsteiger war der Typ des Mannes, mit dem ein auf Krieg bedachtes Regime zuverlässig rechnen konnte«[80].
Es ist auffallend, wie exakt die Flut der rechtsgerichteten Kriegsbücher und Kriegsfilme mit der ökonomischen Krise zusammenfiel und auf ein aufnahmebereites Publikum stieß. Mit einigem Anspruch auf Plausibilität kann hieraus gefolgert werden, daß sich die Konsumenten dieser Kulturprodukte vom Pazifismus des »Systems«, das heißt von der Verständigungspolitik der die Weimarer Republik tragenden Parteien, nichts mehr versprachen und eher für die Alternative autoritärer und schließlich gewaltsamer Lösungen in der Innen- wie der Außenpolitik optierten. Prümm zufolge übernahm zumal das mittelständische Bürgertum in den letzten Weimarer Jahren Positionen, »die seine positiven liberalen Traditionen als schwächliche Ressentiments diffamierten und Gewalt und Brutalität als adäquate politische Mittel verherrlichten ... Es akzeptierte den verklärenden Rückblick auf den Krieg und seine Erhebung zum gesellschaftlichen Normalzustand«[81]. Etwas behutsamer formuliert: Es reduzierte die Schwellenwerte des Vorbehalts gegenüber zunächst symbolischer und später organisierter und praktizierter Gewalt.
Wer die Konsumenten der nationalistischen Kriegsbücher und Kriegsfilme im einzelnen waren, ist empirisch nicht faßbar. Die These von Prümm, daß sie vornehmlich im mittelständischen Bürgertum zu suchen seien, ist plausibel, waren es doch neben dem traditionellen rechten Wählerpotential hauptsächlich die Mittelschichten, die sich seit 1930 der NSDAP zuwandten. Zu den Konsumenten gehörte, wie wir wissen, die Mehrheit der Studenten, die zu 95 Prozent aus der Mittel- und Oberschicht kamen und die zu etwa zwei Dritteln in den politisch rechts stehenden Korporationen organisiert waren. Unter den Studenten von 1929/30, die den Krieg selbst nicht als Soldaten miterlebt hatten, da sie erst um 1910 geboren waren, wurde es zu einem vorherrschenden Modetrend, den Fronsolda-

tenmythos in Bausch und Bogen zu übernehmen und die Frontsoldatengeneration und deren Kriegserlebnisse zu idealisieren[82]. Diese militaristische Welle an den Hochschulen fand auch in neuen Organisationen ihren Ausdruck: Ein »Stahlhelm-Studentenring« wurde gegründet, ebenso eine »Langemarck-Stiftung der deutschen Studentenschaft«. 1930 sah die Deutsche Studentenschaft ihr wichtigstes Aufgabengebiet in der wehrsportlichen Erziehungs- und Aufklärungsarbeit.

Soziologischen Untersuchungen des Wählerverhaltens in den Jahren 1930–1933 ist zudem zu entnehmen, daß eine große Anzahl Jugendlicher, die bisher aus Protest oder aus Altersgründen nicht oder noch nicht zur Wahl gegangen waren, seit 1930 NSDAP wählten. Hierin spiegelte sich der in der historischen Forschung unstrittige Tatbestand, daß der für die deutsche Gesellschaft der zwanziger Jahre dominante Generationenkonflikt von den antirepublikanischen Gruppierungen erfolgreich ausgenutzt werden konnte[83]. Diese Jugendlichen dürften, ähnlich wie die Studenten, ebenfalls zu den Konsumenten der nationalistischen Kriegsliteratur gehört haben. Die Studenten und Jugendlichen von 1930 waren die Soldaten von 1939.

In dem geschilderten politischen Klima konnte die aggressivste und am entschiedensten gegen Demokratie, Sozialismus und Pazifismus agitierende politische Partei, nämlich die NSDAP, in wenigen Jahren zur stärksten politischen Kraft in Deutschland werden. Die NSDAP und ihre Hilfsorganisationen haben den Stimmungsumschwung nur zum Teil selbst hervorgerufen, gewiß aber sich seiner bedient. Sie konnten an den schon zuvor begonnenen Prozeß der Remilitarisierung der öffentlichen Meinung anknüpfen, ihn verstärken und beschleunigen. Es gab schon vor 1933 eine latente, durch die Propagierung bestimmter militaristischer Ideologien bewirkte Bereitschaft zur Hinnahme, wenn nicht gar zur ausdrücklichen Befürwortung von Gewalt. Sie konnte bei Bedarf und nach Schaffung entsprechender personeller und materieller Voraussetzungen, also nach vollzogener Aufrüstung, jederzeit aktualisiert werden[84].

6. Die übermächtige Tradition des Kriegsfatalismus und des Großmachtanspruchs

Für die These einer bereits mit dem Jahr 1929 beginnenden antipazifistischen und promilitaristischen Trendwende in der öffentlichen Meinung

Deutschlands spricht, wie zu zeigen versucht wurde, eine Vielzahl von Indizien. Es liegt daher auf der Hand, die Endphase der Weimarer Republik nicht nur, wie bisher geschehen, unter dem Gesichtspunkt des Niedergangs des demokratischen Regierungssystems zu betrachten, sondern verstärkt nach den Verbindungslinien zu den Ursachen und Voraussetzungen des Zweiten Weltkrieges zu fragen[85]. Die Ernennung Hitlers zum Reichskanzler am 30. Januar 1933 ist dann nicht mehr jenes einschneidende, epochemachende Datum, als das es bislang von fast allen Historikern bezeichnet wurde. Der Nachweis der Kontinuitäten auf den verschiedensten Politikfeldern gibt zumindest Anlaß, die Zäsur-These — bezogen auf 1933 — zu relativieren. Richtig bleibt, daß mit der Kanzlerschaft Hitlers der erneute Anlauf zur Wiederaufrichtung der kontinentalen Großmachtstellung Deutschlands in ein qualitativ anderes Stadium trat, nämlich in das Stadium der konkreten Kriegsvorbereitung.

Betrachtet man die relativ kurze, nämlich nur knapp 75jährige Geschichte des deutschen Nationalstaats, so fällt ins Auge, daß sowohl die Entstehung als auch das Ende dieses Staates mit einer Kriegspolitik verbunden waren, daß demnach eine Kontinuität staatlicher Gewaltpolitik nach außen konstatiert werden kann[86]. Die deutsche Unterschrift unter den Kriegsächtungspakt von 1929 nimmt sich demgegenüber fast wie ein Fremdkörper aus.

Tatsächlich lassen sich die Spuren, die dieser Vertrag in der öffentlichen Meinung Deutschlands vielleicht doch hinterließ, schon wenige Jahre später kaum mehr verfolgen. In Deutschland hat sich die Hoffnung Briands, Kelloggs und anderer Verfechter der Kriegsächtungsidee nicht erfüllt, die öffentliche Meinung werde sich künftig als ein maßgeblicher Faktor der Friedenserhaltung erweisen. Der Massenerfolg der nationalistischen Kriegsliteratur signalisierte gerade das Gegenteil. Er ließ erkennen, daß die Kriegsächtungsidee schon bald nach ihrer Kodifizierung in weiten Teilen der deutschen Öffentlichkeit in Vergessenheit geraten war, jedenfalls kaum noch eine Anziehungskraft ausüben konnte.

Auf der Suche nach Erklärungsgründen für diese Entwicklung stößt man — neben den bereits erörterten, auf die konkrete historische Situation der Endphase der Weimarer Republik bezogenen Erklärungsansätzen — auf die eingangs beschriebene Tradition des Kriegsfatalismus, die sich ganz offensichtlich als übermächtig erwiesen hat. Mit ein paar Schlagzeilen in den Zeitungen und einem zusätzlichen Paragraphen in den Völkerrechts-

Lehrbüchern vermochte sich die Kriegsächtungsidee kaum nachhaltig gegen die alten Vorurteile und Glaubenssätze zu behaupten. In den Köpfen der meisten Zeitgenossen blieb der Krieg trotz Briand-Kellogg-Pakt das, was er seit Menschengedenken war, nämlich sowohl Schicksal als auch legitimes Mittel der Politik. Die Zahl derjenigen Deutschen, die sich von diesen kriegsfatalistischen Traditionen — auf denen auch die geschilderte nationalistische Kriegsverherrlichung gedeihen konnte — zu lösen vermochte, war nicht groß genug, um einen Rückfall in die Gewaltpolitik zu verhindern.

Anmerkungen

1 Text des Briand-Kellogg-Paktes u. a. in: Verhandlungen des Reichstags. IV. Wahlperiode 1928. Bd 433. Anlagen zu den stenographischen Berichten. Berlin 1928, Nr. 744; Hans Wehberg, Die Völkerbundsatzung. Berlin [3]1929, S. 178ff.; Schulthess' Europäischer Geschichtskalender für das Jahr 1928, S. 497f.

2 Zur völkerrechtlichen Interpretation vgl. Hans Wehberg, Die Ächtung des Krieges. Eine Vorlesung an der Haager Völkerrechtsakademie und am »Institut Universitaire des Hautes Etudes Internationales« (Genf). Berlin 1930 (= Schriften der Deutschen Liga für Völkerbund); Hans Wehberg, Krieg und Eroberung im Wandel des Völkerrechts. Frankfurt/M., Berlin 1953, S. 43ff.; Georg Dahm, Völkerrecht. Bd II. Stuttgart 1961, § 73, S. 347ff.; Friedrich Berber, Lehrbuch des Völkerrechts. II Bd.: Kriegsrecht. München [2]1969, S. 35ff.

3 Im einzelnen G. Dahm, Völkerrecht, Bd II, S. 331—347.

4 Vgl. die Übersicht von Hans Wehberg, Krieg und Eroberung (s. Anm. 2), S. 11ff.; sowie den informativen Artikel »Krieg« von Norman H. Gibbs, Thomas W. Wolfe, Claus D. Kernig in: Sowjetsystem und demokratische Gesellschaft. Eine vergleichende Enzyklopädie. Bd III. Freiburg, Basel, Wien 1969, S. 1026—1087. Bzgl. der marxistisch-leninistischen Version dieser Lehre vgl. Gerechte und ungerechte Kriege, verfaßt von einem Autorenkollektiv unter der Leitung von Günter Rau. (Ost-)Berlin 1970 (= Serie Politik und Landesverteidigung). Die Kriegsrechtfertigungslehren einiger sozialistischer Klassiker werden untersucht in meinem Buch: Kriegstheorien deutscher Sozialisten. Marx, Engels, Lassalle, Bernstein, Kautsky, Luxemburg. Stuttgart u.a. 1971.

5 Zum Recht des Krieges im europäischen Völkerrecht vgl. Hans Wehberg, Krieg und Eroberung (s. Anm. 2), S. 21ff.

6 Vgl. Kurt Sontheimer, Antidemokratisches Denken in der Weimarer Republik. Die politischen Ideen des deutschen Nationalismus zwischen 1918 und 1933. München 1962, besonders das 5. Kapitel »Das Kriegserlebnis des Ersten Weltkrieges«.

7 Die Rede Briands ist abgedruckt in Schulthess' Europäischer Geschichtskalender für das Jahr 1928, S. 502—505, hier: S. 504.

8 Stresemann am 2. Februar 1929 im Reichstag bei der 1. Lesung des Kellogg-Paktes. Siehe Schulthess' Europäischer Geschichtskalender für das Jahr 1929, S. 19. Stresemann war — zusammen mit Briand — im Jahre 1926 der Friedens-Nobelpreis verliehen worden. Vgl. Der Friedens-Nobelpreis. Stiftung und Verleihung. Die Reden der vier deutschen Preisträger Gustav Stresemann, Ludwig Quidde, Carl von Ossietzky, Willy Brandt. Hrsg. v. Arnold Harttung. Berlin o.J. (1972). Daß Stresemann im übrigen ein langfristig denkender Machtpolitiker war, belegt Michael-Olaf Maxelon, Stresemann und Frankreich 1914—1929. Deutsche Politik der Ost-West-Balance. Düsseldorf 1972 (= Geschichtliche Studien zu Politik und Gesellschaft, Bd 5).

9 So Kelloggs Nachfolger im amerikanischen Außenministerium, Stimson, am 8.8.1932. Siehe Knud Krakau, Missionsbewußtsein und Völkerrechtsdoktrin in den Vereinigten Staaten von Amerika. Frankfurt/M., Berlin 1967, S. 326.

10 Der französische Historiker Maurice Baumont urteilte abschätzig, der Pakt sei »ein theatralischer Sieg des Friedensgedankens« gewesen, »so recht geschaffen, um in seiner Unschuld die Phantasie der Massen zu beeindrucken«. M. Baumont, Aristide Briand. Diplomat und Idealist. Göttingen, Frankfurt, Zürich 1966, S. 74.

11 So etwa Briand, der eine Festrede anläßlich der Paktunterzeichnung mit der Aufforderung schloß, der Proklamation des Friedens nunmehr die Organisation des Friedens folgen zu lassen. Siehe Schulthess' Europäischer Geschichtskalender für das Jahr 1928, S. 505.

12 Ebd., S. 504f.

13 Zu diesen und anderen Schwächen des Paktes vgl. Hans Wehberg, Krieg und Eroberung (s. Anm. 2), S. 43ff.; sowie Georg Dahm, Völkerrecht, Bd II. Stuttgart 1961, § 73, S. 347ff.

14 Auszüge der Rede Kelloggs in Oslo in: Schulthess' Europäischer Geschichtskalender für das Jahr 1931, S. 342f.; vgl. auch L. Ethan Ellis, Frank B. Kellogg and American Foreign Relations, 1925—1929. New Brunswick N.J. 1961; sowie Robert H. Ferrell, Frank B. Kellogg. In: The American Secretaries of State and Their Diplomacy, Vol. XI. New York 1963, p. 1—135.

15 Hans Wehberg, Krieg und Eroberung (s. Anm. 2), S. 53.

16 Eine Übersicht über die Gruppierungen der amerikanischen Friedensbewegung bringt Robert H. Ferrell, Peace in Their Time. The Origins of the Kellogg-Briand Pact. New Haven, Conn. 1952, S. 13ff.

17 Hans Wehberg, Die Ächtung des Krieges (s. Anm. 2), S. 22f.

18 Dies behauptet Roland N. Stromberg, Collective Security and American Foreign Policy. From the League of Nations to NATO. New York 1963, S. 55ff.

19 Knud Krakau (s. Anm. 9), S. 320ff., insbes. S. 325.

20 Werner Link, Die amerikanische Stabilisierungspolitik in Deutschland 1921—1932. Düsseldorf 1970, S. 619—623.

21 Robert Gottwald, Die deutsch-amerikanischen Beziehungen in der Ära Stresemann. Berlin 1965, S. 88ff.; Jacques Néré, The Foreign Policy of France from 1914 to 1945. London 1975.

22 Antoine Prost, Les Anciens Combattants français et l'Allemagne (1933—1938). In: La France et L'Allemagne 1932—1936. Paris 1980, S. 131—148.

23 Daß die französische Sicherheitspolitik nicht in erster Linie von militärstrategischen, sondern von demographischen und wirtschaftlichen Überlegungen bestimmt war, betont Jacques Bariéty, Les relations franco-allemandes après la première guerre mondiale, 10 Novembre 1918—10 Janvier 1925. Paris 1977.

24 Jean Marie d'Hoop, Le problème du réarmement français jusqu' à mars 1936. In: La France et L'Allemagne 1932—1936. Paris 1980, S. 75—90.

25 Paul M. Kennedy, »Splendid Isolation« gegen »Continental Commitment«. Das Dilemma der britischen Deutschlandstrategie in der Zwischenkriegszeit, in: Tradition und Neubeginn. Hrsg. von J. Hütter u. a. Köln, Bonn, München 1975, S. 156 und 162.

26 Vgl. Gottfried Niedhart, Friedensvorstellungen, Gewaltdiskussion und Konfliktverhalten in der britischen Labour Party 1919—1926, in: Frieden, Gewalt, Sozialismus. Studien zur Geschichte der sozialistischen Arbeiterbewegung. Hrsg. v. W. Huber und J. Schwerdtfeger. Stuttgart 1976, S. 641—679. Ders., Appeasement: Die britische Antwort auf die Krise des Weltkrieges und des internationalen Systems vor dem Zweiten Weltkrieg, in: Historische Zeitschrift, 226. Bd. (1978), S. 67—88, hier: S. 68. Für die 30er Jahre vgl. D. Aigner, Das Ringen um England. Das deutsch-britische Verhältnis. Die öffentliche Meinung 1933—1939, Tragödie zweier Völker. München, Esslingen 1969.

27 G. Niedhart (s. Anm. 26), S. 72 und 74f.

28 Paul M. Kennedy (s. Anm. 25), S. 161.

29 Robert Gottwald (s. Anm. 21), S. 100. Martin Walsdorff, Westorientierung und Ostpolitik. Stresemanns Rußlandpolitik in der Locarno-Ära. Bremen 1971, S. 198f.

30 Vgl. u. a. Sven Allard, Stalin und Hitler: Die sowjetische Außenpolitik 1930—1941. Bern, München, 1974, S. 7ff.

31 F. A. Krummacher/H. Lange, Krieg und Frieden. Geschichte der deutsch-sowjetischen Beziehungen. München, Esslingen 1970, S. 218f.

32 Protokoll des 6. Weltkongresses der Kommunistischen Internationale in Moskau 1928, Bd 1: Die internationale Lage und die Aufgaben der Komintern. Der Kampf gegen die imperialistische Kriegsgefahr. Hamburg, Berlin 1928, S. 39f., 526, 531f.

33 Vgl. Friedrich-Karl Scheer, Die Deutsche Friedensgesellschaft (1892—1933). Organisation — Ideologie — Politische Ziele. Ein Beitrag zur Entwicklung des Pazifismus in Deutschland. Frankfurt/M. 1981. Guido Grünewald, Stimme der Völkerverständigung und der Humanität: Die Deutsche Friedensgesellschaft 1892—1933, in: Friedensanalysen 10. Frankfurt/M. 1975, S. 179—200.

34 Vgl. im einzelnen W. Wette, Ideologien, Propaganda und Innenpolitik als Voraussetzungen der Kriegspolitik des Dritten Reiches, in: Deist/Messerschmidt/Volkmann/Wette, Ursachen und Voraussetzungen der deutschen Kriegspolitik. Stuttgart 1979, S. 62—87 (= Das Deutsche Reich und der Zweite Weltkrieg. Bd. 1).

35 Siehe Verhandlungen des Reichstags, IV. Wahlperiode 1928. Bd 423. Stenographische Berichte. Berlin 1929, S. 991—1000 (1. und 2. Beratung des Vertrags über die Ächtung des Krieges am 2. Februar 1929); und Bd 424, S. 1057—1080 (3. Beratung am 6. Februar 1929). Kurzfassung der Debattenbeiträge in Schulthess' Europäischer Geschichtskalender für das Jahr 1929, S. 25—27.

36 Mangels einschlägiger Spezialstudien nicht exakter bestimmbar.
37 Hier sind insbesondere die Standardwerke von Karl Dietrich Bracher zu nennen: Die Auflösung der Weimarer Republik. Eine Studie zum Problem des Machtverfalls in der Demokratie. Villingen [3]1960 u. ö., sowie: Die deutsche Diktatur. Entstehung, Struktur, Folgen des Nationalsozialismus. Köln, Berlin 1969; Die Krise Europas 1917—1975. Berlin 1976, Kap. »Demokratie und Antidemokratie«, S. 98—152.
38 Sontheimer (s. Anm. 6).
39 Die psychoanalytische Studie von Klaus Theweleit, Männerphantasien, 2 Bde. Frankfurt/M. 1977/78, beschäftigt sich mit dem Typus des Freikorps-Soldaten in der ersten Hälfte der zwanziger Jahre. Inwieweit seine Erklärungen auf die Renaissance militärischer Ideologien in der Endphase der Weimarer Republik Anwendung finden können, bedürfte einer näheren Untersuchung, die hier nicht geleistet werden kann. Insbesondere die Tatsache, daß auch und gerade die Jugendlichen sich dem militaristischen Trend anschlossen, die selbst kein Fronterlebnis hatten und auch unter anderen Umständen aufwuchsen als die Freikorps-Soldaten, erfährt durch Theweleits Ausführungen keine Erhellung.
40 Karl Prümm, Die Literatur des Soldatischen Nationalismus der 20er Jahre (1918—1933). Gruppenideologie und Epochenproblematik. Kronberg/Ts. 1974.
41 »Der Krieg ist unser Vater, er hat uns gezeugt im glühenden Schoße der Kampfgräben als ein neues Geschlecht und wir erkennen mit Stolz unsere Herkunft an.« So Ernst Jünger im Vorwort zu Friedrich Georg Jünger, Aufmarsch des Nationalismus. Hrsg. von Ernst Jünger. Berlin 1928, S. XI.
42 Prümm (S. Anm. 40), S. V.
43 Arthur Rosenberg, Entstehung und Geschichte der Weimarer Republik. Hrsg. v. Kurt Kersten. Frankfurt/M. [13]1972, S. 94.
44 Vgl. Martin Greiffenhagen, Das Dilemma des Konservatismus in Deutschland. München 1971, S. 258 ff.; Kurt Sontheimer, Antidemokratisches Denken (s. Anm. 6).
45 Ihre Mentalität analysiert Klaus Theweleit in seiner o. g. Untersuchung (vgl. Anm. 39).
46 Prümm (s. Anm. 40), S. 38.
47 Ebenda; ebenso Hans-Peter Schwarz, Der konservative Anarchist. Politik und Zeitkritik Ernst Jüngers. Freiburg i. Br. 1962.
48 Prümm (s. Anm. 40), S. 57.
49 Wilhelm v. Schramm, Schöpferische Kritik des Krieges, in: E. Jünger (Hrsg.), Krieg und Krieger. Berlin 1930, S. 35.
50 Oswald Spengler, Der Untergang des Abendlandes. München 1922, S. 448.
51 E. Jünger, Die totale Mobilmachung. Berlin 1930, [2]1934, S. 11.
52 Friedrich Hielscher, Die große Verwandlung, in: E. Jünger, Krieg (s. Anm. 49), S. 131.
53 Ebd., S. 129.
54 E. Jünger, Krieg (s. Anm. 49), S. 63. Ähnlich F. G. Jünger, Aufmarsch des Nationalsozialismus. Berlin 1928, S. 56.
55 Albrecht Erich Günther, Die Intelligenz und der Krieg, in: E. Jünger, Krieg (s. Anm. 49) S. 90 f.

56 E. Jünger, Mobilmachung (s. Anm. 51), S. 26.
57 Walter Benjamin, Theorien des deutschen Faschismus. Zu der Sammelschrift »Krieg und Krieger«. Hrsg. von Ernst Jünger, in: Die Gesellschaft, 7. Jg. 1930, Bd 2, S. 39.
58 W. v. Schramm (s. Anm. 49), S. 38—41.
59 Benjamin (s. Anm. 57), S. 39f.
60 Sontheimer (s. Anm. 6), S. 115ff.; Prümm (s. Anm. 40) S. 38 und 186ff.
61 F. G. Jünger, Aufmarsch (s. Anm. 41), S. 60f.
62 Ebd., S. 68f.
63 Ebd., S. 63.
64 E. Jünger, Das Wäldchen 125. Eine Chronik aus den Grabenkämpfen 1918. Berlin 1925, zit. nach der 4. Aufl. 1929, S. 178f.
65 A. Hitler, Mein Kampf. München 1930, S. 782.
66 E. Jünger, Feuer und Blut. Ein kleiner Ausschnitt aus einer großen Schlacht. Berlin 1925, zit. nach der 4. Aufl. 1929, S. 66.
67 Prümm (s. Anm. 40), S. 208f.; H.-P. Schwarz, Anarchist (s. Anm. 47), S. 59, nennt Jünger einen »Gesinnungsmilitaristen«.
68 Die folgenden Angaben sind entnommen aus: Deutsches Bücherverzeichnis, 15.—22. Band. Eine vollständige Analyse der Auflagenhöhe der nationalistischen Kriegsliteratur in den Jahren 1929 bis 1933 wird dadurch erschwert, daß das Deutsche Bücherverzeichnis für die Jahre 1931 bis 1935 (Leipzig 1937) im Vergleich zur bisherigen Übung der Herausgeber relativ wenige Angaben über die Anzahl der aufgelegten Exemplare enthält. — Die Angaben wurden ergänzt durch eine von Prümm (s. Anm. 40), S. 75, zitierte Aufstellung der wichtigsten Kriegsbücher des Jahres 1930, die der von Ernst Jünger und Werner Laß herausgegebenen Zeitschrift »Die Kommenden. Überbündische Wochenschrift der deutschen Jugend«, 5. Jg. 1930, S. 365f., entnommen ist. (Diese Wochenschrift ist zwar namensgleich, aber nicht identisch mit dem nach 1945 erscheinenden anthroposophischen Organ »Die Kommenden«.)
69 Ausgezählt wurden die unter der Rubrik »Wehr-» subsumierten Titel.
70 A. Hillgruber, Militarismus am Ende der Weimarer Republik und im »Dritten Reich«, in: Deutsche Großmacht- und Weltpolitik im 19. und 20. Jahrhundert. Düsseldorf 1977, S. 134—148.
71 Prümm (s. Anm. 40), S. 75; dort auch eine Aufstellung der wichtigsten Kriegsbücher des Jahres 1930.
72 Zitiert nach Sontheimer (s. Anm. 6) S. 119f.; vgl. auch K. Rohe, Das Reichsbanner Schwarz-Rot-Gold. Ein Beitrag zur Geschichte und Struktur der politischen Kampfverbände zur Zeit der Weimarer Republik. Düsseldorf 1966, S. 143.
73 Carl von Ossietzky, Der Fall Remarque, in: Weltbühne 8, 1932, S. 549f.
74 Schulthess' Europäischer Geschichtskalender für das Jahr 1930, S. 243. Vgl. auch Siegfried Kracauer, Von Caligari bis Hitler. Ein Beitrag zur Geschichte des deutschen Films. Hamburg 1958, S. 131; K. Sontheimer, Antidemokratisches Denken (s. Anm. 6), S. 119f.; Viktor Reimann, Dr. Joseph Goebbels. Wien, München, Zürich 1971, S. 149f.

75 Die Protokolle der Reichstagsfraktion und des Fraktionsvorstandes der Deutschen Zentrumspartei 1926—1933, bearb. v. R. Morsey. Mainz 1969, S. 500ff. (aus der Fraktionsvorstandssitzung am 12. Dez. 1930).
76 Ebd., S. 517 (aus einer Sitzung der Zentrumsfraktion am 20. Februar 1931).
77 Karl Dietrich Bracher, Die Auflösung der Weimarer Republik. Eine Studie zum Problem des Machtverfalls in der Demokratie. Villingen [5]1971, S. 468.
78 Heinrich Brüning, Memoiren 1918—1934. Stuttgart 1970, S. 196.
79 Kracauer (s. Anm. 74), S. 152—158, 164, 171ff.
80 Ebd., S. 171.
81 Prümm (s. Anm. 40), S. 70f.
82 Näher ausgeführt in W. Wette, Ideologien (s. Anm. 34), S. 52—55; dort auch Literaturangaben.
83 Hans Mommsen, Die Last der Vergangenheit, in: Jürgen Habermas (Hg.), Stichworte zur »Geistigen Situation der Zeit«, 1. Bd. Frankfurt/M. 1979, S. 169.
84 Zu diesem Zusammenhang vgl. Wette, NS-Propaganda und Kriegsbereitschaft der Deutschen bis 1936, in: Francia. Forschungen zur westeuropäischen Geschichte, Bd 5 (1977), München 1978, S. 567—590.
85 Diese Verbindungslinien — Kontinuitätsstränge — gibt es nicht nur auf ideologischem, sondern auch auf innenpolitischem, wirtschaftspolitischem, militärpolitischem und außenpolitischem Gebiet. Dies nachzuweisen ist einer der Schwerpunkte des Bandes von W. Deist/M. Messerschmidt/H.-E. Volkmann/W. Wette, Ursachen und Voraussetzungen der deutschen Kriegspolitik. Stuttgart 1979 (= Das Deutsche Reich und der Zweite Weltkrieg, Bd 1).
86 Grundlegend Fritz Fischer, Bündnis der Eliten. Zur Kontinuität der Machtstrukturen in Deutschland 1871—1945. Düsseldorf 1979.

Siebtes Kapitel

»Lebenskampf«

Nationalsozialistische Gewaltideologie und Hitlers Kriegspläne

In der Ideologie wie in der politischen Praxis des deutschen Faschismus spielte die Gewalt eine so herausragende Rolle, daß sich nach seiner Niederlage im Jahre 1945 im allgemeinen Sprachgebrauch geradezu eine Gleichsetzung der Begriffe »faschistisch« und »gewaltsam« durchsetzte. An der Berechtigung dieser Zuordnung wird angesichts der traurigen Bilanz der nationalsozialistischen Kriegs- und Rassenpolitik[1] niemand zweifeln wollen: In dem vom Deutschen Reich entfesselten Zweiten Weltkrieg fielen 27 Millionen Soldaten aller Nationen im Kampf, während die Zivilbevölkerung in der Welt 25 Millionen Tote beklagte, darunter über 5 Millionen, die der nationalsozialistischen Rassenpolitik zum Opfer fielen.

1. Faschismus und Gewalt

Der Zusammenhang von Faschismus und Gewalt wird jedoch nur unvollständig erfaßt, wenn sich die Betrachtung auf den Zweiten Weltkrieg und seine Folgen beschränkt. Der Terminus Gewalt muß vielmehr als ein Oberbegriff[2] aufgefaßt werden, unter dem sich die ganze Fülle der Erscheinungsformen nicht-friedlicher Politik des Nationalsozialismus subsumieren läßt. In seiner historischen Entwicklung lassen sich vier Phasen unterscheiden: erstens die vehemente Propagierung einer spezifischen Gewaltideologie; zweitens die mit terroristischen Methoden durchsetzte Massenmobilisierung als Mittel der Machteroberung; drittens die terroristische Machtausübung im Innern im Dienste des Aufbaues einer diktatorischen Herrschaftsform sowie im Dienste der Militarisierung der gesamten Gesellschaft als Vorbereitung auf den geplanten Krieg; viertens schließlich die Entfaltung der Gewaltmethoden auch jenseits der nationalen Grenzen in Expansionskriegen nach außen.

Versteht man unter Gewalt[3] weiterhin nicht nur die direkte, physische und psychische Verletzungs- beziehungsweise Tötungsgewalt, sondern auch die Unterdrückung politischer Freiheiten, Rechtlosigkeit und Ungerechtigkeit sowie Ausbeutung, so erfüllt der Faschismus in seiner deutschen Ausprägung auch in dieser Hinsicht den Tatbestand extremer und beispielloser Gewaltsamkeit.
Die ideologische Verherrlichung von Kampf und Krieg, die terroristische Machtausübung und die Kriegspolitik gehören zu den augenfälligsten Gemeinsamkeiten der europäischen Faschismen, voran des deutschen Nationalsozialismus und des italienischen Faschismus. Hinzu kommen der totale politische Herrschaftsanspruch, das diktatorische Führerprinzip samt propagandistischem Führerkult, das Vorhandensein terroristischer Kampfverbände und weitere Ähnlichkeiten. Wenngleich es unbestreitbar auch eine große Anzahl von Unterschieden zwischen dem italienischen Faschismus, dem deutschen Nationalsozialismus und anderen faschistischen Bewegungen gab, lassen sich »kongruent angelegte Grundmuster« konstatieren, die es erlauben, diese Bewegungen dem gleichen Typus zuzurechnen und den Terminus »Faschismus« als Gattungsbegriff zu verwenden[4]. Die Diskussion über das in den sechziger Jahren auftauchende, irritierende Wort »Linksfaschismus«[5] hat sichtbar werden lassen, daß begriffliche Schärfe verloren zu gehen droht, wenn ein Element des Faschismus, hier: die Gewalt, isoliert betrachtet und dann zum Ganzen stilisiert wird.
Die wissenschaftliche und politische Diskussion über den Faschismus[6] ist längst nicht abgeschlossen. Einwände gegen die Verwendung des Begriffs sind unter anderem auf der Grundlage liberaler Totalitarismustheorien erhoben worden. Sie lauten, für die wissenschaftliche Erkenntnis sei der Begriff wenig brauchbar, da er wegen seiner Tendenz zur Verallgemeinerung mehr verdecke als erhelle. Und politisch wird gegen den Faschismusbegriff mit der Behauptung polemisiert, es handle sich um eine »Sowjetformel«[7], also um einen politischen Kampfbegriff, der einer »Bagatellisierung totalitärer Diktatur« zumindest Vorschub leisten könne[8].
Nun ist der Faschismusbegriff jedoch bereits vor 1933 von Liberalen[9], Sozialdemokraten[10], Katholiken[11] und anderen Nicht-Kommunisten verwendet worden, und zwar durchaus nicht in Übereinstimmung mit der sowjetmarxistischen Faschismustheorie, sondern in ausdrücklicher Gegnerschaft zu ihr. Die Behauptung, daß, wer den Faschismusbegriff benutze, unkritisch eine »Sowjetformel« nachrede[12], ist demnach unzutreffend.

Weiterhin leisten diese gegen den Gebrauch des Faschismusbegriffs vorgebrachten Einwände dem — politisch möglicherweise folgenreichen — Mißverständnis Vorschub, der nationalsozialistische Faschismus könne als National-Sozialismus in einer Reihe mit anderen Spielarten des Sozialismus gesehen werden. Dieses Mißverständnis könnte zugleich in Vergessenheit geraten lassen, daß die Hitlerbewegung Sozialdemokraten, Kommunisten und Gewerkschaftler unter dem Feindbild »Marxismus« vehement bekämpfte und brutal verfolgte.
Der faktische Verlauf der nationalsozialistischen Machteroberungs-, Unterdrückungs- und Kriegsvorbereitungspolitik ist hier nicht zu schildern, da die folgenden Problemkreise im Vordergrund stehen sollen: Erstens ist die Gewaltideologie des Nationalsozialismus[13] zu analysieren, wie sie vornehmlich in der »Weltanschauung« der maßgeblichen Persönlichkeit der NSDAP, Adolf Hitler, zutage trat; zweitens ist zu zeigen, wie sich auf der Grundlage dieser Gewaltideologie das außenpolitische Konzept des »Führers« der NSDAP konkretisierte; und drittens wird zu prüfen sein, ob die Kriegsideen Hitlers vor 1933 bekannt waren oder ob sie zu den von der Öffentlichkeit »unbeachteten Maximen«[14] gehörten.

2. Hitlers Gewaltideologie

Für Hitler ergab sich die Einstellung zur Gewalt in der Politik nicht in erster Linie aus funktionalen Erwägungen, aus einem streng rationalen Kalkül, sondern vielmehr aus einer bestimmten »philosophischen« Anschauung, nämlich jener abstrusen Mischung von Metaphysik und Biologie, derzufolge der Kampf allgemein und der Krieg im besonderen als Naturgesetze zu begreifen waren, denen man sich sowohl als Individuum wie auch als Volk nur bei Strafe des Untergangs entziehen konnte. »Wer leben will, der kämpfe also«, schrieb er in »Mein Kampf«, »und wer nicht streiten will in dieser Welt des ewigen Ringens, verdient das Leben nicht[15].« Und an anderer Stelle dieses Buche ist die Rede von »den ewigen Gesetzen des Lebens auf dieser Erde, die Kampf um dieses Leben sind und Kampf bleiben«[16].
Der zentrale Begriff Lebenskampf[17], den Hitler schon im ersten Band von »Mein Kampf« mehrfach verwandte und der zweifellos von der Darwinschen Formel des »struggle of life« beeinflußt war[18], mußte zwar nicht

in jedem Falle Krieg bedeuten; aber er schloß Krieg gleichwohl von vornherein mit ein. Krieg gehörte »für Hitler immer zu den selbstverständlichen Mitteln der Durchsetzung politischer Ziele. Diese mochten sich wandeln, das Mittel blieb wie ein Axiom bestehen[19].« In einem »Krieg und Frieden im Lebenskampf« betitelten Abschnitt des 1928 geschriebenen, aber damals nicht veröffentlichten »Zweiten Buches« hat Hitler diese Auffassung vom permanenten Lebenskampf in der Geschichte folgendermaßen begründet:
»Geschichte selbst ist die Darstellung des Verlaufs des Lebenskampfes eines Volkes. Ich setze hier mit Absicht das Wort 'Lebenskampf' ein, weil in Wahrheit jedes Ringen um das tägliche Brot, ganz gleich ob im Frieden oder im Krieg, ein ewiger Kampf ist gegen tausend und abertausend Widerstände, so wie das Leben selbst ein ewiger Kampf gegen den Tod ist. Denn warum sie leben, wissen die Menschen so wenig als irgendeine andere Kreatur der Welt. Nur ist das Leben erfüllt von der Sehnsucht, es zu bewahren.« Hunger und Liebe sind als die beiden mächtigsten Triebe die Regenten des Lebens. Das »Gesetz«, daß »Selbsterhaltung und Forterhaltung« die großen Antriebe zu jeglichem Handeln sind, gilt für den einzelnen Menschen und die Völker gleichermaßen. Die Befriedigungsmöglichkeit dieser Triebe ist jedoch begrenzt, weshalb der Kampf in allen seinen Formen »die logische Folge« ist. Begrenzt ist insbesondere der Raum auf der Erde, und in dieser Begrenzung des Lebensraumes liegt der Zwang zum Lebenskampf[20].
Hieraus leitete sich zugleich ein bestimmtes Verständnis von Politik ab. Politik ist »in Wahrheit die Durchführung des Lebenskampfes eines Volkes«[21], lautete die Formel Hitlers. Politik als durchgeführter Lebenskampf brauchte zwar nicht grundsätzlich kriegerisch und auch nicht grundsätzlich friedlich zu sein, sondern mußte »die Waffe ihres Kampfes stets so wählen, daß dem Leben im höchsten Sinne gedient wird«[22]; aber sie machte doch eine begriffliche Trennung von Friedens- und Kriegspolitik hinfällig, da in der Politik in jedem Falle das Leben »der ewige Einsatz« war[23]. Daher rührte die Überzeugung Hitlers, daß die ständige Aufgabe der Politik nicht die »beschränkte Vorbereitung für einen Krieg als vielmehr die unbeschränkte innere Durch- und Ausbildung eines Volkes«[24] für den Krieg sei. Der Krieg wurde auf diese Weise zum Regelfall, zum normalen Zustand, und ließ sich infolgedessen vom Frieden nur noch durch das Maß an Gewalt unterscheiden. Seine Idee einer tendenziell unbegrenzten gewaltsamen Eroberungs-

politik hat Hitler auch in der für Industrielle geschriebenen Broschüre aus dem Jahre 1927 »Der Weg zum Wiederaufstieg« offen ausgesprochen: Es ist die höchste Aufgabe der Politik, heißt es dort, dem »natürlichen Imperialismus die ebenso natürliche Befriedigung zu geben«[25].
Die verschiedenen Spielarten des Pazifismus, die in den ideologischen Auseinandersetzungen der Weimarer Zeit eine bedeutende Rolle spielten, konnte Hitler nur als naturwidrige »Humanitätsduseleien« begreifen, die die Bezeichnung »Politik« schon deshalb nicht verdienten, weil sie das Naturgesetz des permanenten Lebenskampfes leugneten[26]. Pazifismus war »lasterhaft«, weil seine Vertreter »Gegner und Feinde aller heroischen, völkischen Tugenden« waren, die den Völkern einredeten, sie brauchten nicht »mit Bluteinsatz für den Absatz ihrer Waren zu kämpfen«[27]. Indem er die Pazifisten nicht nur als Gegenspieler völkisch-heroischer Ideale, sondern zugleich als Gegner der kapitalistischen Konkurrenzwirtschaft angriff, markierte Hitler eines jener Feindbilder[28], von denen er annehmen konnte, daß sie auch in den für seinen Aufstieg so wichtigen Industriekreisen ankommen würden. Tatsächlich hat Hitler in seiner Rede vor Wirtschaftlern im Januar 1932 die Konkurrenz erneut als das in die Wirtschaft übertragene Kampfprinzip dargestellt[29] und seine Gleichsetzung von Pazifismus und Antikapitalismus wiederholt, nicht ohne gleichzeitig zu verkünden, er habe »den unerbittlichen Entschluß gefaßt, den Marxismus bis zur letzten Wurzel in Deutschland auszurotten«[30].
Wie über den Pazifismus, so schrieb und sprach Hitler über das Ideal der Humanität seit jeher im Tone des Hasses und der Verachtung. Unter der Notwendigkeit der Selbsterhaltung, hieß es in »Mein Kampf«, »schmilzt die sogenannte Humanität als Ausdruck einer Mischung von Dummheit, Feigheit und eingebildetem Besserwissen wie Schnee in der Märzensonne. Im ewigen Kampf ist die Menschheit groß geworden — im ewigen Frieden geht sie zugrunde[31].« Für den »Führer« der NSDAP war die Humanität des Menschen »nur die Dienerin seiner Schwäche und damit in Wahrheit die grausamste Vernichterin seiner Existenz«[32], also ein Unwert und nicht etwa ein Wert. Daher galt ihm auch die Vernichtung kranker, schwächlicher und mißgestalteter Kinder bei den Spartanern als »menschenwürdiger und in Wirklichkeit tausendmal humaner als der erbärmliche Irrsinn unserer heutigen Zeit, die krankhaftesten Subjekte zu erhalten«[33].
In dem hier propagierten Recht des Stärkeren kam ein weiteres sozialdarwinistisches Prinzip zum Ausdruck, das in der Vorstellungswelt Hitlers

einen festen Platz hatte: Der »aristokratische Grundgedanke der Natur«[34] vom jeweiligen Sieg des Stärkeren und der Vernichtung des Schwachen, glaubte er, wirke auch im Leben der Völker als »ehernes Gesetz der Notwendigkeit«[35], und daher werde eine höchste Rasse als Herrenvolk schließlich die Weltherrschaft ausüben.

3. Konkretisierung im außenpolitischen Konzept

In der Vorbereitung und Durchführung der kriegerischen Machterweiterung fanden nach Hitlers Überzeugung Innen- und Außenpolitik ihre einheitliche Bestimmung: Das »Schwert zu schmieden, ist die Aufgabe der innenpolitischen Leitung eines Volkes; die Schmiedearbeit zu sichern und Waffengenossen zu suchen, die Aufgabe der außenpolitischen«[36]. Alles ist eine Frage des »Machteinsatzes«[37], also der Gewaltpolitik. Bereits am 13. November 1918, in einer seiner ersten überhaupt überlieferten Reden, brachte Hitler seine Überzeugung zum Ausdruck, daß das deutsche Elend »durch deutsches Eisen zerbrochen werden« müsse[38].
Hitlers Glaube an die schöpferische Kraft der Gewalt blieb seit seinem Eintritt in die Politik am Ende des Ersten Weltkrieges eine Konstante seines Denkens, das sich zumindest in diesem Punkt von zeitgenössischen Autoritäten wie Oswald Spengler, Carl Schmitt, Georges Sorel, Mussolini und anderen, die ebenfalls in Freund-Feind-Bildern dachten und die Gewalt als heroische Tat anbeteten[39], nur wenig unterschied. Die Vorstellung, daß der Krieg ein legitimes Gewaltmittel der nationalen Staaten sei, war zu jener Zeit zweifellos auch in den nicht-deutschen Ländern verbreitet. Trotz der Erfahrungen des Ersten Weltkrieges gehörte die Überzeugung, die zwischen den Staaten bestehenden Streitfragen müßten im Zweifelsfalle mittels organisierter Gewalt ausgefochten werden, zum politischen Bewußtseinsstand der Mehrheit der Zeitgenossen.
Hitlers Glaubenssätze über die Rolle der Gewalt in der Geschichte standen längst vor der Formulierung seines außenpolitischen Programms, die man auf das Jahr 1928 zu datieren hat, fest. Sowohl zeitlich als auch in der gedanklichen Ableitung lag also vor der programmatischen Konzipierung und Konkretisierung der außenpolitischen Ziele und Schritte jene abstrakte Gewaltideologie, in der es zeitliche und räumliche Begrenzungen nicht gab und die *ex definitione* gar nicht beanspruchte, eine funktio-

nale politische Theorie zu sein — beispielsweise in dem Sinne, daß Krieg zur Erreichung eines als gerecht empfundenen Friedens gerechtfertigt sei. Vielmehr kam sie einer permanenten Kriegserklärung gleich und war insofern ein Mythos[40]. Hieran zu erinnern erscheint notwendig, da bei der wissenschaftlichen Beschäftigung mit »Hitlers letzten Zielen« — Großdeutsches Germanisches Reich, Kolonialismus, Weltherrschaft[41] — und mit bestimmten Stufenplänen, die der nationalsozialistischen Kriegspolitik zugrunde lagen und von denen her die einzelnen politischen Entscheidungen des »Führers« im nachhinein ableitbar sein sollen, allzu leicht aus den Augen verloren wird, daß die auf der Ebene des rationalen Kalküls und der strengen Zielgerichtetheit vorgetragenen Argumente eben nur eine Seite des Problems fassen.

4. »Unbeachtete Maximen«?

Sowohl für die Beurteilung der Umstände, die zur Ernennung Hitlers zum Reichskanzler führten, als auch für die zeitgenössische Einschätzung seiner praktischen Aufrüstungs- und Kriegspolitik ist es von Bedeutung, der Frage nachzugehen, ob die Gewaltideologie Hitlers einschließlich seiner konkreten Kriegsideen immer, also auch vor 1933, in vollem Umfang bekannt war. Dazu ist gesagt worden, »Mein Kampf« habe bei Freund und Feind von Anfang an für unlesbar gegolten und sei mit der Zeit »zum ungelesensten Bestseller der Weltliteratur« anvanciert[42]. Nun existierten jedoch bis zum Januar 1933 immerhin 287 000 Exemplare der Hitlerschen Kampfschrift[43], die — im Gegensatz zur späteren Praxis der Zwangszuteilung — relativ freiwillig erworben worden sein dürften. Dieser Tatbestand erlaubt zwar nicht den Rückschluß, daß das Buch von allen Käufern auch wirklich gelesen wurde; aber die Annahme, daß sein Inhalt generell nicht zur Kenntnis genommen worden wäre, kann noch weniger Plausibilität für sich beanspruchen. Allerdings scheint eine gründliche Lektüre vor 1933 selbst in nationalsozialistischen Kreisen nicht der Regelfall gewesen zu sein[44].

Der ehemalige sozialdemokratische Oberbürgermeister von Braunschweig, Böhme[45], glaubt nicht, daß viele Politiker seiner Partei mit dem Inhalt des Hitler-Buches vertraut waren. Wir wissen jedoch von dem ehemaligen Reichstagspräsidenten Paul Löbe (SPD), daß innerhalb der SPD-Reichs-

tagsfraktion mehrfach über die in »Mein Kampf« enthaltenen Themen referiert wurde[46], so daß man nicht sagen kann, die sozialdemokratischen Reichstagsabgeordneten seien völlig uninformiert gewesen. Im übrigen hat die SPD-Reichstagsfraktion bereits 1930 eine durchaus zutreffende Prognose der von den Nationalsozialisten zu erwartenden Politik gegeben[47]. Um so erstaunlicher bleibt der Tatbestand, daß Hitlers Kriegsideen weder von den Kommunisten und Sozialdemokraten noch vom Zentrum und den liberalen Demokraten in einer massiven Propagandakampagne aufgegriffen und gegen die NSDAP verwendet worden sind.
Zu ähnlichen Ergebnissen führt eine Analyse der zeitgenössischen Publizistik. Auch sie hat sich mit Hitlers »Mein Kampf« kaum auseinandergesetzt. Lediglich Theodor Heuss wies in einem 1932 veröffentlichten Buch über Hitler[48] auf dessen außenpolitische »Generallinie« mit dem Kernstück »Bodennahme im Osten« hin. In einer Reihe anderer Schriften, die sich intensiv mit dem Nationalsozialismus befaßten[49], wurden die Kriegsideen Hitlers entweder gar nicht oder nur am Rande registriert.
Die Politiker und Publizisten Österreichs, der Schweiz, Frankreichs, Italiens, Englands, der Vereinigten Staaten und selbst Polens[50] haben Hitlers Buch vor 1933 ebenfalls kaum beachtet und jedenfalls nicht ernst genommen. Lediglich für die Sowjetunion trifft diese Feststellung nicht zu. Sowohl Stalin als auch sein Außenminister Litvinov hatten bereits vor 1933 eine russische Übersetzung von »Mein Kampf« von Anfang bis Ende gelesen[51] und wußten daher auch, »daß das Deutschland Hitlers für die UdSSR eine Gefahr darstellte«[52].
Zeitgenossen haben die weitgehende Nichtbeachtung der in »Mein Kampf« niedergelegten Ideenwelt Hitlers immer wieder mit dem Umfang des Buches, der Verworrenheit und der Wiederholung der Gedanken, dem schwülstigen und langweiligen Stil sowie seiner unerträglichen Langatmigkeit begründet. Der in Entschuldigungen dieser Art zum Ausdruck kommende geistige Hochmut zog immerhin die schwerwiegende Folge nach sich, daß die nationalsozialistische Ideologie nicht nur als Pseudo-Philosophie abgetan wurde, sondern auch, daß man sie weder ernst nahm noch einer Bekämpfung für würdig hielt[53]. Hinzu kam, daß Hitler in erster Linie als Redner und nicht als politischer Schriftsteller wirkte. Und in seiner propagandistischen Rhetorik war er häufig sehr viel vorsichtiger als in seiner Kampfschrift aus dem Jahre 1925. Das galt zumal hinsichtlich seines außenpolitischen Programms, das zudem nach den für die

NSDAP erfolgreichen Wahlen vom September 1930 für einige Zeit in der Versenkung verschwand.
In konservativen Kreisen glaubte man überdies, die politische Propaganda der NSDAP sei eine Sache, die tatsächliche Ausübung der Regierungsgewalt aber eine andere. Man beschwichtigte sich und andere mit der Stammtischweisheit, es werde schon nicht alles so heiß gegessen, wie es gekocht werde.
In der Vorkriegsphase (1933—1939) lancierten die nationalsozialistischen Propagandisten Hinweise in die Auslandspresse, die den Eindruck erwecken sollten, Hitler wollte »Mein Kampf« zurückziehen und später eine revidierte Neuausgabe erscheinen lassen. Tatsächlich erfolgte jedoch nach dem 30. Januar 1933 nicht nur keine Zurückziehung oder Revision der Kampfschrift, sondern Hitler gab die Erlaubnis zu jenen Massenauflagen, die dann im Jahre 1943 insgesamt 9840000 Exemplare erreichten[54]. So bleibt abschließend die Feststellung, daß jeder, der wissen wollte, was Hitler zu sagen hatte und was er plante, dies auch wissen konnte. Tatsächlich waren Hitlers ausschweifende Pläne kriegerischer Expansion zumindest nicht unbekannt[55], und man konnte sie, da sie durchaus »Element zielstrebiger Planung und zukunftsgewandter Programmatik«[56] enthielten, auch nicht ohne weiteres als absurd vom Tisch wischen.

Anmerkungen

1 Jacobsen, Hans-Adolf, Der Zweite Weltkrieg. Grundzüge der Politik und Strategie in Dokumenten. Frankfurt a.M. 1965 (= Fischer Bücherei. Bücher des Wissens, 645/646), S. 30.

2 Sauer, Wolfgang, Die Mobilmachung der Gewalt, in: Bracher/Sauer/Schulz, Die nationalsozialistische Machtergreifung. Studien zur Errichtung des totalitären Herrschaftssystems in Deutschland 1933/34. Köln, Opladen 1960, S. 11ff.; vgl. auch unten, S. 160ff.

3 Zum Begriff »Gewalt« s. Galtung, Johann, Gewalt, Frieden und Friedensforschung. In: Kritische Friedensforschung. Hrsg. von Dieter Senghaas. Frankfurt a.M. 1971, S. 55—104. Gronow, Jukka und Jorma Hilppö, Violence, Ethics and Politics. In: Journal of Peace Research, 1970, H. 4, S. 311—320. Rammstedt, Otthein (Hrsg.), Gewaltverhältnisse und die Ohnmacht der Kritik. Frankfurt a.M. 1974. Zur Kritik Galtungs vgl. Matz, Ulrich, Politik und Gewalt. Zur Theorie des demokratischen Verfassungsstaates und der Revolution. Freiburg, München 1975, S. 70ff.

4 Erdmann, Karl Dietrich, Die Zeit der Weltkriege (= Gebhardt, Handbuch der deutschen Geschichte, 9. neu bearb. Aufl., hrsg. von Herbert Grundmann, Bd 4, 2 Teilbände). Stuttgart 1973 und 1976, S. 362.

5 Der Begriff stammt von J. Habermas; vgl. Kernig, Claus D., Das Verhältnis von Kriegslehre und Gesellschaftstheorie bei Engels. In: Friedrich Engels 1820—1970, Referate, Diskussionen, Dokumente. Hannover 1971 (= Schriftenreihe des Forschungsinstituts der Friedrich-Ebert-Stiftung, Bd 85), S. 86.

6 Vgl. u.a. Nolte, Ernst, Der Faschismus in seiner Epoche. Die Action française. Der italienische Faschismus. Der Nationalsozialismus. München 1963; Clemenz, Manfred, Gesellschaftliche Ursprünge des Faschismus. Frankfurt a.M. 1972 (= ed. suhrkamp, 550); Mansilla, H.C.F., Faschismus und eindimensionale Gesellschaft. Neuwied und Berlin 1971 (= Sammlung Luchterhand, Bd 18); Wippermann, Wolfgang, Faschismustheorien. Zum Stand der gegenwärtigen Diskussion. Darmstadt ²1975 (= Erträge der Forschung, Bd 17); Schulz, Gerhard, Faschismus — Nationalsozialismus. Versionen und theoretische Kontroversen 1922—1972. Frankfurt a.M., Berlin, Wien 1974; Faschismus als soziale Bewegung. Deutschland und Italien im Vergleich. Hrsg. von Wolfgang Schieder. Hamburg 1976 (= Historische Perspektiven, 3); Saage, Richard, Faschismustheorien. Eine Einführung. München 1976; Winkler, Heinrich August, Revolution, Staat, Faschismus. Zur Revision des Historischen Materialismus. Göttingen 1978.

7 Bracher, Karl Dietrich, Schlüsselwörter in der Geschichte. Mit einer Betrachtung zum Totalitarismusproblem. Düsseldorf 1978, S. 104; vgl. auch S. 26f.

8 Bracher, Karl Dietrich, Der Faschismus. In: Meyers Enzyklopädisches Lexikon, Bd 8, 1973, S. 551.

9 Z.B. von Stresemann.

10 Vgl. u.a. die vom Vierten Kongreß der Sozialistischen Arbeiter-Internationale in einer Resolution vom Sommer 1931 über »Die Lage in Deutschland und Zentraleuropa und der Kampf der Arbeiterklassen um die Demokratie« benutzte Terminologie. Das Dokument ist abgedruckt in Braunthal, Julius, Geschichte der Internationale, Bd 2. Berlin, Bonn ³1978, S. 570ff., hier: S. 571. Vgl. auch Wette, Wolfram, Mit dem Stimmzettel gegen den Faschismus? Das Dilemma des sozialdemokratischen Antifaschismus in der Endphase der Weimarer Republik. In: Frieden, Gewalt, Sozialismus. Studien zur Geschichte der sozialistischen Arbeiterbewegung, hrsg. von Wolfgang Huber und Johannes Schwerdtfeger. Stuttgart 1976 (= Forschungen und Berichte der evangelischen Studiengemeinschaft, Bd 32), S. 358—403, bes. S. 375ff.

11 Vgl. etwa Riesenberger, Dieter, Die katholische Friedensbewegung in der Weimarer Republik. Mit einem Vorwort von Walter Dirks. Düsseldorf 1976, S. 261ff.

12 Siehe Bracher (wie Anm. 7), S. 104.

13 Vgl. Jacobsen, Hans-Adolf, Krieg in Weltanschauung und Praxis des Nationalsozialismus. In: Beiträge zur Zeitgeschichte. Festschrift für Ludwig Jedlicka. St. Pölten 1976.

14 Vgl. Lange, Karl, Hitlers unbeachtete Maximen. »Mein Kampf« und die Öffentlichkeit. Stuttgart, Berlin, Köln, Mainz 1968 (= Geschichte und Gegenwart).

15 Hitler, Adolf, Mein Kampf. München 1930, S. 390–394, 1939, Jubiläumsausgabe 1939, S. 317.
16 Ebd., S. 773.
17 Zur Genesis des Begriffes »Lebenskampf« siehe Lange, Karl, Der Terminus »Lebensraum« in Hitlers »Mein Kampf«. In: VfZG 13 (1965), S. 426–437.
18 Zmarzlik, Hans-Günter, Der Sozialdarwinismus in Deutschland als geschichtliches Problem. In: VfZG 11 (1963), S. 246 ff.; Jäckel, Eberhard, Hitlers Weltanschauung. Entwurf einer Herrschaft. Tübingen 1969, S. 118.
19 Siehe Zmarzlik (wie Anm. 18), S. 32.
20 Hitlers zweites Buch. Ein Dokument aus dem Jahre 1928. Eingel. und kommentiert von Gerald L. Weinberg. Stuttgart 1961 (= Quellen und Darstellungen zur Zeitgeschichte, Bd 7), S. 46 f.
21 Ebd., S. 47.
22 Ebd., S. 52.
23 Ebd., S. 47 f. und 69.
24 Ebd., S. 69.
25 Hitler, Adolf, Der Weg zum Wiederaufstieg [1927]. In: Turner, Henry Ashby, Faschismus und Kapitalismus in Deutschland. Studien zum Verhältnis zwischen Nationalsozialismus und Wirtschaft. Göttingen 1972, S. 41–59, hier S. 51.
26 Hitlers zweites Buch, S. 55. Zum faschistischen Antipazifismus siehe auch Goebbels, Joseph, Der Faschismus und seine praktischen Ergebnisse. Vortrag in der Hochschule für Politik am 29. Juni 1933 in Berlin. In: ders., Signale der neuen Zeit. München [4]1938, S. 316 f.
27 Hitlers zweites Buch, S. 62 und 124.
28 Vgl. Nitschke, August, Der Feind. Erlebnis, Theorie und Begegnung. Formen politischen Handelns im 20. Jahrhundert. Stuttgart 1964.
29 Vortrag Hitlers vor westdeutschen Wirtschaftlern am 27. Januar 1932, S. 11 (Wiederabdruck in: Domarus, Max, Hitler. Reden und Proklamationen 1932–1945. Kommentiert von einem deutschen Zeitgenossen. Bd 1: Triumph (1932–1938). Würzburg 1962, S. 68–90.
30 Ebd., S. 28.
31 Siehe Anm. 15, S. 148 f.
32 Siehe Anm. 20, S. 56.
33 Ebd., S. 57.
34 Siehe Anm. 15, S. 69.
35 Ebd., S. 316.
36 Ebd., S. 689. Zur engen Verzahnung von Innen- und Außenpolitik vgl. auch Hitlers zweites Buch, S. 107, 111 ff.
37 Siehe Anm. 20, S. 62.
38 Zit. nach Jäckel, Hitlers Weltanschauung (wie Anm. 18), S. 31.
39 Vgl. Lenk, Kurt, »Volk und Staat«. Strukturwandel politischer Ideologien im 19. und 20. Jahrhundert. Stuttgart u. a. 1971, S. 106 ff.
40 Vgl. u. a. Broszat, Martin, Der Staat Hitlers. Grundlegung und Entwicklung sei-

ner inneren Verfassung. München 1969, [3]1973 (= dtv-Weltgeschichte des 20. Jahrhunderts, Bd 9), S. 380f.

41 Vgl. Moltmann, Günter, Weltherrschaftsideen Hitlers. In: Europa und Übersee. Festschrift für Egmont Zechlin, Hamburg 1961, S. 197—240; Hildebrand, Klaus, Vom Reich zum Weltreich. Hitler, NSDAP und koloniale Frage 1919—1945. München 1969 (= Veröffentlichungen des Historischen Instituts der Universität Hamburg, Bd 1); Weltherrschaft im Visier. Dokumente zu den Europa- und Weltherrschaftsplänen des deutschen Imperialismus von der Jahrhundertwende bis Mai 1945. Hrsg. und eingel. von Wolfgang Schumann und Ludwig Nestler unter Mitarbeit von Willibald Gutsche und Wolfgang Ruge. Berlin (Ost) 1975; Thies, Jochen, Architekt der Weltherrschaft. Die »Endziele« Hitlers. Düsseldorf 1976.

42 Siehe Anm. 38, S. 13.

43 Hammer, Hermann, Die deutschen Ausgaben von Hitlers »Mein Kampf«. In: VfZG 4 (1956), S. 163.

44 Lange, Karl, Hitlers unbeachtete Maximen. »Mein Kampf« und die Öffentlichkeit. Stuttgart, Berlin, Köln, Mainz 1968 (= Geschichte und Gegenwart), S. 145ff.

45 Ebd., S. 162.

46 Ebd., S. 61.

47 Jahrbuch der deutschen Sozialdemokratie für das Jahr 1930, S. 31.

48 Heuss, Theodor, Hitlers Weg. Stuttgart, Berlin, Leipzig 1933.

49 Knickerbocker, Hubert Renfro, Deutschland — so oder so. Berlin 1932; Oehme, Walter und Kurt Caro, Kommt das Dritte Reich? Berlin 1930; Andernach, Andreas, Hitler ohne Maske. München 1932.

50 Siehe Anm. 44, S. 75—130; Vgl. weiterhin Bacon, Eugene Hayward, American Press Opinion of Hitler 1932—1937. Washington 1948; Kimmel, Adolf, Der Aufstieg des Nationalsozialismus im Spiegel der französischen Presse 1930—1933, Bonn 1969 (= Abhandlungen zur Kunst-, Musik- und Literaturwissenschaft, Bd 70); Illert, Helmut, Die deutsche Rechte der Weimarer Republik im Urteil der englischen Presse 1928—1932. Phil. Diss., Köln 1966; Granzow, Brigitte, A Mirror of Nazism. British Opinion and the Emergence of Hitler 1929—1933. London 1964.

51 Siehe Anm. 44, S. 131ff.

52 Snell, John L., Illusionen und Realpolitik. Die diplomatische Geschichte des Zweiten Weltkrieges. München 1966, S. 31.

53 Siehe Anm. 44, S. 66 und 154; ebenso Bracher, Karl Dietrich, Die deutsche Diktatur. Entstehung, Struktur, Folgen des Nationalsozialismus. Köln und Berlin 1969, S. 141.

54 Siehe Anm. 44, S. 148.

55 Siehe Anm. 2, S. 58.

56 Siehe Anm. 1, S. 20.

Achtes Kapitel

Die schwierige Überredung zum Krieg

Zur psychologischen Mobilmachung der deutschen Bevölkerung 1933–1939

Gelegentlich ist in der internationalen Öffentlichkeit die Meinung anzutreffen, Hitler habe es leicht gehabt, das angeblich aggressionslüsterne deutsche Volk in seine Kriegspläne einzuspannen. Verhielt es sich tatsächlich so? Wie schon der Titel dieses Kapitels signalisieren möchte, war dies keinesweg der Fall. Vielmehr bedurfte es — trotz prägender Traditionen des preußisch-deutschen Militarismus — einer mehrjährigen schwierigen Überredung durch die NS-Regierung, um die deutsche Bevölkerung ein zweites Mal binnen eines Vierteljahrhunderts für einen Krieg zu mobilisieren, der, wie er aufgrund der Kriegsziele Hitlers angelegt war, sich wiederum zu einem Weltkrieg entwickeln mußte.

1. Das Jahr 1933: Zäsur und Kontinuität zugleich

Als der Führer der Nationalsozialistischen Deutschen Arbeiterpartei (NSDAP), Adolf Hitler, am 30. Januar 1933 zum Reichskanzler des Deutschen Reiches ernannt wurde, war jene Phase der Nachkriegszeit, in der Hoffnung bestand, man könne das internationale System stabilisieren, den Krieg ächten und eine dauerhafte Friedensordnung etablieren, unwiderruflich beendet. Nicht wenige — Kommunisten, Sozialdemokraten, Pazifisten — hatten gewarnt: »Hitler bedeutet Krieg!« Sie sollten recht behalten.
Mit dem Jahre 1933 mündete, wie heute offen zutage liegt, die von friedenspolitischen Anstrengungen vielfältiger Art begleitete Nachkriegszeit in eine neue Vorkriegszeit ein. Denn was die an die Macht gekommene Nazi-Partei — sie verkörperte die deutsche Version der in mehreren europäischen Ländern entstandenen faschistischen Bewegungen — sogleich in die Tat umzusetzen begann, war entgegen dem nach außen erweckten Schein nichts anderes als eine Politik der Kriegsvorbereitungen[1].

Wer Hitlers programmatische Schriften gelesen hatte, dem konnte bekannt sein, daß dieser militante Nationalist und fanatische Antisemit bereits seit einem Jahrzehnt von der Idee besessen war, das durch die Niederlage im Weltkrieg 1914—18 gedemütigte und mit der Kriegsschuld belastete Deutschland müsse erneut den Weg der Gewalt gehen, um »Lebensraum« zu erobern und um eine unanfechtbare Weltmachtstellung zu erlangen[2]. Hitler an der Macht: Das bedeutete, daß nun umgehend die Voraussetzungen für einen neuerlichen deutschen »Griff nach der Weltmacht«[3] geschaffen wurden.

Fraglos bedeutete der Regierungsantritt Hitlers eine Zäsur in der jüngeren deutschen und europäischen Geschichte, da mit ihm die aggressivsten Kräfte und Strömungen an die Regierung gelangten, die es damals in Deutschland gab[4]. Aber hinter der Kulisse des historischen Einschnitts gab es auch Kontinuitäten, die für die Geschichte des im Jahre 1871 gegründeten deutschen Nationalstaats insgesamt charakteristisch waren. Dazu gehörte das traditionelle Bündnis bestimmter Eliten in Wirtschaft, Gesellschaft, Bürokratie, Justiz und Militär[5] ebenso wie deren Groß- und Weltmachtsstreben. Hitlers Massenpartei, die sich vornehmlich aus dem deklassierten Mittelstand sowie aus kleinbürgerlichen und bäuerlichen Schichten zusammensetzte, verbündete sich mit diesen traditionellen Eliten. Man muß also sowohl den Bruch sehen, den die »Machtergreifung« der Hitler-Leute bedeutete, als auch die Kontinuitäten, ohne die sich weder die Machtergreifung noch die Aufrüstungspolitik begreifen läßt.

Gemäß der Lehre, daß der zukünftige Krieg noch mehr als der Weltkrieg 1914—1918 ein »totaler« Krieg sein werde[6], reichte die Politik der Kriegsvorbereitungen in nahezu alle Bereiche des staatlichen und gesellschaftlichen Lebens hinein. Man denke an die Diplomatie, die das Ausscheren des Deutschen Reiches aus früher eingegangenen multilateralen Verpflichtungen zu rechtfertigen und die, zusammen mit der Propaganda[7], einen Beitrag zur Verschleierung der deutschen Rüstungs- und Kriegspläne zu leisten hatte. Man denke an die Maßnahmen zur materiellen und personellen Aufrüstung, an die innenpolitische Disziplinierung der gesamten deutschen Bevölkerung, an die Sozial- und Wirtschaftspolitik[8], an die Unterdrückung oppositioneller Teile der Bevölkerung durch rücksichtslosen Terror, nicht zuletzt aber an die psychologische Mobilmachung der deutschen Bevölkerung für den von der Nazi-Regierung geplanten Krieg[9] durch eine umfassende Propaganda.

2. Militaristische Tendenzen vor Hitler

Bezeichnend für den schon vor Hitler erreichten Grad der Militarisierung Deutschlands war es, daß gewisse militärische Verhaltensweisen ziviler Politiker mehr oder minder kritiklos hingenommen wurden. Paul von Hindenburg zum Beispiel, der 1925 zum ersten und 1932 zum zweiten Male gewählte Reichspräsident der ersten deutschen Republik, liebte es, in der Öffentlichkeit in der preußischen Uniform aufzutreten. Damit erinnerte er nicht nur daran, daß er von 1916—1918 der Chef des obersten deutschen militärischen Führungsgremiums (»Oberste Heeresleitung«) gewesen war, sondern setzte auch jene unselige militaristische Tradition fort, die der zivile Reichsgründer Bismarck begründet hatte.
Die Militarisierung zeigte sich auch in anderer Weise: Mehrere ehemalige hohe Militärs bekleideten wichtige Staatsämter, obwohl sich die Reichswehr doch aus der Politik heraushalten und als »Staat im Staate« angesehen werden wollte. Ein enger Mitarbeiter Hindenburgs aus der Zeit des Ersten Weltkrieges, General Wilhelm Groener, war von 1928—1932 Reichswehrminister und 1931/32 zugleich Reichsinnenminister. Ein anderer politisierender General, Kurt von Schleicher, wurde 1932 Reichskanzler und übte zugleich das Amt des Reichswehrministers aus. Aber schon seine beiden »zivilen« Vorgänger Heinrich Brüning und Franz von Papen waren ausgesprochen »militärfromme« Politiker, die dem zunehmenden Einfluß der Reichswehr auf die deutsche Politik keinen nachdrücklichen Widerstand entgegensetzten. In der Endphase der Weimarer Republik, in den Jahren 1930—33, entwickelte sich das deutsche Regierungssystem in raschen Schritten von einer parlamentarischen Demokratie zu einer Staatsform hin, die einer Militärdiktatur ähnlicher war als einer Republik.
Parallel zu diesen politisch-institutionellen Vorgängen vollzog sich eine Militarisierung in den Köpfen der Menschen[10]. Der Beginn dieser neuen Tendenz läßt sich ziemlich exakt auf das Jahr 1929 datieren[11]. Als wichtiges Indiz für die Trendwende in der politischen Stimmungslage kann gelten, daß jetzt eine bestimmte Literatur, deren Markenzeichen darin bestand, daß sie nationalistische und kriegsverherrlichende Aussagen machte, auf das Interesse eines Massenpublikums stieß, d.h. in ungewöhnlich hohen Auflagen verkauft wurde. Die Entwicklungstendenzen im deutschen Film liefen mit dem Boom an kriegsverherrlichender Literatur durchaus parallel.

3. Täuschungsmanöver der »Friedensreden« (1933–36)

In den ersten Jahren der nationalsozialistischen Herrschaft wurde der Propaganda die Erfüllung einer doppelten Aufgabe abverlangt. Erstens sollte sie den Aufbau des totalitären Herrschaftssystems innenpolitisch begleiten und absichern helfen. Die zweite Aufgabe gehörte noch unmittelbarer in die Politik der Kriegsvorbereitung: Es galt, die materielle und personelle Aufrüstung, die sogleich nach Hitlers Ernennung zum Reichskanzler angepackt wurde — wobei man auf bereits vorliegende Planungen zurückgreifen konnte —, zu verschleiern, und zwar sowohl vor dem Ausland als auch vor der eigenen Bevölkerung, soweit sie nicht unmittelbar von den Maßnahmen betroffen war. Einschüchterung der innenpolitischen Gegner und Verschleierung der Kriegsvorbereitungen: dies waren die beiden zentralen Rollen, welche die Nazi-Propaganda nach 1933 zu spielen hatte.
Um auf die »Friedensreden«[12] etwas genauer einzugehen: In den Äußerungen der führenden NS-Politiker wurde in den Jahren 1933–36, aber auch noch bis ins Kriegsjahr 1939 hinein, nichts häufiger betont als die absolute Friedenswilligkeit der von Hitler geführten deutschen Regierung. Bereits zwei Tage nach seiner Ernennung zum Reichskanzler verkündete Hitler in einer viel beachteten Rundfunkrede (1. Februar 1933)[13], seine »nationale Regierung« sei erfüllt von der Größe der Pflicht, »für die Erhaltung und Festigung des Friedens einzutreten, dessen die Welt heute mehr bedarf als je zuvor«. Kurz darauf erklärte er gegenüber englischen und amerikanischen Pressevertretern[14], er sei häufig zu unrecht als ein Mann beschrieben worden, der blutrünstige Brandreden gegen fremde Staaten halte; jeder, der wie er selbst den Krieg kenne — Hitler war bekanntlich Teilnehmer des Ersten Weltkrieges —, wünsche für das deutsche Volk nichts als Frieden und Ruhe.
Des Reichskanzlers Regierungserklärung zur Außenpolitik vom 17. Mai 1933[15] wurde — in Fortsetzung der vollmundigen Friedensbeteuerungen der zurückliegenden Monate — von der deutschen Propaganda als große »Friedensrede« angepriesen. In vielen Sprachen nachgedruckt und weltweit verbreitet, dürfte gerade diese Rede im In- und Ausland viele Menschen hinsichtlich des wahren Charakters der nationalsozialistischen Politik getäuscht haben. Hitler erklärte bei dieser Gelegenheit — fast schon in der Tonlage eines überzeugten Pazifisten —, ein neuer Krieg wäre ein »Wahnsinn ohne Ende«, er würde nur das europäische Gleichgewicht stö-

ren, und daher sei es »der tiefernste Wunsch der nationalen Regierung des deutschen Reiches, eine solche unfriedliche Entwicklung durch ihre aufrichtige und tätige Mitarbeit zu verhindern«.
Worte und Taten: Goebbels mahnte im Rundfunk (17. Juli 1933)[16], die Welt möge nun doch endlich einsehen, daß die deutsche Regierung und mit ihr das deutsche Volk nichts sehnlicher wünschten, als in Frieden und in innerer und äußerer Ruhe ihrer Arbeit nachzugehen und ihr tägliches Brot zu verdienen. Fast gleichzeitig ließ er in einer reichsweiten Aktion pazifistische Literatur öffentlich verbrennen.
Derselbe Propagandaminister Goebbels reiste dann im September 1933 nach Genf[17], wo in der Sitzung des Völkerbundes seit geraumer Zeit über Abrüstungsprobleme diskutiert wurde. Vor Vertretern der internationalen Presse, die seiner Einladung gefolgt waren, gab er seinem Bedauern darüber Ausdruck, daß die nationalsozialistische Politik der vergangenen Monate im Ausland auf »Verständnislosigkeit, Mißtrauen oder gar Ablehnung« gestoßen sei. Erneut behauptete er, das ganze Aufbauwerk der deutschen Regierung habe nichts mit Revanche und Krieg zu tun, sondern sei »von dem Geiste des Friedens getragen«.
Beteuerungen dieser Art hinderten Hitler allerdings nicht daran, wenige Wochen später (am 14. Oktober 1933) bekanntzugeben, daß Deutschland die Abrüstungskonferenz verlassen und aus dem Völkerbund austreten werde. Zur Beschwichtigung des Auslandes wurden wiederum einige »Friedensreden«[18] gehalten. Intern gestand Hitler jedoch ein, daß nun die Gefahr eines Einmarsches französischer Truppen in das Rheinland bestand. Tatsächlich geschah jedoch nichts dergleichen.
Vielleicht lag das Ausbleiben deutlicherer ausländischer Reaktionen auch daran, daß die Nazi-Propaganda sich zu diesem Zeitpunkt insgesamt sehr zurückhaltend und defensiv gab. So wurde zum Beispiel das Thema Antibolschewismus[19] in der Form der Bollwerk-These vorgetragen. Man behauptete, das NS-Regime könne für sich in Anspruch nehmen, Deutschland und Europa und damit zugleich die »abendländische Kultur« überhaupt vor dem Bolschewismus gerettet zu haben, indem es sich diesem als unüberwindliches Bollwerk in den Weg gestellt habe. Propagandistische Variationen dieser Art machten nicht nur beim deutschen Bürgertum Eindruck, sondern auch im westlichen Ausland, in Frankreich nicht weniger als in Großbritannien und in den USA, vom faschistischen Italien ganz zu schweigen.

Das nach den Friedensbeteuerungen zweithäufigste Propagandathema war die Forderung nach Gleichberechtigung für Deutschland[20]. Da Parolen wie »Revision von Versailles« und »Gleichberechtigung für die Deutschen« keine Erfindung der NS-Propaganda darstellten, sondern seit der Weimarer Zeit zum gängigen Sprachschatz der gesamten politischen Rechten gehörten, fiel es nicht schwer, der deutschen Bevölkerung und dem Ausland zu suggerieren, das NS-Regime wolle letztlich doch nichts anderes, als die friedliche Außenpolitik der früheren Weimarer Regierungen fortzusetzen.

Man mußte schon genauer hinsehen, um zu erkennen, daß die Gleichberechtigungs-Forderung einen harten politischen Kern hatte, nämlich in der Rüstungsfrage. Darüber wurde auch offen gesprochen. Hitler erklärte in seiner bereits erwähnten »Friedensrede« vom 17. Mai 1933, Deutschland wolle eine »tatsächliche Gleichberechtigung im Sinne der Abrüstung der anderen Nationen«, um sogleich hinzuzufügen, wenn die anderen Staaten nicht abrüstungswillig seien, dann müsse Deutschland auf seiner Forderung nach Gleichberechtigung bestehen, was nichts anderes hieß als: auf seinem Recht zur Aufrüstung.

Die Abrüstungsforderung, von der NS-Propaganda nicht minder virtuos in Szene gesetzt, richtete sich ausschließlich an die Adresse der anderen europäischen Staaten. Deutschland, so wurde argumentiert, habe infolge der militärischen Bestimmungen des Versailler Friedensvertrages längst einseitig abgerüstet und warte nun seit Jahren vergebens auf die Einlösung des Abrüstungsversprechens der anderen. Diese Argumentation bot dann auch das geeignete Alibi für den Austritt aus dem Völkerbund und aus der Genfer Abrüstungskonferenz.

Hitler bestritt nicht, daß er eine Revision des Versailler Vertrages wollte. Dabei berief er sich auf das Nationalitätenprinzip: Es liege im Interesse aller, eine Neuordnung der Staaten nach den wirklichen Volksgrenzen in vernünftiger Weise zu bewerkstelligen. Natürlich wolle Deutschland die Revision nur auf friedlichem Wege, durch Verhandlungen.

Betrachtet man die Propagandathemen, welche vom NS-Regime in den Jahren 1933—36 in den Vordergrund gestellt wurden, noch einmal zusammenfassend, so fällt ein gemeinsamer Grundzug auf: Sie waren allesamt populär und sie konnten, für sich alleine genommen, also ohne Berücksichtigung der Taten Hitler-Deutschlands, durchaus als eine kontinuierliche Fortsetzung der Politik der Weimarer Regierungen mißverstanden werden.

Auch die ausschließlich auf die innenpolitische Szene gemünzte Propaganda war in diesen Jahren der geheimen Aufrüstung eher zurückhaltend und keineswegs leicht zu durchschauen. Man beschränkte sich auf die Verherrlichung von Tugenden, die der konservativ-nationalistischen Ideen- und Wertewelt seit jeher vertraut waren und die jetzt zur Staatsideologie erhoben wurden, ohne deswegen schon aggressiv zu wirken: Edelmut, Heroismus, Männlichkeit, Opferbereitschaft, Disziplin, Einordnungsvermögen, glühende Hingabe an den Staat und an die gemeinsame nationale Sache.
Es war unter propagandistischen Gesichtspunkten schon gekonnt gemacht, wie Hitler, Goebbels und ihre vielen Helfer die geheime materielle und personelle Mobilmachung[21] in den ersten 3 bis 4 Jahren der NS-Herrschaft verschleierten. Ein grandioses Täuschungsmanöver, das seinen Zweck im Großen und Ganzen erfüllte; denn das NS-Regime konnte in jenen Jahren, vom Ausland ungestört, den raschen Ausbau seiner Macht bewerkstelligen. Rückblickend hat sich Goebbels[22] später (1940) in triumphierender Weise mit den Erfolgen seiner Propagandastrategie gebrüstet:
»Bis jetzt ist es uns gelungen, den Gegner über die eigentlichen Ziele Deutschland im unklaren zu lassen, genau so wie unsere innenpolitischen Gegner bis 1932 gar nicht gemerkt hatten, wohin wir steuerten, daß der Schwur auf die Legalität nur ein Kunstgriff war. Wir wollten legal an die Macht kommen, aber wir wollten sie doch nicht legal gebrauchen [...] Man hätte uns ja erdrücken können [...] Nein, man hat uns durch die Gefahrenzone hindurch gelassen. Genau so war das in der Außenpolitik [...] 1933 hätte ein französischer Ministerpräsident sagen müssen (und wäre ich französischer Ministerpräsident gewesen, ich hätte es gesagt): der Mann ist Reichskanzler geworden, der das Buch ›Mein Kampf‹ geschrieben hat, in dem das und das steht. Der Mann kann nicht in unserer Nachbarschaft geduldet werden. Entweder er verschwindet, oder wir marschieren. Das wäre durchaus logisch gewesen. Man hat darauf verzichtet. Man hat uns gelassen, man hat uns durch die Risikozone ungehindert durchgehen lassen, und wir konnten alle gefährlichen Klippen umschiffen, und als wir fertig waren, gut gerüstet, besser als sie, fingen sie den Krieg an.« Mit Ausnahme des letzten Halbsatzes — die anderen hätten den Krieg angefangen — entsprach dieser Rückblick des Propagandaministers durchaus den Tatsachen. Denn die ersten Jahre der forcierten Aufrüstung, von Goebbels als »Risikozone« bezeichnet, riefen, nicht zuletzt dank der Verschleierungs- und Täuschungspropaganda, keine der Siegermächte des Weltkrieges 1914—18 auf den Plan.

4. Einschüchterungspropaganda

In den »Friedensjahren« 1933—39, die in Wirklichkeit Jahre der intensiven Kriegsvorbereitung waren, läßt sich kein bestimmtes Datum ausmachen, von dem an die deutsche Propaganda sichtbar von ihrem Friedensthema auf eine härtere Gangart umgeschaltet hätte, die man bereits als unmittelbare Einstimmung auf den bevorstehenden Krieg ansehen könnte. Die Propaganda vollzog keinen plötzlichen Schwenk, sondern sie änderte ihre Stoßrichtung in einem mehrjährigen, fein abgestuften Prozeß. Etwa seit dem Frühjahr 1936 — bereits ein Jahr zuvor war die Allgemeine Wehrpflicht wieder eingeführt worden — wurden die heuchlerischen Beschwörungen von Friedensliebe mit deutlichen Hinweisen auf die zwischenzeitlich wiedergewonnene eigene Machtstellung verbunden. Verbales »Säbelrasseln« war fortan ein fester Bestandteil der Verlautbarungen des NS-Regimes.

In diesen Jahren (1936—39) weitete das NS-Regime Zug um Zug seinen machtpolitischen Handlungsspielraum aus. Dabei folgten die einzelnen Aktionen einem ziemlich einheitlichen Handlungsmuster: Das von Hitler gesteckte politische Teilziel wurde zunächst — In- und Ausland betreffend — propagandistisch aufbereitet; mit dem Einsatz militärischer Gewalt wurden sodann, unter Ausnutzung des Überraschungsmoments, in raschem Zugriff vollendete Tatsachen geschaffen; hernach fiel der Propaganda die Aufgabe zu, der Weltöffentlichkeit zu versichern, daß das Deutsche Reich nun keine weiteren territorialen Ansprüche mehr habe und die Erhaltung des Friedens nach wie vor das höchste Ziel der deutschen Regierung sei; gleichzeitig wurde jedoch mit einem drohenden Unterton auf die inzwischen zurückgewonnenen militärischen Fähigkeiten hingewiesen. Auf die Phase der Einschläferung folgte so allmählich die Phase der Einschüchterung.

Nach dem soeben beschriebenen Handlungsmuster vollzog sich die »Remilitarisierung der Rheinlandes«: Am 7. März 1936 marschierten deutsche Truppen überraschend in das laut Versailler Vertrag entmilitarisierte Rheinland ein. Um erwartete Proteste oder gar Gegenaktionen des Auslandes zu entschärfen und um von seinen weitergehenden Absichten abzulenken, zauberte Hitler unmittelbar nach dem Einmarsch ein Sieben-Punkte-Programm zur Errichtung eines Systems der »europäischen Friedenssicherung« aus dem Hut[23]. Es enthielt ein Angebot zum Abschluß von Nichtangriffspakten und bewegte sich im übrigen im Rahmen der seit mehreren

Jahren erprobten »Friedensreden«. Drei Wochen später ließ Hitler die deutsche Bevölkerung auf dem Wege einer Rundfunkansprache wissen: »Ich glaube nicht, daß in der Welt ein Mann mehr von Frieden und für den Frieden geredet und gerungen hat als ich.«[24] Gleichzeitig verkündete die Propaganda, mit der Remilitarisierung des Rheinlandes sei der Kampf um die Gleichberechtigung Deutschlands abgeschlossen. Hitler wurde der Bevölkerung damit als erfolgreicher Vollstrecker der in der Weimarer Zeit erfolglos gebliebenen revisionistischen Bestrebungen präsentiert.

Während des NSDAP-Parteitages von 1937[25] drohte Hitler offener als je zuvor mit dem Einsatz der Wehrmacht, wobei er ganz allgemein auf eine angeblich »bolschewistische Weltgefahr« hinwies. Heute sei jedenfalls die Zeit vorbei, wo man einem wehrlosen Volk alles habe zumuten können. Die deutschen Soldaten seien heute sogar noch besser als früher.

Am 20. Februar 1938 legte Hitler vor dem — ausschließlich aus Nationalsozialisten zusammengesetzten — Reichstag einen Rechenschaftsbericht über die zurückliegenden fünf Jahre ab[26]. Es war für ihn eine gute Gelegenheit, gegenüber dem Ausland wie der eigenen Bevölkerung die inzwischen erreichte Machtfülle zu demonstrieren:

»Das deutsche Friedensheer ist aufgestellt! Eine gewaltige Luftwaffe schützt unsere Heimat! Eine neue Macht zur See unsere Küsten! Inmitten der gigantischen Steigerung unserer allgemeinen Produktion wurde es möglich, eine Aufrüstung ohnegleichen durchzuführen!«

Weiterhin redete Hitler von »Verteidigen bis zum letzten Atemzug«, von »blinder Treue und blindem Gehorsam«, von »blitzschnellem Handeln«, falls das Ausland zu intervenieren beabsichtige, sowie von »Stahl und Eisen«, das die deutsche Heimat schützen werde.

Das Jahr 1938 brachte eine weitere Steigerung der verbalen Aggressivität in der nationalsozialistischen Propaganda. Die Friedensphrasen traten jetzt zunehmend hinter unmißverständlichen Drohungen zurück, Deutschland sei künftig zum Äußersten entschlossen und zu keinem Kompromiß mehr bereit. Am 12. März 1938 marschierten deutsche Truppen in Österreich ein[27]. Die Propaganda pries diese neuerliche Aggressionshandlung als »Freundschaftsbesuch« und als »Friedenswerk«. Hitler, so hieß es, habe Österreich davor bewahrt, wie Spanien im Bürgerkrieg zu versinken. Durch den »Anschluß« des deutschsprachigen Nachbarlandes sei Deutschland nun wieder eine »Weltmacht« geworden, die von keiner anderen Macht mehr bezwungen werden könne.

Das nächste Ziel Hitlers war die Tschechoslowakei. Goebbels inszenierte einen regelrechten Propagandafeldzug[28], um eine militärische Lösung der sogenannten Sudetenkrise – die angeblich durch tschechische Gewalttätigkeiten gegen den sudetendeutschen Bevölkerungsteil hervorgerufen war – vorzubereiten. Durch diese Kampagne entstand in der deutschen Bevölkerung, wie wir aus den Berichten der Meinungsforschungsinstanzen des »Dritten Reiches«[29] wissen, erstmals eine aktuelle und konkrete Kriegsfurcht[30]. Sie wich einer allgemeinen Erleichterung, als Ende September 1938 überraschend das Treffen Hitlers mit dem britischen Premierminister Chamberlain, dem französischen Ministerpräsidenten Daladier und dem italienischen Diktator Mussolini zustande kam, das mit dem Münchener Abkommen endete. Es forderte die – an der Münchener Konferenz nicht beteiligte – Tschechoslowakei auf, die Sudetengebiete bis zum 10. Oktober 1938 zu räumen, woraufhin der Einmarsch deutscher Truppen in dieses Gebiet erfolgte.
Im In- und Ausland herrschte allgemeine Erleichterung darüber, daß es noch einmal gelungen war, den Krieg zu vermeiden. Die deutsche Propaganda pries Hitler in den höchsten Tönen, weil diese Entwicklung angeblich sein Verdienst gewesen sei. Dieser zeigte sich von dem unblutig errungenen Sieg allerdings eher enttäuscht und visierte für das kommende Frühjahr seine nächsten Teilziele an, nämlich die Eroberung der sogenannten »Resttschechei« und des an der Ostgrenze gelegenen Memelgebietes.

5. Die »pazifistische Platte« wird abgesetzt

Der Tatbestand, daß es während der Sudetenkrise zu einem raschen Ansteigen der Kriegsfurcht in der deutschen Bevölkerung gekommen war, zeigte der NS-Führung, daß die psychologische Mobilmachung noch nicht jenes Stadium erreicht hatte, das die Propagandisten für nötig hielten. Daher kam Hitler nun zu der Überzeugung, der Zeitpunkt sei gekommen, die bereits seit längerem eingeleitete Umstellung von den sanften Friedensbeteuerungen auf Drohgebärden zu forcieren. Dabei ging es ihm in erster Linie darum, auf die deutsche Bevölkerung einzuwirken, sie psychologisch auf kriegerische Lösungen vorzubereiten, und erst in zweiter Linie um die Einschüchterung des Auslandes.

Diesen neuen Propagandakurs verkündete Hitler persönlich in einer Geheimrede, die er am 10. November 1938 vor etwa 400 deutschen Journalisten und Verlegern, darunter sämtlichen Spitzenfunktionären des NS-Propagandaapparates, hielt. Bei dieser Gelegenheit sprach er in aller Offenheit aus, daß die Friedensphrasen der zurückliegenden Jahre ein großes Täuschungsmanöver darstellten, um die eigene Aufrüstung propagandistisch abzuschirmen und das In- und Ausland irrezuführen. Für das Verständnis der psychologischen Mobilmachung der deutschen Bevölkerung auf den nunmehr absehbaren Kriegsbeginn stellt diese Rede ein Schlüsseldokument dar. Daher werden hier wichtige Passagen im Wortlaut wiedergegeben:
»Die Umstände haben mich gezwungen, jahrzehntelang fast nur vom Frieden zu reden. Nur unter der fortgesetzten Betonung des deutschen Friedenswillens und der Friedensabsichten war es mir möglich, dem deutschen Volk Stück für Stück die Freiheit zu erringen und ihm die Rüstung zu geben, die immer wieder für den nächsten Schritt als Voraussetzung notwendig war. Es ist selbstverständlich, daß eine solche jahrzehntelang betriebene Friedenspropaganda auch ihre bedenklichen Seiten hat; denn es kann nur zu leicht dahin führen, daß sich in den Gehirnen vieler Menschen die Auffassung festsetzt, daß das heutige Regime an sich identisch sei mit dem Entschluß und dem Willen, den Frieden unter allen Umständen zu bewahren. Das würde aber nicht nur zu einer falschen Beurteilung der Zielsetzung dieses Systems führen, sondern es würde vor allem auch dahin führen, daß die deutsche Nation, statt den Ereignissen gegenüber gewappnet zu sein, mit einem Geist erfüllt wird, der auf die Dauer als Defaitismus gerade die Erfolge des heutigen Regimes nehmen würde und nehmen müßte. Der Zwang war die Ursache, warum ich jahrelang nur vom Frieden redete. Es war nunmehr notwendig, das deutsche Volk psychologisch umzustellen und ihm langsam klarzumachen, daß es Dinge gibt, die, wenn sie nicht mit friedlichen Mitteln durchgesetzt werden können, mit den Mitteln der Gewalt durchgesetzt werden müssen. Dazu war es aber notwendig, nicht etwa nur die Gewalt als solche zu propagieren, sondern es war notwendig, dem deutschen Volk bestimmte außenpolitische Vorgänge so zu beleuchten, daß die innere Stimme des Volkes selbst langsam nach der Gewalt zu schreien begann. Das heißt also, bestimmte Vorgänge so zu beleuchten, daß im Gehirn der breiten Masse des Volkes ganz automatisch allmählich die Überzeugung ausgelöst wurde: wenn man das eben

nicht im guten abstellen kann, dann muß man es mit Gewalt abstellen; so aber kann es auf keinen Fall weitergehen«.

Diese Umstellung der Propaganda, fuhr Hitler fort, sei seit Monaten planmäßig begonnen, planmäßig fortgeführt und verstärkt worden. Die »pazifistische Platte« habe sich jetzt »bei uns abgespielt«, weil man ihr ohnehin nicht mehr glaube[31].

Gemäß den Weisungen des Diktators stand das Jahr bis zum Beginn des Krieges im September 1939 im Zeichen einer planmäßigen psychologischen Mobilmachung für den Krieg. Durch eine Intensivierung der Wehrmachtpropaganda sollte das Selbstvertrauen des deutschen Volkes zu seiner eigenen Kraft, d.h. zu seinen militärischen Machtmitteln gestärkt werden. Die Wehrmacht wurde nun durch alle zur Verfügung stehenden Publikationsmittel in den Mittelpunkt des öffentlichen Interesses gerückt.

Ganz allmählich und eher indirekt machte die Propaganda die Bevölkerung auch mit einem Kriegsziel vertraut. Es gehe, wie nun mehrfach zu vernehmen war, um die Sicherstellung der Ernährung des deutschen Volkes, was nur durch die Erweiterung seines »Lebensraums« möglich sein werde. Diese öffentliche Propagierung des Lebensraumprogramms begann mit Hitlers Reichstagsrede vom 30. Januar 1939[32]. In allgemeiner Weise wurde von besitzenden und besitzlosen Völkern geredet und die Schlußfolgerung gezogen, daß Deutschland nicht auf die Dauer zu den besitzlosen gehören könne. Da war es dann nicht mehr weit bis zu der Argumentation, nur bei einem Macht- und Besitzausgleich sei »wirklicher Frieden« möglich. Die Lebensraumpropaganda spielte bei der militärischen Besetzung des restlichen Teils der Tschechoslowakei im März 1939 erstmals eine größere Rolle.

6. Einkreisungspropaganda und prophylaktische Kriegsschuldabwälzung

Im Frühjahr und Sommer 1939 wurde die Propaganda direkt auf Kriegsvorbereitung zugeschnitten. Zwei Themen traten jetzt in den Vordergrund: Erstens die Behauptung, Deutschland werde von feindlichen Mächten eingekreist[33] — eine ähnliche Propaganda hatte schon vor 1914 zur Mobilisierung für den Krieg beigetragen —, zweitens die vorsorgliche Schuldzuweisung auf die anderen Staaten, falls diese nicht zur Erfüllung der deutschen Lebensraumforderungen bereit sein sollten.

Um bei der deutschen Bevölkerung Bedrohtheitsgefühle zu stimulieren, behauptete die NS-Propaganda[34] nun, in England säßen böse Kriegshetzer, die einen Eisenring um das friedliebende Deutschland zu legen versuchten. England, Frankreich und die USA verträten die Interessen des »Weltjudentums«, der »Weltdemokratie« und damit auch des »Weltbolschewismus«. Das Ziel dieser Feindbildfixierung war klar: Die Deutschen sollten glauben, sie befänden sich in der gleichen Situation wie 1914, umgeben von neidischen Nachbarn und kriegshetzerischen Konkurrenten, die das friedliebende Deutsche Reich überfallen wollten.
Der Kampf gegen jenen Paragraphen des Versailler Vertrages, welcher das wilhelminische Deutschland mit der Kriegsschuld belastete, hatte seit dem Jahre 1919 unter dem Stichwort »Kriegsschuldlüge« zur propagandistischen Standardausrüstung der deutschen Nationalisten gehört. Die NS-Propaganda nahm dieses Stichwort nun in veränderter Form wieder auf, um bereits im Vorfeld einer kriegerischen Auseinandersetzung die voraussichtlichen Gegner — nämlich zunächst Großbritannien, Frankreich und dann auch die USA — mit dem Odium der Kriegsschuld zu belasten. Da Krieg, wie die nationalsozialistischen Führer wußten, trotz aller psychologischen Mobilisierungsbemühungen nach wie vor unpopulär war, sollte bereits prophylaktisch klargestellt werden, daß Deutschland einem Abwehrkampf, also einem Verteidigungskrieg entgegengehe[35]. Konnten die eigenen Aggressionspläne auf diese Weise glaubhaft verschleiert werden?
Seit Mai 1939 wartete Hitler auf eine passende Gelegenheit, Polen anzugreifen. Da sie sich nicht von alleine einstellte, ließ Hitler Ende August einen fingierten polnischen Angriff auf den deutschen Sender Gleiwitz inszenieren, um die eigenen Maßnahmen als Verteidigungshandlungen hinstellen zu können. Vorab bereitete seit August 1939 eine antipolnische Verteufelungskampagne — mit frei erfundenen Schilderungen bestialischer polnischer Terrorakte gegen in Polen lebende Deutsche — den Boden. Sie verfolgte das Ziel, ein gewaltsames Vorgehen als notwendig, ja unabwendbar erscheinen zu lassen.
Den Überfall der deutschen Wehrmacht auf Polen, der am 1. September 1939 begann, verkaufte die deutsche Propaganda als »Gegenschlag«. Es werde »zurückgeschossen«, behauptete Hitler. Als der deutschen Aktion die Kriegserklärungen Großbritanniens und Frankreichs folgten, war es selbstverständlich, daß die NS-Propaganda in Fortsetzung ihrer seit längerem eingeübten Linie die Version verbreitete, Deutschland befände sich in einem aufge-

zwungenen und daher gerechten Krieg. Damit hatte die seit 1933 zielstrebig verfolgte Täuschungspropaganda ihren vorläufigen Höhepunkt erreicht.

7. Kriegsfurcht in der deutschen Bevölkerung

Anders als am Beginn des Ersten Weltkrieges im August 1914 war im September 1939 in der deutschen Bevölkerung von Kriegsbegeisterung wenig zu spüren. Die Stimmung war eine völlig andere, gekennzeichnet durch Betroffenheit, Angst, Apathie, Passivität, Beklemmung, Unruhe. Die Deutschen — zumindest der größere Teil der deutschen Bevölkerung — wollten keinen Krieg. Die in den Jahren 1933 bis 1939 verfaßten Stimmungs- und Lageberichte, die uns ein ziemlich genaues Bild von der Einstellung der deutschen Bevölkerung vermitteln, lassen keinen anderen Schluß zu als den, daß »die Deutschen nicht aggressionslüstern oder kriegsbegeistert, sondern eher resigniert, voller Kriegsfurcht und Friedenssehnsucht waren«[36]. Bedeutete dies, daß die psychologische Mobilmachung, die das NS-Regime mit so großem Aufwand betrieben hatte, mißlungen war?
Die Beantwortung dieser Frage hängt von dem Maßstab ab, den man anlegt. Wenn es das Propagandaziel der NS-Regierung war, eine an den Erfahrungen des August 1914 orientierte Kriegsbegeisterung zu entfachen, so läßt sich eindeutig sagen, daß dieses Ziel verfehlt wurde. Die deutsche Bevölkerung hatte die bis 1938 weitgehend gewaltlos errungenen außenpolitischen Erfolge Hitlers begrüßt. Aber die Furcht vor einem neuen Kriege war dadurch nicht geschwunden. Auch lebten die friedensbewahrenden Traditionen, denen sich die 1933 verbotene sozialistische Arbeiterbewegung und der bürgerliche Pazifismus verbunden fühlten, fort, auch wenn sie 1939 längst nicht mehr artikuliert werden konnten. Das großangelegte Täuschungsmanöver der mehrjährigen regierungsamtlichen Friedensbeteuerungen hat bei vielen Deutschen — zumindest zeitweilig — die illusionäre Hoffnung wachsen lassen, die Naziführer könnten es mit ihren Friedensabsichten ernst meinen. Tatsächlich hatte die Friedensdemagogie Neben- und Folgewirkungen, die sich selbst in der letzten Phase der psychologischen Mobilmachung (zwischen November 1938 und September 1939) nicht mehr vollständig neutralisieren ließen.
Eine freudige Kriegsbejahung hat es am Beginn des Zweiten Weltkrieges nur bei einem kleinen Teil der Bevölkerung gegeben. Bei der Mehrheit

dominierten Widerwillen und Furcht. Aber diese Mehrheit, die auch nach dem Beginn des Krieges immer wieder Friedenshoffnungen anhing, sah keine Möglichkeit, diesen Hoffnungen und Wünschen Ausdruck zu geben oder sie gar politisch wirksam werden zu lassen. Der NS-Propaganda war es zwar nicht gelungen, diese Mehrheit der Deutschen auf ihren Kriegskurs mitzureißen, aber sie hatte etwas anderes zu bewerkstelligen vermocht, nämlich eine weitgehende Desorientierung der Bevölkerung über die wirklichen Absichten der deutschen Regierung wie auch die der anderen Mächte. Der Strudel von propagandistischen Schlagworten — Plutokraten, Weltjudentum, Lebensraum, Einkreiser, Weltbolschewismus — hinterließ allenthalben Verwirrung.

Gab es wirklich Feinde, die Deutschland angreifen wollten? Waren es die angelsächsischen Plutokraten? Oder die Polen, angestiftet von Franzosen und Engländern? Oder das angeblich allgegenwärtige Weltjudentum? Oder der Weltbolschewismus, mit dem man allerdings soeben einen Nichtangriffsvertrag (Hitler-Stalin-Pakt vom August 1939) geschlossen hatte? War Deutschland schon wieder eingekreist?

Die desinformierte und desorientierte deutsche Bevölkerung wußte auf diese Fragen keine klaren Antworten zu geben. Aber es war der auf Verwirrung angelegten NS-Propaganda immerhin doch gelungen, ein unbestimmtes Gefühl des Bedrohtseins zu wecken. Hinzu kam die in Deutschland weit verbreitete fatalistische Einstellung, derzufolge Krieg ein schicksalhafter Vorgang war, den man von Zeit zu Zeit zu erleiden hatte. Schließlich wirkte sich nun das Ergebnis der jahrelangen Einschüchterung, Disziplinierung und Verfolgung der innenpolitischen Gegner aus. Dies alles zusammengenommen führte 1939 dann zu jenem Minimum an Kriegsbereitschaft, das Hitler und seine Leute benötigten, um den lange geplanten Kriegskurs in die Tat umzusetzen. Es manifestierte sich bei der deutschen Bevölkerung als widerwillig-loyales Verhalten.

Beim Beginn des Zweiten Weltkrieges schrien die Deutschen nicht »Hurra!« wie 1914, aber sie folgten. Die meisten von ihnen wollten keinen Krieg, schon gar keinen Weltkrieg, aber sie verhielten sich gleichwohl genau so, wie die nationalsozialistische Regierung es wünschte. Keine Revolution, keine massenhafte Weigerung, nicht einmal verbaler Widerspruch. Fatalismus und Angst vor dem allmächtig erscheinenden Unterdrückungsapparat wiesen auf den Weg des widerwilligen Gehorsams.

Anmerkungen

1 Eine umfassende Analyse der deutschen Kriegsvorbereitungen bietet das Werk: Das Deutsche Reich und der Zweite Weltkrieg. Bd 1: Ursachen und Voraussetzungen der deutschen Kriegspolitik. Von Wilhelm Deist/Manfred Messerschmidt/Hans-Erich Volkmann/Wolfram Wette. Stuttgart 1979. Vgl. jetzt auch die englische Übersetzung: The Build-Up of German Aggression (= Germany and the Second World War, Vol 1). Oxford 1990, sowie die Taschenbuchausgabe: Ursachen und Voraussetzungen des Zweiten Weltkrieges. Frankfurt/M. 1989.

2 Vgl. Eberhard Jäckel, Hitlers Weltanschauung. Entwurf einer Herrschaft. Tübingen 1969. Zum Stand der Hitler-Forschung vgl. Gerhard Schreiber, Hitler. Interpretationen 1923—1983. Ergebnisse, Methoden und Probleme der Forschung. Darmstadt [2]1984.

3 »Griff nach der Weltmacht« lautet der Titel der berühmt gewordenen Analyse der Kriegszielpolitik des kaiserlichen Deutschland 1914/18 des Hamburger Historikers Fritz Fischer. 1. Aufl. Düsseldorf 1961.

4 Vgl. hierzu den aus einer Rundfunk-Sendereihe hervorgegangenen Sammelband von Oswald Hirschfeld (Hrsg.), Auf dem Weg ins Dritte Reich. Kräfte — Tendenzen — Strömungen. Bonn 1981 (= Schriftenreihe der Bundeszentrale für politische Bildung, Bd 175).

5 Fritz Fischer, Bündnis der Eliten. Zur Kontinuität der Machtstrukturen in Deutschland 1871—1945. Düsseldorf 1979.

6 Siehe dazu die Schrift eines der politisch einflußreichsten deutschen Generäle aus der Zeit des Ersten Weltkrieges, Erich Ludendorff: Der totale Krieg. München 1935.

7 Einschlägig die Spezialstudie von Jutta Sywottek, Mobilmachung für den totalen Krieg. Die propagandistische Vorbereitung der deutschen Bevölkerung auf den Zweiten Weltkrieg. Opladen 1976.

8 Zur Sozialpolitik vgl. das voluminöse Werk von Timothy W. Mason, Arbeiterklasse und Volksgemeinschaft. Dokumente und Materialien zur deutschen Arbeiterpolitik 1936—1939. Opladen 1975.

9 Vgl. Wolfram Wette, Ideologien, Propaganda und Innenpolitik als Voraussetzungen der Kriegspolitik des Dritten Reiches. In: Das Deutsche Reich und der Zweite Weltkrieg. Bd 1 (wie Anm. 1), S. 23—173. Auf die in diesem Werk vorgetragenen Forschungsergebnisse stützen sich die folgenden Ausführungen.

10 Vgl. Andreas Hillgruber, Militarismus am Ende der Weimarer Republik und im »Dritten Reich«. In: ders., Großmachtpolitik und Militarismus im 20. Jahrhundert. 3 Beiträge zum Kontinuitätsproblem. Düsseldorf 1974, S. 37—51. Michael Geyer, Aufrüstung oder Sicherheit. Die Reichswehr in der Krise der Machtpolitik 1924—1936. Wiesbaden 1980.

11 Zu dieser These vgl. im einzelnen Kapitel 6: »Von Kellogg bis Hitler«.

12 Vgl. hierzu im einzelnen Wette (wie Anm. 9), S. 113—121.

13 Text dieser Rede in: Max Domarus, Hitler. Reden und Proklamationen 1932—1945. Bd I: Triumph (1932—1938). Würzburg 1962, S. 191—194, hier: S. 193.

14 Ebd., S. 200.

15 Ebd., S. 273.
16 Rundfunkrede von Goebbels am 17. Juni 1933. Abgedruckt in: Joseph Goebbels, Signale der neuen Zeit. München [4]1938, S. 185. Zur Rolle des »Reichsministers für Volksaufklärung und Propaganda« in der Phase 1933—1939 vgl. jetzt auch: Die Tagebücher von Joseph Goebbels. Sämtliche Fragmente. Hrsg. v. Elke Fröhlich. Bde 2 und 3. München, New York, London, Paris 1987.
17 Abgedruckt in: Goebbels, Signale (wie Anm. 16), S. 234ff.
18 Texte der Reden Hitlers in: Domarus I (wie Anm. 13), S. 306f., S. 314.
19 Zur antibolschewistischen Propaganda vgl. Sywottek (wie Anm. 7), S. 104ff., und Wette (wie Anm. 9), S 116ff.
20 Genaue Analyse dieser und der folgenden Propagandathemen bei Wette (Anm. 9), S. 114—121.
21 Siehe im einzelnen Wilhelm Deist, Die Aufrüstung der Wehrmacht. In: Das Deutsche Reich und der Zweite Weltkrieg. Bd 1 (wie Anm. 1), S. 369—532.
22 Geheime Erklärung von Goebbels am 5. April 1940 vor geladenen Vertretern der deutschen Presse. Auszugsweise abgedruckt in: Hans-Adolf Jacobsen, Der Zweite Weltkrieg. Grundzüge der Politik und Strategie in Dokumenten. Frankfurt/M. 1965, S. 180f.
23 Regierungserklärung Hitlers vom 7. März 1936, in: Domarus I (wie Anm. 13), S. 583ff.
24 Rundfunkrede Hitlers vom 28. März 1936, in: Domarus I (wie Anm. 13), S. 614ff.; Einzelheiten bei Wette (wie Anm. 9), S. 129; dort auch Ausführungen über die deutsche Propaganda während der Olympischen Spiele 1936 in Berlin, auf die an dieser Stelle nicht eingegangen werden kann.
25 Hitlers Rede auf dem Parteitag von 1937, in: Domarus I (wie Anm. 13), S. 726ff.
26 Reichstagsrede Hitlers vom 20. Februar 1938, in: Domarus I (wie Anm. 13), S. 796ff.
27 Vgl. Gerhard Botz, Die Eingliederung Österreichs in das Deutsche Reich. Planung und Verwirklichung des politisch-administrativen Anschlusses (1938—1940). Wien, Zürich, München 1972.
28 Vgl. im einzelnen Ernest K. Bramsted, Goebbels und die nationalsozialistische Propaganda 1925—1945. Frankfurt/M. 1971, und Sywottek, Mobilmachung (wie Anm. 7), S. 121ff.
29 Diese aufschlußreichen Stimmungsberichte liegen jetzt gedruckt vor: Meldungen aus dem Reich. Die geheimen Lageberichte des Sicherheitsdienstes der SS. Hrsg. und eingel. von Heinz Boberach. 17 Bde. Herrsching 1984.
30 Vgl. Marlis G. Steinert, Hitlers Krieg und die Deutschen. Stimmung und Haltung der deutschen Bevölkerung im Zweiten Weltkrieg. Düsseldorf, Wien 1970, S. 77ff.
31 Hitlers Rede vom 10. November 1938, in: Domarus I (wie Anm. 13), S. 973—977, hier: S. 974.
32 In: Max Domarus, Hitler. Reden und Proklamationen. Bd II. Untergang (1939—1945), Würzburg 1963, S. 1047—1067, zum Lebensraum-Programm S. 1053f.
33 Zur Parallele der Einkreisungspropaganda in der Vorgeschichte der beiden Weltkriege vgl. die Untersuchung des Engländers Lindley Fraser, Kriegsschuld und Propaganda. Deutschland zwischen zwei Weltkriegen. Zürich 1947.

34 Goebbels veröffentlichte in der NSDAP-Zeitung »Völkischer Beobachter« im Mai/Juni 1939 mehrere Aufsätze über die angebliche »Einkreisung«. Einzelheiten bei Wette (wie Anm. 9), S. 135.

35 Die Propaganda der prophylaktischen Kriegsschuldabwälzung wird ausführlich analysiert bei Sywottek, Mobilmachung (wie Anm. 7), S. 186ff.

36 Steinert, Hitlers Krieg (wie Anm. 30), S. 26. Weitere Belege für diesen Befund bei Wette (wie Anm. 9), S. 25ff. und 137ff.

Neuntes Kapitel

»Unternehmen Barbarossa«

Die verdrängte Last von 1941

Am 22. Juni 1941 begann mit dem Überfall der deutschen Wehrmacht auf die Sowjetunion ein mehrjähriger Krieg, der Rußland an den Rand des Zusammenbruches führte, der mehr als zwanzig Millionen Bürgern der Sowjetunion den Tod brachte und der weite Teile des Landes verwüstete. Am Ende dieses Krieges stand die bedingungslose Kapitulation der deutschen Wehrmacht und der Sieg der Roten Armee, welche die Hauptlast der Kriegsführung auf der Seite der Kriegsgegner Deutschlands getragen hatte.

Dieser Krieg ist, ganz anders als etwa die deutschen Kriege gegen Frankreich oder Großbritannien, noch keineswegs »historisch« im Sinne einer abgeschlossenen Vergangenheit. Die Aktualität zeigt sich in unterschiedlicher Weise. Da gibt es manchen Kriegsteilnehmer, der noch heute nicht darüber sprechen kann, weil die Betroffenheit zu groß ist und damit die Last. Es gibt aber auch jene Zeitgenossen, die bestreiten, daß eine solche Last überhaupt vorhanden sei. Sie sehen im kritischen Historiker den Nestbeschmutzer, und sie vermögen den Sinn, der in der Rückerinnerung liegt — nämlich, einen Beitrag zur Versöhnung mit den Völkern der Sowjetunion zu leisten — in ihrem Weltbild nicht unterzubringen. Machen wir uns nichts vor: Kontroversen politischer Art sind es, die bislang den Weg zu einer »konsensfähigen« Erinnerung an das Jahr 1941 versperren. Der traditionelle ideologische Antikommunismus spielt dabei bekanntlich eine herausragende Rolle. So muß das Nachdenken über »die verdrängte Last von 1941« also beides leisten: Die historischen Fakten wahrheitsgemäß erkennen und sich mit den Gründen vertraut machen, weshalb dies für viele so ungemein schwer ist.

In der einschlägigen Literatur ist das Besondere dieses Krieges mit dem Terminus »Vernichtungskrieg« charakterisiert worden: ein schwerwiegendes Wort, aber ein zutreffendes. Denn bei diesem Krieg ging es nicht, wie zuvor im Westen, um eine »normale« (an den Regeln des Kriegsvölkerrechts orientierte) militärische Auseinandersetzung, deren Ziel allein im

Sieg über die feindlichen Streitkräfte bestand. Dies gab es zwar auch, und viele Kriegsteilnehmer mochten glauben, der Rest seien eben »die Späne, die fallen, wo gehobelt wird«. Aber eine solche Interpretation des deutschen Feldzuges gegen die Sowjetunion ist unhaltbar. Vielmehr war es so, daß mit dem militärischen Vorgehen Aktionen unmittelbar verbunden waren, die man mit dem Wort »verbrecherisch« bezeichnen muß. Hier befinden wir uns dann regelmäßig an dem Punkt, an dem sich manche Kriegsteilnehmer in so starkem Maße betroffen fühlen, daß sie den Historiker, der die schlechte Botschaft überbringt, mit dem Inhalt der Botschaft identifizieren und die Aggressionen gegen ihn richten. Dafür mag man Verständnis aufbringen. Aber darf man deshalb die Tatsachen wortakrobatisch beschönigen?

Karl-Ernst Jeismann, ein Historiker mit langjährigen Erfahrungen in der deutsch-polnischen Schulbuchkommission, die sich bekanntlich mit Problemen zu beschäftigen hatte, die nicht minder bedrückend sind als die mit der »Last von 1941« verbundenen, sagte einmal: »Es macht schon einen Unterschied, ob man von dem ›ungeheuren Leid‹ spricht, das 1941 ›über die Russen gekommen‹ sei, oder ob man das ungeheure Leid als Folge des deutschen Angriffs, der Führerbefehle und ihrer Befolgung bezeichnet. Nur solch genaues Sprechen ist der Geschichte angemessen und gibt uns das Recht, es auch da einzufordern, wo von der anderen Seite die Rede ist.«

Um genaues Sprechen geht es in der Tat. In diesem Krieg gab es Morde und Massenmorde, und es geht nicht an, sie sprachlich als Tötungen, Erschießungen oder gar als »übliche Kriegshandlungen« zu neutralisieren. Es ist auch nicht so, daß, wer diese genaue Sprache führt, es versäume, die schlimmen Vorgänge von 1941 »aus der Zeit heraus« zu interpretieren, sondern ihnen nachträgliche Deutungen überstülpe. Der Vernichtungskrieg war nach dem 1941 geltenden Kriegsvölkerrecht nicht anders als nach unserem heutigen Rechtsverständnis als ein kriminelles Ereignis zu werten.

Dem Kriegsteilnehmer, der uns — Verständnis heischend — sagt, er habe jahrelang unter Lebensgefahr »die Knochen hingehalten«, im guten Glauben, dem Vaterland zu dienen, aber mit den Verbrechen habe er doch niemals etwas zu tun gehabt, können wir in aller Regel weder den Wahrheitsgehalt seiner Auskunft durch Quellenstudium bestätigen, noch ihm das Gegenteil beweisen. Darum kann es heute auch gar nicht mehr gehen.

Die Aufgabe des Historikers, der diese geschichtliche Materie untersucht, nachdem sich die Juristen aus ihr verabschiedet haben, besteht nicht darin, als Richter über Millionen von Einzelfällen aufzutreten. Er wird es daher auch dahingestellt sein lassen müssen, in welcher Weise der oben erwähnte Kriegsteilnehmer in das Geschehen verwickelt war.
Wir sollten bei dem Umgang mit diesem Thema zwei Ebenen sorgfältig unterscheiden: Erstens das zeitgenössische Wissen, das durch die gezielte staatliche Desinformationspolitik beeinträchtigt, aber gleichzeitig durch eine Vielzahl informeller Kommunikationswege korrigiert war. Zweitens das heute verfügbare, naturgemäß wesentlich umfassendere Wissen, hinter das wir nun einmal, ob wir wollen oder nicht, nicht zurück können. Insofern hilft uns der Satz des historischen Altmeisters Leopold von Ranke, man müsse die Dinge »aus ihrer Zeit heraus verstehen«, bei der Beschreibung dieses schrecklichen Vernichtungskrieges nicht weiter. Gewiß, man muß sich eine Vorstellung davon machen können, wie es damals war, und man muß analysieren, warum es so war. Man muß die Quellen kennen, um zu wissen, welche Sprache die Täter sprachen; aber doch nicht, um in ihrer Sprache weiterzusprechen.

1. Sieben Thesen zum deutschen Krieg von 1941

Was also war dieser Krieg? Ich will versuchen, dies in sieben Thesen — in einer möglichst genauen Sprache — darzustellen und zu erläutern.
1. These: Der deutsch-sowjetische Krieg begann am 22. Juni 1941 mit einem Überfall der deutschen Wehrmacht auf die Sowjetunion. Es handelte sich um den klassischen Fall eines Angriffskrieges. Diese Aggression stellte einen eklatanten Bruch des Völkerrechts dar. Zum einen verbot der Briand-Kellogg-Pakt von 1928 — der sogenannte Kriegsächtungspakt —, den auch das Deutsche Reich ratifiziert hatte, jeden Angriffskrieg. Zum anderen hatten Hitler und Stalin am 23. August 1939 einen speziellen deutsch-sowjetischen Nichtangriffsvertrag geschlossen und die beiden Länder darin verpflichtet, sich »jeder aggressiven Handlung gegeneinander zu enthalten«, und sie hatten im September 1939 noch zusätzlich einen Freundschaftsvertrag unterzeichnet.
Die von der NS-Propaganda 1941 zur eigenen Entlastung sogleich verbreitete Behauptung, man sei selber einem Angriff der sowjetischen Armee

nur zuvorgekommen und führe daher einen »Präventivkrieg«, sollte — wie zuvor schon am Beginn des Krieges gegen Polen — das Faktum der deutschen Aggression nur kaschieren. Die Vernebelungstaktik der Nazi-Propaganda tut gelegentlich noch bis zum heutigen Tage ihre Wirkung, obwohl ihre Lügenhaftigkeit hundertmal nachgewiesen worden ist.
Bei dem aktuellen Entschluß Hitlers zum Krieg gegen die Sowjetunion spielten vermeintliche oder tatsächliche Absichten Stalins keine Rolle. Insofern sind neuerliche Versuche, mit Hilfe einer überdehnten Totalitarismus-Theorie das Bild von zwei angeblich gleichermaßen aggressiven Diktatoren zu zeichnen, nicht geeignet, unser Wissen über die Ursachen dieses Krieges zu bereichern.
2. These: Es handelte sich um einen Eroberungskrieg. Mit ihm wurde nicht etwa das von der NS-Propaganda behauptete Ziel verfolgt, Europa vor dem Bolschewismus zu schützen und die Völker der Sowjetunion zu befreien. Das zentrale politische und wirtschaftliche Kriegsziel lautete vielmehr, den europäischen Teil der Sowjetunion zu erobern — »Eroberung von Lebensraum im Osten«, wie es in Hitlers Sprache hieß — und ihn wie ein Kolonialgebiet an das Großgermanische Deutsche Reich anzugliedern. Auf diese Weise sollte ein autarker, blockadefester Großraum Kontinentaleuropa unter deutscher Herrschaft entstehen. Die in dem eroberten Raum lebenden Völker der Sowjetunion sollten unterworfen, beherrscht und ausgebeutet werden. Ihnen war das Schicksal von Arbeitssklaven zugedacht, welche die Ernährung des gesamten Großraums sicherstellen sollten.
Die mit der Planung des »Unternehmens Barbarossa« — so lautete der Deckname für den Angriffskrieg — befaßten Offiziere im Oberkommando der Wehrmacht und im Oberkommando des Heeres wußten, daß sie einen Eroberungskrieg planten.
3. These: Die politische und die militärische Führung des Deutschen Reiches planten den Krieg gegen die Sowjetunion von vornherein nicht als einen »Normalkrieg«, sondern zugleich als eine Auseinandersetzung unter herrschaftspolitischen, ideologischen und rassistischen Vorzeichen; genauer gesagt: als einen Krieg, in dem es neben dem militärischen Kampf gegen die Rote Armee der Sowjetunion auch um die Vernichtung, das heißt massenhafte völkerrechtswidrige Tötung ganzer Gruppen der sowjetischen Bevölkerung gehen sollte: nämlich der bolschewistischen Führungsschicht des Landes, der jüdischen Bevölkerung, aber auch aller, die sich als Freischärler, Saboteure, Partisanen, als Träger eines aktiven oder passiven Wider-

standes der Wehrmacht entgegenstellten. Außerdem sollte die (als minderwertig eingestufte) slawische Bevölkerung »dezimiert« werden.
4. These: Zur Durchführung des Vernichtungskrieges wurden bereits vor dem Überfall völkerrechtswidrige Befehle ausgearbeitet und erlassen, die wir heute als verbrecherische Befehle bezeichnen. Das bedeutet, daß Hitler das Programm des Vernichtungskrieges nicht etwa als ein Staatgeheimnis hütete und erst kurz vor dem Angriff an wenige ausgewählte Vollstrecker — etwa die Einsatzgruppen der SS — weiterleitete. Vielmehr verhielt es sich so, daß Hitler bereits Monate vor dem Überfall, nämlich am 30. März 1941, jenen Teil der militärischen Führungsschicht, der das deutsche Ostheer in den Krieg gegen die Sowjetunion führen sollte, in seine Vernichtungskriegspläne einweihte. Die dabei benutzte Sprache ließ Mißverständnisse nicht zu. Hitler sagte den etwa 250 Generalen der Wehrmacht, es handle sich um einen »Vernichtungskampf«, in dem es nicht darum gehe, »den Feind zu konservieren«, sondern in dem es auf die »Vernichtung der bolschewistischen Kommissare und der kommunistischen Intelligenz« ankomme. Vom sonst üblichen »Standpunkt des soldatischen Kameradentums« müsse die Wehrmacht in diesem Krieg abrücken.
Es muß festgestellt werden, daß die Umsetzung dieser Vernichtungsideen in konkrete Befehle hernach von der Wehrmachts- und Heeresführung selbständig, ohne weitere Einflußnahme Hitlers, in der üblichen geschäftsmäßigen Verfahrensweise vollzogen wurde. Nachhaltige Proteste oder Weigerungen sind nicht bekannt geworden. Den einfachen Soldaten des Ostheeres wurde die Absicht des Vernichtungskrieges erst etwas später bekanntgemacht. In den »Mitteilungen für die Truppe« vom Juni 1941, die vermutlich im Juli in den Kompanien verlesen wurden, hieß es: »Es geht darum, das rote Untermenschentum, welches in den Moskauer Machthabern verkörpert ist, auszulöschen.«
Die verbrecherischen Befehle, auf die hier nicht näher eingegangen werden kann, hatten eine bislang unbekannte Brutalisierung der Kriegsführung zur Folge. Es wurden etwa tausend bis zweitausend Politkommissare der Roten Armee, die in die Hände der Wehrmacht geraten waren, liquidiert; es wurden mehrere hunderttausend zivile kommunistische Funktionäre ermordet; viele hunderttausend Sowjetbürger wurden — außerhalb der eigentlichen Kampfhandlungen — als »Partisanenverdächtige«, als Geiseln oder Freischärler erschossen oder im Zuge kollektiver Gewaltmaßnahmen wie zum Beispiel dem Niederbrennen ganzer Ortschaften

umgebracht. Weiterhin wurden etwa zwei Millionen jüdische Sowjetbürger ermordet, außerdem ungezählte Zigeuner und Geisteskranke.
Der »Kriegsgerichtsbarkeitserlaß«, auch als »Barbarossa«-Erlaß bekannt, gab den Wehrmachtsangehörigen die Sicherheit, daß kein deutscher Soldat zur Rechenschaft gezogen werden würde, welcher Russen, die nicht zur Zusammenarbeit bereit waren, auch außerhalb von Kampfhandlungen umbrachte.
5. These: Der Massenmord an den sowjetischen Juden war Teil des rassenideologischen Vernichtungskrieges gegen die Sowjetunion. Obwohl es einen schriftlichen Befehl Hitlers offenbar nicht gegeben hat, müssen wir annehmen, daß die politische Führung des Deutschen Reiches vom Beginn des Rußlandkrieges an die Absicht hatte, sämtliche Juden der Sowjetunion systematisch auszurotten. Weiterhin war vorgesehen, die besetzten sowjetischen Gebiete als »Vernichtungsraum« für die Juden Europas zu benützen. Organisatorisch wurde der Krieg gegen die Juden so geplant und auch durchgeführt, daß spezielle Vernichtungskommandos der SS, die »Einsatzgruppen«, »im Verband des Heeres« (Übereinkunft Wehrmacht/SS vom 28. April 1941) operieren sollten. So kam es — um das bekannteste Beispiel für die mörderische Zusammenarbeit von SS und Wehrmacht zu erwähnen — zu den Massakern in der Schlucht von Babi Yar westlich der ukrainischen Hauptstadt Kiew: Nach der Eroberung durch deutsche Truppen wurden am 29. und 30. September 1941 33771 jüdische Einwohner von Kiew unter Vorspiegelung falscher Tatsachen (Umsiedlung) in die genannte Schlucht getrieben und dort von Sonderkommandos der SS durch Maschinengewehrfeuer umgebracht. Das Oberkommando der 6. Armee in Kiew war über die Mordaktion in vollem Umfang informiert und unterstützte sie. Das Beispiel steht für andere.
Der Sache nach hatte Norbert Blüm daher recht, als er — mit Blick auf die Stabilisierung des NS-Regimes und die Kriegsverlängerung — feststellte, daß die Vernichtungslager und die KZ schließlich nur so lange funktioniert hätten, wie die Wehrmacht kämpfte, und insoweit mache es nur einen graduellen Unterschied aus, ob jemand als SS-Mann oder in der Uniform der Wehrmacht Hitler gedient habe.
So schwer es vielen fällt, das zu begreifen und zu akzeptieren: Die Vorstellung, die Wehrmacht habe nichts als ihren »militärischen« Krieg geführt und die Vernichtungsarbeit den Einsatzgruppen der SS überlassen, trifft den wahren Sachverhalt nicht. Gewiß, die Vernichtungsexzesse fanden nicht

im unmittelbaren Zusammenhang mit Kampfhandlungen statt, sondern hinter der Front. Aber Teile der Wehrmacht wußten nicht nur davon, sie halfen auch.
6. These: Zu der schweren historischen Bürde des deutschen Krieges gegen die Sowjetunion gehört auch das Massensterben kriegsgefangener Rotarmisten in deutschem Gewahrsam. Von den etwa 5,7 Millionen gefangengenommenen Sowjetsoldaten starben etwa 3,3 Millionen, das heißt 57 Prozent. Auch wenn, wie einige Autoren behaupten, die Schreckenszahl etwas geringer gewesen sein sollte (»nur« 2,5 Millionen): An dem Tatbestand des Massensterbens von Millionen russischer Soldaten gibt es keinen Zweifel. An der Datendiskussion mögen sich andere beteiligen. Mir scheint sie der Sache nach weder erforderlich noch angemessen zu sein.
Allein im Winter 1941/42 (bis Februar) kamen etwa zwei Millionen sowjetische Kriegsgefangene um. Man muß sich das am besten an einem Einzelschicksal verdeutlichen: Der zwanzigjährige wehrpflichtige Rotarmist Wladimir B. aus Leningrad, der im August 1941 — also in der Phase des deutschen Blitzkrieges — gefangengenommen wurde, hatte keine allzu große Chance, die Kriegsgefangenschaft zu überleben. Er wurde nach seiner Gefangennahme zu einem mehrwöchigen Fußmarsch in ein Lager nach Ostpreußen gezwungen. Als er dort, schlecht ernährt und entkräftet, ankam, fand er nicht einmal Baracken vor, sondern nur Stacheldrahtzäune. Er mußte sich selber eine Erdhöhle graben und bei unzureichender Bekleidung und Ernährung sowie unter katastrophalen hygienischen Verhältnissen dahinvegetieren. Als der Winter kam, starb er, total erschöpft durch Hunger, Kälte und eine Seuchenkrankheit. Sein Tod wurde nicht einmal namentlich registriert und dem Internationalen Roten Kreuz gemeldet, da die entsprechenden Schutzvorschriften des Kriegsvölkerrechts außer Kraft gesetzt worden waren. Der Rotarmist, auch der Gefangene, war »kein Kamerad«, wie Hitler sich ausgedrückt hatte, sondern galt als rassisch minderwertiger Russe, der nicht »konserviert« zu werden brauchte.
7. These: Der Faschismus-Forscher Ernst Nolte hat den deutschen Krieg gegen die Sowjetunion schon 1963 zusammenfassend so charakterisiert: Er sei der »ungeheuerlichste Eroberungs-, Versklavungs- und Vernichtungskrieg, den die moderne Geschichte kennt«. Diese Einschätzung hat ihre Gültigkeit nicht verloren.
Es war ein völkerrechtswidriger Angriffskrieg, welcher der Eroberung von »Lebensraum im Osten« dienen sollte, der Vernichtung des »jüdischen Bol-

schewismus«, also der Ausrottung der Juden und der kommunistischen Führungsschicht, sowie der Dezimierung der als rassisch minderwertig geltenden Bevölkerung. In dem eroberten Raum sollten die deutschen Herrenmenschen die slawische Bevölkerung in einem sklavenähnlichen Zustand halten und sie wirtschaftlich ausbeuten. Die einzelnen Gewalthandlungen dieses Krieges waren also nur Teil des staatlich geplanten, großen Vernichtungskrieges.

2. Zeitgenössische Schulderkenntnisse

Im großen und ganzen haben die Deutschen diesen Krieg so geführt, wie die politische und die militärische Führung dies von ihnen verlangte. Nur von wenigen Kriegteilnehmern wissen wir, daß sie schon 1941 — der propagandistischen Dauerbeeinflussung zum Trotz — kritisch registrierten und darüber reflektieren, welche Schuld Deutschland mit diesem Krieg auf sich lud. Diese Wehrmachtsangehörigen sind es, an die wir in der Traditionsbildung heute anknüpfen können, während die Wehrmacht als Institution hierfür nicht in Frage kommen kann. Der Rückgriff auf soldatische Sekundärtugenden bei gleichzeitigem Verschweigen der politischen, völkerrechtlichen und moralischen Dimension des Unrechtgeschehens wäre historisch irreführend und würde dem demokratischen Leitbild des mitdenkenden und mitverantwortenden Menschen widersprechen.
An dieser Stelle kann nur ein einziger positiver Fall erwähnt werden, nämlich der des im Oberkommando der Wehrmacht als völkerrechtlicher Berater tätigen Kriegsverwaltungsrats Helmuth James Graf von Moltke. Er war ein Mann des Widerstandes, der dafür mit dem Leben büßen mußte. Moltke schrieb am 26. August 1941 in sein Tagebuch, Deutschland lade nach seiner Überzeugung mit diesem Krieg eine »Blutschuld« auf sich, die »zu unseren Lebzeiten nicht gesühnt und nie vergessen werden kann«.

3. »Wie war es möglich?«

Immer wieder wird die Frage zu stellen sein, wie es möglich war, daß Deutsche, ihrem Selbstverständnis nach Angehörige einer hochentwickelten Kulturnation, zu Mittätern, Mitwissern oder Duldern eines Vernichtungs-

krieges werden konnten, in dem die Normen der Humanität und des Rechts mit Füßen getreten wurden.
Hier ist keine einfache Antwort möglich. Zunächst muß man sehen, daß der Krieg gegen die Sowjetunion 1941 in der Anfangsphase vergleichsweise populär war: Hitlers bisherige militärische Erfolge, besonders der Sieg über Frankreich, verschafften ihm in der Wehrmacht und in der deutschen Bevölkerung insgesamt ein großes Ansehen. Dem Mächtigen und Erfolgreichen wollte man im Krieg gegen den Osten die Zustimmung nicht versagen.
Mit den territorialen und machtpolitischen Zielsetzungen einer Ostexpansion waren die traditionellen Eliten in Deutschland seit langem vertraut. Hitler, der diese Politik scheinbar fortsetzte, konnte fest mit deren tatkräftiger Unterstützung rechnen.
Das Feindbild vom »jüdischen Bolschewismus«, das im Zusammenhang mit dem Überfall auf die Sowjetunion pausenlos propagiert wurde, war in Deutschland ebenfalls seit langem vertraut. Seit den Zeiten des Kaiserreichs gab es den Antisemitismus und verschiedene Varianten des Antisozialismus, beziehungsweise Antikommunismus, beziehungsweise Antibolschewismus. 1941 stimmten auch die Kirchen in den Kampf gegen den »gottlosen Bolschewismus« mit ein.
Zur Erklärung des Vernichtungskrieges können zudem folgende Überlegungen dienen: Ein beträchtlicher Teil der militärischen Führungsschicht bekannte sich zum »politischen Soldatentum« im Sinne des Nationalsozialismus. Dieser tonangebende Teil der Wehrmachtoffiziere akzeptierte auch die rassenideologische Ausrichtung des Ostkrieges. Die Folge war, daß sich die Wehrmacht als Institution der Politik Hitlers auch dann als Exekutivorgan zur Verfügung stellte, als es darum ging, Bolschewisten und Juden zu vernichten.
In der Verfolgung dieses Zieles war die Wehrmachtführung bereit, die Grundsätze des kodifizierten Kriegsvölkerrechts (besonders die Bestimmungen der Haager Landkriegsordnung von 1907) weitgehend außer Kraft zu setzen. Die Geringschätzung des Völkerrechts hatte in Deutschland eine in den Ersten Weltkrieg und noch weiter zurückreichende Tradition. Im Krieg gegen die Sowjetunion 1941 verband sich die Neigung deutscher Militärs, sogenannten Kriegsnotwendigkeiten den Vorrang vor dem Völkerrecht zu geben, mit der NS-Rassenideologie zu einem fatalen Gemisch, das eine weitgehende Entgrenzung der Gewalt förderte.

Die Rassenideologie selbst trug dazu bei, Vorbehalte gegen die verbrecherischen Befehle zu überwinden. Dieser Ideologie zufolge war es ein natürlicher Vorgang, daß die germanische Herrenrasse sich anschickte, die minderwertigen slawischen Untermenschen zu beherrschen und auszubeuten, und daß auf dem Wege zu diesem Ziel die jüdisch-bolschewistische Führungsschicht des sowjetischen Staates liquidiert werden mußte.
Für das angepaßte Verhalten der nicht zur Führungsschicht gehörenden Teile der Wehrmacht, das die Durchführung des Vernichtungskrieges ja erst ermöglichte, gibt es wohl verschiedene Gründe. Man hatte sich an den Unrechtsstaat gewöhnt und sich die obrigkeitliche Geringschätzung des Völkerrechts bereits zu eigen gemacht. Auch tat die NS-Agitation inzwischen ihre Wirkung, zumal die »Sündenbock-Propaganda«, derzufolge die Sowjetunion sowohl an diesem Krieg insgesamt als auch an der grausamen Kriegführung selbst schuld war. Schließlich kam noch der Anpassungsdruck hinzu, der durch das militärische Prinzip von Befehl und Gehorsam einerseits und durch andere Zwangsmaßnahmen des totalitären Ausnahmestaates andererseits erzeugt wurde und der Widerstand oder bloße Verweigerung zu einem lebensgefährlichen Risiko machte.

4. Stationen der Verdrängung

Ebenso vielschichtig wie die Antwort auf die Frage »Wie war das möglich?« stellt sich die andere dar, wie es zu der folgenschweren, im Grunde bis heute andauernden Verdrängung der »Last von 1941« kommen konnte. Allgemein gesehen, wird man sich die Erkenntnis der Psychologie zu eigen machen können, daß man schlimme Zeiten gern vergißt, daß es sich mit Schuldgefühlen nur schwer leben läßt und daher ein natürliches Bestreben existiert, sie entweder zu verdrängen oder die Schuld auf einen anderen, den Sündenbock, abzuladen. Diese »Projektion« beinhaltet in diesem Falle auch, daß man dem anderen unterstellt, er habe dieselben minderwertigen Vernichtungsabsichten wie man selbst.
Um den Mechanismus der Verdrängung besser zu verstehen, ist es hilfreich, diesen seinerseits historisch zu betrachten, seine Entwicklungsgeschichte aufzuhellen, also zu analysieren, unter welchen wechselnden politischen und gesellschaftlichen Bedingungen solche Verdrängungsprozesse stattfinden konnten und welche Interessen damit befriedigt wurden.

Als erste Station ist die Zeit des Geschehens selbst anzusehen. Bei Kriegsbeginn 1941 versuchte die NS-Propaganda — nach dem zuvor schon mehrfach praktizierten Schema — zu verschleiern, daß Deutschland der Aggressor war und daß die völkerrechtswidrige Kriegführung von deutscher Seite bereits vor Kriegsbeginn durch die sogenannten verbrecherischen Befehle planvoll vorbereitet worden war. Die NS-Propaganda verfuhr konsequent nach der Devise, dem anderen die Schuld aufzubürden, so daß die eigenen Handlungen als Reaktionen dargestellt werden konnten. Der unbestreitbare und verständliche Tatbestand, daß die Rote Armee zum Beispiel auf die Liquidierung ihrer Politkommissare mit großer Härte antwortete (was 1942 zur Rücknahme des Kommissarbefehls führen sollte), trug dann wiederum dazu bei, die Frage der Kriegsschuld zu verdrängen und einige Parolen der NS-Kriegspropaganda als berechtigt erscheinen zu lassen.

Nach dem Steckenbleiben des Blitzkrieges, als die Soldaten der deutschen Wehrmacht an der Wolga und am Kaukasus standen, müssen bei vielen Zweifel aufgekommen sein, ob tatsächlich so weit fernab der Heimat das deutsche Vaterland verteidigt werde. Diese aufkommenden Zweifel wurden mit Hilfe der NS-Propaganda in einer zweiten Phase der Verdrängung dadurch beschwichtigt, daß sie mit Formeln wie »Befreiung der Völker der Sowjetunion vom Joch des Bolschewismus« oder »Kreuzzug Europas gegen den Bolschewismus« Sinngebungen anbot, die den Gedanken nahelegen sollten, das NS-Regime verteidige an der Wolga die abendländische Kultur. In der zweiten Kriegshälfte sprach die Propaganda vom »Bollwerk gegen die bolschewistische Flut« und von der Verteidigung des Abendlandes. Das waren Schlagworte, die später, in der Nachkriegszeit, fast nahtlos übernommen wurden.

Die dritte Station der Verdrängung hängt zusammen mit den im Frühjahr 1945 von der Roten Armee bei ihrem Vormarsch in Ostpreußen begangenen Greueln. Jetzt, als das Argument der Landesverteidigung erstmals zu stimmen schien, konnte man sagen: Sehr ihr, zu welchen Brutalitäten die asiatischen Untermenschen fähig sind! Die NS-Propagandisten erkannten sofort die Chance, die Chronologie auf den Kopf zu stellen und unter Hinweis auf diese Untaten vergessen zu machen, welche Art von Krieg die Deutschen jahrelang gegen die Sowjetunion geführt hatten. Die Übergriffe der sowjetischen Soldaten in Ostpreußen machten schlagartig sichtbar, wie die Rache der Überfallenen aussehen konnte.

Als eine vierte Station der Verdrängung können die steckengebliebenen Ansätze zu einer politischen und juristischen Auseinandersetzung mit den Verbrechen der NS-Zeit nach 1945 angesehen werden. Die Nürnberger Kriegsverbrecherprozesse, von vielen von vornherein als »Siegerjustiz« abgelehnt, die Entnazifizierung und schließlich die an die Adresse der ehemaligen Wehrmachtangehörigen gerichteten Ehrenerklärungen des damaligen Oberbefehlshabers der NATO in Europa, General Eisenhower (23. Januar 1950) und von Bundeskanzler Adenauer (5. April 1951) wurden von vielen Angehörigen der Kriegsgeneration so verstanden, als sei die Vergangenheit nun überwunden und daß der Blick nach vorn gehen müsse.
Die fünfte Station der Verdrängung lief mit der vorgenannten zeitlich parallel. Es handelt sich um die Wiederbelebung des aus der Nazi-Zeit überkommenen Antibolschewismus in der Entstehungsphase der Bundesrepublik Deutschland und in der Zeit des Kalten Krieges. Der ideologische Antikommunismus, dieses traditionsreiche Feindbild, diente im westlichen deutschen Teilstaat als Mittel der innenpolitischen Integration. Es hat die Aufarbeitung der »Last von 1941« maßgeblich behindert, und zwar weit über die Zeit des Kalten Krieges hinaus, im Grunde bis zum heutigen Tage.
Ein sechster und letzter Aspekt, der in der Geschichte der Verdrängung der »Last von 1941« eine gewichtige Rolle spielte, hängt mit dem Eingeständnis deutscher Schuld am Massenmord an den europäischen Juden zusammen. Dieser Prozeß setzte gleich nach der Kapitulation 1945 ein, als die Siegermächte mit Filmvorführungen über die Massentötungen informierten.
Auschwitz wurde als »unfaßbares Verbrechen« von allen Deutschen eingestanden (»Kollektiv-Scham«) — der Krieg gegen die Sowjetunion dagegen (und die damit verbundene Schuld) wurde deshalb um so rascher und gründlicher verdrängt.
Die Praktiken des Verdrängens haben viele Gesichter. Sie sind noch heute zu beobachten. Aber mit dem Wechsel der Generationen und mit der Einsicht, daß ein »gutnachbarliches Verhältnis« zur Sowjetunion zu einer Existenzfrage geworden ist, wächst die Bereitschaft, der Vergangenheit nicht mehr auszuweichen, sondern sich ihr zu stellen. Sich zu stellen heißt: bereit sein zur Erinnerung und Schluß zu machen mit der Verdrängung. Es heißt nicht, was konservative Politiker und Historiker gerade in jüngster Zeit immer wieder — im Kampf gegen selbstgebastelte Phantomgegner — angemahnt haben: Man solle die Vergangenheit doch endlich begraben, aus

dem »Schatten des Dritten Reiches heraustreten« (Strauß), mit dem Selbstmitleid und mit der »kollektiven Schuldbesessenheit« (FAZ) aufhören, weil das Herumlaufen im Büßergewand »zukunftsunfähig« mache (Dregger). Dabei hat überhaupt niemand gefordert, wogegen diese Leute angehen, um der Erinnerung entgehen zu können.

Die Aufgabe lautet anders, konkreter: Wir müssen aufgeschlossen und bereit sein zur Erinnerung. Wer verdrängt, kettet sich unbewußt an die Vergangenheit. Die Verdrängung der Vergangenheit aber kostet Kraft — Energie, die dringend benötigt wird, um die Zukunft zu gestalten, die gemeinsame Zukunft mit dem Nachbarn Sowjetunion.

Literaturhinweise

Militärgeschichtliches Forschungsamt, Freiburg (Hrsg.): Das Deutsche Reich und der Zweite Weltkrieg, Bd 4: Horst Boog/Jürgen Förster/Joachim Hoffmann/Ernst Klink/Rolf-Dieter Müller und Gerd R. Ueberschär: Der Angriff auf die Sowjetunion. Stuttgart 1983 (2., unveränd. Aufl. 1987).

Deutschland im Zweiten Weltkrieg, Bd 2: Vom Überfall auf die Sowjetunion bis zur sowjetischen Gegenoffensive bei Stalingrad (Juni 1941 bis November 1942), Leitung: Karl Drechsler. Berlin (Ost) 1975.

Helmut Krausnick/Hans-Heinrich Wilhelm: Die Truppe des Weltanschauungskrieges. Die Einsatztruppen der Sicherheitspolizei und des SD 1938—1942. Stuttgart 1981.

Christian Streit: Keine Kameraden. Die Wehrmacht und die sowjetischen Kriegsgefangenen 1941—1945. Stuttgart 1978 (2. Aufl. 1981).

Gerd R. Ueberschär/Wolfram Wette (Hrsg.): »Unternehmen Barbarossa«. Der deutsche Überfall auf die Sowjetunion 1941. Berichte, Analysen, Dokumente. Paderborn 1984.

Wigbert Benz: Der Rußlandfeldzug des Dritten Reiches: Ursachen, Ziele, Wirkungen. Zur Bewältigung eines Völkermords unter Berücksichtigung des Geschichtsunterrichts. Frankfurt/M. 1986.

Frieden mit der Sowjetunion — eine unerledigte Aufgabe. Hrsg. von Dietrich Goldschmidt in Zusammenarbeit mit Sophinette Becker, Erhard Eppler, Wolfgang Huber, Horst Krautter, Hartmut Lenhard, Wolfgang Raupach, Klaus von Schubert und Wolfram Wette. Gütersloh 1989 (= Gütersloher Taschenbücher Siebenstern 582).

Michael Schneider, Das »Unternehmen Barbarossa«. Die verdrängte Erblast von 1941 und die Folgen für das deutsch-sowjetische Verhältnis. Frankfurt/M. 1989 (= Sammlung Luchterhand 857).

Paul Kohl, »Ich wundere mich, daß ich noch lebe«. Sowjetische Augenzeugen berichten. Gütersloh 1990.

Zehntes Kapitel

Verteidigungslügen

Über die Mär vom deutschen Präventivkrieg gegen Rußland

1. Neuerliche Zweifel an der Überfall-These

Aktuellen Anlaß zur Auseinandersetzung mit dem Beginn des deutsch-sowjetischen Krieges bieten Äußerungen konservativer Historiker, die an der Überfall-These zweifeln und die statt ihrer die Legende wieder zu verbreiten trachten, Hitler sei Stalin vielleicht doch nur zuvorgekommen, er habe einen »Präventivkrieg« führen müssen. Erwägungen dieser Art sind auch während des sogenannten Historikerstreits hochgekommen. Sie standen zunächst im Schatten anderer Thesen, drängen aber seit einiger Zeit zunehmend in den Vordergrund, obwohl hierfür eine Veranlassung wissenschaftlicher Art nicht zu erkennen ist.
Am äußersten rechten Rand unseres politischen Spektrums war die — auf 1941 bezogene — Präventivkriegslegende schon immer heimisch. Mit jenen Unbelehrbaren ließ sich jedoch um so eher leben, als die seriöse deutsche Presse es mit der wissenschaftlichen Forschung hielt und den Angriffskrieg einen Angriffskrieg nannte. Seit dem Sommer 1986 schwappte die Präventivkriegsthese dann jedoch über das rechtsradikale Lager hinaus und erhielt zum Beispiel in der Frankfurter Allgemeinen Zeitung mehr als ein halbes Jahr lang eine Plattform. Exotenmeinungen drohten nun salonfähig zu werden. Das geschah im zeitlichen und sachlichen Zusammenhang mit der Aussicht auf ein erstes wirkliches Abrüstungsabkommen. Nicht zufällig war es zugleich die Zeit der Diskussionen über das sowjetische Perestrojka-Reformkonzept. Beide Entwicklungen provozierten im rechten Lager wieder »Warnungen vor den Russen«.
Den Startschuß gab ein Leitartikel der FAZ mit der bezeichnenden Überschrift »Der Krieg der Diktatoren«. Sie sollte suggerieren, daß dies nicht Hitlers Krieg war, sondern der Krieg zweier Diktatoren, des braunen und des roten, die — wie es eine bestimmte Version der mißbrauchten Totalitarismustheorie will — zu allem Bösen fähig sind. Der FAZ-Autor Günther

Gillessen konstruierte auf diesem Wege eine Art von politisch-moralischer Gleichsetzung beider Regime. So verliert der Überfall Hitlers sein historisches Eigengewicht und wird unversehens zu einem Anlaß, den Stalin propagandistisch ausschlachten konnte. Aus dieser Sicht wurde Stalin nicht etwa in einen Verteidigungskrieg hineingezwungen. Vielmehr gab Hitler Stalin lediglich die Möglichkeit, seine eigenen expansiven Kriegspläne zu verschleiern.

Damit wurden Schleusen geöffnet. In zum Teil überlangen Leserbriefen mit Überschriften wie »Stalin wollte den Krieg«, »Offensive Militärkonzeption«, »Der sowjetische Aufmarsch 1941«, »Hitler zum Handeln gezwungen« und »Stalins Kriegsplan und Hitlers Angriff« wurde ein Thema diskutiert, dem bislang in der konservativ-demokratischen Presse in dieser Breite kein Raum gegeben worden war. Im Februar 1987 wurde die »Debatte« dann mit dem Leitartikel »Der Krieg der Diktatoren — Ein erstes Resümee der Debatte über Hitlers Angriff im Osten« weitergeführt. Gillessen distanzierte sich jetzt zwar von der platten, im Gefolge der NS-Propaganda von 1941 segelnden Präventivkriegsthese, orakelte aber weiterhin: »Das Rätsel über Stalins Absichten bleibt ungelöst, solange die sowjetischen Archive verschlossen bleiben.« Bis dahin mochte er sich allerdings nicht an die Erkenntnisse der Geschichtswissenschaft halten, sondern an die Version vom »Krieg der Diktatoren«, die eine Halbierung der Schuld zu ermöglichen schien.

Der Weltkriegsforscher Andreas Hillgruber hat in seinem 1965 erstmals publizierten und 1982 neu aufgelegten Werk »Hitlers Strategie. Politik und Kriegführung 1940—1941« eindeutig gegen die Präventivkriegsthese Stellung genommen: »Aus dem Zusammenhang unserer Darstellung hat sich mit aller Deutlichkeit ergeben, daß bei Hitlers Angriff auf die Sowjetunion von einem 'Präventivkrieg' im üblichen Sinne des Begriffs, einer Kriegshandlung, die unternommen wird, um einen zum Angriff bereiten oder schon dazu ansetzenden Gegner durch die Auflösung eines eigenen Angriffs zuvorzukommen, keine Rede sein kann. Vielmehr war die Eroberung des europäischen Rußland zur Aufrichtung eines deutschen Imperiums in Kontinentaleuropa bereits seit der Mitte der zwanziger Jahre Hitlers großes Ziel, das er seit seiner 'Machtergreifung' 1933 unbeschadet aller taktischen Wendungen seiner Politik konsequent ansteuerte.«

Obwohl Hillgruber von dieser Einschätzung auch unter dem Eindruck der öffentlichen Debatte in den beiden letzten Jahren nicht abgewichen ist, redete einer seiner Schüler, der Bonner Historiker Klaus Hildebrand, nun in der Historischen Zeitschrift ohne erkennbaren wissenschaftlichen Grund einer im Stile der vorerwähnten FAZ-Argumente gehaltenen Diktatoren-Kriegsschuldthese das Wort. Zwar blieb ihm der deutsche Angriff ein »Überfall«, aber im gleichen Atemzuge stellte er die Behauptung auf, »daß Hitlers Deutschland und Stalins Sowjetunion Kriegszielprogramme verfolgten, die Autonomie besaßen und auf die Dauer dem Konflikt gar nicht entgehen konnten«. Denn: »Eigenständig begegnete dem nationalsozialistischen Eroberungsprogramm das ebenfalls weit gespannte, spätestens seit dem Jahre 1940 festliegende Kriegszielprogramm Stalins.« Wer das gerne belegt haben möchte, wird von Hildebrand auf die »mangelhafte Quellenlage« verwiesen und erfährt, daß es eben schwierig sei, »über die ideologische Qualität des weltweiten Herrschaftsanspruchs der Sowjetunion hinaus«, den er als eine feststehende historische Größe unterstellt, etwas Konkretes über die sowjetische Außenpolitik zu sagen. Worum es diesem Historiker geht, hat er bei anderer Gelegenheit (in einer Sendung des NDR über den Historikerstreit am 4. Januar 1987) offen ausgesprochen. Er sieht, was den Kommunismus angeht, seit dem Ende der sechziger Jahre — Beginn der Entspannungspolitik — eine »Aufweichungserscheinung«, und dieser will er mit historiographischen Mitteln entgegenwirken.

Doch gewichtiger noch dürfte die Stimme des Berliner Historikers Ernst Nolte sein, der seit dem Historikerstreit weit über die Grenzen des Fachs hinaus bekannt geworden ist. Nolte, der ins Gerede kam, weil er die Massenverbrechen des Hitler-Staates als eine Reaktion auf bolschewistische Untaten darzustellen versuchte, hat in seinem gerade erschienenen Buch »Der europäische Bürgerkrieg 1917—1945. Nationalsozialismus und Bolschewismus« zumindest offengelassen, ob der Überfall von 1941 nicht doch ein Präventivkrieg gewesen sein könnte.

Nun wären diese und andere Versuche zur Wiederbelebung der Präventivkriegsthese wissenschaftlich und politisch nicht sonderlich ernst zu nehmen, gäbe es da in unserer Gesellschaft unter gleichgesinnten Kriegsteilnehmern nicht jenes verbreitete Stammtischgeraune, das sich solche Entlastungsargumente zunutze macht, um das eigene, verkrustete Weltbild nicht antasten zu lassen.

Wer kennt nicht Äußerungen ehemaliger Angehöriger der Wehrmacht, die in Rußland Krieg führten, wie diese: »Wir haben doch nur unsere

Pflicht getan und Volk und Vaterland verteidigt!« oder: »Es galt unser Land vor dem Bolschewismus zu bewahren.« Oder: »Uns hat damals niemand gesagt, daß es kein Verteidigungskrieg war.« Der frühere Präsident des Ringes Deutscher Soldatenverbände, Generalmajor a.D. Niemack, bestritt anläßlich der Ausstrahlung der amerikanisch-sowjetischen Gemeinschaftsproduktion »Der unvergessene Krieg« 1981 im deutschen Fernsehen jede Mitverantwortung der Soldaten der deutschen Wehrmacht. Er legte dar, der deutsche Soldat habe doch nur »treu seine Pflicht erfüllt«. Auf den Aspekt der Verteidigung abhebend, behauptete er — und dies nun eindeutig im Gegensatz zur historischen Wahrheit —, der Wehrmachtsoldat habe »täglich sein Leben für Heimat und Vaterland« aufs Spiel gesetzt.

Für Heimat und Vaterland also! Wie kann es heute noch zu einer solchen horrenden Fehlinterpretation des Hitlerschen Eroberungs- und Vernichtungskrieges kommen? Wie ist es zu erklären, daß sich manche Zeitgenossen — meist Angehörige der Kriegsgeneration — noch immer weigern zu erkennen, in welchem Ausmaß seinerzeit mit der gemeinhin als legitim geltenden Idee der nationalen Landesverteidigung Schindluder getrieben worden ist?

2. Zur Geschichte der Verteidigungslügen

Eine allgemeine Begründung hierfür mag in dem schillernden Verteidigungsbegriff selbst zu suchen sein. Er wurde und wird bekanntlich in einem doppelten Wortsinn gebraucht: einmal politisch zur Rechtfertigung eigenen Handelns gegen einen Aggressor, zum anderen in einem rein militärischen Sinn. Aber damit nicht genug. Seit jeher haben sich Politiker unterschiedlicher Länder über den vorgenannten seriösen Wortgebrauch hinaus in mehr oder minder drastische Verteidigungslügen geflüchtet, um die eigene Interessenwahrung im weitesten Sinne, also auch unter Einschluß aggressiver Handlungen, »diplomatisch« zu verdecken. Zu solchem Mißbrauch des Verteidigungsbegriffs gehört es auch, ihn von der Vorstellung des Schutzes des eigenen Staatsgebiets abzulösen und Interessenwahrung selbst in entfernten Teilen der Welt als »Verteidigung« zu deklarieren. Noch deutlicher wird das Problem vielleicht, wenn man sich vor Augen führt, daß es weder dem Völkerbund noch den Vereinten Nationen gelungen ist, das Gegenteil von Verteidigung, nämlich den Angriffskrieg, zu definieren.

Auch in der preußisch-deutschen Geschichte läßt sich dieser willkürliche Umgang mit dem Wort Verteidigung und sein Einsatz als propagandistisches Herrschaftsmittel mehrfach belegen. Friedrich II. von Preußen zum Beispiel gab 1740 seiner Armee den Angriffsbefehl gegen Schlesien und beauftragte wenig später seinen Mitarbeiter Heinrich Graf von Podewils, sich eine *justa causa* auszudenken, also einen »gerechten Grund«, ein Rechtfertigungsmotiv, das mit der herrschenden Lehre vom Krieg in Einklang stand und die aggressive Kriegspolitik des Königs nicht behinderte. Bismarck drängte mit seiner Manipulation der »Emser Depesche« 1871 den französischen Kaiser Napoleon III. vor der Öffentlichkeit in die Rolle des Aggressors, obgleich er selber den deutschen Krieg gegen Frankreich als Mittel zur Herstellung des preußisch-deutschen Nationalstaats brauchte und auf ihn hinarbeitete.

Bethmann-Hollweg, Kaiser Wilhelms II. Reichskanzler, verbreitete in der Julikrise von 1914 durch geschickte Regie den Eindruck, Deutschland bleibe nichts anderes übrig, als auf die russische Generalmobilmachung zu reagieren und sich zu verteidigen. Das wichtigste innenpolitische Ergebnis dieser Manipulation war, daß sich die Sozialdemokratie nun genötigt sah, eine Verteidigungssituation als gegeben anzusehen und im Interesse der Landesverteidigung einen »Burgfrieden« mit der Regierung zu schließen. So freute sich der Chef des Marinekabinetts, Admiral Georg von Müller: »Stimmung glänzend. Die Regierung hat eine glückliche Hand gehabt, uns als die Angegriffenen hinzustellen.«

3. Die nationalsozialistische Kriegspropaganda

Die Hauptursache für manche Desorientierung über die Verantwortung für den Überfall von 1941 ist jedoch zweifellos in der von Hitler und seinem Propagandaminister Joseph Goebbels inszenierten Kriegspropaganda selbst zu suchen. Am Tage des Überraschungsangriffs auf die Sowjetunion gab Hitler als »Führer und Oberster Befehlshaber der Wehrmacht« in einem Tagesbefehl an die »Soldaten der Ostfront«, die in einer Stärke von etwa drei Millionen Mann gegen die Sowjetunion aufmarschiert waren, die Erklärung ab, die Sowjetunion habe eine aggressive Politik betrieben und Deutschland müsse nun »Gegenmaßnahmen« ergreifen.

Nach einer Reihe weitschweifig ausgeführter Behauptungen über die angeblich gegen Deutschland gerichtete »Einkreisungspolitik« sprach Hitler davon, daß Deutschland im Frühjahr 1940 als Folge des mit Stalin geschlossenen Freundschaftspakts seine Streitkräfte von der Ostgrenze zurückgezogen habe, aber »bereits zu dieser Zeit der Aufmarsch russischer Kräfte in einem Ausmaß (begonnen habe), der nur als eine bewußte Bedrohung Deutschlands aufgefaßt werden konnte«. Er habe dann, und so hörten es die Soldaten aus dem Munde ihrer Kompaniechefs, »als verantwortlicher Führer des Deutschen Reiches, aber auch als verantwortungsbewußter Vertreter der europäischen Kultur und Zivilisation«, zu einem Ausgleich mit der Sowjetunion auf dem Verhandlungswege zu kommen versucht. Aber Moskau habe mit dem Aufmarsch seiner Armeen die Abmachungen des Freundschaftspaktes gebrochen und »in erbärmlicher Weise verraten«: »Heute stehen rund 150 russische Divisionen an unserer Grenze. Seit Wochen finden dauernde Verletzungen dieser Grenze statt ... Damit aber ist nunmehr die Stunde gekommen, in der es notwendig wird, diesem Komplott der jüdisch-angelsächsischen Kriegsanstifter und der ebenso jüdischen Machthaber der bolschewistischen Moskauer Zentrale entgegenzutreten.« Die Eröffnung der neuen Front im Osten geschehe nicht nur, so Hitler, »um die Voraussetzung zu schaffen für den endgültigen Abschluß des großen Krieges überhaupt oder um die im Augenblick betroffenen Länder zu schützen, sondern um die ganze europäische Zivilisation und Kultur zu retten«. In die Hand der deutschen Soldaten sei also »das Schicksal Europas, die Zukunft des Deutschen Reiches, das Schicksal unseres Volkes« gelegt.

In der Berichterstattung vom östlichen Kriegsschauplatz, besonders in der damals viel gesehenen Wochenschau, präsentierten Mitarbeiter der Wehrmachtspropaganda in den folgenden Tagen und Wochen immer wieder Bilder von russischen Truppen und vom Kriegsgerät der Roten Armee, verbunden mit der Behauptung, jetzt könne man sehen, wie groß die Gefahr aus dem Osten wirklich gewesen sei. Auch wurde auf Aussagen von Sowjet-Offizieren über die getroffenen »Offensivvorbereitungen« hingewiesen.

Am 7. Juli 1941 las Goebbels im Bericht des Sicherheitsdienstes (SD) über die »Aufnahme und Auswirkung der allgemeinen Propaganda-, Presse- und Rundfunklenkung« die folgende Erfolgsmeldung: »Allgemein habe sich inzwischen die Erkenntnis durchgesetzt, daß die Sowjetunion eine akute

Gefahr für das Reich darstellte und daß der Führer wiederum im richtigen Augenblick zugeschlagen hat.« Die Präventivkriegsbehauptung war also wunschgemäß in die Köpfe eingedrungen. Goebbels wußte jedoch, daß der Erfolg dieser Sprachregelung von der Entwicklung der machtpolitischen Verhältnisse abhing. Seinem Tagebuch vertraute er einen Tag nach dem Überfall den bezeichnenden Satz an: »Wenn wir siegen, haben wir recht.«

In der NS-Propaganda wurden Worte wie Schutz, Abwehr und Verteidigung nicht in der herkömmlichen Bedeutung einer militärischen Verteidigung der Landesgrenzen definiert. Die klassische Idee der Landesverteidigung, traditionell bekanntlich auch von Liberalen, Sozialisten und gemäßigten Pazifisten als natürliches Recht kollektiver Notwehr bejaht, wurde vom NS-Regime systematisch mißbraucht, indem es die eigenen aggressiven Absichten konsequent verschleierte und als Verteidigungsmaßnahmen ausgab. Bestandteil einer solchen mißbräuchlichen, weil aggressiven Auslegung des Verteidigungsgedankens wurde dann die Vorstellung von einem »Kreuzzug Europas gegen den Bolschewismus« unter deutscher Führung, also das denkbar extensivste Eroberungsprogramm.

Wenn man der Diktion der Propagandisten des Dritten Reiches folgt, haben deutsche Soldaten im Zweiten Weltkrieg immer nur »zurückgeschossen«. So auch Anfang September 1939, als man einen Angriff deutscher Staatsbürger in polnischen Uniformen auf einen Rundfunksender in der oberschlesischen Industriestadt Gleiwitz vortäuschte, um die eigene Aggressionshandlung, mit welcher dann tatsächlich der Zweite Weltkrieg entfesselt werden sollte, als Abwehrmaßnahme darstellen zu können.

4. Legitimationsfunktionen

Man wird sich fragen, weshalb die doch sonst von Skrupeln wenig geplagten Repräsentanten des NS-Regimes so viel Mühe auf die vorsorgliche wie nachträgliche Abwälzung der Verantwortung für den Krieg auf andere verwandten. Zwei Aspekte sind hier zu berücksichtigen: Erstens galt der Krieg zu jener Zeit zwar noch als ein legitimes Mittel der Politik. Als gerechtfertigt wurde im öffentlichen Bewußtsein jedoch nur der Verteidigungskrieg angesehen, nicht der Angriffskrieg. Seit dem Abschluß des sogenannten Kriegsächtungspakts von 1928, der mit den Namen der Politiker Kel-

logg, Stresemann und Briand verbunden ist, war der Angriffskrieg auch völkerrechtlich verboten. Aber ein Bruch des Völkerrechts hätte die Funktionäre des NS-Regimes nicht geschreckt. Schwerer wog — dies ist der zweite Aspekt — die machtpolitisch relevante Gefahr, daß das Eingeständnis der Aggression die psychologische Mobilmachung der Soldaten der Wehrmacht und der deutschen Bevölkerung sowie der Verbündeten erschwert hätte. Auch die Furcht vor Widerstand dürfte trotz der nach außen hin erfolgreichen Repressionspolitik noch immer mitgespielt haben.
Im Zuge des Rußlandkrieges verlor das Wort »Verteidigung« jeden defensiven Inhalt. Es wurde zum propagandistischen Rechtfertigungsbegriff für eben jene Art von Krieg, die das Deutsche Reich tatsächlich führte: den Eroberungs- und Vernichtungskrieg.
Dem Schwarzweißdenken entsprach die Rollenverteilung: auf der einen Seite die »Kräfte der Zerstörung«, das heißt die Sowjetunion, auf der anderen Seite die Kräfte der »Erneuerung«. Die gute Seite, also das Deutsche Reich, führte den Angriffskrieg als »Abwehrkampf« mit der phantastischen Sinngebung, es verteidige alles, was Europa »in tausendjährigen Kämpfen, Arbeiten und schöpferischen Leistungen zum Mittelpunkt einer menschlichen Kultur und Gesittung gemacht« habe. Der Bolschewismus wurde präsentiert als »die organisierte Gottlosigkeit«, während man sich selbst anmaßte, den erhabenen Verteidigungskampf für's Abendland zu führen.
Das also sind die Quellen, aus denen sich die Stammtischparolen einerseits und die wissenschaftlich verbrämten Präventivkriegslegenden unterschiedlicher Schattierung andererseits wesentlich speisen. Manchem Kriegsteilnehmer dienen sie bis heute entweder zur emotionalen Rechtfertigung der eigenen Rolle im damaligen Krieg oder zur Beruhigung von Schuldgefühlen und als Mittel zur Verdrängung der unangenehmen Wahrheit. Dafür mag man sogar ein gewisses Verständnis aufbringen. Denn die Millionen Deutscher, die, sei es als Soldaten, sei es in anderen Funktionen, teils gezwungen, teils freiwillig, teils zustimmend, teils ablehnend, an diesem Krieg teilnahmen, ihn vielleicht nicht minder fürchteten, haßten und erlitten als ihre Kriegsgegner, mögen in dem Verteidigungs-Argument wenigstens einen gewissen psychologischen Halt gesucht und gefunden haben, sofern ihnen die gesamte Nazi-Propaganda nicht ohnehin suspekt war.
Auch später, nach Kriegsende, mußte die Vorstellung, an einem Angriffskrieg, der zugleich die Voraussetzung für die Durchführung ungeheuerlichster Vernichtungsaktionen schuf, beteiligt gewesen zu sein, eine schwere

Belastung darstellen, die man mit dem Hinweis auf die angebliche Verteidigung von »Volk und Vaterland« wenigstens etwas zu mildern versuchte. Wie schwer war doch die Erkenntnis zu ertragen, daß entscheidende Jahre des eigenen Lebens destruktiv, sinnlos und schuldbeladen gewesen waren! Das Verteidigungs-Argument, seiner Eingrenzung auf Landesverteidigung enthoben, mit den höheren Weihen abendländischen Heldentums gegen asiatisches Untermenschentum versehen, führte zur politischen Desorientierung — zur humanen nicht minder.

Die Angriffskriege Nazi-Deutschlands und die mit ihnen einhergehenden Verteidigungslügen, vielleicht auch vergleichbare Erscheinungen aus früheren Perioden der deutschen — und internationalen — Geschichte, haben Spuren hinterlassen: Glaubwürdigkeitslücken, ja, tiefes Mißtrauen.

5. Verfassungsrechtliche und sicherheitspolitische Folgerungen

Das haben auch die Väter unserer Verfassung gewußt. Sie versuchten auf die historischen Erfahrungen zu reagieren, indem sie eine rechtliche Schranke errichteten. Sie formulierten im Artikel 26 des Grundgesetzes: »Handlungen, die geeignet sind und in der Absicht vorgenommen werden, das friedliche Zusammenleben der Völker zu stören, insbesondere die Führung eines Angriffskrieges vorzubereiten, sind verfassungswidrig.« Wie aber konnte diese Norm praktisch verwirklicht werden? Gab es Kriterien für die zweifelsfreie Unterscheidung, welche Handlungen in welcher Absicht vorgenommen wurden?

Heute wird hierzulande — parallel dazu übrigens auch in der Sowjetunion — darüber nachgedacht, wie man den vielfach erklärten politischen Willen, nichts anderes als die Landesverteidigung zu wollen, durch praktische Maßnahmen glaubhaft machen kann. Hier setzt das Konzept der »strukturellen Nichtangriffsfähigkeit« an. Es will politisch wirken, Ängste abbauen und Vertrauen herstellen. In einer Zeit, in der die Mehrheit der Menschen (gerade auch in unserer Weltregion) zwar nichts gegen vertragliche Gewaltverzichtserklärungen hat, aber gleichzeitig auf Rüstung — sei es auch nur zu Abschreckungszwecken — nicht verzichten zu können glaubt, könnte der Umbau der militärischen Organisation in einer Weise, die den Mißbrauch früherer Zeiten faktisch ausschließt, entscheidend sein für die Entwicklung hin zu dem eigentlichen Ziel: der generellen Ächtung des Krieges.

Elftes Kapitel

Durchhalte-Terror in der Schlußphase des Krieges

Das Beispiel der Erschießungen in Waldkirch am 10./11. April 1945

Das Kriegsende war zum Greifen nahe. Das wußte damals, im April 1945, jeder im südbadischen Raum bis hin zum Rhein, wo am Monatsanfang noch die Front verlief. Beim Angriff auf Frankreich im Jahre 1940 war es dort, am Rhein, nach vorne gegangen. Jetzt aber ging es zurück. Die deutschen Truppen kämpften auf eigenem Boden. Das waren Tatsachen, die für sich selbst sprachen. Da brauchte man sich die militärische Lage nicht noch extra durch die in Berlin zusammengestellten »Wehrmachtberichte« erklären zu lassen.

Jeder in Baden, ob Soldat oder Zivilist, wußte seit längerem, daß dieser Krieg verloren war, und man stellte sich natürlich die Frage, weshalb daraus nicht die Konsequenzen gezogen wurden. Tatsächlich durfte man über die Konsequenzen nicht einmal laut nachdenken. Denn Hitler, Goebbels, der badische Gauleiter Robert Wagner und die anderen Größen des bankrotten Regimes redeten noch immer vom »Endsieg« und forderten die Menschen unter Androhung härtester Strafen zum »Durchhalten« auf — obwohl sie doch wissen mußten und es auch wußten, daß die Kapitulation der deutschen Wehrmacht unvermeidbar war und das Hinauszögern dieser Entscheidung nur zahllosen weiteren Soldaten und Zivilisten das Leben oder die Gesundheit kosten würde.

Die »Durchhalte«-Parolen des in den letzten Zügen liegenden Nazi-Regimes waren nichts weniger als leere Worte. Hinter ihnen stand der Wille, den Gehorsam mit den brutalsten Terrormethoden zu erzwingen. Im »Kampfblatt der Nationalsozialisten Oberbadens« mit dem Titel »Der Alemanne« — es war die einzige damals erscheinende Regionalzeitung — konnten beispielsweise die Bürger der badischen Kleinstadt Waldkirch am 3. April 1945 auf der Seite 1 eine Anordnung des Leiters der Parteikanzlei, Reichsleiter Martin Bormann lesen. Da hieß es: »Ein Hundsfott, wer seinen vom Feind angegriffenen Gau ohne ausdrücklichen Befehl des Füh-

rers verläßt, wer nicht bis zum letzten Atemzuge kämpft; er wird als Fahnenflüchtiger geächtet und behandelt. Reißt hoch die Herzen und überwindet alle Schwächen! Jetzt gilt nur noch eine Parole: Siegen oder fallen.« Fast jeden Tag verbreitete das Naziblatt nun solche absurden Sprüche. Siegen? Wer wollte das noch glauben? Die Alternative also: fallen? Genau dieses aber forderten die Nazi-Oberen, etwa im Leitartikel des »Alemannen« vom 4. April 1945: »Gegen einen solchen Feind, wie er uns im Osten und Westen gegenüber steht, gibt es nur eine zwar bittere und vielleicht auch ›furchtbare‹ Alternative: Sieg oder Tod!«
Gauleiter Wagner predigte in demselben Stile Haß gegen die Feinde: »Sie morden bewußt die wehrlose Zivilbevölkerung, um dadurch, wie sie vorgeben, den Widerstandswillen des Volkes zu brechen, in Wirklichkeit, um unser Volk zu vernichten! ... Die Amerikaner sind nur die Schrittmacher des Bolschewismus ... Darum Haß und Kampf dem Amerikanismus wie dem Bolschewismus!« Wer dieser Parolen überdrüssig war und die wirkliche Lage nicht beschönigte, wurde als »Miesmacher« charakterisiert und mit dem Standgericht, also der Todesstrafe bedroht: »Wer sich in dieser schwersten Zeit als Volksschädling erweist, gehört mitleidlos vor das Standgericht!«
Am 9. April, einen Tag vor den ersten Erschießungen in Waldkirch, sprach der Freiburger NSDAP-Kreisleiter Karl Neuscheler vor den Männern eines Volkssturmbataillons, das man, sozusagen als letztes Aufgebot, kurz zuvor zur Verstärkung der Abwehrfront am Rhein aufgestellt hatte. Er lobte und drohte, man werde alle »Feiglinge austilgen«; aber er mußte auch bekennen, daß es »fünf Minuten vor zwölf« war und »unser« Schicksal nun »auf des Messers Schneide« stand. In dieser allerletzten Kriegsphase, der Zeit des Durchhalte-Terrors, eineinhalb Wochen vor der Besetzung Waldkirchs durch französische Truppen, die für die Waldkircher faktisch das Kriegsende bedeutete, wurde das Kandelstädtchen noch einmal zum Schauplatz eines blutigen Dramas. Nicht um eine Kampfhandlung handelte es sich dabei, sondern um den Vollzug des Durchhalte-Terrors. Eine grausame, sinnlose, empörende Episode, die so kurz vor dem angeblichen »Endsieg« vielerorts in ähnlicher Weise ablief.
Tatort war eine Sandgrube im Bruckwald am Südrand von Waldkirch, in der Nähe eines noch heute sichtbaren Wasserreservoirs, das an der Auffahrt zum Kandel gelegen ist. Tatzeiten: Dienstag, 10. April 1945 und Mittwoch, 11. April 1945, jeweils um 7 Uhr morgens. Die Tat: Deutsche Sol-

daten eines Erschießungskommandos, das dem derzeit in Waldkirch untergebrachten Oberkommando der 19. Armee (A.O.K. 19), geführt von dem General der Panzertruppe Erich Brandenberger, unterstand, erschossen andere deutsche Soldaten, insgesamt fünf junge Männer. Zwei waren es am Morgen des 10. April, drei am Morgen des nächsten Tages. Als geistlicher Beistand der zum Tode Verurteilten wurde der Waldkircher Kaplan Uhlig Zeuge der Exekutionen. Einer mündlichen Überlieferung zufolge soll auch eine Anzahl älterer Volkssturmleute aus dem ganzen Elztal gezwungen worden sein, als Augenzeugen an den Erschießungen teilzunehmen — zum Zwecke der Abschreckung. Denn das todeswürdige Verbrechen der jungen Soldaten bestand darin, daß sie in dem Glauben, das Ende des schrecklichen Krieges stehe unmittelbar bevor, ihre Truppe verlassen hatten. Sie waren »abgehauen«, hatten dann aber das lebensgefährliche Pech, von deutschen Soldaten wieder eingefangen zu werden. Ein Standgericht des A.O.K. 19 verurteilte sie kurzerhand wegen Fahnenflucht zum Tode. In einem Fall soll als weiteres Vergehen ein sogenannter Postraub hinzugekommen sein. Der betreffende Soldat soll unerlaubterweise das Päckchen eines Kameraden an sich genommen und geöffnet haben: Kameradendiebstahl. Die Hoffnung der Verurteilten, das Kriegsende könne eintreten, bevor sie erschossen würden, sollte nicht in Erfüllung gehen. Als die Soldaten des Erschießungskommandos die Gewehre anlegten, rief einer der Todeskandidaten, wohl um dem so Sinnlosen doch noch einen Sinn zu geben: »Nieder mit Hitler! Es lebe Deutschland!« So will es jedenfalls eine mündliche Überlieferung wissen. Eine schriftliche Aufzeichnung darüber gibt es nicht. Nach der Exekution wurden die Leichen der Soldaten hinunter zum Waldkircher Friedhof geschleift. Die auf dem Wege hinterlassene Blutspur wies neugierigen jugendlichen Waldkirchern den Weg zum Erschießungsort. Begraben wurden die toten Soldaten in einem Zweier- und einem Dreiergrab, jeweils eine Stunde nach der Exekution. Beschriftete Holzkreuze und ein Stahlhelm vor den Gräbern verrieten, daß hier Angehörige der Wehrmacht begraben waren.

Vom Aufgreifen der Deserteure über die standrechtliche Verurteilung zum Tode, die Exekution bis hin zur Beerdigung blieb die gesamte Aktion in den Händen der Wehrmacht, das heißt, des Oberkommandos der 19. Armee. Der etwa 170 Personen zählende Armeestab hatte Anfang Februar 1945 in Waldkirch seinen Gefechtsstand eingerichtet, zunächst in dem Gebäude »Margarethe« — dem heutigen Heimatmuseum —, dann, nach einem Fliegerangriff am 28. Februar, bei dem zwei deutsche Nachrichten-Soldaten ums Leben kamen, in eigens errichteten Blockhäusern und Baracken im vorderen Dettenbachtal. Als das A.O.K. 19 dann im April 1945 — offenbar kurz nach den geschilderten Erschießungen — infolge der Veränderung der militärischen Lage weiter nach Osten verlegt wurde und in Jungingen seinen neuen Gefechtsstand einrichtete, bezog das XVIII. SS-Armee-Korps unter dem SS-Obergruppenführer und General der Waffen-SS Keppler für kurze Zeit die Gebäude in Dettenbach. Als die französischen Truppen dann am 21. April in breiter Front vorrückten und auch Waldkirch besetzten, wich das genannte SS-Korps — die bislang gehaltene »Rheinfront« endgültig aufgebend — nach Südosten aus. Der Stab ging zunächst nach Schonach bei Triberg.

Das Oberkommando der 19. Armee also ließ sich bei der geschilderten Erschießungsaktion nicht von zivilen Stellen hineinreden. Waldkirchs — von den Nazis eingesetzter — Bürgermeister Max Kellmayer beziehungsweise der Stadtbaumeister Wilhelm Kötter erhielten erst nach der Beerdigung der Opfer eine kurze Mitteilung mit unvollständigen Personalangaben. Jedenfalls kam in dem hernach im Waldkircher Stadtbauamt für jedes Opfer gefertigten »Nachweis über Sterbefall eines Wehrmachtsangehörigen« häufig das Wort »unbekannt« vor. So war keiner der Verurteilten nach seinem Geburtsort oder nach der Anschrift seiner Angehörigen gefragt worden. Nicht einmal die Nummer der Erkennungsmarke oder den letzten Truppenteil hatte man in Erfahrung gebracht. Statt dessen wurde als letzte Einheit das »Heeresgefängnis des A.O.K. 19« angegeben. In der Rubrik »Todesursache« wurde festgehalten: »Erschossen am 11.IV.45 in Waldkirch/Brg. auf Befehl des A.O.K. 19 vorm. 7 Uhr im Bruckwald durch die Wehrmacht.«

Nach dem Kriege hat die Stadt Waldkirch in Zusammenarbeit mit der Kriegsgräberfürsorge einige zusätzliche Personaldaten zusammengetragen. Danach handelte es sich bei den am 10. April 1945 erschossenen Soldaten um den 23 Jahre alten Grenadier Theodor Johann Heinz, geboren am 18. März 1922 in G., Oberfranken, im Zivilberuf Hilfsarbeiter, evangelisch, sowie um den 24jährigen Grenadier-Unteroffizier Alfons Gierlinger, geboren am 22. Mai 1920 im bayerischen M., von Beruf kaufmännischer Angestellter, katholisch, verheiratet. Die am 11. April erschossenen waren: Der 40 Jahre alte Pionier Wilhelm Emil Kohl, geboren am 12. Februar 1905, verheiratet, aus W. in Westfalen stammend; der Jäger Adolf

Grasamer, geboren am 21. Februar 1911, also 34 Jahre alt; schließlich der Grenadier Max Geisler, ein am 30. August 1920 in L., Oberschlesien, geborener, 24 Jahre alter junger Mann, Elektromechaniker von Beruf, katholisch und noch nicht verheiratet.

In den sechziger Jahren hat die Stadt Waldkirch zusammen mit dem Kriegsgräberbund zum Gedenken an die im Zweiten Weltkrieg gefallenen Waldkircher Soldaten und an die in Waldkirch umgekommenen Soldaten einen »Ehrenhain« mit roten Sandsteinkreuzen eingerichtet. Dort sind noch heute die namen der fünf Opfer des Durchhalte-Terrors in der letzten Kriegsphase zu lesen.

Als der Schriftsteller Heinrich Böll einmal über das Kriegsende 1945 nachdachte, das er selbst als Angehöriger der Wehrmacht miterlebte, kam ihm die Erkenntnis: »Soldaten — und ich war einer — sollten ohnehin nie über die klagen, gegen die sie sich in den Krieg haben schicken lassen, nur über die, von denen sie sich haben in den Krieg schicken lassen.«

Quellen

Akten des Armeeoberkommandos 19. In: Bundesarchiv-Militärarchiv, RH 20-19/169—207.

Akten des Stadtarchivs Waldkirch.

Tageszeitung »Der Alemanne. Kampfblatt der Nationalsozialisten Oberbadens«, Monate März und April 1945. In: Stadtarchiv Freiburg.

Erinnerungen von Heinrich Böll an den 8. Mai 1945. Erschienen unter dem Titel »Brief an meine Söhne« in: DIE ZEIT Nr. 12, 15. März 1985, S. 13—16.

Befragung mehrerer Waldkircher Bürger als Zeitzeugen der damaligen Ereignisse.

Niederschrift des ehem. Oberbefehlshabers der 19. Armee, General der Panzertruppe Erich Brandenberger: Schluß-Kampf der 19. Armee. 1. April bis 5. Mai 1945. In: Militärgeschichtliches Forschungsamt. Dokumentenzentrale.

Zwölftes Kapitel

Soldaten hinter Stacheldraht

Zur Lage der deutschen militärischen Führungsschicht nach der Kapitulation vom 8. Mai 1945

1. Wie tief war die Zäsur?

»Soldaten hinter Stacheldraht« — damit ist zunächst einmal der Tatbestand gemeint, daß sich nach Kapitulation der deutschen Wehrmacht 1945 etwa 11 Millionen deutsche Soldaten in Kriegsgefangenschaft befanden. Über seine militärische und soziale Dimension hinaus hatte dieser Tatbestand einen wichtigen politischen Symbolgehalt. Denn die millionenfache Kriegsgefangenschaft war der sichtbare Ausdruck der totalen Niederlage und der vollständigen Entmachtung des Deutschen Reiches. Diese Machtentblößung wiederum leitete, wie wir heute wissen, das faktische Ende des deutschen Nationalstaates ein. Er ging, nach knapp 75 Jahren seines Bestehens, genau so unter, wie er entstanden war: mit Blut und Eisen, das heißt, mit kriegerischer Gewalt. Zwei Faktoren waren es vor allem, die diesem Staat sein Gepräge gegeben hatten: Das Weltmachtstreben auf der einen Seite und — damit eng zusammenhängend — die herausgehobene Rolle des Militärs in Staat und Gesellschaft auf der anderen. Betrachtet man das Jahr 1945 unter einer nationalstaatlichen Perspektive, so bedeutet es fraglos eine tiefe Zäsur.

Wie tief dieser Einschnitt war, läßt sich eigentlich erst richtig ermessen, wenn die bedingungslose Kapitulation vom 8. Mai 1945 mit dem Kriegsende 1918 verglichen wird. Die Historiker bedienen sich des Vergleichs von 1918 und 1945 in analytischer Absicht, um eine möglichst präzise Aussage über das tatsächliche Ausmaß des Neubeginns bei gleichzeitig fortwirkenden Kontinuitäten machen zu können, wohl wissend, daß es die vielbeschworene »Stunde Null« — im Sinne eines vollständigen Bruchs mit der Vergangenheit — nie gegeben hat und auch nicht geben kann.

Aber in dem Vergleich der Jahre 1918 und 1945, mit dem ich mich im ersten Teil dieses Kapitels beschäftigen möchte, steckt mehr als nur das geschichtswissenschaftliche Erkenntnisinteresse. Es gab hier nämlich einen ganz realen Bezug: Die politischen Akteure des Jahres 1945 selbst, die deutschen nicht minder als die amerikanischen, französischen und die britischen, definierten ihre jeweilige Handlungsweise als Reaktion auf vermeintliche Fehler von 1918. Nun sollte es vorbei sein mit allen Halbheiten, in denen man nach dem Ende des Ersten Weltkrieges stecken geblieben war; man wollte eindeutige, unmißverständliche und unumstößliche Fakten schaffen.

Aus der Sicht der Anti-Hitler-Koalition war damit besonders die dauerhafte Zerschlagung des Nazismus und des preußisch-deutschen Militarismus gemeint. Ob dieses primäre Kriegsziel der Alliierten nach der Kapitulation auch tatsächlich erreicht wurde, soll im zweiten Teil dieses Kapitels untersucht werden. Dabei wird der Frage nachzugehen sein, ob sich hinter der Fassade des vollständigen Bruchs mit der bisherigen deutschen Militärgeschichte, der sich aktuell in der Zwangsauflösung der Wehrmacht ausdrückte, ein Kontinuitätsstrang durchsetzte, der — im größeren Zusammenhang betrachtet — die Brücke zwischen Entmilitarisierung und Remilitarisierung darstellte, also der Einbeziehung der Bundesrepublik Deutschland in das atlantische Verteidigungsbündnis. Dabei wird zu zeigen sein, wie es Teile der deutschen militärischen Führungsschicht noch als »Soldaten hinter Stacheldraht«, also in zeitlicher Nähe zur bedingungslosen Kapitulation, verstanden, sich auf eine Zukunft hin zu orientieren, in der sie selbst wieder eine Rolle würden spielen können. Dieses aufschlußreiche und bislang wenig bekannte Kapitel der Nachkriegsgeschichte wird hier allerdings nur mit der Beschränkung auf die westlichen Besatzungszonen betrachtet. Es kann an dieser Stelle nur angedeutet werden, daß es in der sowjetischen Besatzungszone Parallelerscheinungen gab. Auch die Sowjets stellten Überlegungen an, wie das deutsche militärische Potential ihrer Zone genutzt werden konnte.

2. Das Kriegsende 1945 und die »Lehren von 1918«

Nach diesen Vorbemerkungen komme ich auf den Vergleich der Jahre 1918 und 1945 zurück, die für die jüngere deutsche Geschichte bekanntlich Schlüsseldaten darstellen. Der Zweite Weltkrieg wurde im Gegensatz zum Ersten nicht politisch, sondern militärisch beendet. Das heißt, daß 1945 noch zu einem Zeitpunkt weitergekämpft wurde, als am Ausgang des Krieges längst kein Zweifel mehr bestehen konnte. Das war — erstaunlicherweise — von beiden Seiten so gewollt. Dem Kriegsziel der Anti-Hitler-Koalition, die Kämpfe nur durch eine bedingungslose Kapitulation und nicht durch einen Waffenstillstand zu beenden, entsprach der Wille Hitlers, bis zum angeblich noch immer erreichbaren »Endsieg« durchzuhalten.

Diese starre Festlegung beider Seiten auf die radikalste Art der Kriegsbeendigung und die generelle Verwerfung von politischen Kompromißwegen muß gewiß in einem Zusammenhang mit der totalen Kriegführung gesehen werden. Die Wurzeln reichen jedoch weiter zurück. Sie sind in den politischen Erfahrungen von 1918/19 zu suchen.

Bekanntlich wurden am Ende des Ersten Weltkrieges die Kampfhandlungen durch das Waffenstillstandsabkommen von Compiègne vom 11. November 1918 beendet. Ein entsprechendes Ersuchen war von der deutschen Regierung ausgegangen. Sie war dazu von der 3. Obersten Heeresleitung unter dem Generalfeldmarschall v. Hindenburg und General Ludendorff gedrängt worden, und zwar zu einem Zeitpunkt (29. September 1918), als die Lagebeurteilung der Militärs zweifelsfrei ergeben hatte, daß sich das deutsche Heer in einer Situation befand, in der es keinerlei Aussicht mehr gab, den Krieg militärisch zu gewinnen. Für sich genommen, war die Entscheidung der deutschen Spitzenmilitärs, den Kampf abzubrechen, von nationalem Verantwortungsbewußtsein getragen; denn sie bewahrte Hunderttausende davor, in einem de facto verlorenen Krieg ihr Leben oder ihre Gesundheit lassen zu müssen.

Aber Hindenburg und Ludendorff taten einen weiteren, verantwortungslosen Schritt, der äußerst fatale Folgen haben sollte. Sie gestanden nämlich die militärische Niederlage nicht ein, posaunten ihr »im Felde unbesiegt« hinaus und schoben die Schuld an dem verlorenen Krieg denen zu, die sie schon immer als »Reichsfeinde« betrachtet hatten, vornehmlich den Sozialdemokraten, den Pazifisten und den Juden. Sie waren gemeint, wenn es nun hieß, »die Heimat« habe den siegreichen Fronttruppen den Dolch in den Rücken gestoßen und sie um den — angeblich möglichen — Sieg gebracht.

Diese Verschleierungspropaganda hatte zur Folge, daß der Tatbestand der Niederlage damals nicht in der nötigen Weise in das Bewußtsein der deutschen Bevölkerung drang. Die »verdrängte Niederlage«[1], gekoppelt mit

der Dolchstoßlegende, verhinderte dann in der Folgezeit, daß die wirklichen Ursachen der Entwicklung angemessen analysiert wurden. Das hätte durch eine nüchterne Betrachtung der Folgen des deutschen Weltmachtstrebens geschehen müssen.
Ihre schwerwiegenden welthistorischen Folgen hatte die Dolchstoßlegende dadurch, daß sie von Millionen geglaubt wurde, zu denen auch Adolf Hitler gehörte. Es führt in der Tat ein unmittelbarer Weg von der nationalistischen Agitation der Weimarer Zeit, die mit der Dolchstoßlüge operierte, zur nazistischen Propaganda gegen das als schwächlich und pazifistisch verdammte Weimarer »System« und — darüber hinaus — zur Politik Hitlers vor und während des Weltkrieges.
Verschiedene Untersuchungen über die nationalsozialistische Innenpolitik in den dreißiger Jahren haben ergeben, daß der an die Macht gekommene Hitler Maßnahmen der innenpolitischen Disziplinierung ergriff, die sich durchgängig als Antworten auf seine traumatisch erlebten Erfahrungen im Weltkriegs- und Revolutionsjahr 1918 erklären lassen[2]. Die Leitidee nationalsozialistischer Innenpolitik lautete, eine militarisierte, kriegstüchtige Volksgemeinschaft zu schaffen, also so etwas wie ein Gegenstück zur deutschen Klassengesellschaft während des Ersten Weltkrieges, aus der heraus eine Massenbewegung gegen den Krieg entstanden war, die schließlich im November 1918 sogar Revolution gemacht und einen Schlußstrich unter die monarchistische Phase der deutschen Geschichte gezogen hatte.
Gegen Ende des Zweiten Weltkrieges scheint Hitler die Befürchtung gehegt zu haben, daß sich in der deutschen Bevölkerung trotz aller Einschüchterungsmaßnahmen wiederum eine defätistische Stimmung ausbreiten könnte wie damals 1918. Informationen, die auf eine solche Entwicklung hindeuteten, entnahm er den geheimen Lageberichten des Sicherheitsdienstes der SS[3], die kontinuierlich und mit — für die damaligen Verhältnisse — großer Genauigkeit über die Stimmung in der deutschen Bevölkerung berichteten. Sie signalisierten, daß die »Durchhalte«- und »Endsieg«-Propaganda zunehmend weniger den gewünschten Erfolg hatte.
Wie der Journalist Fritz Sänger berichtet — ihm verdanken wir jahrelange Aufzeichnungen über die geheimen Goebbels-Konferenzen, die heute eine wertvolle Quelle für die Geschichte des Dritten Reiches darstellen[4] —, gab es schon 1944 unter seinen Journalisten-Kollegen in Berlin kaum einen, der die nazistische »Endsieg«-Propaganda nicht als das durchschaute, was

sie war, nämlich als ein Manöver, das von dem Tatbestand ablenken sollte, daß Hitler-Deutschland den Krieg längst verloren hatte. Sänger zufolge konnte die Propaganda noch so viel von Wunderwaffen reden. Wenn einer (unter den Presseleuten) auch nur so getan habe, als ob er daran glaube, habe er sich dem Spott der Kollegen ausgesetzt[5]. Ebenso glaubte auch die Masse der deutschen Bevölkerung seit dem Herbst 1944 nicht mehr an den »Endsieg«. Sie wollte vielmehr, »daß Schluß gemacht werde, wie im Herbst 1918«[6], und sie wollte nicht, daß ein aussichtsloser und opferreicher Endkampf geführt werde.

In dieser Situation tobte sich nun noch einmal Hitlers Haß gegen die »Novemberverbrecher« aus[7]. Die Lehren von 1918 anzuwenden, hieß jetzt für ihn, jeden, der den naheliegenden Gedanken aussprach, der Krieg sei verloren, gnadenlos zu verfolgen, durch Standgerichte aburteilen und umbringen zu lassen. Daher wurde der innenpolitische Terror in der Schlußphase des Krieges noch einmal bis ins Extrem gesteigert.

In diese — letztlich gegen das eigene Volk gerichtete — Durchhaltepolitik spielte auch ein taktisches Kalkül des Diktators hinein. Schon im Jahre 1941, noch vor dem Überfall auf die Sowjetunion, hatte er es einmal gegenüber Goebbels erwähnt. Hitler sagte damals: »Wir haben sowieso so viel auf dem Kerbholz, daß wir siegen müssen, weil sonst unser ganzes Volk, wir an der Spitze mit allem, was uns lieb ist, ausradiert würden.«[8] Nach der festen Überzeugung des Diktators gab es für ein Regime mit diesem Schuldkonto also nur die Alternative Sieg oder Untergang, nicht aber einen dritten Weg, wie er 1918 noch gangbar gewesen war.

In der Schlußphase des Krieges betrieb Hitler — von Gedanken dieser Art geleitet — eine Politik, die im Grunde auf die Zerstörung Deutschlands hinauslief. Ende März 1945 vertraute er seinem Rüstungsminister Speer[9] folgendes an: »Wenn der Krieg verlorengeht, wird auch das Volk verloren sein. Dieses Schicksal ist unabwendbar.« Daher, so Hitler weiter, sei es auch nicht erforderlich, die Grundlagen zu erhalten, die das Volk zu seinem primitivsten Weiterleben brauche. Das deutsche Volk habe sich als das schwächere erwiesen, und dem stärkeren Ostvolk gehöre dann ausschließlich die Zukunft. Was nach dem Kampf übrigbleibe, seien ohnehin nur die Minderwertigen. Denn die Guten seien gefallen. Daher befahl Hitler am 19. März 1945, die vor dem Feind zurückweichende Wehrmacht solle sämtliche Sachwerte zerstören und eine »verbrannte Erde«[10] zurücklassen.

Nicht minder konsequent betrieb die Anti-Hitler-Koalition ihre bereits auf der Casablanca-Konferenz vom Januar 1943 festgelegte Politik der »Unconditional Surrender«. Nach dem Verständnis der Alliierten war sie ebenfalls das Produkt der Erfahrungen von 1918. So erklärte beispielsweise der amerikanische Präsident Roosevelt[11] nach der Konferenz von Jalta, auf den Ersten Weltkrieg anspielend, »allzu viele Erfahrungen« hätten gezeigt, daß das Ziel, den Frieden der künftigen Welt zu sichern, »nicht erreicht werden kann, solange Deutschland auch nur die mindeste Chance behalten darf, einen Angriffskrieg zu führen«. Die bedingungslose Kapitulation werde die Deutschen »vor der Wiederholung des Schicksals schützen, die der Generalstab und das Kaisertum ihnen schon einmal auferlegt haben und das der Hitlerismus ihnen jetzt abermals und hundertfach schlimmer aufzwingt«. Roosevelt weiter: »Aus dem deutschen Körper wird ein Krebsgeschwür entfernt werden, das Generationen hindurch der Welt nur Elend und Schmerzen bereitet hat.« Gleich dem amerikanischen Präsidenten begründeten auch andere Politiker der Anti-Hitler-Koalition[12] die Kapitulationsforderung damit, daß die Deutschen es 1918 und später an der Einsicht in ihre militärische Niederlage und die sich daraus ergebenden politischen Konsequenzen hätten fehlen lassen.

3. »Eidbrecher« und »Eidhalter«

Fragt man nun, weshalb die Wehrmacht, genauer gesagt, die militärische Führungsschicht, Hitler nicht zum Abbruch des Krieges drängte, als ihr, wie einst Ludendorff, klar wurde, daß der Krieg nicht mehr zu gewinnen war, so muß zunächst einmal daran erinnert werden, daß auch viele Offiziere – sei es aus eigener Erinnerung an das Weltkriegsende 1918, sei es als Folge der jahrelangen nationalsozialistischen Indoktrination – von der Notwendigkeit des Durchhaltens um jeden Preis überzeugt waren[13]. Die große Mehrheit der Offiziere, die man als »Eidhalter« charakterisieren kann, weil sie Hitler bis zu dessen Tod den Eid hielten und diese Haltung auch später noch gegen die als »Eidbrecher« geschmähten Widerstandskämpfer des 20. Juli 1944 verteidigten, sah offenbar keine Alternative zum Kurs des Durchhaltens bis zur vollständigen militärischen Niederlage.

Als ein typischer Repräsentant dieser großen Mehrheit der Wehrmacht-Offiziere kann der General der Infanterie Günther Blumentritt gelten, der bei Kriegsende im norddeutschen Raum eine Armeegruppe befehligte. Auf die ihm 1947, in der Kriegsgefangenschaft, von amerikanischen Offizieren gestellte Frage: »Warum hat der deutsche Soldat in aussichtsloser Lage bis zum Schluß des Krieges 1939—1945 gekämpft?«[14] antwortete Blumentritt in einer Weise, die erkennen ließ, daß er auf das Durchhalten der Wehrmacht in aussichtsloser Lage auch nachträglich noch stolz war. Er nahm es als Beweis dafür, daß die Deutschen das, was er in seinen militaristischen Denkmustern für die »Lehren von 1918« hielt, begriffen hatten. Hier kann lediglich eine Kostprobe für dieses unheilvolle, aber in der Wehrmacht weit verbreitete Denken gegeben werden: Während 1918 »die Revolution marschierte« — eine zivile Fortbewegungsart konnte sich Blumentritt nicht einmal angesichts einer Revolution vorstellen —, sei die deutsche Bevölkerung 1945 geschlossen »gegen den Bolschewismus« gewesen, was für den General ein Grund zur Genugtuung war. Da gab es (1945) keine roten Fahnen, keine »Indisziplin«, keinen Klassenhaß, kein in Parteien gespaltenes Volk, sondern die »Notgemeinschaft aller Betroffenen«; und die deutschen Soldaten hatten ihre Pflicht getan. Pflicht wofür und mit welchen Folgen — diese Fragen haben die »Eidhalter« zwar auch gestellt, aber trotz gelegentlicher Skrupel letztlich immer zugunsten des Gehorsams gegenüber Hitler beantwortet. Eine Minderheit hat solche Fragen gar vollständig ausgeblendet und als unzulässig angesehen.

Aber damit ist die Frage, weshalb die Wehrmacht-Offiziere Hitler nicht zum Abbruch des Krieges drängten, nur zum Teil beantwortet. Ein weiterer Grund ist darin zu sehen, daß auch sie viel »auf dem Kerbholz« hatten und die seit Jahren von den Alliierten angekündigten Kriegsverbrecherprozesse fürchten mußten. Besonders die Generale und die Generalstabsoffiziere waren davon betroffen. Im Laufe der Jahre muß nicht wenigen von ihnen bekannt und bewußt geworden sein, daß die Alliierten im Februar 1945 in Jalta[15] die vollständige Zerstörung des »deutschen Militarismus« beschlossen hatten, und daß sie darunter verstanden, »den deutschen Generalstab, der wiederholt die Wiederaufrichtung des deutschen Militarismus zuwege gebracht hat, für alle Zeiten zu zerschlagen«. So kam für die genannte Personengruppe zur Furcht vor der »Siegerjustiz« also auch die Perspektive des vollständigen Machtverlusts und der langfristigen Arbeitslosigkeit im erlernten Beruf.

4. Die Mitschuld der Wehrmacht

Für die große Mehrheit der Generale und Generalstabsoffiziere der deutschen Wehrmacht, die im eigentlichen Sinne die militärische Führungsschicht darstellten, wurde die bedingungslose Kapitulation am 8. Mai 1945 — nach allem, was man heute dazu sagen kann — denn auch zum schwarzen Tag, zur Katastrophe. Waren sie doch so eng mit dem verbrecherischen NS-Regime liiert und neben der SS geradezu zum »stählernen Garanten«[16] dieses Systems geworden, daß für sie kaum eine Aussicht bestand, vom Untergang des Systems verschont zu bleiben.
Eine hauptsächlich von Offiziersmemoiren gefütterte Legende der Nachkriegszeit wollte es zwar so sehen, daß die während des Krieges millionenfach verübten Morde ausschließlich das »schmutzige Geschäft« der SS, genauer gesagt, der Einsatzgruppen Himmlers und Heydrichs gewesen seien, während die Wehrmacht angeblich »sauber« geblieben sei und sich ihren »ritterlichen Kampfgeist« bewahrt habe. Aber die historische Forschung hat längst nachgewiesen, daß Teile der Wehrmacht in weit stärkerem Maße an den im Osten begangenen Massenverbrechen beteiligt waren, als die apologetische Literatur dies wahrhaben wollte[17].
Schon während des Krieges gegen Polen 1939 und der sich anschließenden Besatzungszeit wurden dort eingesetzte Wehrmachtoffiziere zu Mitwissern der Vernichtungspraxis der »Einsatzgruppen«, der die polnische Intelligenz und die polnischen Juden zum Opfer fielen. Die Mitwisserschaft ist nicht zuletzt belegt durch den Protest einzelner Offiziere, etwa des Generalobersten Johannes Blaskowitz. Aber die Mehrheit protestierte nicht. Daher ist mit Recht geurteilt worden: »Als Institution verlor die Wehrmacht noch in Polen das Recht, sich an den Verbrechen des Hitler-Staates schuldlos zu fühlen.«[18]
Der qualitative Sprung von der »Mitwisserschaft« zur Mittäterschaft« erfolgte vor und während des Krieges gegen die Sowjetunion. Schon in der Planungsphase des »Unternehmens Barbarossa«[19] identifizierte sich die Mehrheit der Wehrmacht-Generalität mit der Sicht Hitlers, daß es sich bei dem »Krieg gegen den Bolschewismus« nicht um einen bloßen Kampf der Waffen — geführt nach den herkömmlichen Normen des Kriegsvölkerrechts — handeln werde, sondern daß dies ein Krieg zur Ausrottung der »jüdisch-bolschewistischen Intelligenz« sei. Die berüchtigten sogenannten verbrecherischen Befehle[20] — 1. der Kommissarbefehl, 2. der Kriegs-

gerichtsbarkeitserlaß, 3. die Richtlinien für das Verhalten der Wehrmacht im Osten und 4. die Anordnungen für die Behandlung der Kriegsgefangenen — wurden keineswegs von Hitler diktiert, sondern Monate vor dem Überfall auf die Sowjetunion von Offizieren der Wehrmacht- und der Heeresführung (OKW und OKH) selbständig ausgearbeitet und dann, nach Billigung durch Hitler, vor Angriffsbeginn allen Generalen und Generalstabsoffizieren in den Verbänden und Kommandobehörden des Ostens bekanntgemacht. Das geschah bis zur Ebene der Divisionskommandeure schriftlich, ab da abwärts mündlich.

Auf »einvernehmliches Handeln« mit der SS und den Einsatzgruppen angewiesen, schuf die Wehrmacht dann während des Krieges gegen die Sowjetunion die logistischen Voraussetzungen für das Tätigwerden der Vernichtungskommandos. Die in Kriegsgefangenschaft geratenen Politkommissare der Roten Armee wurden in den meisten Verbänden, wie der Kommissarbefehl es verlangte, erschossen[21]. Den Charakter eines Vernichtungskampfes hatte der Krieg im Osten auch im Hinblick auf Partisanen, Angehörige der sowjetischen Intelligenz, Zigeuner und insbesondere die Juden.

Auf die kriegsgefangenen Rotarmisten wartete kein besseres Schicksal[22]. Die wegen ihrer professionellen Könnerschaft häufig gelobten deutschen Militärs, die den Blitzkrieg gegen die Sowjetunion geplant hatten, ließen sich das Versäumnis zuschulden kommen, keine hinreichende Vorsorge für die doch vorhersehbare Gefangennahme von Millionen von Rotarmisten getroffen zu haben. Die im Osten eingesetzte Wehrmacht ließ es dann geschehen, daß diese Millionen russischer Kriegsgefangener in deutschem Gewahrsam den Hungertod starben.

Mit Recht ist daher zusammenfassend geurteilt worden: »So muß der Krieg gegen die Sowjetunion, ein Angriffskrieg wie alle anderen deutschen kriegerischen Unternehmen seit 1939, über den allgemeinen Unrechtsgehalt des Angriffskrieges hinaus als ein von der Wehrmacht-, Heeres-, Luftwaffen- und Marineführung mitgeplantes kriminelles Ereignis gewertet werden, das den absoluten Tiefpunkt der deutschen Militärgeschichte darstellt.«[23]

Über das Ausmaß der Beteiligung der Wehrmacht an den Massenverbrechen in Osteuropa werden bis zum heutigen Tage erbitterte Wortgefechte ausgetragen. Daher sei hinzugefügt, daß es zweifellos auch Offiziere gab, die gegen die verbrecherischen Befehle opponierten und daß gewiß auch nicht alle Soldaten in unteren Rängen Kenntnis von der völkerrechtswidrigen Kriegführung hatten. Mit diesen Einschränkungen muß gleichwohl an der — auch im Hinblick auf die Traditionsbildung[24] — schwerwiegenden Bilanz festgehalten werden, daß »die Wehrmacht« sich als Instrument des Vernichtungskrieges einsetzen ließ und daher »kein gültiges Erbe« darstellen kann.

5. Furcht vor sowjetischer Kriegsgefangenschaft

In den letzten Tagen des Krieges fanden — gefördert durch den Hitler-Nachfolger Großadmiral Dönitz[25] — große Truppenbewegungen in Ost-West-Richtung statt, die das erklärte Ziel verfolgten, möglichst viele Soldaten in britische und amerikanische Kriegsgefangenschaft zu bringen, um sie vor sowjetischer zu bewahren. Welche Gründe gab es hierfür? Glaubte man der Propaganda von Goebbels, der seit Jahren in bezug auf den sowjetischen Kriegsgegner die Greuel-These verbreitet hatte, »daß, gleichgültig wie die einzelnen Deutschen zum Nationalsozialismus stehen, wenn wir besiegt werden, jedem der Hals abgeschnitten würde«[26]? Dagegen spricht die belegbare Erfahrung der im Ostkrieg eingesetzten deutschen Soldaten: »... entgegen allen offiziellen Propagandabemühungen schwand (im Zuge des unmittelbaren Erlebens, d. Verf.) die Furcht vor dem Bolschewismus, vor allem in Arbeiterzirkeln und beim kleinen Mann, und wuchs die Anerkennung für die ungeheuren Leistungen des östlichen Gegners«[27]. Vor der erlebten Realität hatten die Feindbilder also keinen Bestand.
Von anderer Seite wird auf die im Januar 1945 im Baltikum und in Ostpreußen mit der Roten Armee gemachten Erfahrungen verwiesen, die gezeigt hätten, »daß die Sowjets weder auf die deutschen Soldaten noch auf die deutsche Zivilbevölkerung Rücksicht nahmen, daß sie zügellos und brutal plünderten, die Frauen vergewaltigten, nach Belieben Zivilisten erschossen und Tausende von Deutschen in die Sowjetunion deportierten«[28]. War diese noch junge, von der NS-Propaganda natürlich weidlich ausgeschlachtete Erfahrung der eigentliche Grund dafür, daß deutsche Soldaten und Zivilisten im Mai 1945 in panischer Angst vor der Roten Armee nach Westen flohen? Ich meine, daß dies nicht der Fall war, sondern daß der Kern des Problems — neben einem allgemeinen Gefühl der Zugehörigkeit zur westlichen Kulturgemeinschaft — in dem von den Deutschen geführten Vernichtungskrieg im Osten gesucht werden muß. Zum Mittä-

ter geworden, hatten die betreffenden Angehörigen der Wehrmacht — voran die verantwortliche militärische Führungsschicht — nunmehr Furcht vor der Rache dieses Kriegsgegners, dessen Soldaten für sie »keine Kameraden« gewesen waren. Bekanntlich addierten sich die sowjetischen Opfer an Soldaten und Zivilbevölkerung auf die ungeheure Zahl von etwa 20 Millionen Menschen.

Mit einer Hochachtung vor den westlichen Demokratien hatten die fluchtartigen Truppenbewegungen in der letzten Kriegsphase jedenfalls nichts zu tun. In diesem Zusammenhang würde übrigens der folgende, bislang zu wenig beachtete Tatbestand eine eingehende Untersuchung verdienen, daß bei den im Westen eingesetzten Teilen der Wehrmacht zur selben Zeit auch Sympathien für die Sowjetunion vorhanden waren. In dem — in dieser Beziehung gänzlich unverdächtigen — Dönitz-Tagebuch ist von einer »rasch zunehmenden Entwicklung der Ostorientierung in Truppe und Offizierkorps« die Rede. Weiter heißt es dort: »Jeder Mann (ist) der Überzeugung, daß er im Osten bei guter Behandlung satt würde, im Westen dagegen hungern muß und wie ein Hottentotte behandelt wird.«[29] Dönitz hielt diese Entwicklung gar für den aktuell »schwierigsten Punkt«.

Ob diese Stimmung durch die Erinnerung an die Zusammenarbeit von Reichswehr und Roter Armee[30] in der ersten Hälfte der 20er Jahre beeinflußt war, müßte — unter Berücksichtigung anderer Faktoren — noch eingehend untersucht werden, vielleicht auch im Kontext des — ebenfalls wenig bekannten — Umstandes, daß es neben der Wanderungsbewegung von Ost nach West nach der Kapitulation auch eine solche in umgekehrter Richtung gegeben haben soll[31]. Die geläufige These von der ungebrochenen Kontinuität des Antikommunismus bzw. Antibolschewismus sollte jedenfalls dahingehend differenziert[32] werden, daß es zwischen dem Ende des Zweiten Weltkrieges und der Herausbildung der Ost-West-Blockkonstellation seit etwa 1947 durchaus nicht nur eine antisowjetische Haltung in der deutschen Bevölkerung und bei den ehemaligen Wehrmachtangehörigen gegeben hat.

Die mit der Sowjetunion sympathisierenden Soldaten, von denen das Dönitz-Tagebuch berichtet, gehörten übrigens nicht zum während des Krieges in Moskau gegründeten Nationalkomitee »Freies Deutschland« oder zum — ebenfalls unter kommunistischem Einfluß stehenden — »Bund Deutscher Offiziere« (BDO). Bei ihnen spielten offenbar eher unpolitische Erwägungen eine Rolle, etwa die Annahme, daß sich die Berufssoldaten bei einer Anlehnung an den Osten »bessere Berufsaussichten«[33] versprechen könnten.

6. »Soldaten hinter Stacheldraht«

Um die persönlichen und damit auch die beruflichen Zukunftsaussichten sorgte sich nach dem 8. Mai 1945 jeder der nunmehr »hinter Stacheldraht« befindlichen deutschen Soldaten. Denn das Charakteristikum der Lage für die etwa 11 Millionen Kriegsgefangenen bestand in einer allgemeinen Unsicherheit, in dem Gefühl des vollständigen Ausgeliefertseins an die Siegermächte, in der Furcht vor langer Gefangenhaltung, verbunden mit Hunger, schwerer Arbeit, Krankheit und vielleicht noch Schlimmerem. Es war eine Zeit »nicht des Handelns, sondern des Leidens«[34]. Anders als ihre Väter, die im Jahre 1918 mit einer schnell durchgeführten Demobilmachung[35] und damit einer raschen Rückkehr zu den Familien und in den angestammten Zivilberuf hatten rechnen können, war dies für die Kriegsgefangenen von 1945 keine realistische Perspektive.
Nicht zuletzt infolge der soeben erwähnten Wanderungsbewegungen befand sich die Mehrheit der deutschen Kriegsgefangenen übrigens in westlicher Gefangenschaft. 7,7 Millionen, gleich 70 Prozent, waren in westlichem, also britischem, amerikanischem und französischem Gewahrsam und 3,3 Millionen, gleich 30 Prozent, in östlichem[36]. Nicht unerhebliche Unterschiede gab es bei der Dauer der Kriegsgefangenschaft. Die in westlichem Gewahrsam Befindlichen wurden bis 1949 sämtlich entlassen, während ein Teil der in sowjetischer Gefangenschaft Befindlichen erst in den 50er Jahren frei kam, der letzte im Jahre 1956[37].
Im folgenden beschränke ich mich nun auf einen ganz bestimmten, politisch relevant erscheinenden Aspekt der Kriegsgefangenschaft, auf die Frage nämlich, welche Gedanken sich — soweit dies überhaupt feststellbar ist — die Angehörigen der deutschen militärischen Führungsschicht — obwohl in der aktuellen Lage vollständig entmachtet und von den angekündigten Kriegsverbrecherprozessen bedroht — über die künftige Rolle Deutschlands und über die Zukunftsaussichten des eigenen Berufsstandes machten. Akut wurde diese Frage durch das schon bald auftretende praktische Problem, ob ein kriegsgefangener deutscher Offizier mit den Berufskollegen seiner jeweiligen Gewahrsamsmacht zusammenarbeiten sollte oder nicht.

7. Zusammenarbeit mit den westlichen Siegermächten

Als unbefangener Betrachter sollte man davon ausgehen, daß die Feindbilder, die den Soldaten während des Krieges eingehämmert worden waren und die ja auch mit dem realen Erlebnis eines erbarmungslos gegen Soldaten und Zivilbevölkerung gleichermaßen total geführten Krieges verknüpft waren, in der Kriegsgefangenschaft fortwirkten. Ließ sich der angesammelte Haß auf den Feind — oder wie auch immer man die angestauten Emotionen bezeichnen muß, die durch die Kriegserfahrung erzeugt worden waren — nun in kürzester Zeit abbauen? Konnte man mit dem Kriegsgegner von gestern — gar fast ohne eine Anstandsfrist zu wahren — zusammenarbeiten? Fragen dieser Art stellten sich damals für jeden deutschen Kriegsgefangenen, und sie wurden durchaus unterschiedlich beantwortet.

Der aus der Distanz von 40 Jahren zurückblickende Betrachter gerät dabei leicht in die Gefahr, die ersten tastenden Versuche einer Zusammenarbeit zwischen Siegermächten und kriegsgefangenen Soldaten der deutschen Wehrmacht durchweg politisch zu interpretieren, vor dem Hintergrund der späteren Indienstnahme der Deutschen in Ost und West durch die westlichen und östlichen Siegermächte. Das wäre jedoch falsch. Manches war viel trivialer, opportunistischer, menschlicher. Man suchte nach Überlebensmöglichkeiten und nach Wegen, das Los der Kriegsgefangenschaft erträglicher zu machen. Nicht einmal bei allen der sogleich zu schildernden Formen der Zusammenarbeit spielte das politische Motiv eine dominierende Rolle, bei einigen jedoch — und diese verkörpern den eingangs erwähnten Kontinuitätsstrang — sehr wohl.

Die von den Briten und den Amerikanern alsbald nach der Kapitulation aus ehemaligen deutschen Soldaten gebildeten sogenannten »Dienstgruppen« — Labour Service-Einheiten — dienten in erster Linie dazu, den Arbeitskräftebedarf der Besatzungsmächte zu befriedigen[38]. Von der Zwangsarbeit in der Kriegsgefangenschaft gab es einen fließenden Übergang zur freiwilligen Zusammenarbeit von etwa 60000 bis 70000 ehemaligen Soldaten mit den Besatzungsbehörden. Sie leisteten Transport-, Minenräum-, Wach- und andere Arbeitsdienste und unterstützten die alliierten Militärbehörden bei der verwaltungsmäßigen Durchführung der Demobilmachung der Wehrmacht, beim Aufbau der Besatzungsverwaltung und bei der Unterhaltung der Besatzungsstreitkräfte. Die in der britischen Zone

gebildeten Dienstgruppen wurden in der »German Civil Labour Organization« (GCLO) zusammengefaßt.
Hinsichtlich ihrer politischen Bewertung ist es noch im Jahre 1945 zu Kontroversen zwischen Vertretern der sowjetischen und der britischen Besatzungsmacht gekommen. Der sowjetische Oberbefehlshaber in Deutschland, Marschall Schukow, hielt den Engländern am 20. November 1945 vor, sie verstießen mit dem Aufbau der militärisch gegliederten und geführten Dienstgruppen gegen die Entmilitarisierungsbestimmungen des Potsdamer Abkommens[39]. Hier zeigte sich, wie tief das Mißtrauen zwischen der Sowjetunion und den Westmächten war, das ja seit 1918 bestand und in dem seltsamen Bündnis der Anti-Hitler-Koalition nur vorübergehend durch Zweckmäßigkeitserwägungen zurückgedrängt worden war. Schukow konnte sich offenbar vorstellen, daß die GCLO der Beginn einer deutsch-britischen Zusammenarbeit auf militärischem Gebiet sein könnte, womöglich mit Stoßrichtung gegen Osten.
Zu solchen Vermutungen gaben noch andere Maßnahmen des britischen Feldmarschalls Montgomery Anlaß. Er beließ nämlich einige deutsche Wehrmachtverbände — die Korpsgruppen Witthöft und Stockhausen in Schleswig-Holstein[40] — in einem völkerrechtlich unklaren Schwebezustand zwischen Kriegsgefangenschaft und Internierung. Konkret muß man sich das so vorstellen, daß die genannten Verbände zwar entwaffnet, aber nicht aufgelöst wurden, weil sich die britische Besatzungsmacht für eine Übergangszeit der noch vorhandenen deutschen Befehlshierarchie bedienen wollte[41]. Ob es sich dabei um rein organisatorische Maßnahmen handelte oder um solche mit dem von Schukow befürchteten politischen Hintergrund, ist bis heute nicht endgültig geklärt.
Die letztere Version verficht der amerikanische Historiker Arthur Smith in seinem — umstrittenen — Buch »Churchills German Army«[42], dessen Titel bereits die Grundthese enthält. Sein Kronzeuge ist übrigens kein geringerer als der britische Premierminister Winston Churchill selbst, der am 23. November 1954 — also 9 Jahre nach den Ereignissen — in öffentlicher Rede in seinem Wahlkreis in Woodford folgende Ausführungen machte: »Noch vor Kriegsende, während die Deutschen bereits zu Hunderttausenden kapitulierten und bei uns die Menge jubelnd durch die Straßen zog, telegraphierte ich an Lord Montgomery und wies ihn an, dafür zu sorgen, daß die deutschen Waffen gesammelt würden, damit man sie ohne weiteres an die deutschen Soldaten ausgeben könnte, mit denen wir wür-

den zusammenarbeiten müssen, wenn die Sowjets ihren Vormarsch fortsetzten.«[43] Das fragliche Telegramm ist allerdings bis heute nicht aufgefunden worden, was es den Kritikern[44] erleichtert, diese Version als eine Altersphantasie Churchills abzutun.

8. Kielmanseggs Plan eines »Deutschen Korps unter englischem Oberbefehl«

Ging es bei der Bildung der »Dienstgruppen« eindeutig um eine von der britischen und der amerikanischen Besatzungsmacht ausgehende Maßnahme, so gab es schon bald nach der Kapitulation auch vereinzelte Vorstöße deutscher Wehrmachtoffiziere in Richtung auf eine aktive militärische Zusammenarbeit mit den westlichen Siegermächten. Soweit bis heute bekanntgeworden, ging die früheste Initiative dieser Art von dem damaligen Obersten i. G. Graf Kielmansegg[45] aus. Unter dem Datum des 20. Juli 1945 — also am ersten Jahrestag des Attentats auf Hitler und nur wenige Wochen nach der bedingungslosen Kapitulation der Wehrmacht — machte dieser in englischer Kriegsgefangenschaft in Braunschweig befindliche Offizier schriftlich den Vorschlag, ein »Deutsches Korps unter englischem Oberbefehl« aufzustellen. Familiäre Verbindungen nutzend, ließ er seine Denkschrift über den Herzog Ernst August von Braunschweig nach London gelangen. Sie hat dort allerdings kein erkennbares Echo ausgelöst. Kielmansegg hatte von dem — bereits erwähnten — Tatbestand vage Kenntnis erhalten, daß die Engländer die Auflösung deutscher Verbände in Schleswig-Holstein verzögerten und aus dieser Information den Schluß gezogen, daß deutsche Soldaten in einer neuen Ost-West-Konfliktkonstellation wohl alsbald wieder gebraucht würden. Trotz des Ausbleibens direkter Folgen handelte es sich bei diesem Vorstoß um einen bemerkenswerten Vorgang; dies nicht nur, weil sein Initiator später in den höchsten militärischen Rang eines Vier-Sterne-Generals der Bundeswehr gelangen sollte, sondern mehr noch, weil er demonstriert, wie ein politisch nicht unerfahrener Generalstabsoffizier der Wehrmacht unmittelbar nach dem totalen Zusammenbruch des Hitler-Staates nach einem neuen Betätigungsfeld im angestammten Beruf Ausschau hielt. In der Kontinuität einer antibolschewistischen Einstellung und in der Erwartung einer bevorstehenden Ost-West-Auseinanderstzung konnte er sich eine solche Betätigung in einem — auf eine Stärke von 50000 Mann konzipierten — »Deutschen Korps unter englischem Oberbefehl« vorstellen.

9. Der Coup des Wehrmacht-Generals Gehlen

Politische und persönliche Handlungsmotive trieben wohl auch den Generalmajor der Wehrmacht Reinhard Gehlen[46], sich bald nach der Kapitulation den Amerikanern anzudienen. Gehlen hatte von 1941 bis 1945 die Abteilung »Fremde Heere Ost« des Generalstabes des Heeres geleitet, einen militärischen Nachrichtendienst, der wie kein anderer in der Welt über gründliche Einblicke in das militärische Potential der Sowjetunion verfügte, und zwar auf der Basis mehrjähriger konkreter Erfahrungen mit der Roten Armee. Gehlen, der als hochbegabt geschildert wird, stellte bereits vor Kriegsende Überlegungen darüber an, wie sein qualifiziertes nachrichtendienstliches Personal zusammengehalten und in die Nachkriegszeit hinübergerettet werden könnte. Seine in starkem Maße von antikommunistischen Feindbildern geprägten politischen Vorstellungen ließen ihn schon zu einem frühen Zeitpunkt — März/April 1945 — zu der Annahme gelangen, daß es über kurz oder lang zu einem gemeinsamen Handeln der westlichen Siegermächte mit den geschlagenen Deutschen kommen würde, natürlich gegen die als aggressiv eingeschätzte Sowjetunion. Mit Billigung seines militärischen Vorgesetzten — bereits vor der Kapitulation erteilt — und mit dem Segen des Interims-Staatsoberhaupts Dönitz[47], die beide wohl Gehlens politische Grundannahmen teilten, suchte der Feindnachrichtendienst-General dann Kontakte zu den Amerikanern und bot ihnen sein »Kapital« an, nämlich die Kenntnisse seines Feindnachrichtenapparates. Die daraus für sein Ansehen resultierende Gefahr, daß ihn die Zusammenarbeit mit der Feindmacht »gewissermaßen auf Söldnerbasis« mit einem »Quisling-Makel« behaften könnte[48], hat Gehlen rechtzeitig erkannt und ihr entgegengesteuert. So ließ er, nachdem die US-Army noch 1945 einen Teil des Personals der ehemaligen Wehrmachtabteilung »Fremde Heere Ost« in ihre Dienste übernommen hatte, in einem »Gentlemen's Agreement« mit seinem neuen Dienstherrn schriftlich festhalten, daß seine Tätigkeit im gemeinsamen deutsch-amerikanischen Interesse an der »Verteidigung gegen den Kommunismus«[49] liege.
Der jetzt als »Organisation Gehlen« bezeichnete Nachrichtendienst konnte also seine zuvor im Rahmen der deutschen Wehrmacht ausgeübte Tätigkeit nahtlos fortsetzen. Seine Erkenntnisse sollten bereits in der Frühphase des Kalten Krieges die amerikanischen Vorstellungen vom sowjetischen Potential entscheidend mitprägen[50]. Am Rande sei erwähnt, daß sowohl

die amerikanische als auch die deutsche Öffentlichkeit seinerzeit nichts über diesen Strang der deutsch-amerikanischen Zusammenarbeit erfuhren. Dieses Geheimnis wurde erst sehr viel später gelüftet. Rückblickend wird man wohl sagen können, daß Gehlen, dessen Organisation im Jahre 1956 in »Bundesnachrichtendienst« (BND) umbenannt wurde, wie kaum ein anderer ehemaliger Wehrmacht-General die ungebrochene Kontinuität einer bestimmten Linie der deutschen Politik symbolisiert, die aus dem Antikommunismus ihre Legitimation bezog und bezieht.

Die amerikanische Siegermacht interessierte sich nach Kriegsende nicht nur für die Kenntnisse der Feindnachrichten-Experten der deutschen Wehrmacht, sondern generell für das Wissen der hochqualifizierten Militärs unter den deutschen Wehrmachtangehörigen. Aus der Gruppe des militärisch-fachlichen Spitzenpersonals wurden zum Beispiel Anfang Oktober 1945 28 ausgewählte Offiziere in die USA geflogen und im Intelligence-Center des amerikanischen Heeres in Camp Ritchie, Bundesstaat Maryland[51], über ihre spezifischen Kenntnisse befragt. Ein anderer Fall waren die deutschen Raketenexperten, die, wie Wernher von Braun[52], Offiziersränge der Wehrmacht oder der SS bekleidet hatten und dann nach dem Kriege amerikanischen Interessen dienstbar gemacht wurden.

Ähnlich verfuhren auch die Briten.[53] Ihnen war besonders an den Erfahrungen bestimmter Generalstabsoffiziere der deutschen Luftwaffe gelegen. Beiden, Amerikanern wie Engländern, ging es dabei vorrangig darum, sich die Kenntnisse und Erfahrungen der Deutschen für die Ausbildung der eigenen Streitkräfte nutzbar zu machen. Bleibt hinzuzufügen, daß auch die Franzosen bemüht waren, von dem Wissen der deutschen Soldaten zu profitieren.

10. »Historical Division«

Ein besonders breites Feld der Zusammenarbeit kriegsgefangener deutscher Offiziere mit der US-Army war mit der »Historical Division« der amerikanischen Streitkräfte verbunden.[54] Es handelte sich um das auf den ersten Blick politisch neutrale Terrain der militärischen Geschichtsschreibung. Deutsche Offiziere, die aufgrund von Ausbildung und Erfahrung dafür geeignet zu sein schienen, wurden angeworben, um sich an dem Projekt einer Darstellung des militärischen Geschehens während des Zweiten

Weltkrieges zu beteiligen. Ein Teil der angesprochenen Offiziere sperrte sich später unter Hinweis auf die Nürnberger Kriegsverbrecherprozesse, andere blieben kooperationsbereit. Im Juni 1946 arbeiteten jedenfalls nicht weniger als 328 höhere deutsche Offiziere in amerikanischer Kriegsgefangenschaft an dem historischen Programm mit. Bis März 1948 verfaßten sie — um einen quantitativen Eindruck zu vermitteln — über 1000 Manuskripte mit ungefähr 34000 Seiten[55]. Der amerikanischen Gewahrsamsmacht gelang es, den im deutschen Offizierskorps allseits hochgeschätzten früheren Chef des Generalstabes des Heeres, Generaloberst Franz Halder, zur Mitarbeit zu bewegen und ihn für die Übernahme der Gesamtleitung des Projekts zu gewinnen. Halder entschloß sich dazu mit der — uns schon von Dönitz, Gehlen und Kielmansegg her bekannten — Begründung, es gehe darum, »den Kampf gegen den Bolschewismus fortzusetzen«[56]. Als Halders Stellvertreter amtierte eine Zeitlang General Adolf Heusinger[57], der auch der »Organisation Gehlen« angehörte und der bekanntlich später der erste Generalinspekteur der Bundeswehr wurde.

Seit etwa 1947 verlagerte sich das Interesse der amerikanischen Auftraggeber der »Operational History (German) Section« und des parallel laufenden »Naval Historical Team« immer stärker von der Darstellung deutscher Operationen auf die Erarbeitung von Studien über die Sowjetunion[58], was eindeutig im Zusammenhang mit dem sich verschärfenden Ost-West-Gegensatz gesehen werden muß.

Die geschilderten Formen einer deutsch-amerikanischen und deutschbritischen Zusammenarbeit auf militärischem Gebiet fanden — dies muß man sich vergegenwärtigen — zu einem Zeitpunkt statt, als die Besatzungsmächte offiziell dabei waren, ihr Kriegsziel »Zerschlagung des deutschen Militarismus« und »vollständige Auflösung der Wehrmacht« zu vollziehen. Man sieht also, daß es ein Vor und Zurück gab, Brüche und Kontinuitätslinien, oft nur schwer voneinander zu unterscheiden. Zwar wurde die Wehrmacht als Institution tatsächlich vollständig aufgelöst, und die Millionen kriegsgefangener deutscher Soldaten kehrten allmählich in ihre Zivilberufe zurück oder mußten neue lernen, aber gleichzeitig wurden auch die Fäden gezogen, die zu den Anfängen der Remilitarisierung führten — in beiden entstehenden deutschen Staaten, wobei, wie schon erwähnt, hier auf die östliche Seite nicht näher eingegangen werden kann. Die vielzitierte »Stunde Null«, verstanden als vollständigen Bruch mit der

Vergangenheit, der sich in personellen Konsequenzen ausdrücken mußte, hat es nicht einmal auf dem Gebiet gegeben, auf dem man sie in Anbetracht der alliierten Kriegsziele am ehesten erwarten konnte, nämlich auf dem militärischen.

Nach dem Ersten Weltkrieg war es eine unvorstellbare Entwicklung, daß ein kriegsgefangener deutscher Offizier mit einer der Siegermächte kooperiert hätte. Deren Forderung, Offiziere auszuliefern, denen Kriegsverbrechen vorgeworfen wurden, kam damals nicht zum Zuge, weil sich die deutschen Regierungen verweigerten[59]. Trotz der Niederlage von 1918 und trotz der Zwangsabrüstung auf ein niedrigeres Niveau, wie es der Versailler Vertrag verlangte, blieb der deutschen militärischen Führungsschicht damals jedoch die Perspektive eines zumindest langfristigen nationalen Wiederaufstiegs — mit allen militärischen Implikationen.

1945 dagegen war die Niederlage um so vieles totaler und das deutsche Schuldkonto um so vieles höher, die Entmachtung der militärischen Führungsschicht so vollständig und die Zukunftsperspektive so unklar, daß sich die deutsche militärische Führungsschicht, soweit sie sich hinter dem Stacheldraht der Kriegsgefangenenlager dazu überhaupt Gedanken machte, eine nationalstaatliche, zudem noch aus eigener Kraft zu verwirklichende Zukunft offenbar nicht vorstellen konnte. Anders als 1918 nahm ein Teil der — politisch urteilsfähigen — Offiziere daher schon bald nach der Kapitulation eine politische Neuorientierung vor. Der traditionelle Antibolschewismus und die zur Macht hindrängenden Neigungen haben nicht wenigen Offizieren den Weg zu einer Kooperation mit der stärksten westlichen Führungsmacht, den Amerikanern, gewiesen. Die Frage, in welchem Maße dabei politischer Weitblick am Werke war und in welchem sich schiere Landsknechtsmentalität mit einem ideologischen Mäntelchen umhüllte, kann wohl nur am Einzelfall näher geklärt werden. Jedenfalls wurden mit dem Ende des Zweiten Weltkrieges zwar alte Gewaltstrukturen abgebaut, aber zugleich neue geschaffen, die mehr als vier Jahrzehnte lang die Politik auf dem europäischen Kontinent und in der Welt prägen sollten.

Anmerkungen

1 Jetzt gründlich untersucht von Ulrich Heinemann, Die verdrängte Niederlage. Politische Öffentlichkeit und Kriegsschuldfrage in der Weimarer Republik. Göttingen 1983.
2 Siehe Timothy W. Mason, Arbeiterklasse und Volksgemeinschaft. Dokumente und Materialien zur deutschen Arbeiterpolitik 1936—1939. Opladen 1975, Einleitung; und Wolfram Wette, Ideologien, Propaganda und Innenpolitik als Voraussetzungen der Kriegspolitik des Dritten Reiches. In: Das Deutsche Reich und der Zweite Weltkrieg. Bd 1, Stuttgart 1979.
3 Heinz Boberach (Hrsg.), Meldungen aus dem Reich. Die geheimen Lageberichte des Sicherheitsdienstes der SS 1938—1945. 17 Bde. Herrsching 1984. Zu 1944/45: Bd 17.
4 Fritz Sänger, Politik der Täuschungen. Mißbrauch der Presse im Dritten Reich. Weisungen, Informationen, Notizen 1933—1939. Wien 1975.
5 Fritz Sänger, Verborgene Fäden. Erinnerungen und Bemerkungen eines Journalisten. Bonn 1978, S. 89 (ohne Angabe eines exakten Datums).
6 Sebastian Haffner, Anmerkungen zu Hitler. München 1978, S. 194.
7 So wiederum Haffner, ebd., S. 189f.
8 Gobbels-Tagebuch, Eintragung vom 16. Juni 1941. In: Bundesarchiv Koblenz, NL 118/68, 69, S. 650.
9 Diese Äußerungen Hitlers sind festgehalten in einem Schreiben Speers an Hitler vom 29. März 1945. Speer brachte darin Einwände gegen den Führerbefehl »Verbrannte Erde« (siehe die nachfolgende Anmerkung 10) vor. Das Schreiben ist abgedruckt in: Die Niederlage 1945. Aus dem Kriegstagebuch des Oberkommandos der Wehrmacht. Hrsg. v. Percy E. Schramm. 2. Aufl. München 1985, S. 408—411, Zitat S. 410.
10 Der Führerbefehl »Verbrannte Erde« vom 19. März 1945 ist abgedruckt ebd., S. 407.
11 Roosevelt spricht. Die Kriegsreden des Präsidenten. Stockholm 1945, S. 375.
12 Dazu im einzelnen Ernst Deuerlein, Das Problem der »Behandlung Deutschlands«. Umrisse eines Schlagwortes des Epochenjahres 1945. In: Aus Politik und Zeitgeschichte, B 18/65 vom 5. Mai 1965, S. 27.
13 Zu den vereinzelten Versuchen, die Möglichkeit zu einem separaten Friedensschluß mit den Westmächten zu sondieren, vgl. Bernd Martin, Verhandlungen über separate Friedensschlüsse 1942 bis 1945. Ein Beitrag zur Entstehung des Kalten Krieges. In: Militärgeschichtliche Mitteilungen 20 (1976), S. 95—113.
14 So der Titel einer Studie des Generals der Infanterie Günther Blumentritt, verfaßt in der »Operational History (German) Section« der US-Army. In: Militärgeschichtliches Forschungsamt, Dokumentenzentrale, MS Nr. B-338.
15 Die Jalta-Dokumente. Vollständige deutsche Ausgabe der offiziellen Dokumente des U.S. State Departments über die Konferenz von Jalta. Göttingen 1957. Zitat aus dem Schlußkommuniqué vom 12. Februar 1945.
16 Ausdruck von Manfred Messerschmidt, Das Verhältnis von Wehrmacht und NS-Staat und die Frage der Traditionsbildung. In: Aus Politik und Zeitgeschichte, B 17/81 vom 25. April 1981, S. 11—23, Zitat S. 21.

17 Dies belegen die im Münchener Institut für Zeitgeschichte und im Freiburger Militärgeschichtlichen Forschungsamt durchgeführten Forschungen. Vgl. besonders Helmut Krausnick und Hans-Heinrich Wilhelm, Die Truppe des Weltanschauungskrieges. Die Einsatzgruppen der Sicherheitspolizei und des SD 1938—1942. Stuttgart 1981; Jürgen Förster, Zur Rolle der Wehrmacht im Krieg gegen die Sowjetunion. In: Aus Politik und Zeitgeschichte, B 45/80 vom 8. November 1980, S. 3—15; ders., Das Unternehmen »Barbarossa« als Eroberungs- und Vernichtungskrieg. In: Das Deutsche Reich und der Zweite Weltkrieg. Bd 4: Der Angriff auf die Sowjetunion. Stuttgart 1983, S. 413—447.

18 Gerhard Schreiber, Die Zerstörung Europas im Zweiten Weltkrieg. Tübingen 1983, S. 21 (= Studieneinheit 10 der vom Deutschen Institut für Fernstudien an der Universität Tübingen herausgegebenen Folge »Nationalsozialismus im Unterricht«).

19 Vgl. dazu auch — neben dem in Anm. 17 erwähnten Bd 4 des Reihenwerkes »Das Deutsche Reich und der Zweite Weltkrieg« — den thematisch breiter angelegten Sammelband von Gerd R. Ueberschär/Wolfram Wette (Hrsg.), »Unternehmen Barbarossa«. Der deutsche Überfall auf die Sowjetunion 1941. Berichte, Analysen, Dokumente. Paderborn 1984.

20 Vollständig abgedruckt im Dokumenten-Titel des in Anm. 19 erwähnten Sammelbandes »Unternehmen Barbarossa«.

21 Dies belegen die Forschungen von J. Förster (siehe Anm. 17).

22 Hierzu einschlägig die Arbeit von Christian Streit, Keine Kameraden. Die Wehrmacht und die sowjetischen Kriegsgefangenen 1941—1945. Stuttgart 1978, 2. Aufl. 1981; vgl. auch ders., Die Behandlung der sowjetischen Kriegsgefangenen und völkerrechtliche Probleme des Krieges gegen die Sowjetunion. In: Ueberschär/Wette (Hrsg.), »Unternehmen Barbarossa« (s. Anm. 17), S. 197—218. Etwas niedrigere Zahlen bei Alfred Streim, Sowjetische Kriegsgefangene in Hitlers Vernichtungskrieg. Berichte und Dokumente 1941 bis 1945. Heidelberg 1982.

23 So Messerschmidt in seinem in Anm. 16 erwähnten Aufsatz, S. 18.

24 Dazu jetzt auch Manfred Messerschmidt, Der Kampf der Wehrmacht im Osten als Traditionsproblem. In: Ueberschär/Wette (Hrsg.), »Unternehmen Barbarossa« (s. Anm. 19), S. 253—263.

25 Siehe im einzelnen Reimer Hansen, Das Ende des Dritten Reiches. Die deutsche Kapitulation 1945. Stuttgart 1966, S. 125ff.; sowie Marlis G. Steinert, Die 23 Tage der Regierung Dönitz. Düsseldorf, Wien 1967.

26 So Goebbels in der Pressekonferenz vom 21. Januar 1943. Siehe Willi A. Boelcke (Hrsg.), Wollt Ihr den totalen Krieg? Die geheimen Goebbels-Konferenzen 1939—1943. München 1969, S. 301.

27 Marlis G. Steinert, Hitlers Krieg und die Deutschen. Stimmung und Haltung der deutschen Bevölkerung im Zweiten Weltkrieg. Düsseldorf, Wien 1970, S. 593.

28 Hansen, Ende (s. Anm. 25), S. 125, unter Berufung auf Theodor Schieder (Bearb.), Dokumentation der Vertreibung der Deutschen aus Ost-Mitteleuropa. Bd 1. Bonn 1960, S. 24 E.

29 Dönitz-Tagebuch, Eintragung vom 17. Mai 1945. Abgedruckt in: Die Niederlage 1945 (s. Anm. 9), S. 447—449.

30 Dazu im einzelnen Rolf-Dieter Müller, Das Tor zur Weltmacht. Die Bedeutung der Sowjetunion für die deutsche Wirtschafts- und Rüstungspolitik zwischen den Weltkriegen. Boppard a.Rh. 1984, S. 96ff.

31 Werner Wellner, Grundlagen und Hauptergebnisse der Statistik. In: Eugen Lemberg/Friedrich Edding (Hrsg.), Die Vertriebenen in Westdeutschland. Bd 1, Kiel 1959, S. 72.

32 Diese wichtigen Differenzierungen werden vorzüglich herausgearbeitet von Arnold Sywottek, Die Sowjetunion aus westdeutscher Sicht seit 1945. In: Gottfried Niedhart (Hrsg.), Der Westen und die Sowjetunion. Paderborn 1983, S. 333—340.

33 Dönitz-Tagebuch (wie Anm. 29).

34 Erich Maschke, Die deutschen Kriegsgefangenen des Zweiten Weltkrieges. Eine Zusammenfassung. München 1974, S. 28.

35 Vgl. dazu Kapitel 4.

36 Werner Ratza, Anzahl und Arbeitsleistungen der deutschen Kriegsgefangenen. In: Maschke, Kriegsgefangene (wie Anm. 34), S. 206, Grafik 2 »Deutsche Kriegsgefangene in östlichem und westlichem Gewahrsam«, S. 209, Tabelle 6 »Gesamtzahl der deutschen Kriegsgefangenen«.

37 Ratza, ebd., S. 204f., Grafik 1 »Anzahl der deutschen Kriegsgefangenen nach Jahren, in Millionen«.

38 Vgl. Heinz-Ludger Borgert/Walter Stürm/Norbert Wiggershaus, Dienstgruppen und westdeutscher Verteidigungsbeitrag. Vorüberlegungen zur Bewaffnung der Bundesrepublik Deutschland. Boppard a.Rh. 1982. Die nachfolgende Zahlenangabe bezieht sich auf das Jahr 1950.

39 Borgert, ebd., S. 98.

40 Johannes Fischer, Einleitung zu: Dienstgruppen (s. Anm. 38), S. 3.

41 Dazu im einzelnen Borgert, ebd., S. 92—95; vgl. auch Bernard L. Montgomery, Memoiren. München (1958), S. 401.

42 Arthur L. Smith jr., Churchill's German Army. Wartime Strategy and Cold War Politics 1943—1947. Beverly Hills, London 1977; deutsch: Churchills deutsche Armee. Die Anfänge des Kalten Krieges 1943—1947. Mit einem Vorwort von Hans-Adolf Jacobsen. Bergisch-Gladbach 1978.

43 Ebd. (deutsche Ausg.), S. 11f.

44 Zum Beispiel Victor Rothwell, Britain and the Cold War 1941—1947. London 1982, S. 142.

45 J. Fischer, Einleitung zu: Dienstgruppen (s. Anm. 38), S. 3—5. Der Autor wertet Befragungsmaterialien General a.D. Gf. v. Kielmanseggs aus (verwahrt im Militärgeschichtlichen Forschungsamt Freiburg i.Br.), in denen sich auch eine Kopie der erwähnten Denkschrift vom 20. Juli 1945 befindet.

46 Vgl. zum folgenden Reinhard Gehlen, Der Dienst. Erinnerungen 1942—1971. Mainz 1971 (30. Tsd. München, Zürich 1973), 3. Kapitel »Zusammenbruch, Gefangenschaft und neuer Anfang«, S. 94ff.; Hermann Zolling/Heinz Höhne, Pullach intern. General Gehlen und die Geschichte des Bundesnachrichtendienstes. Hamburg 1971; A. Charisius/J. Mader, Nicht länger geheim. Entwicklung, System und Arbeitsweise des imperialistischen deutschen Geheimdienstes. Berlin (Ost) 1969.

47 Gehlen, Der Dienst, S. 99; Fischer, Einleitung (s. Anm. 38), S. 6.
48 Gehlen, Der Dienst, S. 99.
49 Text dieser zwischen dem amerikanischen General Sibert und Gehlen getroffenen Vereinbarung ebd., S. 119.
50 Georg Meyer, Zur Situation der deutschen militärischen Führungsschicht im Vorfeld des westdeutschen Verteidigungsbeitrages 1945—1950/51. In: Anfänge westdeutscher Sicherheitspolitik. Hrsg. vom Militärgeschichtlichen Forschungsamt. Bd 1: Von der Kapitulation bis zum Pleven-Plan. München, Wien 1982, S. 684f.
51 Ebd., S. 678f.
52 Einer Meldung der »New York Times« zufolge wurden zwischen 1945 und 1955 neben Wernher von Braun rund 800 deutsche Raketenexperten, die im Zweiten Weltkrieg auf deutscher Seite gearbeitet hatten, im Rahmen eines US-Geheimdienst-Programms in die USA gebracht. Dabei wurde deren NS-Vergangenheit durch Manipulation der Personalakten offenbar verwischt. Siehe den dpa-Bericht: Vorwürfe an US-Geheimdienst. Wurde NS-Vergangenheit deutscher Experten verwischt? In: Badische Zeitung Nr. 60, 12. März 1985, S. 16. Hierüber berichtete auch das Fernsehmagazin »Panorama« am 30. April 1985.
53 Meyer, Zur Situation (s. Anm. 50), S. 679.
54 Vgl. Charles Burdick, Vom Schwert zur Feder. Deutsche Kriegsgefangene im Dienst der Vorbereitung der amerikanischen Kriegsgeschichtsschreibung über den Zweiten Weltkrieg. In: Militärgeschichtliche Mitteilungen, 2/1971, S. 69—80; Christian Greiner, »Operational History (German) Section« und »Naval Historical Team«. Deutsches militärstrategisches Denken im Dienst der amerikanischen Streitkräfte von 1946 bis 1950. In: Militärgeschichte. Probleme — Thesen — Wege. Stuttgart 1982, S. 409—435.
55 Nach Burdick, Schwert (s. Anm. 54), S. 71 und 77.
56 Ebd., S. 73.
57 Ebd., S. 75, Schaubild »Organisationsaufbau des Geschichtsprogramms in Deutschland 1947«. Daraus ist ersichtlich, daß auch andere deutsche Offiziere, die später in der Bundeswehr hohe Generalsränge erreichten — etwa Roettiger und Pemsel —, seinerzeit in der Historical Division mitarbeiteten.
58 Vgl. die Übersicht zu den in der Historical Division angefertigten Studien: Historical Division. Guide of Foreign Military Studies 1945—1954 (MGFA, Dokumentenzentrale). 1954. Eine thematische Grobübersicht findet sich bei Burdick, Schwert (s. Anm. 54), S. 79; zum Einfluß auf das militärstrategische Denken vgl. die in Anm. 54 erwähnte Untersuchung von Greiner.
59 Vgl. Walter Schwengler, Völkerrecht, Versailler Vertrag und Auslieferungsfrage. Die Strafverfolgung wegen Kriegsverbrechen als Problem des Friedensschlusses 1919/20. Stuttgart 1982.

Dreizehntes Kapitel

Weltmachtstreben, Gewaltkult und Kanonenfutter

Überlegungen zum Beginn der beiden Weltkriege 1914 und 1939

Der Antikriegstag 1989 gibt Gelegenheit, an den Beginn des Ersten Weltkrieges vor 75 Jahren sowie an den Beginn des Zweiten Weltkrieges vor 50 Jahren zu erinnern; über die wesentlichen Ursachen dieser Kriege nachzudenken und die Frage zu stellen, ob die Millionen von Toten der beiden Weltkriege ein friedenspolitisches Lernen bewirkt haben, das die Wiederholung derartiger Gewaltexzesse ein für allemal zu bannen vermag.

1. Brechen Kriege aus?

Wenn vom Beginn der beiden Weltkriege die Rede ist, wird immer wieder das Wort »Ausbruch« benutzt; allerdings mehr in Bezug auf den Ersten als auf den Zweiten Weltkrieg. Es ist erforderlich, sich bewußt zu machen, daß der vermeintlich sachliche und neutrale Terminus »Ausbruch« in Wirklichkeit eine ideologische Deutung für die Entstehung von Kriegen enthält. In Analogie zu einem naturhaften Geschehen, nämlich dem Ausbruch eines Vulkans, wird die Vorstellung nahe gelegt, der Krieg sei ebenfalls ein naturgeschichtliches Ereignis. Manche verbinden mit dieser Deutung sogar immer noch — wie dies schon seit Jahrtausenden geschieht — die Vorstellung, der Krieg sei »der Vater aller Dinge«, also ein für die Entwicklung der Menschheit konstitutives Element.
Gelegentlich wird diese Idee auch in der religiösen Überhöhung dargeboten, daß der Krieg »ein natürliches Glied in Gottes Weltordnung« und der Friede demzufolge nur ein schöner Traum sei — in eben dieser Weltordnung nicht zu verwirklichen —, weshalb sich der Mensch damit zufrieden geben müsse, den — unpolitisch vorgestellten — »Seelenfrieden« anzustreben.

2. Der Mensch — ein Raubtier?

Eher kriegs- denn friedensfördernd ist auch die anthropologische These, die eigentliche Ursache von Kriegen müsse in der aggressiven menschlichen Natur gesucht werden. Diese These ist unzutreffend. Denn von der zweifellos vorhandenen menschlichen Aggressivität — als einer individuellen Erscheinung — führt kein direkter Weg zum Töten im Kriege. Dabei handelt es sich — zumal im 20. Jahrhundert — um einen weithin entpersönlichten, gesellschaftlichen Vorgang. Die moderne Waffentechnik hat bewirkt, daß die Beziehungen zwischen den sich bekriegenden Menschen — die »Feindbeziehungen« — zunehmend der Anonymität anheimfielen. Auch die pessimistische naturgeschichtliche Annahme, daß der Mensch dem Menschen ein Wolf sei (»*homo homini lupus*«), was sich unter anderem in kriegerischen Gewalthandlungen ausdrücke, ist schon vom — der Natur entlehnten — Ansatz her nicht stimmig. Denn der Wolf tötet nicht, wenn der Stärkere im Kampf ermittelt ist. Aber der Mensch tötet auch dann. Also ist der Mensch dem Menschen durchaus kein Wolf.

Die Schlußfolgerung lautet, daß die menschliche Natur keineswegs dahin tendiert, Kriege sozusagen »naturnotwendig« zu erzeugen, daß sie vielmehr der Gestaltung eines dauerhaften Friedens nicht entgegensteht.

3. Frieden ist machbar

Die genannten Kriegsideologien — ihre vielfältigen propagandistischen Verschnittformen eingeschlossen — haben über einen langen Zeitraum hinweg den Weg zu der Einsicht versperrt, daß Kriege von Menschen gemacht werden. Ihre Ursachen sind in der Politik zu suchen, wobei Politik in einem sehr weiten Verständnis gemeint ist, nicht bloß die Außenpolitik. Das bedeutet zugleich, daß die Ursache eines bestimmten Krieges der genauen historischen Analyse zugänglich ist.

Daraus folgt wiederum, daß auch Frieden machbar ist, wenn sich die Politik an ihm als einem vorrangigen Wert orientiert. Willy Brandt formulierte einmal: »Der Frieden ist nicht alles, aber ohne Frieden ist alles nichts.« Friedenserziehung, die auf eine Veränderung des Bewußtseins der Menschen zielt, muß die Friedensschädlichkeit herkömmlicher kriegsfatalistischer Einstellungen herausarbeiten.

4. Wie Kriegsmentalität erzeugt wurde

Kriegsursachenerklärungen der genannten Art – die man präziser als Kriegsideologien bezeichnen sollte – haben im Vorfeld der beiden Weltkriege in Deutschland (in ähnlicher Weise wohl auch in anderen Ländern) dazu beigetragen, daß im Bewußtsein der Menschen durchaus vorhandene Hemmschwellen gegen kriegerische Gewalt abgebaut und eine Kriegsmentalität erzeugt werden konnte. Solche Kriegsideologien wurden den Menschen, die hernach die Kriege führen sollten, nicht als platte, leicht durchschaubare Propaganda dargeboten. Vielmehr präsentierte man sie im Gewande von Philosophie, Religion und abstrakter politischer Theorie, verbunden mit dem Anspruch von Wissenschaft und Wahrheit.

Auf derartige Kriegsideologien stützte sich die gängige Ansicht, der Krieg sei ein legitimes Mittel der Politik beziehungsweise eine bloße Fortsetzung der Politik mit anderen Mitteln, eine Ansicht, die bemüht ist, den Krieg als Normalität erscheinen zu lassen und den qualitativen Unterschied zwischen Krieg und Politik zu verwischen.

Vor 1914 und vor 1939 haben solche ideologischen Kriegsrechtfertigungen den Boden für die Massenwirksamkeit konkreter Kriegspropaganda bereitet. Die Menschen wurden mit ihrer Hilfe zu einer kriegsfatalistischen Haltung erzogen, die mit anderen, für den Obrigkeitsstaat charakteristischen Verhaltensmustern korrespondierte: der politischen Entmündigung, der »gläubigen« Hinnahme der Befehle »von oben«, der Überbewertung von Sekundärtugenden wie Gehorsam, Pflichtgefühl und Opfersinn, schließlich auch der Geringschätzung humaner Prinzipien.

5. Verteidigungslügen

Den jeweils verantwortlichen deutschen Politikern und den sie stützenden gesellschaftlichen Eliten war sowohl vor 1914 als auch vor 1939 bewußt, daß die erwähnten traditionellen Kriegsideologien nicht ausreichen würden, um die deutsche Bevölkerung kriegsbereit zu machen, ja sie möglichst sogar in »Kriegsbegeisterung« zu versetzen. Hinzu kommen mußten konkrete Bedrohungsvorstellungen und positive Kriegsziele (»Platz an der Sonne«, »Weltmacht«, »Lebensraum« und so weiter).

Um Kriegsstimmung zu erzeugen, bedienten sich die deutschen Regierungen sowohl 1914 als auch 1939 des propagandistischen Mittels der Verteidigungslügen. Die — durchaus ähnlichen — Behauptungen lauteten, Deutschland sei von Feinden rings umgeben, es werde eingekreist, und schließlich sei es angegriffen worden. Also müsse zum Schutze des Vaterlandes »zurückgeschossen« werden. Auf diese Weise wurde die Bereitschaft zur Landesverteidigung, die auch bei Sozialdemokraten, Gewerkschaftlern und selbst bei den meisten Pazifisten bestand, zu aggressiven Zwecken mißbraucht.

Verallgemeinernd läßt sich sagen, daß wohl noch jeder Angriffskrieg mit einer Verteidigungslüge begonnen wurde. Die Konsequenz aus dieser Erkenntnis scheint sich in jüngster Zeit Bahn zu brechen: Wer wirklich nur Schutz und Verteidigung will, soll das nicht allein durch Worte, sondern durch die — für andere erkennbare — Struktur seiner Vorsorgemaßnahmen demonstrieren. Dies ist der Grundgedanke des Konzeptes der »strukturellen Nichtangriffsfähigkeit«.

6. Wozu Feindbilder dienten

Um Kriegsmentalität zu erzeugen, haben sich die Politiker und Militärs im Kontext von 1914 und 1939 eines weiteren Mittels der verstärkten Propagierung von Feindbildern bedient. Mit ihrer Hilfe wurden in einseitiger Schwarz-Weiß-Manier die eigene Seite mit positiven und die andere mit negativen Vorzeichen versehen, um das Recht des Guten gegen den Bösen offenkundig werden zu lassen.

Sieht man genauer hin, so konnten mit der Propagierung von Feindbildern noch weitere politische und militärische Ziele angestrebt werden:

- die Vertuschung der eigenen Aggressionspolitik,
- die Erhöhung der Glaubwürdigkeit der Verteidigungslügen,
- die Ablenkung von der Kriegsschuldfrage,
- die Ablenkung von innenpolitischen Schwierigkeiten und sozialen Problemen,
- schließlich, auf die Soldaten bezogen, das Verhindern des Aufkommens von Schuldgefühlen und
- die Beseitigung von Tötungshemmungen und die Erzeugung von Tötungsbereitschaft.

Wie die Vorgeschichte der beiden Weltkriege zeigt, war die Intensivierung der Feindbildpropaganda ein recht verläßlicher Vorbote des kriegerischen Gewalteinsatzes. Die Folgerung aus diesen historischen Erfahrungen liegt auf der Hand: Wer Frieden bewahren und gestalten will, muß Feindbilder konsequent bekämpfen und anstreben, daß möglichst viele Menschen auf möglichst vielen Ebenen des politischen und gesellschaftlichen Lebens miteinander in Kontakt treten können.

7. Varianten des Militarismus

Der Militarismus stellte 1914 wie 1939 die entscheidende Voraussetzung für die Durchführung einer aggressiven deutschen Kriegspolitik dar. Dieser Militarismus — als ein die gesamte Gesellschaft durchdringendes System — hatte viele Gesichter. Er schlug sich in der Übertragung militärischer Ordnungsprinzipien auf das politische und gesellschaftliche Leben ebenso nieder wie in bestimmten geistigen, personellen und materiellen Kriegsvorbereitungen. Man wird sagen können, daß Aggressionskriege nur unter der Voraussetzung einer zuvor »durchmilitarisierten« Gesellschaft geführt werden konnten.

Eine bestimmte und besonders schwerwiegende Erscheinung des Militarismus, nämlich der »Gesinnungsmilitarismus«, hat in der Vorgeschichte der beiden Weltkriege in Deutschland maßgeblich zur Mobilisierung der Bevölkerung für den Krieg wie auch zur Mißachtung völkerrechtlicher Schranken im Kriege unter Hinweis auf angeblich höherrangige »Kriegsnotwendigkeiten« beigetragen.

Der Gesinnungsmilitarismus ist auch als »Schwertglauben« bezeichnet worden. Gemeint ist die Orientierung an der inhumanen Kategorie des »Rechts des Stärkeren«, das durch den Einsatz militärischer Macht ermittelt wird. Solches Denken war für die tonangebenden militaristischen Kreise in Deutschland in der Vorgeschichte der beiden Weltkriege charakteristisch. Die »Abrüstung der Gesinnung« mit dem Ziel, den Krieg als Institution zu überwinden und Gewaltfreiheit zur Maxime des politischen Handelns auf allen Ebenen zu machen, ist die zeitgemäße Alternative zum Gesinnungsmilitarismus früherer Jahrzehnte.

8. Antimilitarismus

Aus den speziellen deutschen Erfahrungen mit dem Militarismus ist die »antimilitaristische« Konsequenz gezogen worden, es sei unter allen Umständen sicherzustellen, daß der Primat der Politik über das Militär gewahrt werde. Es muß darauf aufmerksam gemacht werden, daß dies wohl eine notwendige, aber keineswegs eine hinreichende Vorsorge gegen Militarisierungstendenzen sein kann. In autoritären Regierungsformen wie 1914 unter Kaiser Wilhelm II. und 1939 unter Hitler war der Primat der Politik gegeben; aber die Politik selbst verkörperte den Militarismus. Der Primat der Politik kann allenfalls in einer Demokratie eine »antimilitaristische« Funktion erfüllen, sofern eine Bevölkerungsmehrheit dies will.
Mit Antimilitarismus wird jedoch in der Regel ein Bündel sehr viel grundsätzlicherer Positionen bezeichnet: Ablehnung des »Schwertglaubens«, Kriegsgegnerschaft, Friedensbereitschaft, Bewahrung einer humanen, das Menschenleben achtenden Orientierung. Solche Einstellungen blieben in der Vorgeschichte der beiden Weltkriege in Deutschland in der Minderheit. Sie konnten sich gegen die Hauptströmung der deutschen Politik in der historischen Epoche des deutschen Nationalstaats (1871—1945) nicht durchsetzen, ja diese nicht einmal ernsthaft herausfordern und zur Selbstreflexion zwingen. Die Politik von »Blut und Eisen«, mit der Bismarck die deutsche Einigung bewerkstelligt hatte, wurde mit politischem Erfolg gleichgesetzt. Sie war es, die den Zeitgeist prägte, nicht das Friedensideal der Pazifisten und der sozialistischen Arbeiterbewegung.

9. Abrüstung — ein vielfach mißbrauchter Begriff

Zur Vorbereitung auf die Weltkriege, die 1914 und 1939 zunächst als europäische Kriege begannen, betrieben die deutschen Regierungen eine intensive Aufrüstung, welche ein internationales Wettrüsten nach sich zog. Zusammen mit grundsätzlich aggressiven Absichten führte die deutsche Aufrüstung jeweils zu Sachzwängen: Sollte der Vorteil des eigenen Rüstungsvorsprungs nicht verspielt werden, mußte die Aggression erfolgen. Zudem drängten innen- und sozialpolitische Schwierigkeiten, hervorgerufen durch die kostenintensive Hochrüstungspolitik, zur Ablenkung nach außen.

In diesen Zusammenhang war jeweils die »Abrüstungspolitik«, genauer gesagt: die Abrüstungsrhetorik, eingebettet. Im zeitlichen Umfeld des Ersten und des Zweiten Weltkrieges verhielt es sich mit der Abrüstung ähnlich wie mit der Idee der Verteidigung. Man forderte die Abrüstung der anderen mit dem erklärten Ziel, bei Nichterfüllung dieser Forderung selbst aufrüsten zu können. Das — in den Ohren aller friedliebenden Menschen wohlklingende — Wort Abrüstung wurde also immer wieder zu Propagandazwecken mißbraucht. Über Abrüstung wurde viel geredet, im Sinne von symbolischer Politik. Aber sie fand nicht wirklich statt.
Heute wissen wir besser als früher, daß personelle und materielle Abrüstung nicht am Beginn eines friedenspolitischen Prozesses stehen kann. So lange Mißtrauen und Feindschaft herrschen, muß Abrüstung ein Propagandaschlagwort bleiben, mit dem nicht selten neue Aufrüstungsschritte bemäntelt werden. Erst der Abbau von Mißtrauen und Feindbildern sowie die Bereitschaft zu friedenspolitischem Risiko können die Voraussetzungen für die Reduzierung von Truppen und Rüstungen schaffen. Erst in einem solchen Meinungsklima fallen auch die Chancen der Rüstungsindustrie, unter Hinweis auf immer neue Bedrohungen neue Waffensysteme zu verkaufen.
Vor diesem historischen Hintergrund müssen die rasanten Entwicklungen der letzten Jahre auf dem Gebiet der Abrüstungspolitik bewertet werden. Das von US-Präsident Reagan und Generalsekretär Gorbatschow 1987 unterzeichnete Abkommen über den Abbau und die Verschrottung von landgestützten atomaren Mittelstreckenraketen war tatsächlich der erste echte Abrüstungsschritt in der Geschichte.

10. Weltmachtstreben

Wie hängen 1914 und 1939 miteinander zusammen? In diesen Jahren begannen die beiden größten Hegemonialkonflikte der Weltgeschichte. Der erste war maßgeblich mitverursacht und der zweite eindeutig entfesselt durch die deutsche Politik. So gesehen, stehen diese beiden Jahreszahlen symbolisch für den zweifachen deutschen »Griff nach der Weltmacht«. Als der erste Anlauf scheiterte und mit einer militärischen Niederlage für das Deutsche Reich endete, weigerten sich die auf Nationalismus und Machtpolitik eingeschworenen deutschen Eliten, dieses Ergebnis des Krieges zu akzeptieren. Statt den Weg der Gewaltpolitik zu verlassen, führten sie mittels der Kriegsunschuldspropaganda, der Parole »im Felde unbesiegt« und der Dolchstoßlegende nicht nur den Kampf gegen den Versailler Friedensvertrag, sondern sie bereiteten damit auch jene Situation vor, die Hitler ermöglichte. Insofern kann man sagen, daß das Scheitern des ersten Anlaufs zur Eroberung einer Weltmachtstellung für Deutschland den zweiten Anlauf, der 1939 begann, nach sich zog. Im einen wie im anderen Falle war die Situation vom deutschen Kriegswillen geprägt. Trotz mancher Unterschiede in der Entstehungsgeschichte der beiden Weltkriege und in der Kriegszielpolitik ist diese Beziehung zwischen 1914 und 1939 gegeben.

Die Folgen dieser kriegerischen Weltmachtpolitik Deutschlands waren tiefgreifend. 1945 beendeten die Siegermächte des Zweiten Weltkrieges zwangsweise die Existenz des 1871 gegründeten deutschen Nationalstaates. Aus Angst vor einem Wiedererstarken Deutschlands als einer militärischen Macht hielten sie auch später, allen anderslautenden Beteuerungen zum Trotz, an der Teilung Deutschlands fest. Überdies veränderten sich die Machtkonstellationen in der ganzen Welt. Der Irrweg der deutschen Gewaltpolitik bewirkte zugleich das Ende der politischen Führungsrolle Europas.

11. Es gab Alternativen

Zu diesem Irrweg der jüngeren deutschen Geschichte, der in die Katastrophe der beiden Weltkriege führte, gab es friedenspolitische Alternativen. Sie konnten sich zwar gegen den – durch Nationalismus und Militarismus gekennzeichneten – Haupttrend der Entwicklung nicht durchsetzen. Aber es ist wichtig, zu wissen, daß in Deutschland Menschen, politische Parteien und gesellschaftliche Organisationen vorhanden waren, die vor dem Kriegskurs warnten und sich ihm, wenn auch letztlich erfolglos, entgegenstellten.

Vor dem Ersten Weltkrieg, als der Pazifismus noch eine Angelegenheit einiger bürgerlicher Einzelkämpfer war, stellte die sozialistische Arbeiterbewegung die mächtigste politische Friedensbewegung dar. Nach dem Ersten Weltkrieg kam es zu einem sozialdemokratisch-pazifistischen Bündnis, das bereits in den letzten Kriegsjahren herangereift war. Als Reaktion auf die Schrecken des Krieges von 1914—1918 fand die Parole »Nie wieder Krieg!« nun einen Massenanhang. An den großen Kundgebungen in der ersten Hälfte der zwanziger Jahre nahmen Pazifisten, Sozialdemokraten, Gewerkschafter und Linksdemokraten gemeinsam teil. Aber bald zeigte sich, daß die Nie-wieder-Krieg-Parole nur ein Minimalprogramm darstellte, auf das sich die Kriegsgegner aller Schattierungen einigen konnten, daß es in der friedenspolitischen Programmatik und politischen Taktik jedoch große Meinungsunterschiede gab.

Als verhängnisvoll sollte sich erweisen, daß es selbst unter Sozialdemokraten und Pazifisten nur wenige gab, die nach 1918 bereit waren, sich der Kriegsschuldfrage offen zu stellen. Die Nationalisten haben dieses Versäumnis benutzt, um von ihrer Verantwortung für den Krieg abzulenken und mit der Dolchstoßlüge den Spieß herumzudrehen und Sozialdemokraten, Pazifisten und Juden zu beschuldigen, sie hätten die Niederlage verursacht.

Immerhin gab es in der Weimarer Republik einen sozialdemokratisch-gewerkschaftlich-republikanisch-pazifistischen Grundkonsens. Man bejahte die Politik der Verständigung mit den Siegermächten, besonders mit Frankreich, man wollte Friedensbewahrung und keine Neuauflage der kriegerischen Machtpolitik, man bejahte den Völkerbund, das internationale Recht, die Kriegsächtungsidee und man wollte das alles mit einer wirklichen Abrüstungspolitik krönen.

Diese Friedenspolitik stellte die historische Alternative zum kriegerischen Weltmachtstreben der deutschen Nationalisten dar. Das sozialdemokratisch-pazifistische Zusammengehen sollte dann ausgerechnet zu einem Zeitpunkt scheitern — Ende der zwanziger Jahre —, als eine nationalistische Welle Deutschland neuerlich überflutete und die Weimarer Republik in Gefahr brachte. In dieser Situation zeigte sich, daß der Versuch, eine Abkehr von der preußisch-deutschen Militärtradition und dem mit ihr verbundenen Gewaltglauben und Machtstaatsdenken zu erreichen, ohne Erfolg geblieben war. Gleichwohl läßt sich festhalten: Es hat die friedenspolitischen Alternativen zum Gesinnungsmilitarismus und zur Politik der Aufrüstung und Kriegsvorbereitung gegeben; wäre ihnen eine Mehrheit der Deutschen gefolgt — die deutsche, europäische und Weltgeschichte hätte einen friedlicheren Verlauf nehmen können.

Das Schicksal einer »unterlegenen« politischen Strömung teilt die deutsche Friedensbewegung übrigens mit der demokratischen Bewegung. Sie stand in einem von autoritären Strukturen und Denkgewohnheiten geprägten Zeitalter gleichfalls lange Zeit auf der Verliererseite. Gerade deshalb ist es jedoch für ein politisches Denken heute, das sich der Demokratie und dem Frieden verpflichtet weiß, von großer Bedeutung, daß man sich dieser noch weitgehend verschütteten Traditionen erinnert, nach Identifikationsmöglichkeiten sucht und an sie anknüpft.

12. Lernen für den Frieden?

Haben die Deutschen in ihrer Gesamtheit aus den beiden Weltkriegen gelernt? Nach beiden Kriegen gab es in Deutschland eine weit verbreitete pazifistische Grundstimmung. Militärisches war eine Zeitlang denkbar unpopulär. Man wollte nichts mehr mit Waffen, Uniformen und Befehlen zu tun haben. Bei diesen Stimmungen handelte es sich offenbar um eine unmittelbare Reaktion auf die persönlichen Kriegserlebnisse. So weit man dies heute beurteilen kann, ergab sich aus dieser Antikriegsstimmung jedoch kein gesamtgesellschaftliches Lernen im Sinne eines entschiedenen Umdenkens, also keine bleibende Abkehr von militärisch instrumentierter Machtpolitik und keine grundsätzliche Neuorientierung auf eine friedenspolitische Perspektive hin. Sowohl nach dem Ersten als auch nach dem Zweiten Weltkrieg blieb die pazifistische Grundstimmung eher kurzatmig.
Heute stehen wir vor dem dringenden Erfordernis, uns von der mehrtausendjährigen Geschichte als einer Kriegsgeschichte »abzunabeln«. Dieser Denkschritt scheint zunächst wiederum nur von Minderheiten vollzogen werden zu können. Gesamtgesellschaftliches Lernen geht offenbar als wesentlich langsamerer Prozeß vonstatten.
Die beiden Weltkriege haben den entscheidenden Schub friedenspolitischen Lernens nicht erzeugt. Das brachte offenbar erst die elementare Zerstörungskraft der Atomwaffe zuwege. Aber seit ihrem Ersteinsatz vergingen Jahrzehnte, bis man die Konsequenzen ernsthaft durchdachte. Heute — 75 Jahre nach dem Beginn des Ersten Weltkrieges, 50 Jahre nach der Entfesselung des Zweiten Weltkrieges und 44 Jahre nach Hiroshima — scheinen wir am Beginn jenes Zeitabschnitts zu stehen, in dem das bisherige politische und militärische Denken als anachronistisch erkannt und in der erforderlichen Weise revolutioniert wird. Wird sich das »neue Denken« rasch genug durchsetzen? Sicher ist dies keineswegs.

Vierzehntes Kapitel

Kann man aus der Geschichte lernen?

Eine Bestandsaufnahme der historischen Friedensforschung

Auch dem Nachdenklichen erschließt sich der Zusammenhang von Geschichte und Frieden nicht unmittelbar. Fragen stellen sich ein, wo es glatte Antworten zu geben scheint. Schnell rückt die uralte und immer wieder aktuelle Frage ins Blickfeld, ob aus der Geschichte etwas zu lernen sei. In unserem Falle lautet sie: Kann die Geschichte eine Lehrmeisterin in Sachen Frieden sein? Gibt es historische Erfahrungen, die Theoretiker und Praktiker einer gegenwärtigen oder zukünftigen Friedenspolitik berücksichtigen sollten? Zu welchem Erkenntnisgewinn könnten sie gelangen? Läßt sich beispielsweise aus dem Nachvollzug bestimmter historischer Friedensaktivitäten eine handlungsorientierende Perspektive gewinnen? Kann eine analytische Durchdringung des historischen Stoffes deutlich machen, was zur Verhinderung eines neuerlichen Krieges getan werden muß?

Konfrontiert man die jüngere deutsche und europäische Geschichte mit Fragen dieser Art, stellt sich zunächst einmal eine gewisse Skepsis oder gar Ratlosigkeit ein; denn die entscheidenden Wendepunkte dieser Geschichte waren von zwischenstaatlichen und innerstaatlichen Kriegen markiert. Die Folgen sind noch heute greifbar. Aber Frieden als historischer Gegenstand? Was meinen wir damit? Die »Zwischenkriegszeiten«, die sich als ein schwer zu entwirrendes Geflecht von Nachkriegs- und Vorkriegszeiten darstellen, die Perioden also, in denen zwar nicht geschossen wurde, die wir aber — zumindest in der rückschauenden Betrachtung — als Zeiten neuerlicher Kriegsvorbereitung zu erkennen vermögen? Verhält es sich etwa so, daß Frieden — historisch gesehen — vorzugsweise als »ungeschehene Geschichte«[1] begriffen werden muß, als Negation dessen, was tatsächlich gewesen ist? Ist es daher erforderlich, sich dem Frieden als einem historischen Thema auf Umwegen zu nähern, indem man den Gegensatz, nämlich die Erscheinungsformen von Krieg und Gewalt, untersucht? Oder läßt sich aus dem historischen Stoff auch eine positive Theorie des Friedens entwickeln?

Nicht gerade einfacher wird es, wenn man sich die fundamentale historische Zäsur vergegenwärtigt, die der Eintritt in das Atomzeitalter darstellt. Die nuklearen Massenvernichtungswaffen haben — zumindest für die Industriestaaten der nördlichen Erdhälfte — das Zeitalter beendet, in dem der Krieg ein legitimes und einigermaßen rational kalkulierbares Mittel der Politik sein konnte. Zugleich haben sie der Aufgabe, den Frieden zu erhalten, eine historisch neue Dimension verliehen. Wir befinden uns heute in einer Lage, die sich tiefgreifend von jener vor 1945 unterscheidet. Was aber verbindet dann die von der atomaren Menschheitsbedrohung geprägte Gegenwart überhaupt noch mit der — voratomaren — Geschichte? Haben wir es mit einer so gravierenden Diskontinuität zu tun, daß man zu dem Schluß gelangen muß, es sei generell wenig sinnvoll, auf historische Erfahrungen zurückzugreifen? Warum historische Vergleiche ziehen und nach Analogien suchen, wenn sie uns doch nicht befähigen, die Gefahr eines atomaren Holocausts zu bannen?

Die Annahme, das voratomare Zeitalter habe im Hinblick auf Frieden der Gegenwart im Grunde nichts mehr zu sagen, scheint die wissenschaftlichen Aktivitäten nicht unwesentlich beeinflußt zu haben. Die Anachronismus-Vermutung hat offenbar auch das Bemühen nachhaltig erschwert, Historie und Sozialwissenschaften im Rahmen der Friedensforschung zur Kooperation zusammenzuführen. Dabei ist noch nicht einmal analysiert worden, wie groß denn die Kontinuitäten sind, welche die historische Zäsur überdauert haben. Noch immer gibt es Einstellungen und Institutionen, die längst ganz oder teilweise funktionslos und daher anachronistisch geworden sind. Daß wir im Atomzeitalter leben, ist in der kollektiven Mentalität bislang kaum hinreichend verarbeitet worden. Vielmehr ist das Verhaftetsein in der Geschichte allgegenwärtig. Nicht zuletzt der militärische Bereich veranschaulicht, welches Eigengewicht historisch Gewordenes zu entwickeln vermag. Von der Delegitimierung des Militärischen im Atomzeitalter[2] bis zur Schaffung neuer, primär nichtmilitärischer Instrumente von Friedenspolitik ist ein weiter Weg zurückzulegen. Über seinen Verlauf kann man heute nur spekulieren.

Wer sich über den Zusammenhang von Geschichte und Frieden Gedanken macht und nicht auf der Ebene naiver Analogien stehen bleiben möchte, wird zwangsläufig mit erkenntnistheoretischen Fragen der obengenannten Art konfrontiert. Gleichwohl kann sich dieser Beitrag nicht darauf beschränken, die wissenschaftstheoretischen Probleme, mit denen es die historische Friedensforschung zu tun hat, einmal mehr vor Augen zu führen. Darzulegen ist auch, was in der historischen Friedensforschung — ob sie sich nun *expressis verbis* so nennt oder nicht — in den letzten beiden Jahrzehnten an praktischer Arbeit geleistet worden ist. Denn dieser neue Zweig der Geschichtswissenschaft präsentiert sich heute in erster Linie durch publizierte Forschungsergebnisse — mögen die zu beklagenden Defizite auch noch so groß sein.

1. Überzogene Erwartungen

Seit die Friedensforschung in der Bundesrepublik Ende der sechziger Jahre fest etabliert und wenig später auch mit öffentlichen Mitteln gefördert wurde, galt es als ein konstitutives Merkmal der neuen Wissenschaftsrichtung, daß in ihr fächerübergreifend gearbeitet werden sollte. Als Ideal stellte man sich ein interdisziplinär angelegtes Friedensforschungsinstitut vor, in dem Politologen, Soziologen, Biologen, Völkerrechtler, Ökonomen, Theologen, Psychologen, Historiker und andere Fachwissenschaftler ihre je spezifischen Kenntnisse zum Zwecke gemeinsamer Problemlösung einbringen sollten. Auf diese Weise hoffte man Grundlagenforschung und angewandte Forschung projektorientiert miteinander verbinden zu können. Blickt man zurück, in welchem Maße dieses Ideal der interdisziplinären Kooperation in institutioneller Hinsicht realisiert worden ist, so wird man konstatieren müssen, daß Steigerungen durchaus noch möglich sind.

Besonders schwer war es für die Historiker, ihre Rolle im Kontext einer praxisorientierten Friedensforschung zu finden, und zwar selbst in solchen Fällen, in denen es an der Motivation nicht mangelte. Eine Zustandsbeschreibung aus dem Jahre 1971, die sich auf die Wissenschaftsszene der Bundesrepublik Deutschland bezog, kam zu dem Ergebnis: »Zurückhaltung und Skepsis bestimmen das gegenseitige Verhältnis von Friedensforschung und Geschichtswissenschaft.«[3] In der Zwischenzeit hat sich dieses Verhältnis zwar partiell verbessert, aber die Befangenheit ist geblieben. Woran liegt das?

Zum einen gab und gibt es ideologisch motivierte Vorbehalte gegen die Friedensforschung insgesamt, und zwar besonders bei jenen Historikern, die vorrangig in machtstaatlichen Kategorien zu denken gewohnt sind, infolgedessen gerade auch in Bezug auf die jüngere deutsche Geschichte der Idee vom »Primat der Außenpolitik«[4] anhängen und daher jene Zugänge zum Friedensproblem, die bei innenpolitischen — ökonomischen, gesellschaftlichen und verfassungspolitischen — Faktoren ansetzen, für abwegig halten. Zum anderen sah sich die Geschichtswissenschaft zu eben jener Zeit, als die Friedensforschung aufzublühen begann, vor erkenntnistheoretische Herausforderungen gestellt, wie sie etwa in der Vorstellung von einer Geschichte als »historische Sozialwissenschaft«[5] zum Ausdruck kam. Drittens schließlich wurden seinerzeit hinsichtlich möglicher Beiträge der Historiker zur Lösung friedensrelevanter Probleme Erwartungen formuliert, die diesen erhebliches Kopfzerbrechen bereiteten, da sie vom Ansatz her als Überforderung empfunden wurden.

Zwei Beispiele mögen hier genannt werden. Das eine betrifft die mögliche Rolle des Historikers als Lehrmeister des Krisenmanagements. Diese Vorstellung spukte gelegentlich in den Köpfen mancher Friedensforscher, die aus der Politikwissenschaft oder der Soziologie kamen und die Geschichtswissenschaft mit dem Ansinnen konfrontierten, sie solle Gesetzmäßigkeiten ausfindig machen, also ein nomothetisches Wissen produzieren, das man in der Steuerung politischer Konflikte würde praktisch anwenden können. So visierte Ekkehart Krippendorff in dem 1968 erschienenen und seinerzeit einflußreichen Sammelband »Friedensforschung« für die Historiker das folgende Arbeitsfeld an: »... anzustreben ist es, Modelle anhand historischen Materials zu entwickeln, die, ohne inhaltsleer zu werden, auf Konflikte vergleichbarer Struktur und Größenordnung anwendbar sind bzw. anhand derer denkbare Konflikte in Gegenwart und Zukunft präemptiv analysiert und damit potentiell kontrolliert werden können«[6]. Historische Analogiebildungen, so die Annahme, sollten unmittelbar in den Dienst von »Friedenstechniken« gestellt werden.

Als zweites Beispiel sei die Ansprache des früheren Bundespräsidenten Gustav W. Heinemann bei der Gründungsversammlung der Deutschen Gesellschaft für Friedens- und Konfliktforschung erwähnt[7]. In der Begründung seiner Ansicht, daß Friedensforschung eine wichtige wissenschaftliche Aufgabe sei und daher mit öffentlichen Mitteln gefördert werden sollte, verwies er mehrfach auf Fragestellungen im Problemfeld Krieg und Frieden, die unter anderem die Historiker ansprechen sollten. Er nannte »das Aufspüren von nationalen Legenden in Geschichts- und Schulbüchern, die ein Freund-Feind-Denken erzeugen«, und lobte in diesem

Zusammenhang das Internationale Schulbuchinstitut in Braunschweig, das auf diesem Gebiet seit Jahren erfolgreich tätig sei. Weiterhin nahm Heinemann die traditionelle Kriegsgeschichtsschreibung aufs Korn und beklagte den Mangel an historischer Kriegsursachenforschung: »Unendlicher Fleiß ist seit erdenklichen Zeiten von Geschichtsschreibern darauf verwandt worden, den Verlauf von Schlachten und Kriegen darzustellen. Auch den vordergründigen Ursachen von Kriegen wurde nachgespürt. Aber nur wenig Kraft, Energie und Mühe wurden in aller Regel darauf verwandt, sich darüber Gedanken zu machen, wie man sie hätte vermeiden können.« Nationalismus, Legenden, Feindbilder — das waren geläufige historische Themen. Aber Kriegsvermeidungsforschung: wie konnte sie am historischen Material mit den Methoden der Geschichtswissenschaft betrieben werden?

Man wird die Erwartungshaltung des genannten prominenten Förderers der Friedensforschung dahingehend interpretieren dürfen, daß er zur Erforschung nicht bloß der vordergründigen Kriegsanlässe, sondern auch der eigentlichen Ursachen historischer Kriege aufforderte, und zwar in der Annahme, daß sich aus der Identifizierung der zum Kriege treibenden politischen Faktoren Rückschlüsse für eine Kriegsverhütungspolitik würden ziehen lassen. Heinemann war bekanntlich die Vorstellung sympathisch, daß die Friedensforschung »zweckbestimmt« wie die Krebsforschung arbeiten sollte, also praxisbezogen und möglichst ohne den Ballast theoretischer Begriffsbestimmungen.

Aber gerade dieser unmittelbare Praxisbezug bzw. die auf friedenspolitische Umsetzbarkeit bezogene Erwartungshaltung war es, die den Historikern als Überforderung erscheinen mußte, da die historische Methode nicht die Mittel bereitstellte, friedenspolitisches Handlungswissen zu produzieren.

2. Historische Friedensforschung

Was aber kann die Geschichtswissenschaft zur Erforschung des Friedens beitragen, wenn sie erklären muß, daß weder die Entwicklung von Friedenstechniken noch die Beschreibung genereller Merkmale einer Kriegsverhütungsstrategie im Bereich ihrer genuinen methodischen Möglichkeiten liegt? Auf diese Frage haben einige Arbeiten zur methodologischen Grundlegung »historischer Friedensforschung«, die vornehmlich in der

ersten Hälfte der siebziger Jahre erschienen sind, Antworten zu geben versucht[8], über deren Gültigkeit heute noch einmal kritisch nachgedacht werden muß.
Schon damals wurde die Begriffsbildung »historische Friedensforschung« als nicht sonderlich glücklich empfunden. Gleichwohl hat sie sich zwischenzeitlich eingebürgert, ohne allerdings jemals eine exakte, allseits akzeptierte Definition erfahren zu haben. Die Notwendigkeit einer Begriffsbildung ergab sich aus der Sache[9], nämlich aus der Erkenntnis, daß zur Erforschung der Probleme des Friedens ein intensiverer geschichtswissenschaftlicher Beitrag wünschenswert, ja erforderlich sei. Gewiß stellten Krieg und Frieden »seit je klassische Themen von Geschichtswissenschaft und Geschichtsunterricht«[10] dar, aber die Historiker haben sich ihnen in der Regel nicht mit einem spezifischen friedenswissenschaftlichen Erkenntnisinteresse genähert. Das Wort »historische Friedensforschung« sollte diesen Mangel kenntlich machen und eine Einladung an die Historiker sein, sich der Friedensthematik verstärkt zu widmen und sich in der Forschungspraxis von den in der Friedensforschung entwickelten Kategorien und Denkmodellen anregen zu lassen.
Historische Friedensforschung versteht sich als ein Zweig der Geschichtswissenschaft, der friedensrelevante historische Gegenstände mit den Methoden der Geschichtswissenschaft untersucht. Sie erschließt damit spezielle Bereiche der Vergangenheit, die für das Gesamtverständnis historischer Vorgänge bedeutsam sind. Während andere Zweige der Geschichtswissenschaft unschwer erkennen lassen, welchen Sektor der Geschichte sie zu ihrem bevorzugten Forschungsgegenstand erwählt haben — man denke an die Kultur-, Finanz-, Wirtschafts-, Sozial-, Militär- oder Kirchengeschichte, aber auch an die Ideen- oder Politikgeschichte —, läßt sich der Gegenstand historischer Friedensforschung nicht einfach mit »Frieden in der Geschichte« beschreiben.
Unter friedensrelevanten Gegenständen haben wir nämlich nicht nur Friedensideen, Friedensprojekte, staatliche und nichtstaatliche Friedensaktionen, Friedensschlüsse[11] und Friedenszustände zu verstehen, sondern ebenso jene historischen Kräfte, die Frieden verhindert und beeinträchtigt haben. Hier kommen in erster Linie die verschiedenen historischen Erscheinungsformen von Gewalt[12] in den Blick, einschließlich ihrer Ursachen, ihrer Bedingungen und Voraussetzungen sowie ihrer Folgen. Ein herausgehobenes Interesse darf dabei naturgemäß die Gewaltform Krieg beanspruchen.

Eine weitere thematische Abgrenzung des Feldes, mit dem sich historische Friedensforschung zu befassen hätte, scheint nicht erforderlich zu sein[13]. Enge Definitionen können, gewollt oder ungewollt, eine ausgrenzende Wirkung entfalten. Überdies erhält ein Forschungszweig seine charakteristischen Konturen weniger durch theoretische Beschreibungen als vielmehr durch die Forschungspraxis.
Historische Friedensforschung ist, wie alle Geschichtsschreibung, dem gesellschaftlichen Wandel unterworfen. Die Frage der Friedensrelevanz läßt sich nicht ein für allemal, sondern immer nur in Beziehung zu gegenwärtigen oder zukünftigen Bedürfnissen einer Gesellschaft plausibel begründen. So kann beispielsweise im Hinblick auf den Entwurf neuer Friedensordnungen heute der internationale und morgen der regionale Aspekt an Relevanz gewinnen, was dann wiederum zu unterschiedlichen Anfragen an die Geschichte führen wird.
Im Gefolge der in den sechziger und siebziger Jahren erhobenen Forderung, es müsse verstärkt historische Friedensforschung betrieben werden, wurde gelegentlich der pauschale Verdacht geäußert, die Geschichtswissenschaft habe sich mit friedensrelevanten Fragen bislang nur am Rande befaßt und könne insofern generell nicht als eine historische Friedensforschung angesehen werden. Für diese Behauptung mochte man ins Feld führen, daß die Geschichtswissenschaft sich die in der Friedensforschung entwickelten Erklärungsmodelle zu wenig zunutze machte. Im ganzen gesehen war jedoch die Ansicht, historische Friedensforschung sei etwas gänzlich Neues, ebenso anmaßend wie falsch.
Nimmt man beispielsweise die ideengeschichtlichen Abhandlungen von Schlochauer, v. Raumer, Vierhaus und Janssen[14] oder Fritz Fischers Forschungen über die Ursachen des Ersten Weltkrieges und die deutsche Kriegszielpolitik[15], Werke also, die noch unbeeinflußt von der modernen Friedensforschung verfaßt worden sind, aber gleichwohl genuin friedenshistorische Gegenstände behandeln, so wird deutlich, wie unsinnig Ausschließlichkeitsvermutungen der oben genannten Art sind.
Womit wir es zu tun haben, ist eine Schwerpunktverlagerung der Historie auf die Friedensthematik hin, und gleichzeitig eine methodisch reflektiertere und stärker theoriegeleitete Forschung. Dieses Erfordernis bestand in der Tat. Denn bis in die sechziger Jahre hinein dominierte in der bundesdeutschen Geschichtswissenschaft eine Strömung, deren Vertreter sich national-konservativen Denkmustern und Interessen verpflichtet fühlten

und daher kaum eine Bereitschaft zeigten, den kritischen Blick auf die innenpolitische und innergesellschaftliche Entwicklung des eigenen Landes seit der Reichsgründung zu richten. Die vorherrschenden Denktraditionen führten auch dazu, daß Nebenströmungen in der deutschen Geschichte — demokratische wie pazifistische — kein besonderes Interesse erweckten, mit der Folge, daß in einigen geläufigen Handbüchern[16] zur deutschen Geschichte über die Existenz von Friedensbewegungen einfach nichts berichtet wurde.
Über die empirische Aufarbeitung friedensrelevanter Themen hinaus kommt der historischen Friedensforschung noch eine allgemeine Aufgabe mit einer wesentlich anspruchsvolleren Reichweite zu: Analog zur Sozialgeschichte, unter der bekanntlich nicht nur die Geschichte des »Sektors« Soziales verstanden wird, sondern auch — davon deutlich abgehoben — eine sozialgeschichtliche Interpretation der allgemeinen Geschichte[17], kann man historische Friedensforschung auch als einen normativen Denkansatz beschreiben, der die Geschichte einer Gesellschaft, eines Staates oder eines Staatensystems unter dem Gesichtspunkt ihrer Friedensfähigkeit interpretiert. Eine so verstandene historische Friedensforschung hat ein bestimmtes Geschichtsbild vor Augen, in dem der Gesichtspunkt der Friedensfähigkeit oder -unfähigkeit stärkere Berücksichtigung findet als dies bislang in unserem — in starkem Maße von machtstaatlichen Kategorien geprägten — Geschichtsbild der Fall ist.

3. Forschungsschwerpunkte

In vager Anlehnung an hoch gespannte und breit gefächerte programmatische Entwürfe, wie sie in der Aufbruchsstimmung der frühen siebziger Jahre formuliert wurden[18], bildeten sich zwischenzeitlich in der Forschungspraxis einige Schwerpunkte historischer Friedensforschung[19] heraus, die das heutige Erscheinungsbild dieses Zweiges der Geschichtswissenschaft prägen. Hier sind zu nennen:

1.) Die — mit einem strukturgeschichtlichen Ansatz arbeitende — historische Kriegsursachenforschung, wobei ideen- und mentalitätsgeschichtliche Probleme wie Kriegsideologien, nationale Legenden oder Feindbilder häufig im Vordergrund stehen;

2.) die Erforschung der Geschichte historischer Friedensbewegungen, dabei besonders die Geschichte der sozialistischen Arbeiterbewegung und des bürgerlichen Pazifismus;
3.) die Erforschung der Geschichte innergesellschaftlicher Konflikte unter dem erkenntnisleitenden Interesse einer Minimierung von Gewalt, Not und Unterdrückung (»positiver Frieden«);
4.) eine Militärgeschichtsforschung, die standesapologetische Tendenzen und kriegsgeschichtliche Verkürzungen überwindet und sich mit geschichtswissenschaftlichen Methoden u. a. dem Militär als politischem und wirtschaftlichem Faktor sowie dem Problem des Militarismus zuwendet;
5.) schließlich die Erforschung von Rüstung und Abrüstung in der Geschichte.

Die vielen wissenschaftlichen Untersuchungen, die sich mit einem oder mehreren dieser Schwerpunkte beschäftigen, sind nicht leicht zu überblicken, da sie unkoordiniert entstanden, verstreut erschienen und nur in seltenen Fällen ausdrücklich als Arbeiten zur historischen Friedensforschung kenntlich gemacht sind. In diesem Befund spiegelt sich der wissenschaftsorganisatorische Zustand wider, daß es bis heute weder ein zentrales Institut noch einen Universitäts-Lehrstuhl für historische Friedensforschung gibt. Die institutionelle Verankerung dieser Forschungsrichtung ist also insgesamt schwach.

In den ausgehenden sechziger und den siebziger Jahren war es die Forschungsstätte der Evangelischen Studiengemeinschaft (FEST) in Heidelberg, die zwei große Projekte historischer Friedensforschung betreute und sich damit bleibende Verdienste erwarb[20]. Einige wenige Projekte aus dem Bereich der Historie wurden von der Deutschen Gesellschaft für Friedens- und Konfliktforschung gefördert[21]. Ansonsten blieb es der Initiative einzelner, meist jüngerer Wissenschaftler überlassen, einschlägige Themen zu bearbeiten.

Um eine wenigstens minimale Koordinierung der auf diesem Felde stattfindenden wissenschaftlichen Bemühungen sorgt sich ein seit den siebziger Jahren in lockerer Form bestehender und im Jahre 1984 formell gegründeter »Arbeitskreis Historische Friedensforschung«[22], dem derzeit (Oktober 1989) 52 Historiker angehören. Dieser Zusammenschluß, der auch korporatives Mitglied der Arbeitsgemeinschaft für Frieden- und Konfliktforschung (AFK) ist, will die wissenschaftliche Kommunikation unter den mit dem Friedensthema beschäftigten Historikern fördern, den interdisziplinären Austausch mit Wissenschaftlern anderer Fächer anregen und den Kontakt zur internationalen historischen Friedensforschung pflegen[23]. Der Arbeitskreis veranstaltet ein jährlich stattfindendes wissenschaftliches Kolloquium und bietet damit ein Forum für den Meinungs- und Erfahrungsaustausch[24].

4. Das Kriterium der Friedensfähigkeit

Über den Stand der historischen Friedensforschung in der Bundesrepublik läßt sich zusammenfassend folgendes feststellen:

- Wir finden ein verstreut publiziertes, aber gleichwohl breites Spektrum historischer Einzelstudien und -darstellungen vor. Sie sind teilweise durch Fragestellungen der modernen Friedensforschung angeregt, teilweise traditionellen historischen Ansätzen verpflichtet.
- Die im Ansteigen begriffene Anzahl von Arbeiten, die der historischen Friedensforschung zugerechnet werden können, läßt erkennen, daß auch die Geschichtswissenschaft allmählich dabei ist, die Notwendigkeit eines fachspezifischen Beitrages zur Bewältigung der zentralen Aufgabe unserer Epoche — einen Krieg mit atomaren Massenvernichtungsmitteln zu verhindern und einen politischen Frieden zu schaffen — zu erkennen und sich ihr zu stellen. Zwar hat das Friedensthema bislang noch keinen deutschen Historikertag befaßt — immerhin jedoch eine internationale Fachkonferenz der Historiker der Arbeiterbewegung[25] —, aber es kann doch festgestellt werden, daß sich die Universitäten verstärkt bemühen, den Zusammenhang von Frieden und Geschichte in Symposien und Ringvorlesungen[26] zu thematisieren.
- In methodischer Hinsicht ist eine Tendenz zur Abkehr von früher — zu Beginn der siebziger Jahre — formulierten, sehr weitgehenden Erwartungen an die Erklärungskraft und Reichweite historischer Studien zum Friedensproblem zu beobachten. Die Annahme, man könne konkrete Lehren aus der Geschichte ziehen und sie in politische Handlungsanweisungen umsetzen, ist einer nüchterneren, bescheideneren Aufgabenbeschreibung gewichen.

Der Anachronismus-Verdacht, unter dem historische Friedensforschung steht, muß keineswegs nur negative Folgen für die Forschungspraxis haben. Vielmehr sollte die Erkenntnis, daß wir, was die atomare Vernichtungsdrohung angeht, in einer historisch unvergleichbaren Zeit leben, in welcher die Erhaltung des politischen Friedens zu einer Lebensbedingung für die Industrienationen der nördlichen Erdhälfte geworden ist, als eine Herausforderung für die historische Forschung begriffen werden, die Differenz, den qualitativen Unterschied zwischen voratomarem und Atomzeitalter bewußt zu machen. Die Geschichtswissenschaft könnte noch wesentlich stärker als bislang all jene historisch gewachsenen Strukturen, Institutionen, Denkweisen und Verhaltensweisen in ihrem Entstehungszusammenhang untersuchen, die bis heute unsere Gegenwart prägen.
Drei Ziele könnten damit erreicht werden: Erstens die Aufklärung über unser tiefes Verwurzeltsein in der Vergangenheit; zweitens die Förderung der Erkenntnis, daß der Ablöseprozeß von historischen Denk- und Verhaltensmustern zumindest für uns Europäer — eine notwendige Bedingung für die Bewahrung des politischen Friedens im Atomzeitalter darstellt; drittens die Schaffung eines Bewußtseins über die lange Dauer kollektiver Lernprozesse.
C. F. v. Weizsäcker weist darauf hin, daß der Krieg »wenigstens so alt wie die Hochkultur« ist — also 6000 Jahre und älter —, und daß sich die vierzig Jahre Atomzeitalter demgegenüber als eine recht kurze Zeitspanne ausnehmen: »Die Menschen beginnen, die Überwindung der Institution des Krieges nicht als jenseitige Hoffnung, sondern als diesseitige, aktuelle und lösbare Aufgabe zu empfinden.«[27] Der Bewußtseinswandel über Krieg und Frieden ist jedoch keineswegs schon vollzogen. Angesichts einer Vielzahl kriegerischer Konflikte in anderen Teilen der Welt, die sich unterhalb der Schwelle des Atomkrieges bewegen und somit noch dem voratomaren Zweck-Mittel-Kalkül unterliegen mögen, ist es auch eine keineswegs leichte Aufgabe, ihn mit der wünschenswerten Beschleunigung voranzubringen.
Geschichtliche Erfahrung einerseits und das Bewußtsein friedenspolitischer Gegenwartserfordernisse andererseits führen zu dem Grundwiderspruch, der die heutige Situation charakterisiert: Auf der einen Seite gehört es seit 1945 zum Pflichtprogramm eines jeden seriösen europäischen Politikers zu erklären, der Krieg könne angesichts der Zerstörungskraft der atomaren Massenvernichtungswaffen kein Mittel der Politik mehr sein. Ande-

rerseits wurden und werden aus dieser richtigen Erkenntnis bislang keine Konsequenzen hinsichtlich des Abbaus von Militär und Rüstung gezogen. Ablehnung des Krieges als einer untauglich gewordenen Institution und das Faktum eines historisch beispiellosen Wettrüstens schließen sich offensichtlich nicht aus, sondern gehen eine unheilvolle Allianz ein. Die Träger dieser in sich widersprüchlichen Politik können sich insoweit sogar als demokratisch legitimiert ansehen, als die übergroße Mehrheit der Bevölkerung der europäischen Staaten, nicht zuletzt auch die der Bundesrepublik[28], einen Gewaltverzicht ablehnt und für die Bereitstellung kostspieliger Gewaltinstrumente votiert, ohne sicher sein zu können, daß die Bereitstellung ihre Anwendung ausschließt. Die Schwerkraft des historisch gewachsenen Sicherheitsdenkens ist hier mit Händen zu greifen.

Kann historische Friedensforschung praktisch werden, in die Politik von Friedensbewegungen und Regierungen hineinwirken? Daß diese Frage heute eher zurückhaltend beantwortet wird, ist weder ein Zufall noch ein Spezifikum historischer Friedensforschung. Im Grunde genommen haben die Sozialwissenschaften insgesamt die Aufgabe, die politische und gesellschaftliche Entwicklung methodisch kontrolliert zu analysieren und zu interpretieren. Nur in den seltensten Fällen werden ihre Ergebnisse selbst einmal zum Motor der Entwicklung.

Ein Praxisbezug historischer Friedensforschung ist gleichwohl gegeben. Nur ist er anders geartet, indirekter, vermittelter, als sich manche dies vor Jahren vorstellten. Historische Friedensforschung kann keine politischen Handlungsanleitungen produzieren, aber sie kann dazu beitragen, das Bedingungsgefüge sichtbar zu machen, in dem sich friedenspolitisches Handeln bewegt. Die Analyse gescheiterter historischer Friedensbemühungen beispielsweise gibt Hinweise darauf, wo die Gründe für den Mißerfolg zu suchen sind. Erkenntnisse dieser Art fließen in das historischpolitische Bewußtsein der Menschen ein und beeinflussen ihr Handeln. Einfacher und geradliniger wird man sich den Praxisbezug historischer Erfahrung wohl nicht vorstellen dürfen.

Dabei dürfte die spezifische Stärke historischer Friedensforschung nicht in erster Linie in der generalisierenden Aussage, sondern in der Konkretheit der Darstellung liegen, welche durch die quellennahe Arbeit ermöglicht wird. Wie die Erfahrung gezeigt hat, lösen beispielsweise Studien zur historischen Kriegsursachenforschung erst dann intensive wissenschaftliche und politische Debatten aus, wenn in ihnen »Roß und Reiter« genannt wird.

Die Historiker sind, wie gezeigt werden konnte, zwischenzeitlich eher bereit, sich dem Anliegen historischer Friedensforschung zu öffnen, als dies noch vor 10 bis 15 Jahren der Fall war. Zum einen wird das Thema »Frieden und Geschichte« verstärkt behandelt. Zum anderen wächst die Bereitschaft, historische Gegenstände, die direkt oder indirekt mit dem Problemfeld Krieg und Frieden zusammenhängen, auch unter dem Gesichtspunkt der Friedensverträglichkeit oder Friedensfähigkeit zu betrachten. Damit ist nicht gemeint, in moralisierender Absicht historische Erscheinungsformen von Gewalt abzuurteilen. Vielmehr geht es um die wissenschaftliche Aufgabe, das Kriterium der Friedensfähigkeit in die erkenntnisleitenden Fragestellungen historischer Forschung einzubeziehen und es methodisch reflektiert im Forschungsprozeß anzuwenden. Unter Friedensfähigkeit wäre dabei — als allgemeine Richtungsangabe, die noch einer genaueren Bestimmung bedarf, und zwar unter Einbeziehung nationaler und internationaler Zusammenhänge — zu verstehen, in welchem Umfang es im untersuchten historischen Fall jeweils gelungen ist, »die Ausübung von Macht in gewaltfreie Richtungen zu lenken und Konflikte durch gewaltfreie und kreative (positiver Friede!) Formen der Konfliktlösung zu steuern«[29]. Frieden ist bekanntlich nicht die Abwesenheit von Konflikten, sondern das permanente Bemühen, Konflikte gewaltfrei zu bewältigen.
Eine so verstandene historische Friedensforschung würde die Vergangenheit immer wieder danach befragen, ob sie den Frieden gefördert hat oder nicht. Sie könnte auf diese Weise dazu beitragen, daß allmählich ein zeitgemäßes, dem normativen Kriterium der Friedensfähigkeit verpflichtetes Geschichtsbewußtsein entsteht. Analysen europäischer Schulgeschichtsbücher[30] haben gezeigt, wie weit dieses einflußreiche Medium zur Vermittlung historischer Kenntnisse von diesem Ziel entfernt ist. Zeitgemäße Schulgeschichtsbücher — und das gilt natürlich analog für die Darstellung historischer Themen in allen dafür infrage kommenden Medien — werden aber nur dann geschrieben, wenn die historische Forschung dafür die Vorarbeiten geleistet hat.

Anmerkungen

1 Vgl. das anregende Bändchen des Berliner Althistorikers Alexander Demandt, Ungeschehene Geschichte. Ein Traktat über die Frage: Was wäre geschehen, wenn ...? Göttingen 1984.

2 Vgl. dazu den Sammelband von Wolfgang R. Vogt (Hrsg.), Sicherheitspolitik und Streitkräfte in der Legitimationskrise. Analysen zum Prozeß der Delegitimierung des Militärischen im Atomzeitalter. Baden-Baden 1983; darin besonders den in diesem Zusammenhang einschlägigen Beitrag des Herausgebers: Das Theorem der Inkompatibilität. Zur Unvereinbarkeit von atomarer Militärgewalt und fortgeschrittener Gesellschaft, S. 21—57, mit der These, daß »Kriege und damit Streitkräfte zu atavistischen Residuen aus vorindustrieller Zeit« geworden sind (S. 50f.).

3 Annette Kuhn, Theorie und Praxis historischer Friedensforschung. Stuttgart und München 1971, S. 11.

4 Zur Kontroverse um den Primat der Außenpolitik bzw. den Primat der Innenpolitik vgl. Andreas Hillgruber, Politische Geschichte in moderner Sicht. In: Historische Zeitschrift, 216 (1973), S. 529—552, und die Antwort von Hans-Ulrich Wehler, Moderne Politikgeschichte oder »Große Politik der Kabinette«? In: Geschichte und Gesellschaft, 1 (1975), S. 344—369. Unter Verweis auf Wehler und die von ihm herausgegebenen Aufsätze von Eckart Kehr unter dem Titel »Der Primat der Innenpolitik« polemisierte der Erlanger Historiker Michael Stürmer gegen jene Denkschule der Historie, die sich eine Gesellschaft »mit prinzipiell friedlichen Außenbeziehungen« vorstellen kann und die Vergangenheit daran mißt: »Wer so denkt, weiß mit den Begriffen der Machtpolitik wenig anzufangen. Den Erscheinungsformen und Manifestationen von Macht, Machthunger und Machtverfall steht er begriffs- und sprachlos gegenüber.« Michael Stürmer, Dissonanzen des Fortschritts. Essays über Geschichte und Politik in Deutschland. München, Zürich 1986, S. 156f.

5 Hans-Ulrich Wehler, Geschichte als Historische Sozialwissenschaft. Frankfurt/M. 1973. Vgl. auch die umfangreiche methodologische Studie von Dieter Ruloff, Geschichtswissenschaft und Sozialwissenschaft. Eine vergleichende Untersuchung zur Wissenschafts- und Forschungskonzeption in Historie und Politologie. München 1984.

6 Aus der Einleitung Krippendorffs zu ders. (Hrsg.), Friedensforschung. Köln, Berlin 1968, S. 16 (= Neue Wissenschaftliche Bibliothek 29).

7 Gustav W. Heinemann, Aufgabe und Bedeutung der Friedensforschung. Ansprache bei der Gründungsversammlung der Deutschen Gesellschaft für Friedens- und Konfliktforschung. Bonn, 28. Oktober 1970. In: ders., Reden und Schriften. Bd I: Allen Bürgern verpflichtet. Reden des Bundespräsidenten 1969—1974. Frankfurt/M. 1975, S. 211.

8 Hier sind zu nennen: Annette Kuhn, Theorie und Praxis historischer Friedensforschung. Stuttgart und München 1971; Wolfgang Huber, Friedensforschung und Geschichte. In: Internationale Dialog Zeitschrift, 4. Jg. (1971), S. 291—301; Wolfram Wette, Friedensforschung, Militärgeschichtsforschung, Geschichtswissenschaft.

Aspekte einer Kooperation. In: Aus Politik und Zeitgeschichte, B 7/74, Wiederabdruck in M. Funke (Hrsg.), Friedensforschung — Entscheidungshilfe gegen Gewalt. Bonn 1975, 2. Aufl. 1978, S. 133—166.

9 Joachim Rohlfes, Friedensforschung, Friedenspädagogik und Geschichtsunterricht. In: Geschichte in Wissenschaft und Unterricht, 29. Jg. (1978), S. 745—777, Zitat S. 745. Der Beitrag bietet einen guten Überblick über die geschichtswissenschaftliche Literatur zum Friedensthema, die in Deutschland in den letzten Jahrzehnten erschien, ohne von der modernen Friedensforschung inspiriert oder beeinflußt worden zu sein.

10 Dies als Antwort auf die von Heinz Hürten, Friedenssicherung und Abrüstung. Erfahrungen aus der Geschichte. Graz, Wien, Köln 1983, S. 192, gestellte Frage, was denn damit gewonnen sei, »wenn geschichtswissenschaftliche Untersuchungen zu Fragen des Friedens als 'Historische Friedensforschung' firmiert werden«.

11 Vgl. dazu den Forschungsüberblick von Winfried Baumgart, Die großen Friedensschlüsse der Neuzeit (1435—1945). In: Geschichte in Wissenschaft und Unterricht, 29. Jg. (1978), S. 778—806; ders., Vom Europäischen Konzert zum Völkerbund. Friedensschlüsse und Friedenssicherung von Wien bis Versailles. Darmstadt 1974; und Hans von Hentig, Der Friedensschluß. Geist und Technik einer verlorenen Kunst. München 1965.

12 Vgl. hierzu die noch heute lesenswerte Aufsatzsammlung aus den zwanziger Jahren von Franz Kobler (Hrsg.), Gewalt und Gewaltlosigkeit. Handbuch des aktiven Pazifismus. Zürich u. Leipzig 1928; weiterhin den Sammelband von Friedrich Engel-Janosi, Grete Klingenstein, Heinrich Lutz (Hrsg.), Gewalt und Gewaltlosigkeit. Probleme des 20. Jahrhunderts. Wien 1977; und Jörg Calliess (Hrsg.), Gewalt in der Geschichte. Beiträge zur Gewaltaufklärung im Dienste des Friedens. Düsseldorf 1983.

13 Die 1983 getroffene Feststellung von Annette Kuhn, »daß es eine historische Friedensforschung im Sinne einer eindeutig definierbaren Disziplin nicht gibt«, ist zutreffend. Ob es allerdings ein anzustrebendes Ziel ist, diesen Zustand zu überwinden, erscheint fraglich. A. Kuhn, Dimensionen des Lernziels: Gewaltverzicht — Gewaltfreiheit. In: Calliess (Hrsg.), Gewalt in der Geschichte (wie Anm. 12), S. 79.

14 Hans-Jürgen Schlochauer, Die Idee des ewigen Friedens. Ein Überblick über Entwicklung und Gestaltung des Friedenssicherungsgedankens auf der Grundlage einer Quellenauswahl. Bonn 1953; Kurt v. Raumer, Ewiger Friede. Friedensrufe und Friedenspläne seit der Renaissance. Freiburg, München 1953; Kurt v. Raumer/ Rudolf Vierhaus (Hrsg.), Friede und Völkerordnung. 2 Teile. Stuttgart 1965/66. Einen Abriß der Geschichte des Friedensbegriffs bietet Wilhelm Janssen, Friede. In: Geschichtliche Grundbegriffe. Bd 2. Stuttgart 1975, S. 543—591.

15 Fritz Fischer, Griff nach der Weltmacht. Die Kriegszielpolitik des kaiserlichen Deutschland 1914/18. Düsseldorf 1961, 2. Aufl. 1967; ders., Krieg der Illusionen. Die deutsche Politik von 1911—1914. Düsseldorf 1969, 2. Aufl. 1970; ders., Juli 1914: Wir sind nicht hineingeschlittert. Eine Streitschrift. Reinbek 1983.

16 Siehe W. Wette, Probleme des Pazifismus in der Zwischenkriegszeit. In: Holl/Wette (Hrsg.), Pazifismus (s. Anm. 24), S. 12.

17 Jürgen Kocka, Einleitende Fragestellungen, in: ders. (Hrsg.), Theorien in der Praxis des Historikers. Göttingen 1977, S. 9 (= Geschichte und Gesellschaft. Sonderheft 3).

18 Vgl. etwa Fritz Vilmar, Systematischer Entwurf zur Kritischen Friedensforschung. In: Kritische Friedensforschung. Hrsg. von Dieter Senghaas, Frankfurt/M. 1971, S. 362—395, besonders den Abschnitt »Sozialgeschichtliche Grundlegung« der Friedensforschung.

19 Übersicht über die Literatur zu diesen Forschungsschwerpunkten in meinem Beitrag: Geschichte und Frieden. Aufgaben historischer Friedensforschung. Bonn 1987 (= AFB-Texte).

20 Erste impulsgebende Überlegungen zu den Aufgaben historischer Friedensforschung wurden in der FEST breits Ende der sechziger Jahre angestellt. Vgl. die Beiträge von Georg Picht, Otto Dann und Wolfgang Huber in dem Sammelband: Wolfgang Huber (Hrsg.), Historische Beiträge zur Friedensforschung. Stuttgart, München 1970 (= Studien zur Friedensforschung. Bd 4). Die Ergebnisse der von der FEST hernach über mehrere Jahre hinweg betreuten Forschungsprojekte wurden in den Sammelbänden veröffentlicht: Wolfgang Huber/Johannes Schwerdtfeger (Hrsg.), Frieden, Gewalt, Sozialismus. Studien zur Geschichte der sozialistischen Arbeiterbewegung. Stuttgart 1976; dies. (Hrsg.), Kirche zwischen Krieg und Frieden. Studien zur Geschichte des deutschen Protestantismus. Stuttgart 1976.

21 Hervorzuheben ist das von Annette Kuhn geleitete Projekt »Frieden in Europa 1815 bis 1918«. Die aus diesem Projekt hervorgegangenen Studien (Unterrichtsentwürfe) sind zusammengefaßt in: Annette Kuhn, Krieg und Frieden in historischer Sicht. In: Dokumentation zur Tätigkeit der Deutschen Gesellschaft zur Friedens- und Konfliktforschung 1970—1983. Bonn 1983, S. 90—98, hier: S. 97.

22 Sprecher des Arbeitskreises waren Prof. Dr. Karl Holl, Universität Bremen, Dr. Wolfram Wette, Militärgeschichtliches Forschungsamt Freiburg i. Br., Prof. Dr. Dieter Riesenberger, Universität-Gesamthochschule Paderborn. Derzeit (1990) üben die Sprecherfunktion aus: Prof. Dr. Gottfried Niedhart, Universität Mannheim, und Prof. Dr. Jost Dülffer, Universität Köln.

23 So heißt es in der am 1. September 1984 beschlossenen Satzung des Arbeitskreises Historische Friedensforschung.

24 Aus dem Arbeitskreis gingen folgende Publikationen hervor: Karl Holl/Wolfram Wette (Hrsg.), Pazifismus in der Weimarer Republik. Beiträge zur historischen Friedensforschung. Paderborn 1981, und Jost Dülffer/Karl Holl (Hrsg.), Bereit zum Krieg. Kriegsmentalität im wilhelminischen Deutschland 1890—1914. Göttingen 1986. Das Kolloquium 1986 befaßte sich mit dem Thema »Internationalismus in den zwanziger Jahren. Nichtstaatliche Bemühungen um Friedenssicherung zwischen den Weltkriegen«. Die Tagungen von 1987, 1988 und 1989 beschäftigten sich mit dem Thema »Deutsche Nachkriegszeiten im Vergleich«.

25 Vgl. den Sammelband: Internationale Tagung der Historiker der Arbeiterbewegung. 19. Linzer Konferenz 1983. Wien 1985 (= Geschichte der Arbeiterbewegung. ITH-Tagungsberichte 20). Die Tagung befaßte sich u. a. mit dem Thema »Arbeiterbewegung und Friedensfrage 1917—1939«. — An dieser Stelle ist darauf hinzuweisen, daß sich der VII. Historikerkongreß der DDR 1989 mit dem Thema »Krieg

und Frieden und gesellschaftlicher Fortschritt in der Geschichte« auseinandergesetzt hat. Einige der Plenarreferate wurden abgedruckt in: Zeitschrift für Geschichtswissenschaft, 37 (1989), Hefte 6 u. 7.

26 Vgl. Manfred Schlenke/Klaus-Jürgen Matz (Hrsg.), Frieden und Friedenssicherung in Vergangenheit und Gegenwart. Symposium der Universitäten Tel Aviv und Mannheim 19.—21. Juni 1979. München 1984, und: Frieden in Geschichte und Gegenwart. Hrsg. vom Historischen Seminar der Universität Düsseldorf. Düsseldorf 1985. Die Beiträge des letztgenannten Sammelbandes reichen vom antiken Griechenland bis zum Zweiten Weltkrieg.

27 Carl Friedrich von Weizsäcker, Die Zeit drängt. Eine Weltversammlung der Christen für Gerechtigkeit, Frieden und Bewahrung der Schöpfung. München 2. Aufl. 1986, S. 38.

28 Die einschlägigen Umfrageergebnisse aus den letzten Jahrzehnten lassen daran keinen Zweifel. Vgl. Rolf Richter, Legitimitätsdefizite der Bundeswehr? Eine Interpretation empirischer Umfrageergebnisse. In: W. R. Vogt (Hrsg.), Sicherheitspolitik (wie Anm. 2), S. 167—204. Richter zufolge erwächst die breite Bejahung der Notwendigkeit von Verteidigung und Streitkräften einem »vagen Gefühl« (S. 185) — dies verweist auf tradierte Vorstellungen — und weniger einer rational-argumentativ geklärten Position.

29 Johan Galtung, 25 Jahre Friedensforschung — Zehn Herausforderungen und einige Erwiderungen. Hrsg. von der Arbeitsstelle Friedensforschung Bonn, Juni 1986, S. 15 (= AFB-Texte).

30 Vgl. Caspar Kuhlmann, Frieden — kein Thema europäischer Schulgeschichtsbücher? Mit gesonderten Beiträgen von: Francoise Dingremont (Frankreich), Peter Martig (Schweiz), Martin Rooney (England), Felicja Slawatycka (Polen). Frankfurt/M., Bern 1982. Zur Entwicklung der historischen Friedenserziehung in der Bundesrepublik seit den sechziger Jahren vgl. Gerda von Staehr, Friedenserziehung im Geschichtsunterricht. In: Horst-Wilhelm Jung/Gerda von Staehr, Historische Friedensforschung und historisches Lernen. Marburg 1986, S. 90—169.

Nachweise der Erstveröffentlichung

Erstes Kapitel:	Unter dem Titel »Liberale und sozialistische Milizvorstellungen im 19. Jahrhundert« in: Die Wehrstruktur in der Bundesrepublik Deutschland. Analyse und Optionen. Hrsg. 1972/32 von der Wchrstruktur-Kommission im Einvernehmen mit der Bundesregierung. S. 338—344.
Zweites Kapitel:	In: Materialien Krieg und Frieden. 1914—1939—1989. Hrsg. vom SPD-Parteivorstand. Historische Kommission. Bonn 1989, S. 19—24.
Drittes Kapitel:	Unter dem Titel »Reichstag und ›Kriegsgewinnlerei‹ (1916—1918). Die Anfänge parlamentarischer Rüstungskontrolle in Deutschland« in: Militärgeschichtliche Mitteilungen 36 (1984), S. 31—56.
Viertes Kapitel:	Unter dem Titel »Die militärische Demobilmachung in Deutschland 1918/19 unter besonderer Berücksichtigung der revolutionären Ostseestadt Kiel« in: Geschichte und Gesellschaft. Zeitschrift für Historische Sozialwissenschaft. 12 (1986), H. 1, S. 63—80.
Fünftes Kapitel:	Unter dem Titel »Sozialdemokratie und Pazifismus in der Weimarer Republik« in: Archiv für Sozialgeschichte XXVI. Bd, Bonn 1986, S. 281—300.
Sechstes Kapitel:	In: Der gerechte Krieg. Christentum, Islam, Marxismus. Red. Reiner Steinweg. Frankfurt a. M. 1980, S. 233—268 (= Friedensanalysen 10).
Siebtes Kapitel:	Unter dem Titel »Nationalsozialistische Gewaltideologie und Hitlers Kriegspläne« in: Das Deutsche Reich und der Zweite Weltkrieg. Bd 1: Ursachen und Voraussetzungen. Stuttgart 1979, S. 31—37.
Achtes Kapitel:	In: Aus Politik und Zeitgeschichte. Beilage zur Wochenzeitung Das Parlament. Nr. B 32—33/89 vom 4.8.1989, S. 3—17.

Neuntes Kapitel:	In: Gewerkschaftliche Monatshefte. 8.1989, S. 452—461.
Zehntes Kapitel:	Unter dem Titel »Erobern, zerstören, auslöschen. Die verdrängte Last von 1941: Der Rußlandfeldzug war ein Raub- und Eroberungskrieg von Anfang an« in: DIE ZEIT Nr. 48, 20. Nov. 1987, S. 49—51.
Elftes Kapitel:	Unter dem Titel »Verteidigungslügen. Warum die Mär vom deutschen Präventivkrieg gegen Rußland neubelebt wird«, in: DIE ZEIT Nr. 28, 8. Juli 1988, S. 16.
Zwölftes Kapitel:	Unter dem Titel »Fünf Landser hofften vergeblich auf Gnade. Wenige Tage vor dem Einmarsch der Franzosen und dem Ende des Zweiten Weltkrieges spielte sich in Waldkirch ein blutiges Drama ab« in: Badische Zeitung/Waldkircher Volkszeitung, Nr. 83, 10. April 1985, S. 22.
Dreizehntes Kapitel:	Unter dem Titel »Soldaten hinter Stacheldraht. Zur Lage der deutschen militärischen Führungsschicht nach der Kapitulation vom 8. Mai 1945« in: Zusammenbruch oder Befreiung? Zur Aktualität des 8. Mai 1945. Eine Berliner Universitätsvorlesung. Hrsg. v. U. Albrecht, E. Altvater, E. Krippendorff. Berlin 1986, S. 99—119.
Vierzehntes Kapitel:	In einer erweiterten Fassung unter dem Titel »Geschichte und Frieden. Aufgaben historischer Friedensforschung« veröffentlicht von der Arbeitsstelle Friedensforschung Bonn 1987 (= AFB-Texte).

Abkürzungsverzeichnis

A.O.K.	Armeeoberkommando
ADAV	Allgemeiner Deutscher Arbeiterverein
ADGB	Allgemeiner Deutscher Gewerkschaftsbund
AEG	Allgemeine Elektrizitäts-Gesellschaft
AFK	Arbeitsgemeinschaft für Friedens- und Konfliktforschung e.V.
AG	Aktiengesellschaft
BA-MA	Bundesarchiv-Militärarchiv, Freiburg i. Br.
BdK	Bund der Kriegsdienstgegner
BDO	Bund Deutscher Offiziere
Bearb.	Bearbeiter, bearbeitet
BND	Bundesnachrichtendienst
DDP	Deutsche Demokratische Partei
DDR	Deutsche Demokratische Republik
Dem.Pl.	Demobilmachungsplan
DFG	Deutsche Friedensgesellschaft
DNVP	Deutschnationale Volkspartei
FAZ	Frankfurter Allgemeine Zeitung
FEST	Forschungsstätte der Evangelischen Studiengemeinschaft, Heidelberg
FVP	Fortschrittliche Volkspartei
GCLO	German Civil Labour Organization
HA	Hauptausschuß des Reichstages
HDS	Hochschulinitiative Demokratischer Sozialismus
HStA	Hauptstaatsarchiv, Stuttgart
IGB	Internationaler Gewerkschaftsbund
ITH	Internationale Tagung der Historiker der Arbeiterbewegung, Linz
IWK	Internationale Wissenschaftliche Korrespondenz zur Geschichte der deutschen Arbeiterbewegung
Komintern	Kommunistische Internationale
KPD	Kommunistische Partei Deutschlands
KPdSU	Kommunistische Partei der Sowjetunion
Masch.	Maschinenschriftlich
MGM	Militärgeschichtliche Mitteilungen
MS	Manuskript
MSPD	Mehrheitssozialdemokratische Partei Deutschlands (ohne Bedeutungsunterschied auch als SPD abgekürzt)
NATO	Nordatlantische Verteidigungsgemeinschaft (engl.: North Atlantic Treaty Organization)
Nazi	Nationalsozialistisch (ohne Bedeutungsunterschied auch als NS abgekürzt)
NL	Nachlaß
NS	nationalsozialistisch, Nationalsozialismus

NSDAP	Nationalsozialistische Deutsche Arbeiterpartei
OHL	Oberste Heeresleitung
OKH	Oberkommando des Heeres
OKW	Oberkommando der Wehrmacht
R.M.A.	Reichsmarineamt
RGBl	Reichsgesetzblatt
SAI	Sozialistische Arbeiter-Internationale
SD	Sicherheitsdienst des Reichsführers SS
SDAP	Sozialistische Arbeiterpartei Deutschlands
SPD	Sozialdemokratische Partei Deutschlands (siehe auch MSPD)
SS	Schutzstaffel der NSDAP
Stenogr. Ber.	Stenographische Berichte
SU	Sowjetunion
UdSSR	Union der Sozialistischen Sowjetrepubliken
USA	Vereinigte Staaten von Amerika
USPD	Unabhängige Sozialdemokratische Partei Deutschlands
Verh. d. Reichst.	Verhandlungen des Reichstages
Verh. NV	Verhandlungen der Verfassungsgebenden Deutschen Nationalversammlung
VfZG	Vierteljahreshefte für Zeitgeschichte
Wumba	Waffen- und Munitionsbeschaffungsamt

Personenregister

Die Seitenzahlen beziehen sich auf Text und Anmerkungen. Autorennamen wurden nicht berücksichtigt, so weit sie nur als Quellenbelege aufgeführt sind.

Autorenhinweis

Wolfram Wette, Dr. phil. habil., geb. 1940 in Ludwigshafen/Rhein. Studium der Geschichte, Politischen Wissenschaften und Philosophie in München, Promotion 1971. Seitdem Historiker im Militärgeschichtlichen Forschungsamt, Freiburg i. Br.; 1987/88 Sprecher des Arbeitskreises Historische Friedensforschung; Lehrbeauftragter an der Universität Freiburg i. Br.; Habilitation 1990.

Wichtigste Veröffentlichungen: Kriegstheorien deutscher Sozialisten. Marx, Engels, Lassalle, Bernstein, Kautsky, Luxemburg. Ein Beitrag zur Friedensforschung. Stuttgart, Berlin, Köln, Mainz 1971; Das Deutsche Reich und der Zweite Weltkrieg. Hrsg. vom Militärgeschichtlichen Forschungsamt. Band I: Ursachen und Voraussetzungen der deutschen Kriegspolitik. Zus. mit Wilhelm Deist, Manfred Messerschmidt und Hans-Erich Volkmann. Stuttgart 1979, Taschenbuchausgabe Frankfurt a. M. 1989, englische Übersetzung Oxford 1990; Pazifismus in der Weimarer Republik. Beiträge zur Historischen Friedensforschung. Hrsg. zus. mit Karl Holl. Paderborn 1981; »Unternehmen Barbarossa«. Der deutsche Überfall auf die Sowjetunion 1941. Berichte, Analysen, Dokumente. Hrsg. zus. mit Gerd R. Ueberschär. Paderborn 1984, Taschenbuchausgabe Frankfurt a. M. 1991; Geschichte und Frieden. Aufgaben historischer Friedensforschung. Bonn 1987 (=AFB-Text); Gustav Noske. Eine politische Biographie. Düsseldorf 1987, 2. Aufl. 1988; Geschichtswende? Entsorgungsversuche zur deutschen Vergangenheit. Zus. mit G. Erler u. a. Mit einem Vorwort von Walter Dirks. Freiburg i. Br. 1987, französische Übersetzung Paris 1988; Politik im Elztal 1890–1990. Ein historisches Lesebuch. Mit Beiträgen von Hans-Jochen Vogel u. a. Waldkirch 1990.

SCHRIFTENREIHE GESCHICHTE & FRIEDEN

Th. M. Ruprecht /Chr. Jenssen(Hg.)

Äskulap oder Mars?

Ärzte gegen den Krieg

GESCHICHTE & FRIEDEN
IM DONAT VERLAG

Thomas M. Ruprecht /
Christian Jenssen (Hrsg.):
Äskulap oder Mars?
Ärzte gegen den Krieg.
Mit einem Geleitwort
von Jens Reich und einem
Epilog von Günther Anders
(=Schriftenreihe Geschichte
& Frieden, Bd. 4)
Ca. 604 S., ca. 80 Abb.,
48,00 DM
ISBN 3-924444-51-X
(Erscheint Sommer/Herbst 1991)

Äskulap oder Mars?

In dem Band Äskulap oder Mars?“ arbeiten Historiker, Friedensforscher und Mediziner aus acht Ländern die bisher nur ansatzweise bekannte Tradition ärztlichen Engagements gegen den Krieg und dessen Vorbereitung heraus. Am Beispiel internationaler Vorläufer-Organisationen der IPPNW und einzelner hervorragender "Friedensärzte" wie z.B. Johann Jacoby, Rudolf Virchow, Charles Richet, Felix Boenheim und Albert Schweitzer werden die sehr unterschiedlichen Wurzeln ärztlichen Aufbegehrens gegen Aufrüstung, Militarismus, Unterdrückung und Krieg untersucht. Die Autoren fragen nach den Ursachen, die zum Scheitern der geschilderten Initiativen führten und warum ärztliche Kriegsgegner bis heute eine Minorität in ihrem Berufsstand geblieben sind. Ein Buch, welches das ärztliche Selbstverständnis herausfordert und ein Plädoyer für den „Arzt in sozialer Verantwortung“ darstellt.

Donat Verlag
Brandenweg 6
D - 2800 Bremen 33
Tel.: 0421-274886 oder 76969